우리 글 바로쓰기 1

우리글 바로쓰기 1

이오덕

한길사

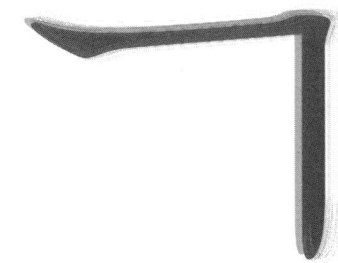

우리 말 살리는 일은 우리 목숨을 살리는 일
• 고침판을 내면서

이 책의 초판이 나간 지 두 해도 몇 달이 더 지난 지금에야 고침판을 내게 되었다. 고친 부분을 크게 나누면 네 가지가 된다.

첫째는 책을 읽어준 분들이 지적한 것인데, 잘못된 낱말이나 맞춤법, 틀린 글자들이다. 몇 군데 안 되지만 가르쳐주신 분들에게 진심으로 고마운 마음을 드린다.

둘째는 잘못 쓴 말들을 쉬운 우리 말로 바꿔놓은 자리에서 가끔 더 알맞겠다 싶은 말로 고치거나 보충했고, 필요가 없는 글점은 모두 지워버렸다.

셋째는 그동안 저 자신이 잘못 썼다고 깨달은 말과 좀더 깨끗한 우리 말로 써야겠다고 생각한 말들을 바로잡은 것이다. 그 가운데서 몇 가지는 자주 나오기에 여기 들어본다.

- 한자 (→중국글자)
- 한문 (→중국글)
- 한자말 (→중국글자말)

- 특히 (→더구나)
- 즉 (→곧)
- 일하다 (→일한다)

이 가운데서 '한자'를 '중국글자'라고 쓰게 된 까닭은, '한자'라 써놓으니 '한 자, 두 자' 할 때의 '한자'와 구별이 안 되는 수가 흔히 있다. 그래서 '한문글자'라고 쓰다가 차라리 아주 '중국글자'로 쓰는 것이 좋고 더 바른 말이 되겠다 싶어 이렇게 썼다. 그러니까 '한문'은 '중국글'이 되고, '한자말'은 '중국글자말'이 되었다.

'일하다'를 '일한다'로 고친 까닭은 이러하다. 사전이나 문법책에는 으뜸꼴이라 하여 '일하다' '걸어가다' '밥먹다'로 나오지만, 우리 말이 원래 이렇게는 안 쓰인다. 그림씨(형용사)는 '깨끗하다' '기쁘다'로 쓰지만 움직씨(동사)는 어디까지나 '일한다, 일했다' '간다, 갔다' 이렇게 말한다. 움직인다는 것은 그 무엇이 어느 자리에서 움직이는 것이어서 그 '때'가 나타나야 한다. 때가 없는 움직임은 있을 수 없다. 우리 말은 이와 같이 사실에 잘 맞고 이치에 맞는 말로 되어 있다. 그래서 실제로 쓰는 살아 있는 말을 따르는 것이 옳겠다고 깨달아 이와 같이 바로잡은 것이다.

넷째는 제가 쓴 문장을 고친 것인데, 이것은 아주 많이 고쳤다. 이번에 고침판을 내려고 이 책을 읽어보고 크게 놀랐다. 글을 바로 쓰자고 한 책인데 정작 내가 쓴 글은 이렇게 허술하게 썼으니 말이다. 부끄러운 느낌과 함께 그동안 읽어준 분들에게 큰 죄를 지었다고 생각했다. 그래서 처음부터 끝까지 아주 정신을 들여 읽으면서 보태고 깎고 고치고 하여 글이 제대로 읽힐 수 있도록 다듬었다. 그래도 아직 잘못된 곳이 있을 것이다. 부디 앞으로도 읽는 분들이 지적해주시면 다행일 것이다.

변변치 못한 책이지만 그동안 많은 분이 읽어주시고 격려와 함께 귀한 가르침을 주셔서 고맙고 기쁘기 그지없다. 이 책이 우리 말을 살리는 일에 대한 관심을 크게 모을 수 있었던 것은 순전히 읽어준 여러분의 뜨거운 우리 말 사랑, 겨레 사랑 덕분이었다고 믿는다. 정말 이제는 겨레말 살리는 일을 서로 일깨우고 서로 배우면서 하고, 스스로 살펴서 자기혁명을 하는 마음으로 실천하지 않으면 안 되는 때가 온 것이다. 말을 살리는 일이 바로 목숨을 살리는 일임을 모두가 깨달았을 때 비로소 우리는 이 땅에서 당당하게 살아남을 겨레가 될 것이라 생각한다.

1992년 3월
이오덕

우리 말로 창조하고, 우리 말로 살아가자
• 머리글

　말을 마음대로 마구 토해내는 사람, 그렇게 토해내는 말들이 모두 살아 있는 구수한 우리 말이 되어 있는 사람을 만나면 정말 반갑다. 우리는 이런 사람의 말에서 비로소 잊었던 고향으로, 우리의 넋이 깃든 세계로 돌아가게 된다. 그리고 이런 사람은 어렸을 때 배운 고향의 말을 참 용하게도 잊어버리지 않고 빼앗기지도 않고 잘도 가지고 있구나 하고 한없이 부러워진다.
　우리는 누구든지 학교에 들어가기 전에 부모한테서 평생을 쓰게 되는 일상의 말 대부분을 배웠다. 그러나 학교란 곳에 들어가고부터는 집에서 배운 말과는 바탕이 다른 체계의 말을 익혀야 했다. 그래서 부모한테서 배운 말을 부끄럽게 여기고 잊어버리게 하는 훈련을 오랫동안 받았던 것이다. 학교뿐 아니라 사회에 나와서도 그랬다. 나 개인의 지난날을 돌아보면 어렸을 때 배운 모국어를 학교와 사회에서 끊임없이 빼앗기고 또 스스로 짓밟으며 살아왔다는 사실을 나이가 육십이 훨씬 넘은 이제 와서야 겨우 깨닫게 되었다.
　우리 겨레 전체를 보아도 그렇다. 지난 천 년 동안 우리 겨레는 끊임없이 남의 나라 말과 글에 우리 말글을 빼앗기며 살아왔고, 지금은 온통 남의 말글의 홍수 속에 떠밀려가는 판이 되었다. 그래서 이제 이 나라의 부모들은 아이들에게 모국어를 가르치는 일조차 아예 그만두었다. 날마다 텔레비전을 쳐다보면서 거기서 들려오는 온갖 잡탕의 어설픈 번역체 글말을 듣고 배우는 아이들을 생각하면 눈앞이 캄캄해진다.

농민들이 모인 어느 자리에서 그곳 사투리로 된 옛이야기를 읽어준 일이 있다. 바로 『한국 구비문학 대계』에 나온 이야기다. 이거야말로 진짜 우리 말이고 우리 얘기다 하고 무릎을 칠 것이라 기대하면서. 그러나 내가 읽기를 마치자마자 농민들은 소리를 질렀다. "그게 무슨 얘긴지 모르겠어요!" "좀 유식한 문학 얘기를 해주세요!" 하고. 나는 그 순간 절벽 아래로 떨어진 기분이었다. 농민들만은 살아 있는 우리 말을 간직하고 있을 것이라 믿었는데!

이제는 온 나라의 지식인들, 글 쓰는 이들이 모두 외국말법으로 외국말 직역한 말투로 '유식하게' 쓰고 말하고 하니 농민들의 말도 아주 뿌리가 뽑혀버린 것이 당연하겠다는 생각도 든다.

그러나 우리는 포기할 수 없다. 이게 어떤 일인데 포기하다니! 그리고 아직도 늦지는 않았다. 아직도 글이 아니라 말로—글의 해독을 입지 않은 말로 살아가는 많은 사람이 분명히 있다고 나는 믿는다. 또 어린아이들의 말은 그래도 덜 더럽혀져 있다(그러나 이제부터는 아이들의 말도 급속하게 오염될 것이다. 아이들의 말을 바로잡는 일보다 더 급한 일이 없다).

우리 말이 잘못되어가고 있는 사실을 누구보다도 먼저 알아차리시고 환히 내다보신 문익환 목사님의 말씀을 잊을 수 없다.

"난 우리 말을 교회에 나오는 할머니들한테서 배웠어요. 교회에서 설교를 할 때 나는 늘 신자들 가운데서 학교 공부를 못하고 글을 읽을 줄 모르는 할머니들이 잘 알아들을 수 있는 말로 설교를 하려고 애썼지요. 그러다보니 우리 말이 어떤 말인가 깨닫게 되었어요."

어떤 자리에서 식사를 하시면서 들려주신 이야기다. 그때 또 이런 말씀도 하셨다.

"우리 말은 동사(움직씨)를 많이 쓰는 것이 특징입니다."

이 말씀을 듣고 생각하니, 정말 내가 지금까지 신문이나 책에 나온 잘못된 글을 우리 말법으로 고쳐놓은 것이 거의 모두 움직씨였구나 하고 깨달았다.

얼마 전 문 목사님께서 보내주신 편지글에서 우리 말에 관한 말씀이 있기에 여기 옮겨본다.

7월 7일 남북 청년학생 공동선언문을 읽으신 소감은 어떻습니까? 통일의 새날이 동터오고 있다는 느낌이 드셨겠지요. 그날을 향한 젊은 이들의 발걸음은 아직도 수난의 역정이지마는요. 그런데 그 소중한 문장 속에도 일본말의 공해가 들어 있어서 안타까우셨지요. "하나의 조국" "하나의 민족"이라니, "한 조국" "한 민족"이라고 했으면 얼마나 좋았겠습니까? "조국"과 "민족"도 하나라는 뜻도 되지만 "같은 조국" "같은 민족"이라는 뜻까지 되는 건데 말입니다. 북쪽의 말에까지 남아 있는 일본말 공해를 씻는 작업도 이 선생님 두 어깨에 짊어지워 있지요.

이래서 오늘날 우리가 그 어떤 일보다도 먼저 해야 할 일이 외국말과 외국말법에서 벗어나 우리 말을 살리는 일이다. 민주고 통일이고 그것은 언젠가 반드시 이뤄질 것이다. 그것을 하루라도 빨리 이루는 것이 좋다는 것은 말할 나위도 없지만, 3년 뒤에 이뤄질 것이 20년 뒤에 이뤄진다고 해서 그 민주와 통일의 바탕이 아주 달라지는 것은 아니다. 그런데 말이 아주 변질되면 그것은 영원히 돌이킬 수 없다. 한번 잘못 병들어 굳어진 말은 정치로도 바로잡지 못하고 혁명도 할 수 없다. 그것으로 우리는 끝장이다. 또 이 땅의 민주주의는 남의 말, 남의 글로써 창조할 수 있는 것이 아니라 우리 말로써 창조하고 우리 말로써 살아가는 것이다.

문 목사님은 북쪽의 말까지 깨끗이 하는 일을 부탁하셨지만, 그런 큰 일을 어떻게 나같이 무능한 사람이 감당하겠는가? 내 생각은 문 목사님께서 이제부터 우리 말 살리는 일을 좀 해주셨으면 하고 바라는데 좁은 소견일까?

교회에 찾아온 할머니들한테서 우리 말을 배우셨다는 목사님의 말씀은 참으로 귀한 가르침을 주시는 재미있는 말씀이다. 사실은 나도 어린 아이들의 말과 글에서 우리 말의 순수함을 배웠다. 그래서 어른들이 쓰는 글과 말이 잘못된 것을 깨닫게 되었고, 그 깨달음을 바탕으로 하여 이 책을 내게 되었다. 말에 관한 연구를 전문으로 한 바가 없는 나로서는 앞으로도 이 방면의 연구를 할 형편은 못 되고, 내가 맡은 또 다른 분야의 일을 해야 하겠기에 이 책은 단지 우리 말에 관한 매우 급하고 큰 문젯거리를 내놓았다는 정도로 만족하고 싶다.

그러니까 이 책에서 보여주는 수많은 말에 대한 내 진단은 말하자면 면허증도 없는 돌팔이 의사가 제멋대로 내린 진단이 되겠지만, 적어도 말에 관한 것이라면 나같이 무식한 사람의 소견도 한번쯤 귀담아듣는 것이 유익하리라. 산의 모양도 그 산을 타고 다니기만 하는 사람보다 산 밖에 나와 멀리서 바라보는 사람에게 비로소 한눈에 들어온다. 사람 몸에 든 병의 진단과 삶을 나타내는 말의 진단은 이래서 다르다고 본다.

이 책을 읽는 분들은 여기 적어놓은 모든 말에 대한 내 소견이 진정 올바른 것인가 판단해주기 바란다. 모든 의견이 다 정당하다고 생각할 필요는 물론 없다. 그러나 우리 말에 관한 주장의 기본 방향과 거듭 힘들여 말해놓은 많은 말에 대한 의견에는 그 어떤 사람도 이를 전면으로 거부할 수는 없을 터이고 그런 문제를 회피할 수도 없다고 본다. 다만 워낙 많은 문제를 들어놓은지라 잘못된 부분도 있을 것이다. 부디 그런 점을 지적해주었으면 좋겠다. 또한 이 책에서 언급하지 못한 또 다른 잘못된 말이 많을 터인데, 이런 말들을 살펴서 바로잡는 일을 해줄 분들이 많이 나타나기를 바란다.

머리말이 길어졌지만 또 한 가지를 보태고 싶다. 이 책을 읽는 분들은, 남의 글을 이렇게 꼬집어 잘못을 들춰내는 사람은 얼마나 버젓한 글을 쓸까 하고 생각할 것 같다. 그러나 나도 글을 너무 잘못 써왔고, 지금도 잘못 쓰고 있다. 글을 써놓고는 언제나 『쉬운 말 사전』을 옆에 두고 글이 쉽게 읽히도록 고치고 다듬지만 그래도 수십 년 동안 길이 든 글쟁이의 못된 버릇이 자꾸 나와 어렵게 쓰고 잘못 쓰고 한다. 어찌 나뿐이겠나? 이 나라에서는 글을 아주 깨끗한 우리 말로 쓰는 사람이 아무도 없다. 그만큼 우리는 말과 글에서도 봉건과 일제와 분단의 세 겹이나 되는 무거운 짐을 모두가 운명처럼 지고 있는 것이다. 그렇다고 해서 누구나 다 그런데 하고 잘못 쓰는 것을 그대로 보아줄 것이 아니라 기회 있는 대로 서로 잘못을 알리고 충고하고, 그렇게 충고하면 또 고맙게 받아들여야 한다고 본다. 이렇게 해야만 글이 바로잡히고 말이 살아날 것이다.

몇 해 뒤에 나오는 온전한 책보다도, 흠이 있어도 좋으니 지금 당장 이런 책이 절실하게 필요하다는 생각에서 서두르는 가운데, 교정을 보는 일에서 놀랄 만큼 꼼꼼하게 살펴 허술한 점과 잘못된 점을 집어내주신 편집부 여러분의 노력이 아니었더라면 이 책이 이만한 모양을 갖출 수 없었을 것임을 적어두어 그 노고에 감사드리고 싶다.

끝으로 이 책을 읽는 데 참고할 내용을 몇 가지 들어놓는다.

1) 보기로 든 글이 나온 자료의 표시는 그 보기글마다 끝에 묶음표로 나타내었다. 이 자료들은 내가 주로 보는 신문이나 인쇄물들, 가지고 있는 책들이다. 그래서 가령 신문으로 말하면 『한겨레』가 가장 많이 나오는데, 이것은 『한겨레』가 우리나라 신문 가운데서 문장이 가장 많이 잘못된 때문이 아니라 오히려 잘못이 가장 적은 신문이기 때문이다.

2) 글을 쓴 사람의 이름이 나와 있는 글을 보기로 든 경우에도 글쓴이 이름은 특수한 경우가 아니면 밝히지 않았다. 굳이 밝힐 필요가 없다고 보았기 때문이다. 따라서 신문의 글이면 그 신문의 사설일 수도 있고, 보통의 기사일 수도 있고, 이름이 적힌 기사일 수도 있고, '칼럼'일 수도 있고, 독자의 글일 수도 있다.

3) 보기글에서 원문에 중국글자가 섞여 나올 경우에는 중국글자 그대로 보였다.

4) 말이 잘못 쓰이는 보기를 어떤 말은 한두 가지를 들고, 어떤 말은 수십 가지를 들었는데, 많이 든 것은 그런 말이 그만큼 널리 잘못 쓰이고 있음을 알리고 싶어서 그렇게 한 것이다.

1989년 10월
이오덕

들온말 가려내어 우리 말을 깨끗이

• 들어가는 글

우리 말과 글을 바로 쓰는 일은 무엇보다도 밖에서 들어온 불순한 말을 먼저 글 속에서 가려내어 깨끗이 하는 일부터 해야 한다. 남의 나라 말을 생각 없이 마구 쓰는 것이 얼마나 크게 손해를 보는 일이 되고, 우리 말을 더럽히고 우리 정신을 짓밟는 바보스러운 노릇이 되는가 하는 것은 다음 몇 가지 문제를 생각해도 곧 깨달을 것이다.

1) 말과 글을 공연히 어렵게 만든다.
2) 우리 자신의 생각이나 삶에 꼭 붙은 우리 말글이 아니다. 따라서 남의 나라 사람들의 감정이나 생각의 체계, 생활태도를 우리 자신이 알게 모르게 따라가게 된다.
3) 우리 말의 아름다움을 깨뜨린다.
4) 말과 글이 따로 떨어져, 우리의 삶과 삶의 느낌을 바르고 자유스럽게 글로 나타낼 수 없다.
5) 말과 글이 일반 민중들에서 떠나 민중을 등지는 길로 가게 되고, 따라서 사람들의 생각이나 행동도 비민주로 되기 쉽다.
6) 우리 말이 잡스럽게 되는 것은 마침내 우리 겨레의 넋이 말에서 떠나버리는 것이다.

밖에서 들어온 잡스러운 말을 세 가지로 나눌 수 있으니, 첫째는 중국글자말이요, 둘째는 일본말이요, 셋째는 서양말이다. 이 세 가지 바깥말이 들어온 역사도 중국글자말·일본말·서양말의 차례가 되어 있는데, 중국글자말은 가장 오랫동안 우리 말에 스며든 역사가 있지만, 일본말은 중국글자말과 서양말을 함께 끌어들였고 지금도 끊임없이 끌어들인다는 점에서 그 깊은 뿌리와 뒤엉킴을 잘 살펴야 한다. 정말 이제 우리가 정신을 바짝 차리지 않으면 넋이 빠진 겨레가 될 지경에 이르렀다는 것을 똑똑히 알아야겠다.

우리글 바로쓰기 1

고침판을 내면서―우리 말 살리는 일은 우리 목숨을 살리는 일   5
머리글―우리 말로 창조하고, 우리 말로 살아가자   9
들어가는 글―들온말 가려내어 우리 말을 깨끗이   15

제1부 우리 말을 파괴하는 외래어

제1장 중국글자말에서 풀려나기

1. 우리 글자로 썼을 때 그 뜻을 알 수 없거나 알기 힘든 중국글자말   23
2. 입으로 말했을 때 그 뜻을 알아듣기 힘든 중국글자말   33
3. 문자 쓰는 말과 글에서 벗어나야   38
4. 공연히 어렵게 쓰는 중국글자말   43
5. 많이 쓰는 중국글자말도 더 정다운 우리 말로   55
6. 우리 말을 파괴하는 중국글자말투   61
7. 틀리게 쓰는 중국글자말   75
   (1) '중국글자말+한다'로 쓰는 경우
   (2) 겹말
   (3) '일절'인가 '일체'인가?
   (4) 잘못 쓰는 하임움직씨 '-시킨다'

제2장 우리 말을 병들게 하는 일본말

1. 우리 말을 파괴하는 일본말 일본글   97
2. '진다' '된다' '되어진다' '불린다'   99

3. -에 있어서	110
4. 의	120
5. 와의, 과의	128
6. 에의	131
7. 로의, 으로의	137
8. 에서의	141
9. 로서의, 으로서의	151
10. 로부터의, 으로부터의	157
11. 에로의	159
12. 에게서	161
13. 그밖에 필요 없이 겹치는 토	170
14. 보다(토씨를 어찌씨로 잘못 쓰는 말)	171
15. '-에 다름 아니다'와 '주목에 값한다'	178
16. 의하여	180
17. '속속' '지분' '애매하다'	181
18. '수순' '신병' '인도' '입장'	183
19. '미소' '미소 짓다'	185
20. 그밖의 일본말들	187
21. '그녀'에 대하여	195

제3장 서양말 홍수가 졌다

1. 이 땅에서는 서양사람들도 우리 말을 해야 한다	199
2. 영어문법 따라 쓰는 '-었었다'	203
3. 쓰지 말아야 할 말	215
4. 들온말 적기	224
5. 잡지 이름, 상품 이름	227

제2부 말의 민주화와 글쓰기

제1장 말의 민주화1)

1. 이야기글의 역사   233
2. 벼슬아치의 말과 글   244
3. 땅 이름, 마을 이름   249
4. 일제 말, 군대 말   255
5. 강론 말   260
6. 방송 말   269
7. 글말   278
8. 사람가리킴 말   283
9. 높임말   291
10. 준말   300

제2장 말의 민주화2)

1. 말과 생각의 관계(질문과 대답)   305
2. 잘못 쓰는 말   308
3. 아름답지 못한 말   315
4. 농민의 말   323
5. 일제강점기·북한·중국 연변의 말   331

제3장 글쓰기와 우리 말 살리기

1. 아이들의 글쓰기와 어른들의 글쓰기   349
2. 농민문화 창조를 위한 글쓰기   361
3. 우리 말 속 일본말   366
4. 우리 말, 어떻게 살릴까   374

제1부 우리 말을 파괴하는 외래어

제1장 중국글자말에서 풀려나기

　밖에서 들어온 말 가운데서 가장 먼저 논의해야 할 것은 역시 중국글자말이다. 중국글자말은 오랜 역사에서 우리 삶에 깊이 스며들어 있어, 이제는 그것을 모조리 없앨 수가 없고, 모조리 없앨 필요도 없다. 우리가 몰아내어야 할 중국글자말은 무엇보다도 먼저, 우리 글자로 썼을 때나 입으로 말했을 때 그 뜻을 알 수 없거나, 이내 알아차릴 수 없는 말이다. 이런 말은 먼저 우리 말이 될 수 없다고 보고, 쉬운 우리 말로 바꿔 써야 한다.

1. 우리 글자로 썼을 때 그 뜻을 알 수 없거나 알기 힘든 중국글자말

　이런 말이 어떤 글 속에 들어 있을 때, 앞뒤 문맥으로 미루어 그 뜻을 알게 된다고 하더라도 순수한 우리 말로 바꾸어 써야 한다. 낱말은 홀로서도 그 뜻을 알 수 있어야 하기 때문이다. 다음에 보기를 들어본다.

• 누가 부패 언론의 <u>소제</u>를 마다하랴. (→청소) 『한겨레』, 1989. 5. 14.

　이 소제란 말은 일본말이기도 하다.

- 산업의 육성이라는 미명 하에 기사를 죽이고 살려 (→아름다운 이름으로, 허울 좋은 이름으로, 핑계로) 『한겨레』, 1988. 7. 29.
- 이런 시설물들이 자연의 미를 파괴하고 있다. (→아름다움을) 어느 인쇄물
- '한국의 미 제전' 18일 개막 (→아름다움 잔치) 『한겨레』, 1988. 8. 10.
- 누드의 미 (→맨몸의 아름다움) 『미술세계』, 1988. 8.
- 가을의 美 (→아름다움) 어느 그림 제목

미라고 소리 내게 되는 중국글자를 사전에서 찾아보면 여덟 자(美, 尾, 未, 味, 微, 眉, 米, 迷)나 된다. 중국글자를 그대로 써서 우리 말로 만드는 것이(더구나 한 자뿐인 것을) 얼마나 잘못되어 있는가를 이로써 알 수 있다.

- 새로운 음의 역사를 만든다. (→소리) 『한겨레』, 1988. 1. 14.
- 끊임없이 소음이 들려왔다. (→시끄러운 소리〔가〕) 어느 인쇄물
- 네덜란드 측은 선수촌 입촌 직후 선수촌 내에 자국의 하이네켄 맥주 시음장을 차리는 등…… (→선수촌에 들어가자 곧 │ →안에 │ →자기 나라 │ →마시는 자리) 『중앙일보』, 1988. 9. 20.
- 그는 다이빙의 멋진 곡선과 입수(入水) 동작에 더할 수 없는 매력을 느꼈다. (→물에 들어가는 몸짓) 『중앙일보』, 1988. 9. 21.
- 이런 제사건이 교육운동의 맹아로 자라나게 되었다. (→여러 사건 │ →싹) 어느 교육 신문
- 소아의 안 외상은 중대한 보건 문제에 속한다. (→어린이의 눈 상처) 어느 잡지

"문제에 속한다"도 '문제가 된다'로 쓰는 것이 좋다.

- 전경환 씨가 바로 전 대통령의 <u>실제</u>인 만큼……(→친동생) 『동아일보』, 1988. 3. 17.
- <u>운무</u>가 아련히 펼쳐져 있다. (→구름과 안개) 『한겨레』, 1988. 7. 31.
- 미국의 『워싱턴 타임스』는 레이건의 '보수혁명' <u>조류</u>에 힘입어 …… 상당한 영향력을 갖고 있는 것으로 알려졌다. <u>동지</u>는 미국에서…… (→흐름 | →그 신문) 『말』, 23호
- '<u>주</u>의 군대' 실행할 <u>호기</u>로 삼아야(→주님의 | →좋은 기회) 『주간기독교』, 1988. 2. 28.
- <u>고</u>예술품 전시 (→옛 예술품) 어느 전시회 광고 간판
- 이건 <u>사문화된 고서</u>가 아니고…… (→죽은 글이 된 옛날 책이) 어느 대학 신문
- <u>고가구</u> 매매 (→헌 가구, 낡은 세간) 어느 간판
- <u>고서매매</u> (→헌책 사고팝니다.) 어느 간판
- <u>매매</u> 계약서 (→팔고 사는) 흔히 쓰는 것

매도인, 매수인도 '파는 사람' '사는 사람'으로 쓰면 좋겠다.

- 적사장 어느 언덕길 가에 세워놓은 표지판

이게 무슨 말일까? 모래를 쌓아 놓은 곳〔積砂場〕이란 뜻일까?

- 88올림픽 <u>재고</u> (→다시 생각해야) 어느 대학 신문
- 노동운동의 <u>재고</u> 어느 대학 신문

이것은 글의 짜임을 바꾸어 의를 없애고 '노동운동 다시 생각해야'라고 하든지 '노동운동을 다시 생각하자'로 쓰는 것이 옳다.

- 히로히토 장례 총리 조문 재고를…… (→다시 생각하도록) 『한겨레』, 1989. 2. 19.
- 소유 욕구 부추겨 생산성 제고 (→높여) 『한겨레』, 1989. 3. 5.
- 女 사격 부진에 마을 잔치 무산 (→여자 | →활기 없어, 시원찮아 | →사라져, 못 해) 『중앙일보』, 1988. 9. 20.
- 남북 경제 각료 회담 무산 (→사라져, 안개로 사라져, 못 해) 『중앙일보』, 1989. 1. 30.
- 노 대통령과 면담 무산돼 곧 독자 선언 (→안 돼, 못 해 | →혼자) 『한겨레』, 1988. 11. 17.
- 경찰 원천봉쇄로 무산 (→흩어져, 못 해) 『한겨레』, 1989. 3. 3.
- 15일 전남 광주 지역에서는 학생들이 징계대상 교사를 에워싸고 징계위 출석을 막는가 하면 재단이사장실을 점거, 징계위 회의를 무산시키는 사태가 발생했다. (→못 하게 하는) 『한겨레』, 1989. 7. 16.
- 기진하여 마모되는 삶 (→닳아 없어지는) 어느 대학신문
- 민주화의 도정에 힘입어…… (→가는 길) 어느 대학신문

"민주화의 도정" 이럴 때도 의를 없애고 '민주로 가는 길'로 쓰는 것이 옳다.

- 88 상반기 노동운동 소고 (→[-에 대한] 작은 살핌, [-에] 대하여) 『한신학보』, 1988. 9. 30.
- 속 목양송 (→양치기를 기림—속편) 어느 책 이름
- 역자의 변 (→번역을 하면서) 어느 글 제목 밑에 나온 말
- 안내원 무승무 (→타지 않음) 어느 버스 안에 써 붙인 글

"無乘務"란 말이겠는데, 세상에도 기괴한 말을 다 쓰고 있다.

- 휴거와 예비처 (→데려가심 | →준비할 곳) 『주간 기독교』, 1988. 9. 25.

이렇게 누구든지 알 수 있는 말로 쓰는 것이 좋겠다.

- 권력의 저의가 만악의 근원이었다. (→속셈이 | →만 가지 악) 『중앙일보』, 1988. 5. 28.
- 우리의 시사에도 확고한 자리를 차지한다. (→우리 시의 역사) 어느 문학 논문
- 교회사로 본 스포츠 (→교회 역사) 『주간 기독교』
- 대지는 인간에게 시련 마당이자 구원사의 중심 (→넓은 땅, 땅 | →단련, 닦임 | →구원의 역사, 구원받는 역사) 『주간 기독교』, 1988. 9. 18.
- 여자 평영 2백 미터 예선에서 역영하는 캐나다의 엘리슨 힉슨 선수 (→개구리헤엄 | →힘껏 헤엄치는) 『조선일보』, 1988. 9. 27.

이 화보 설명 제목에는 "입 모양도 개구리"라고 해놓았는데 설명한 글은 이렇게 되었다.

- 사랑의 여로 (→나그넷길) 어느 영화 제목
- 일본은 버마의 군사정권을 인정하지 않기 때문에 모든 대 버마 원조를 13일부터 중지한다고 발표했다. (→버마에 대한 모든) 『한겨레』, 1989. 1. 14.
- 기획원 가로채기식 업무보고에 타 부처 '불만' (→다른 부처) 『한겨레』, 1989. 1. 14.
- 미소의 금메달리스트 (→웃음) 어느 글 제목

"미소의"는 '웃고 있는' 하면 된다.

- 중요한 것은 피아의 실상을 정확히 알려는 노력이다. (→서로) 『한겨례』, 1989. 1. 22.
- 김영삼 총재 일사회당 초청 내일 출국 (→일본 사회당) 『한겨례』, 1989. 1. 29.

출국도 여기서는 '떠나' 하면 된다.

- 운전사 등 3명 燒死 (→타 죽어) 『중앙일보』, 1989. 1. 30.

이 燒死란 중국글자를 아는 사람이 얼마나 될까? 우리 글자로 '소사'라고 쓰면 무슨 말인지 알 수 없다. '타 죽어' 이렇게 알기 쉬운 우리 말을 쓰지 않는 까닭이 어디에 있는가?

- 拉北 어선 操業 위치 허위 보고 (→북으로 잡혀간 고기잡이배, 일하던 자리 거짓 보고) 『중앙일보』, 1989. 1. 30.
- 재미 칼럼니스트 (→미국에 사는, 미국 거주) 『한겨례』, 1989. 6. 7.

칼럼니스트도 '특별기고가'라든지 '시사평론가' 등으로 달리 쓰는 것이 좋겠다.

- 무기류 밀수출기도 재미동포 적국 통신탐지 극비서류 소지 (→무기 종류 | →하려던 | →미국의 | →가져) 『한겨례』, 1989. 2. 2.
- 기자협회 언론 自淨 위해…… (→스스로 깨끗이 하기, 자기 정화) 『평화신문』, 1989. 2. 5.

"自淨"이란 말이겠는데, 중국글자말을 이렇게 분별없이 만들어내지 말아야 한다.

• 문학비평의 충격적 휴지기 (→쉰 때) 『현대문학』, 1989. 1.

"충격적 휴지기"는 '(-이) 놀랄 만큼 멈춰버린 때'로 하는 것이 좋다.
'휴식' '휴면'이란 말보다도 더 잘 안 쓰는 휴지(이것은 또 '못 쓰는 종이'가 된다)란 말에다 또 '기'를 붙여 이렇게 어설픈 말을 만들어 써야 할 이유가 어디 있는가.

• 오늘 판문점 통과 시도할 듯 (→하려 할 듯) 『한겨레』, 1989. 7. 27.
• 질병해결사 아닌 인간화 운동의 시도 (→운동해보기, 운동하기) 『평화신문』, 1989. 3. 5.
• 발맞추기 시도 …… 봄 정국 가늠자 『한겨레』, 1989. 3. 4.

여기 나오는 시도는 없어도 된다. 굳이 '해보기'란 뜻을 강조하고 싶으면 '발맞춰보기'로 쓰면 될 것이다. 흔히 시도란 말은 없어도 될 것을 군더더기로 붙이는 버릇이 있고 필요하더라도 '해보기'로 쓰면 그만이다.

• 나지불라 사임도 불사 (→사양 안 해) 『한겨레』, 1989. 3. 4.

이 기사의 내용으로 보아 "사임도 불사"를 '사임할 수도'로 써도 좋을 것이다.

• 유럽 유명(有名) 실내악단 대거 來韓(→한목 오다, 왕창 오다.) 『한국일보』, 1989. 3. 4.
• 정치군사적으로는 종속성을 갖고 있으며 경제침략이라는 면에서는 '중심부'에 대치되는 '주변부'로서 위치하고 있다고 분석했다. (→마주 놓인) 『말』, 제21호

"-로서 위치하고 있다"는 '……의 자리에 있다'고 쓰면 된다.

- 그 무렵 구문체의 문장을 자랑스럽게 썼다. 어느 논문

"구문체"라면 서양문체〔歐文體〕인지 옛 문체〔舊文體〕인지 알 수 없다.

- 소모임 활동 방안 (→작은 모임) 어느 글
- 고급 홍어 쫓다 피랍 (→잡혀가) 『한겨레』, 1989. 3. 3.
- 정상회담 수락의사 가시화 (→받아들일 뜻 보여) 『한겨레』, 1989. 4. 26.
- 정치력 시험대…… 속셈 달라 성과 미지수 (→알 수 없어) 『한겨레』, 1989. 5. 11.
- 사인 꼭 밝혀야 (→죽은 까닭, 죽은 원인, 왜 죽었나?) 『한겨레』, 1989. 5. 13.
- 봄가뭄, 대지가 목 탄다 (→땅이) 『주간홍성』, 1989. 5. 3.
- 미국 사회주의 소설의 백미 (→뛰어난 작품) 『한겨레』, 1989. 8. 23.
- 알기 쉽게 쓴 조선통사의 백미 (→최고 작품) 어느 책 광고
- 학생들도 보고 있는 대로에서 명색 선생들을 개 패듯이 패고 끌어다 닭장차에 처넣고 강도나 절도처럼 쇠고랑을 채우고…… (→큰길) 『한겨레』, 1989. 8. 24.
- 올바른 국어 교육의 자구성을 모색하고…… 어느 교사신문

자구성이란 무슨 말일까? '스스로 구하는 성격'〔自救性〕이란 말인가? "모색하고"는 '찾고' 하면 된다.

- 독버섯 매춘 방기 (→버려둬) 『한겨레』, 1988. 12. 17.
- 이것은 한시도 유예할 수 없는 초미의 사안임을 우리 모두 인식해야 하겠다. (→매우 급한 일) 『출판저널』, 1988. 10. 5.

유예할 수도 '망설일 수' '미뤄둘 수'로 쓰는 것이 좋다.

- 그렇지만 이러한 '성과 아닌 성과'만으로는 초미의 국민적 관심사라 할 이번 사건의 진상을 밝히는 데는 크게 미흡한 게 사실이다. (→매우 급한) 『한겨레』, 1989. 6. 11.
- 심방 유감 (→가정방문에 대하여, 가정방문에 대한 생각〔느낌〕) 어느 주간지 글 제목
- 프랑스에 미술품 사취 잇달아 루브르박물관 등 헐값 매입에 소송 제기 (→속여 뺏기 | →사들이기에) 『한겨레』, 1989. 1. 19.
- 연희동·청와대 숨 가쁜 '막후교섭' 전 추적 (→전부 추적, 모두 뒤쫓음) 『일요신문』
- 한국여자 파죽의 4연승 (→거침없는) 『한겨레』, 1989. 1. 29.
- 농공위 등 정부 부서 재조정 시사 (→다시 조정할 뜻 비쳐, 다시 조정할 듯) 『한겨레』, 1989. 3. 15.
- 지방자치제 연계 시사…… 타격 우려도 (→함께 할 뜻 비쳐) 『한겨레』, 1989. 1. 31.

우려는 '걱정'으로 쓰면 될 것.

- 작년 말 '정면 돌파' 시사 뒤 저울질 네 차례 (→뜻 비춘) 『한겨레』, 1989. 3. 21.
- 감독기관의 지속적인 간섭·통제하려는 저의를 규탄한다. (→속셈) 전국연합노동조합연맹 농지개량조합위원회 성명서

"감독기관의 지속적인 간섭·통제하려는 저의", 이것은 '감독기관이 끊임없이 간섭하고 통제하려는 속셈'이라고 써야 옳다.

- 온 국민의 시선 또한 가시 돋친 눈으로 냉소를 보내고 있는 이 시점에 뼈를 깎는 깊은 자성을 하면서…… (→눈길 | →비웃음 | →때 | →자기반성) 전국연합노동조합연맹 농지개량조합위원회 성명서
- 민주·민생악법 개폐 내용면서 국민기대 미달 (→못 미쳐) 『평화신문』, 1989. 3. 19.

"내용면서"는 '내용면에서'가 아니면 '내용에서' '내용이'로 쓰는 것이 좋다.

- 철학·미술·노동 등 분화 (→나뉘어) 『한겨레』, 1989. 3. 16.
- 교사들의 민주적 제 권리 및 교육권에 대한 인식을 재고하고 교권 침해 사례를 폭로, 대응책을 마련한다. (→여러 권리 | →다시 생각하고) 어느 교사협의회 인쇄물

이 재고란 말은 높인다는 뜻의 제고를 잘못 쓴 것이 아닌가도 생각된다. 재고, 제고 이런 중국글자말은 일절 안 써야 한다.

밎도 '와'로 쓰는 것이 좋다.

- 지: 마산·부산
  지: 거문도·제주도 (→가는 곳) 여수역 기다림방 지도 안내
- 사안의 대소나 선후를 따질 것이 아니다. (→일, 사건내용) 『한겨레』, 1988. 10. 27.

"대소나 선후"는 '크고 작고나 앞과 뒤'로 쓰면 된다.

2. 입으로 말했을 때 그 뜻을 알아듣기 힘든 중국글자말

입으로 말했을 때 그 뜻을 쉽게 알아차릴 수 없는 중국글자말이 많다. 본래 중국글자말은 민중들이 일하는 삶 속에서 생겨나고 쓰인 것이 아니라 양반이나 관리들, 학자들이 읽고 있는 글에서 생겨났기 때문이다. 그런데 요즘은 상대편 얼굴도 보지 못하고 말을 하고 목소리만 들어야 할 경우가 얼마나 많은가? 전화로 말하고, 방송을 하고 방송 말을 듣는 경우가 그렇다. 이런 때일수록 중국글자말을 쓰지 말고 순수한 우리 말을 써야 말글 생활을 바로 할 수 있다.

- 민중미술의 의의와 방향 (→뜻) 어느 학교 교지
- 현 단계 문학운동 쟁점들의 역사적 전개와 의의 (→뜻) 『한신학보』, 1988. 10. 11.

똑같은 홀소리를 되풀이하는 이 중국글자말은 소리 내기도 힘들고 알아듣기도 힘드니, 아주 안 쓰는 것이 좋겠다.

- 노무현 의원이 그럴 사람인가 하고 다소 의아한 생각도 했다. (→조금 의심스러운) 『한겨레』, 1989. 1. 14.
- 때로는 의아해지기도 합니다. (→의심스럽기도, 의심이 생겨나기도) 어느 교회 인쇄물
- 나는 의아해했습니다. (→이상하게 생각했습니다.) 어느 명랑소설
- 일개 텔레비전 사회자가 레비-스트로스와 어깨를 나란히 하는 지성으로 꼽혔다는 데에 이르러서는 의아해하지 않을 수 없다. (→이상하게 여기지, 어리둥절하지) 『한겨레』, 1989. 2. 8.
- 몹시 의아스럽다는 표정으로 다시 물었습니다. (→의심스럽다는, 이상하다는) 어느 명랑소설

- 왜 휴전선에서 음악제를 하자는 것인지 <u>의아해할지</u> 몰라도 휴전선은 분단의 모든 것을 상징합니다. (→의심스럽게 여길는지) 『한겨레』, 1988. 10. 27.

이 의아스럽다, 의아해한다는 말도 홀소리가 연달아 나와 말하기도 힘들고 알아듣기도 쉽지 않다. 그런데 왜 모두 이 말을 그렇게도 즐겨 쓸까?

- <u>후회하지</u> 않는 직업 (→뉘우치지) 어느 글 제목

전화로 이 말을 들었을 때 나는 무슨 말인지 몰라 여러 번 자꾸 되물었던 것이다.

- 캄보디아 분쟁 <u>의견</u> 못 좁혀 (→서로 다른 생각) 『한겨레』, 1989. 2. 19.
- 리가초프는 소련 역사에 대한 고찰과 같은 중요한 문제에서 고르바초프 및 야코블레프와 <u>의견을 보였다</u>. (→의견을 달리했다.) 『한겨레』, 1988. 10. 2.
- '교협'과 이사회간의 <u>의견</u> 좁혀지지 않아 (→다른 의견) 『서강학보』, 1988. 10. 4.

"간의"도 '사이에'로 쓰는 것이 좋다.

- 지방자치제에 관한 <u>의견</u> 절충을 <u>시도했다</u>. (→다른 의견 | →꾀했다.) 『한겨레』, 1989. 2. 19.

"이견 절충을 시도했다"는 '서로 다른 의견을 맞춰보려고 했다'고 쓰는 것이 좋다.

- 동서 군축회담 개막. 감축 대상·방법 이견 (→-에 소견 달라, -에 생각 달라) 『평화신문』, 1989. 3. 19.
- 본 회담의 내용에서는 이견을 보였으나 그 절차에서 의견의 일치를 보았습니다. (→다른 의견 | →의견이 맞았습니다.) 라디오 뉴스 해설, 1988. 11. 17.

이견은 '다른 의견'이라는 뜻이다.

이견과 '의견' 이 두 가지 말은 발음을 정확하게 하는 사람이 드물어, 글자를 써놓았을 때보다 귀로 들었을 때 더욱 뒤섞이게 된다. 그래서 이견이란 말은 안 쓰는 것이 좋겠다.

- 시의에 맞지 않은 내용을 담고 있고…… (→때) 『동아일보』, 1988. 4. 20.
- 초로의 C 씨가…… (→늙은이 축에 들기 시작한) 어느 사보의 글

초로는 글자를 보아도 알 수 없는 말이다.

- 하나님의 성당을 빈자가 더럽혀서는 안 된다. (→가난한 사람이) 어느 수필
- 필을 놓겠습니다. (→못을, 펜을, 연필을)

흔히 편지 끝에 쓰는데, 한글시대가 된 이제는 당연히 없어져야 할 말이다.

- 그날은 필히 도장을 지참하실 것 (→반드시, 꼭) 어느 광고문

"지참하실 것"도 '가져오실 것'으로 써야 한다.

제1장 중국글자말에서 풀려나기 35

- 그날은 필히 오셔야 합니다. (→꼭) 어느 편지
- 당국은 기히 발표한 복직 대상 교수의 수를…… (→이미) 어느 교육신문
- 1950년 7월 동란 발발 직후 (→일어난) 『한겨레』, 1989. 2. 14.
- 그때 전쟁이 발발했지요. (→일어났지요.) 어느 수필
- 발발 가능한 전쟁을 어떻게 막을 것인가. (→일어날 수 있는) 『한국일보』, 1988. 11. 3.
- 寧越에 산사태, 6명 埋沒死 (→묻혀 죽어) 『동아일보』, 1988. 7. 20.
- 死地에서의 생환 (→죽음의 땅 | →살아 돌아와) 『중앙일보』, 1988. 7. 11.

-에서의는 의를 없애야 한다.

- 終戰 수락이 최대 好材 (→싸움 끝남 | →받아들임 | →좋은 재료) 『중앙경제신문』, 1988. 7. 19.

'최대 호재'는 '가장 좋은 재료'로 고쳐야 한다.

- 수상하다

상을 주는 것도 받는 것도 모두 '수상'이니, 이런 말은 이제 안 쓰는 것이 옳다. '상을 주다' '상을 받다'로 쓰면 쉽고 분명해진다. '거동이 수상하다'란 말도 있으니.

- 패자

신문의 체육기사에 잘 나오는 말이다. 이긴 편[覇者]을 가리키는지, 진 편[敗者]을 가리키는지 알 수 없다.

- 헝가리 와인 시음회 (→술 맛보기 모임) 『중앙일보』, 1989. 3. 4.
- 바이킹의 후예 (→후손) 『새소년』
- 미래를 내다보지 못하는 우를 범하는 결과가 될 게다. (→어리석음을) 『한겨레』, 1989. 1. 6.

미래는 '앞날'로 쓰면 된다.

- 어린 묘의 꿈 (→싹) 『한겨레』, 1989. 1. 7.
- 세 야당은 국민을 위해 공조해야 (→함께 도와야) 『한겨레』, 1989. 1. 14.
- 중간평가 봄 정국 '태풍의 눈' 부상 (→-으로 떠올라) 『한겨레』, 1989. 1. 31.
- 기아를 주요 무기로 삼는 수단 정부의 방해로…… (→굶주림) 『한겨레』, 1989. 3. 15.
- 파업 종용자 못 봤소? (→부추긴 사람) 『한겨레』, 1989. 3. 21.
- 추기 운동회 (→가을) 많이 쓰는 말

춘기, 하기, 동기도 각각 '봄' '여름' '겨울'로 써야 한다.

- 춘기 노동 투쟁 (→봄철) 어느 잡지 글 제목
- 지금은 수명이 같이 발걸음을 멈추는 것조차 금지되어 있는 상황이다. (→몇 사람) 『네 마음이 전쟁을 부른다』, 224쪽

이것은 글로 써놓아도 알아보기 힘들다. 이 원문은 일본글이며 '數人'이라고 되어 있다.

- 중국의 대표적인 명주로 꼽히는…… (→이름난 술) 『동아일보』, 1989. 7. 26.

제1장 중국글자말에서 풀려나기 37

이 말 역시 말로서나 글자로서나 알 수 없다. 긴 문장을 다 읽고 나서야 비로소 술 이야기임을 깨달았다.

- 요즘은 <u>전전</u>과 똑같아 (→전쟁 전) 『네 마음이 전쟁을 부른다』, 147쪽
- <u>개구</u>의 여지가 없었다.(→말할, 입을 열) 『한겨레』, 1989. 7. 28.

이것을 읽고 무슨 말인지 잠시 생각하고 앞뒤를 살펴야 했다. 말로 한다고 해도 알아듣지 못할 것이다.

- <u>요(要)</u>는 우리가 교육을 받고 돈을 모으고 힘을 축적하는 것은 좀 더 사람답게 잘살아보자는 것인데…… (→요점은, 중요한 것은, 문제는) 『십대들의 쪽지』, 마흔네 번째

3. 문자 쓰는 말과 글에서 벗어나야

아이들은 글쓰기를 어려워한다. 저희들끼리 말하는 것을 들으면 참으로 재미있고 그런 말을 그대로 글로 적는다면 얼마나 좋겠나 싶은데, 글을 쓰라고 하면 대개는 글벙어리가 된다. 어찌 아이들뿐인가. 어른들도 마찬가지다.

사람들이 글쓰기를 어려워하는 것은 글이 말과는 다르다고 알고 있기 때문이다. 말을 글자로 적어놓은 것이 글일 터인데, 글이 말에서 멀어져 말과는 아주 다른 질서를 가진다는 것은 매우 좋지 못한 현상이다. 더구나 말을 소리 나는 대로 적게 되어 있는 우리 글이 우리 말에서 멀리 떨어져 나가 있다면 아주 크게 잘못된 일이다.

이렇게 된 가장 뿌리 깊은 원인은 우리 조상들이 중국글자를 써서 생각을 나타내고 중국글이나 중국글자말을 써야 행세를 하도록 하는 사회를 만들었기 때문이다. 그 중국글자도 일본 사람들같이 자기 나라 말로

읽지 않고 중국 사람들이 읽는 그대로 읽어서 중국글자말이 우리 말과는 잘 어울릴 수 없도록 했기 때문이다.

이래서 우리는 불행하게도 우리 말과는 다른 '중국글자말 체계의 문장'에 갇혀 아직도 벗어나지 못하고 있다. 옛날부터 글깨나 쓰는 사람들이 '문자 쓴다'는 것이 바로 이것이다. 요즘도 이 문자 쓰는 글이 얼마나 많은가. 아니, 거의 모든 지식인·학자·문필가들의 글이 문자 쓰는 글로 되어 있다.

삼삼오오, 일석이조, 금상첨화, 자중지란, 언필칭, 호사다마, 동병상련, 불문가지…… 이런 익은말쯤이야 하도 오래 써온 것이라 웬만한 사람의 입에서도 나올 수 있는 것이니 그다지 문제가 되지 않는다고 본다(물론 이런 말도 민중의 말이 아니라고 보아야 하니 될 수 있는 대로 안 쓰는 것이 좋지만). 그런데, 신문기사나 논문들에 흔히 나오는 다음과 같은 말들은 이제 깨끗이 없앨 때가 되었다.

- '쿠바'가 서울올림픽 불참을 번복, 선수단을 <u>파견할 가능성을 배제하지 않고 있다</u>. (→파견할 수 있을 것 같다, 어쩌면 보낼 것 같다.) _{어느 신문}

"가능성을 배제하지 않는다", 이것은 서양말과 중국글자말을 잡탕으로 해놓은 참으로 어설픈 '문자'다.

번복이란 말도 '뒤집어'로 쓰는 것이 좋다.

- 수사 혼란을 야기시키기 위한 이 경감의 자작극이거나 장난 전화일 <u>가능성도 배제하지 않는다</u>. (→수도 있다.) 『한겨레』, 1989. 1. 3.

"야기시키기"도 '일으키기'로 써야 한다.

- 사건의 진위는 <u>차치하고</u> 발설의 정황 등이 상식적으로 믿기 어렵다. (→그만두고, 제쳐두고) 각 일간 신문, 1987. 9. 24.

"사건의 진위"는 '사건이 참이냐 거짓이냐'로 쓰는 것이 좋겠고, "발설의 정황 등이"는 '말을 낼 형편 따위가'로 쓰면 된다. "상식적으로"란 말도 '상식으로' 하면 된다.

- 그럴 경우 교과서는 교육적 기능은 <u>차치하고</u> '정권의 정신적 시녀'로 전락하는 셈이다. (→그만두고) 『한겨레』, 1989. 1. 31.

"전락하는"도 '굴러떨어지는'으로 쓰는 것이 좋다.

- 서총련에서 보낸 지지성명서의 내용은 <u>차치하고라도</u>, 서총련에서 구사한 언어는 이미 대중적 설득력을 잃고 있음이 분명하다. (→그만두고라도) 『한겨레』, 1989. 2. 5.

"구사한 언어"는 '쓴 말'이라 하면 된다. "대중적 설득력"은 '대중을 설득하는 힘'이라고 쓰는 것이 좋다.

- 편집자 고유의 권한이라니까 <u>차치하고라도</u>…… (→그만둔다 하더라도) 『한겨레』, 1989. 3. 16.
- 그중 고위 간부들은 <u>차한에 부재이며</u>…… (→여기에 들어가지 않으며) 어느 신문
- 전후 사정을 덧붙이도록 했는데, <u>그럼에도 불구하고</u> 이 정도의 절실함을 주는 시는 거의 나타나지 않던데요. (→그런데도) 어느 좌담
- <u>그럼에도 불구하고</u> 서울올림픽은 이념적으로 개방체제를 지향케 했다는 긍정적 측면이 있습니다. (→그런데도) 『평화신문』, 1988. 10. 9.

- 우파 백인들의 거듭되는 방해에도 불구하고 공연장은 연일 만원의 성황을 이루고 있다. (→우파 백인들이 거듭 방해했는데도)『한겨레』, 1988. 10. 5.

연일은 '날마다'로 써야 한다.

- 박차를 가해오던 사회과학계에도…… (→힘써오던)『말』, 제21호
- 탁구에서 4개의 금메달을 따내 메달 경쟁에 박차를 가했다. (→온 힘을 기울였다.)『한겨레』, 1988. 10. 3.
- 이렇게 오늘의 교육은 역사적 선상에서 어려움을 획득한다. (→역사에서 어려움에 부딪힌다.) 어느 교사의 글
- 30만 교사가 단결하여 응집된 총체력을 발휘해야 하며…… (→한데 모인 힘을 드러내어야) 어느 교사협의회 성명문
- 주체적 한국 영화를 위한 일시론 (→한 시론, 조그만 생각, 한 가지 의견)『한신학보』, 1988. 9. 30.
- 심신의 장애로 인한 사회적응 기능의 미비 내지 상실로 초래되는 생존의 부담, 정신적 부적응에 대해…… (→기능의 모자람이나 잃어버림으로 하여 가져오게 되는, 〔-때문에 사회적응〕 기능이 모자라거나 기능을 잃어버려서 오게 되는)『주간 기독교』, 1988. 10. 16.

심신은 '몸과 마음'으로 쓰는 것이 좋다.

- 이 소설은 모택동의 대장정에 합류하지 못한 어느 홍군 유격대가 당 중앙과 철저히 고립된 채 3년여에 걸친 전대미문의 간고한 유격전투를 견지한 사실을 그리고 있다. (→지금까지 들어보지 못한 곤궁한 | →굳게 가진, 끝내 이어간) 어느 책 광고문
- 최대 현안인 남북통일 문제에 수미일관되게 적용하여…… (→한

결같이) 어느 책 광고문

최대 현안도 '가장 큰 문제'라고 쓰면 된다.

- 사실 기독교 사회라면 몰라도 우리들이 <u>무비판적으로</u> 이날을 명절로 격상시키기에는 문제가 있다. (→비판 없이, 생각 없이) 『한겨레』, 1989. 1. 8.

"격상시키기에는"은 '격을 높이기에는'으로 쓰는 것이 좋겠다.

- <u>폐일언하고</u> 이만한 신문 하나를 수용하지 못하는 사회 (→한마디로 말해서) 『한겨레』, 1989. 4. 16.
- 교육계 전체가 노조결성을 둘러싸고 둘로 나뉘는 등 극심한 진통이 예상되는데도 문공위는 지난해부터 미뤄온 교육법 개정작업에 박차를 가하지 않아 사회갈등을 <u>수수방관하고 있는</u> 느낌이다. (→힘쓰지 않아 | →보고만 있는) 『한겨레』, 1989. 5. 5.

갈등은 '뒤얽힘'으로 쓰면 좋을 것이다.

- 그러나 인천지경은 "학생순화 차원이 아니기 때문에 특별면회는 있을 수 없다"며 <u>일언지하에</u> 거절하면서도…… (→한마디로) 『한겨레』, 1989. 6. 24.
- '한겨레논단'은 이 시대의 쟁쟁한 논객들이 열어놓은 '정론의 창'으로서 <u>명실공히</u> 창간 이래 한겨레신문의 얼굴 구실을 해왔다. (→이름 그대로) 『한겨레』, 1989. 7. 30.

4. 공연히 어렵게 쓰는 중국글자말

글쟁이들의 '문자 쓰는' 버릇은 '가능성을 배제하지 않는다' '진위는 차치하고라도' 따위가 아니어도 얼마든지 나타나고 있다. 될 수 있는 대로 민중들이 잘 안 쓰는 말을 써서 유식함을 자랑하고 싶어 하거나, 적어도 너무 쉬운 말을 써서는 자기가 무식하게 보일 것을 염려하는 것이 글쟁이들에게 두루 퍼져 있는 버릇이다. 이 부끄러운 버릇을 싹 뜯어고치지 않고는 우리 말글을 살릴 수 없다.

- 이날 오전 '1노 3김'의 조우가 예상됐던 무역의 날 기념식에 불참 (→만남이) 『중앙일보』, 1988. 11. 30.
- 연습비행 중 새떼와 조우, 몇 마리가 엔진 속으로 빨려 들어가는 바람에 엔진에 화재가 발생, 추락했다. (→새떼를 만나│→불이 나, 떨어졌다.) 『한국일보』, 1987. 9. 30.
- 우리 선박이 공해상에서 조우하는 베트남 난민선을 구조하여 보호하고 있는 마당에…… (→만나는) 『한국일보』, 1989. 7. 27.
- 월남서 쥬 중령 첫 조우 (→처음 만나) 『신동아』, 1988. 11.
- 김순남과 이건우의 가곡 10곡이 4년여 만에 아마추어 성악가들의 목소리에 실려 공개적으로 연주되는 기이한 해후가 이뤄진 것이다. (→만남이) 『일간스포츠』, 1988. 10. 7.
- 지난 85년 가을 40년간의 분단 이후 처음으로 남북 적십자사의 주선으로 극소수나마 남북 이산가족이 극적인 해후를 하는 경사가 온 국민의 마음을 설레게 했었다. (→만남을) 『한겨레』, 1988. 10. 9.

"극적인 해후를 하는"은 '연극같이 만나는'으로 쓰면 더욱 좋겠다.
극소수는 '극히 적은 수'로 쓰면 좋겠고 경사는 '기쁜 일'로 쓰는 것이 좋겠다.

했었다는 '했다'가 아니면 '한 바 있다'로 쓰는 것이 옳다.

- 김수득의 이야기 중에서 가장 충격적이었던 것은 천형식과의 해후담이다. (→천형식과 만난 이야기) 『말』, 제21호

"충격적이었던"은 '충격을 받은'이라든지 '마음을 찔렸던'으로 쓰면 더욱 좋겠다.

- 평민당의 이상수 대변인은 '이 문제가 향후 정국에 미칠 파문을 고려해 총재단회의에서 일단 거론하겠다'며…… (→앞으로) 『한국일보』, 1989. 5. 23.
- 매우 힘겨운 작업이지만 향후 민족 민주문학에서 요구되는 시급한 과제라 아니 할 수 없다. (→앞으로) 어느 신문의 글

작업도 '일'이라 쓰는 것이 좋다.

- 벤 존슨이 금지 약물을 복용했던 것으로 밝혀져 금메달이 박탈됐으며 향후 2년간 국제경기대회에 출전을 금지당했다. (→앞으로) 『동아일보』, 1988. 9. 27.
- 그 사태는 현하까지도 지속되고 있으며…… (→지금, 오늘날 | →이어지고, 이어오고) 어느 대학 신문
- 환경 파괴의 갖가지 문제를 야기하고 있다. (→일으키고) 어느 신문
- 시간의 낭비를 초래했다. (→가져왔다.) 어느 교사의 글

"시간의 낭비를 초래했다"를 '시간을 낭비했다'로 쓰든지 '시간을 헤프게 써버렸다'로 쓰면 더 좋을 것이다.

- 어떤 시련에 봉착하더라도…… (→어려움에 부닥치더라도) 어느 신문
- 교육적 양심을 견지하고…… (→굳게 가지고) 어느 교사의 글
- 인간다운 가치를 실현시키는 일이라고 절규했다. (→부르짖었다.) 어느 신문

"실현시키는"은 '실현하는'으로 써야 한다.

- 자신을 칭할 때…… (→말할) 어느 대학 신문
- 그런 의미가 내포되어 있다. (→뜻이 들어) 어느 교사의 글
- 글이란 자기의 느낌을 표출해야 된다고 생각한다. (→나타내어야) 어느 대학생의 글
- 반공해 의식 고조, 집단 민원 1백 건 이상 표출 (→높아져 | →나타나) 『한겨레』, 1988. 12. 23.
- 현실을 간과해버리고 마는 경우 (→보아 넘겨) 어느 잡지
- 우리가 대한교련을 호칭할 때면 늘상 '어용'이란 수식어를 앞에 두어왔음은 주지의 사실이다. (→말할 | →다 아는) 어느 교사신문
- 명랑소설을 선호하는 경향은…… (→좋아하는) 어느 논문
- 우리 주변에 널려진 역사의 편린들을…… (→조각) 어느 대학 신문
- 저임금 등으로 빈곤이 가중되고 있다고 지적했다. (→더해가고)

저임금은 '낮은 임금' 또는 '낮은 삯'으로 쓰면 더 좋겠고, 빈곤은 '가난'으로 쓰면 되고, 지적했다도 '말했다'든지 '가리켰다'고 쓰는 것이 좋겠다.

- 럭키 탈꼴찌 선봉 역할 (→꼴찌 벗어나기 앞장서〔앞장 노릇〕) 어느 스포츠신문
- 상공의 날 수상자 초치 (→초청, 불러들여) 어느 신문

수상자는 '상 탈 이'나 '상 받을 사람'으로 쓰면 좋겠다.

- 鼻中隔穿孔症 『중앙일보』, 1988. 7. 29.

"비중격천공증"이라니 이게 무슨 말인가? 같은 내용의 기사인데 어느 신문에는 "코물렁뼈구멍병"이라고 썼다.

- 이 기록은 삼청교육대에서 자행되었던 그 숱한 죄악상의 극히 일부분밖에는 포괄하고 있지 못하다. (→넣지 못했다.) 『말』, 제21호

"자행되었던"은 '저질렀던' '제멋대로 저질렀던'으로 쓰는 것이 좋다.

- "두고 보자"며 일전불사의 뜻을 비쳤다.(→한판 싸울) 『한겨레』, 1989. 3. 21.
- 옥쇄의 각오로 노 정권과 일전불사 (→죽을 | →한판 싸울 터, 한판 싸우겠다.) 어느 정당 신문
- 동료 압박·고난 대신한 산화 기려…… (→죽음) 『한겨레』, 1988. 6. 9.
- 정부와의 협상에서 관건이 되고 있다고…… (→열쇠가) 『한겨레』, 1988. 9. 17.

"정부와의 협상에서"는 '정부와 협상하는'으로 쓰는 것이 좋다.

- 진짜 같은 가짜는 반드시 가짜로 밝혀지고 만다는 진실은 끝까지 우리들의 희망을 담보한다. (→갖게 한다.) 『동아일보』, 1988. 4. 25.

"우리들의"는 '우리들에게'라고 써야 하겠지.

- 독자를 담보한 '언론폭행' (→잡아둔, 잡고 하는)『한겨레』, 1988. 12. 17.
- 지역 주민들의 신뢰가 담보되어 있을 때만 대표성이 살아난다 할 진대, 생래적인 출신 지역만을 '사들인' 겉치레는 예나 이제나 똑 같다. (→잡혀 | →타고난)『한겨레』, 1988. 12. 11.
- 민주국민으로서 신성한 한 표는 소신과 지조, 능력 있는 진짜 사람을 선택하는 것으로 귀착되어야 한다. (→되어야)『동아일보』, 1988. 4. 25.
- 여자 핸드볼 금메달 획득 (→따내, 차지)『중앙일보』, 1988. 9. 30.
- 한국은 대회 2일째인 지난달 18일 역도의 전병관이 처음으로 메달을 딴 데 이어 21일에 레슬링 그레코로만형 74킬로그램 급에서 김영남이 첫 금메달을 획득, 예상을 뒤엎는 좋은 성적을 보이기 시작했다. (→따내어, 차지해)『한겨레』, 1988. 10. 3.
- 김수녕은 전날 양궁 개인전에서 우승한 데 이어 단체전도 석권, 올림픽 사상 첫 2관왕에 올랐다. (→휩쓸어)『한겨레』, 1988. 10. 3.
- 중세기 유럽 대륙을 석권했던 바이킹들 (→휩쓸었던)『새소년』, 1989. 1.
- 스포츠 강국으로 세계무대 도약 (→뛰어올라)『한겨레』, 1988. 10. 3.
- 스물여덟, 참으로 도약할 때가 아닌가. (→뛰어오를)『삼도』, 1988. 8.
- 고려병원 동문회가 발족됩니다. (→시작합니다, 출발합니다, 첫발을 내딛습니다.)『고려병원』, 1988. 7.
- 울보, 난이 등 성격을 본떠 명명된 별명 또한 여럿이다. (→이름 지은, 이름 붙인, 붙인)『한신학보』, 1988. 9. 13.

등은 '들'로 써야 한다.

- 아니면 망각되어가는 기억 때문일까. (→잊혀)『한신학보』, 1988. 9. 13.
- 나의 고등학교 친구 중에는 천태만상의 별명을 소유한 친구들이 많았는데……(→온갖 | →가진)『한신학보』, 1988. 9. 13.
- 민족 특유의 냄새 속에 살다 54세로 쓸쓸히 타계 (→죽어, 돌아

가) 『일간스포츠』, 1988. 10. 7.

- 간단한 담화와 노래를 하고 출석을 부른다. (→이야기) 『개구쟁이 어린이방의 하루』, 1988. 7.
- 국악의 진면목 마음껏 펼쳤다. (→참 모습) 『중앙일보』, 1988. 1. 11.
- 최 교수 사인 규명 관심 고조 (→죽은 원인 밝히기 | →높아져) 『평화신문』, 1988. 10. 16.
- 선하차 후승차 (→먼저 내리고 다음에 탑시다, 내린 다음 탑시다.) 지하철 표지판
- 80년 11월 12일, 서울에 있는 언론사 대표 17명은 국군보안사령부 대공처에 모여, 똑같은 문안의 각서(신문·방송의 포기)를 불러주는 대로 쓰고 무인을 찍었다. (→손도장) 『한겨레』, 1988. 10. 27.
- 경제학의 자세(藉勢)가 우심한 것은…… (→세력에 기댐이 더욱 심한, 세력에 더욱 많이 기대는) 『한겨레』, 1988. 10. 27.
- 광복운동에서 일익을 맡은 데서 온다. (→한 부분, 한 몫) 『한국일보』, 1988. 11. 3.
- 60년대 이후 토착화 노력 하나의 결실 (→뿌리내리기) 『한겨레』, 1989. 3. 5.

"하나의 결실"은 '열매 맺어'로 쓰면 된다.

- 분단 고착화되면서 멕시코 대회 때 분리 (→굳어지면서) 『한겨레』, 1989. 1. 13.
- 남성의 지배를 고착화시키는 '마누의 계율'을 따라야 한다고 주장하고…… (→굳어지게 하는) 『한겨레』, 1989. 1. 29.
- 바울 사도는 복음을 전하고 구원 사업을 전하려 할 때 한 지역의 문화와 풍습은 물론 단 한 사람이라도 더 구원하기 위해 한 사람 한 사람의 사고방식과 생활에 토착하셨음을 여실히 전하고 있다.

(→뿌리내렸음을) 『둠병』, 1988. 11.

사고란 말도 '-이 생각하는'이라 쓰면 된다.

- 운전사 필행 사항 (→반드시 할 일) 버스
- 여자 기록 향상 빨라 ……수영은 예측불허 (→예측 못 해, 짐작 못 해) 『중앙일보』, 1989. 2. 10.
- 예측불허 강타로 '이중허리' 꺾어 (→예측 못 한, 짐작 못 한) 『한겨레』, 1988. 11. 22.
- 그동안의 농협법 개정 논의를 예의주시해왔습니다. (→잘 살펴) 『한겨레』, 1988. 11. 23. 농협중앙회 노동조합 광고문
- 타인의 시선 (→남의 눈길) 책 이름
- 흥남 앞바다 성천강 하구 황도의 낙조 (→강어귀 | →저녁 햇빛) 『월간중앙』, 1989. 1.
- 사고 다발 (→많이 나는) 도로 표지판
- 공도상 무단 적치물 엄금 (→길 위에 허락 없이 [함부로] 물건 쌓아두기 금함) 도로 표지판
- 준용하천 냇가 표지판

이게 무슨 말일까?

『쉬운 말 사전』에는 준용하천(浚用河川)이라 해서 "파쓰기내"로 바꿔놓았다. 준설(浚渫)이란 말이 있어서 이렇게 풀이한 모양이지만, 준용(浚用)이라면 제멋대로 만들어낸 말이다. 그런데 『새우리말 큰사전』에는 준용하천(浚用河川)이라 적어놓고 "정부에서 고시한 하천으로서, 적용하천을 제외한 작은 하천. 서울의 경우 성북천, 정릉천 등 서른하나임"이라고 풀이해 놓았다. 그렇다면 '작은 내'라고 적어놓으면 얼마나 좋은가? 이렇게 알기 쉬운 말로 적어놓으면 행정과 행정관리들의 권위가 땅에 떨어지는가?

- 고수들은 한 판의 바둑을 두고 나면 꼭 복기를 한다. 한때 조훈현과 서봉수는 라이벌 의식이 너무 강해선지 복기는 고사하고 판이 끝나기가 무섭게 휭하니 대국장을 떠난 일도 있었다. 하지만 요즘은 다르다. ……이긴 쪽보다 진 쪽에 초점을 맞추고 '패착'을 찾는다. (→되놓기 | →그만두고 | →자리를) 『한겨레』, 1988. 12. 20.

라이벌도 '적수'나 '경쟁자'로 쓰는 것이 좋겠다.

- 새날의 도래를 빕니다. (→[-이] 오기를) 어느 새해 편지
- 세계 패류도감 (→조개무리) 책 이름
- 민정 중간평가 조기 실시키로 (→일찍 하기로) 『한겨레』, 1989. 1. 31.
- 여권이 국회 특위 활동의 조기 종결을 위한 방안으로 추진하고 있는 검찰의 5공 비리 수사와 관련 (→여당권 | →[-을] 일찍 끝내기) 『한겨레』, 1988. 12. 30.
- 기독교 국가에서는 뱀을 사탄으로 간주, 지금까지 저주하고 있다. (→보고) 『한겨레』, 1988. 12. 31.
- 민중 투쟁 고양으로 구체제 파괴 매듭 (→드높여 | →옛 틀, 묵은 틀, 낡은 제도) 『한겨레』, 1989. 1. 1.

이 글 전체를 '민중 싸움 드높여 낡은 틀 부수기 매듭'이라고 쓰면 좋겠다.

- 상호 의존적 세계체제 지향 (→서로 기대는 | →향해 가) 『중앙일보』, 1989. 1. 18.
- 이 빛이다. 1989년의 여명이 밝아온다. (→새벽) 『학생신보』, 1989. 1. 17.
- 투표가 모두 종료된 지 5시간이 지나도록 (→끝난) 『한겨레』, 1989. 3. 21.
- 고사 시간 앞당겨 종료 (→마쳐, 끝내) 『중앙일보』, 1989. 1. 24.

- 아몬드 열매 60킬로그램, 럼주 10리터가 <u>소요됐다</u>. (→들어갔다.)
『중앙일보』, 1989. 1. 30.
- 여대생 26퍼센트 <u>흡연</u> 경험 (→담배 피운) 『중앙일보』, 1989. 1. 30.
- 노동자 문예조직의 <u>효시</u>를 이루었고…… (→시초) 『한겨레』, 1989. 1. 31.

"효시를 이루었고"를 '시초가 되었고'로 써도 된다.

- 두 동강 난 조국처럼 <u>운해</u>를 두고 마주 보면서 갈라진 국토와 겨레가…… (→구름바다) 『한겨레』, 1989. 1. 3.
- <u>의류제품</u>의 올바른 <u>취급</u> 방법(→옷가지 제품, 옷가지 | →다루기, 처리) 쌍방울 소비자보호 캠페인 팸플릿

이 글 전체를 '옷가지 바로 다루는 방법'이라 쓰면 될 것이다.
"캠페인 팸플릿"도 '운동 작은 책자'로 하면 될 것.

- '북한 역사학' 객관적 평가 단계 <u>진입</u> (→들어가) 『한겨레』, 1989. 2. 14.
- <u>박봉</u>서 발전기금 <u>갹출</u> (→적은 봉급에서 | →추렴, 내놔) 『한겨레가족』, 1989. 2. 20.
- 여·야, 운동권 정면충돌 조짐…… 불안 <u>加重</u> (→더해, 겹쳐) 『국민일보』, 1989. 2. 21.
- '<u>合意 도출</u>' 기대 미흡 (→뜻 맞추기 | →못 미쳐) 『국민일보』, 1989. 2. 22.
- 신용카드 분쟁 <u>급증</u> (→급히 늘어나) 『한겨레』, 1989. 2. 21.
- 값싼 제품 무조건 <u>선호</u>는 위험 (→좋아함은) 『한겨레』, 1989. 2. 21.

"무조건 선호는 위험"을 '덮어놓고 좋아하다 큰코다쳐'로 쓰면 좋겠다.

- '불신임 이후 대안' 마련에 야권 부심 (→애써) 『평화신문』, 1989. 3. 5.

대안은 '대신안'으로 쓰고, 야권은 '야당권'으로 써야

- 개별 의사 묵살 '黨對黨 싸움' (→당과 당) 『중앙일보』, 1989. 3. 9.
- 만해의 사자후를 다시 듣는다. (→웅변, 열변) 『불교신문』, 1989. 3.
- 잘랄라바드 전투는 아프가니스탄 상황이 앞으로 어떻게 전개될 것인지를 점치는 가늠자로서의 의미를 지니는 중요한 일전이었다. (→싸움이었다.) 『한겨레』, 1989. 3. 15.

"가늠자로서의 의미"는 '가늠자가 되는 뜻'으로 써야 한다.

- 청석회 척사대회 (→윷놀이 판) 『주간흥성』, 1989. 3. 13.
- 집행부는 파업농성 때 행동수칙을 통해…… (→지킬 일) 『한겨레』, 1989. 3. 16.
- 달동네는 가난한 사람들이 많이 모여 살고 있는 취락구조를 지칭하는 것으로…… (→마을을 가리키는) 『동아일보』, 1989. 3. 18.
- 눈비 올 때 감속운행(→속도 줄일 것, 속도 줄여, 천천히) 고속도로 표지판
- 본서가 우리 민족의 사혼(史塊)을 부활시키는 데 일조가 되기를 바라며…… (→이 책이 | →역사 혼 | →도움이, 조그만 도움이) 어느 책 광고문
- 뜻과 힘을 결집하여…… (→모아) 『한겨레』, 1989. 3. 31.
- 그런 줄 사료합니다. (→생각합니다.) 어느 편지
- 장애물 비월 (→장애물 뛰어넘기) 체육 말
- 투원반 (→원반던지기) 체육 말

투포환도 '포환던지기'라고 써야 한다.

- 조정 (→배젓기) 체육 말
- 평영 (→개구리헤엄) 체육 말
- 배영 (→송장헤엄, 등헤엄) 체육 말
- 경보 (→걷기 경기) 체육 말
- 교회의 존재 이유는 (→〔-가〕 있는 까닭은) 『한겨레』, 1988. 10. 5.
- 지하철공사가 산출한 월평균 급여는 한마디로 시민을 기만하여 호도하는 것일 뿐…… (→속여서 얼버무리는) 서울지하철공사 노동조합 광고문
- 본질규명 등한시한 채 강자 편서 소외 목소리 묵살 일쑤 (→본질 밝히기 게을리한, 본바탕 따져 밝히기 허투루 한 | →따돌린 | → 뭉개버리기) 『평화신문』, 1989. 3. 19.

"편서"는 '편에서'로 쓰는 것이 좋겠다.

- 국민정치시대 개화시켜야 (→꽃피워야) 『평민신문』, 1989. 3. 27.
- 엄정한 자기비판 선행돼야 (→앞서야) 『평민신문』, 1989. 3. 27.
- 당 안팎의 여론이 들끓고 있는 판국에 내홍으로까지 비치는 이러한 반발이 나오자…… (→집안다툼) 『한겨레』, 1989. 4. 7.
- 정부는 온갖 국가기관과 대중매체를 동원하여 문 목사의 도덕성을 폄훼했고…… (→헐뜯어 깎아내렸고) 『한겨레』, 1989. 4. 7.
- 산업사회가 발전하면서 민중의 생존권 문제가 계급갈등이라는 차원에서 첨예하게 대두되고…… (→날카롭게 일어나고) 『한겨레』, 1989. 4. 7.
- 전민련 이하 민족민주 세력을 와해시키려 하는가? (→무너뜨리려) 『한겨레』, 1989. 4. 7.
- 용공주의자로 부각시키는 데 온갖 노력을 경주했다. (→드러내는

- | →기울였다.) 『한겨레』, 1989. 4. 7.
- 이들 선교사들은 "우리들 대부분, 즉 한국인과 미국인들은 <u>공히</u> CIA 경력자가 전 주한 미 대사를 지낸 상황에서……" (→함께, 다 같이) 『한겨레』, 1989. 5. 27.
- 이러한 왜곡 증상과는 달리 이 책은 서방세계의 작가사상가들도 <u>공히</u> 경탄하는 마르크스주의 문학예술의 원전 자료입니다. (→함께) 어느 책 광고문
- 물고기들이 아직도 민간인의 수작에 익숙지 않아서일까, <u>조황</u>은 별로였다. (→낚이는 형편) 『한겨레』, 1989. 6. 13.

"조황은 별로였다"를 '별로 낚이지 않았다'로 쓰면 더 좋을 것이다. 이 조황이란 말은 낚시꾼들만이 쓰는 말인지 모르지만 어느 사전을 찾아봐도 나오지 않는 이런 중국글자말은 안 쓰는 것이 좋겠다.

- 한국 마르크시즘 역사학파의 <u>비조</u> 백남운의 대표 저서 (→시조, 첫 사람) 어느 책 광고문
- 품목 <u>자의적</u> 분류 (→멋대로, 함부로) 『한겨레』, 1989. 7. 21.

분류도 '갈라'로 쓰면 좋겠다.

- 3명의 고위 관리가 평양을 비밀리에 방문하여 북한 당국자와 접촉하는 <u>일방</u> 평축도 참관한 사실이…… (→한편) 『한겨레』, 1989. 8. 1.

"비밀리에"도 '비밀로' '남모르게'로 써야 한다.

- 고리키의 『어머니』는 수많은 노동자들이 무의식적으로 혁명운동에 가담하고 있는 이때, 진정 <u>시의적절</u>한 소설이다. (→때에 알맞

은.) 『한겨레』, 1989. 8. 18. 광고문

"무의식적으로"는 '생각 없이'나 '저도 모르게'라고 써야 할 말이다.

• 손에 물 안 묻히고 세척 '새 상품' (→씻어) 『한겨레』, 1989. 8. 19.

5. 많이 쓰는 중국글자말도 더 정다운 우리 말로

누구든지 잘 알고 있는 중국글자말이라도 순수한 우리 말이 있으면 중국글자말을 피하고 순수한 우리 말을 써야 한다. 그 까닭은, 우리 말이 더욱 부드럽고 아름답기 때문이다. 그리고 귀로 들었을 때나 글자로 썼을 때 더 알기 쉽기 때문이다.

• 대회에 참석한 모 재벌 회장의 특강 기사가 실렸다. (→어느) 어느 교사의 글

• 노동쟁의는 기업을 도산 내지 접수하려는 수상한 운동이어서는 안 되지 않습니까. (→-시키거나) 『소설문학』 폐간 광고

• 구체적인 주제 내지 제목을 정해주는 것이 필요하다. (→-나) 어느 인쇄물

• 레이건이 집권한 1981년 이후 그의 정부 핵심부와 그 주변의 고위관리 250명 이상이 불법행위 내지는 비윤리적 행위로 인해서 기소되었다. (→또는) 『말』, 제21호

• 그것은 전달이 불가능하다. (→[-을] 할 수 없다.) 어느 신문

• 요즈음 중국과 대만은 상호방문이 가능해졌습니다. (→서로 방문할 수 있게 되었습니다.) 『한겨레』, 1988. 10. 2.

• 직선제가 관철이 된 이 시점에서…… (→때에) 어느 신문

• 피차간에 즐거운 생활이 되기를…… (→서로) 어느 인쇄물

- 매사에 자신감을 갖도록 해야…… (→일마다) 어느 신문
- 외부에서 일견하기에…… (→밖에서 얼핏 보기에) 어느 교사 신문
- 나라의 미래는 어린이에게 달려 있다. (→앞날) 어느 인쇄물
- 어린이와 이 땅의 미래를 함께 생각하는…… (→앞날) 창비아동문고 광고
- '새로운 체제로의 이행이냐 아니면 자본주의 성숙이냐' 하는 기로에 서 있음을 지적하면서…… (→갈림길) 『말』, 제21호

"체제로의 이행이냐"는 '체제로 옮겨감이냐'로 쓰는 것이 옳다.

- 가옥주가 집을 팔고 나가려면…… (→집주인이) 『말』, 제21호
- 9일간의 농성에 돌입했다. (→들어갔다.) 『말』, 제21호
- 권인숙 씨를 '86년 여성운동 인물'로 선정, 수상하여 세인의 관심을 모았었다. (→뽑아, 상을 주어 세상 사람들의)

"모았었다"는 '모았다'로 쓰든지 '모은 일이 있다'로 써야 한다.

- 한일합작 올림픽 테러방지기구 설치 보도에 접하여…… (→[-를] 듣고) 어느 성명서
- 기업주들의 기만성을 갈파하고…… (→속임수를 큰 소리로 밝히고) 어느 대학 신문
- 나 역시 그런 감이 났다. (→느낌) 어느 수필
- "하이고, 일 잘하는 게 뭡니까. 낫을 톱처럼 사용 안 하나, 딸기를 따라 했더니 죄 으깨놓질 않나. 하지만 이쁩니다. 아무리 험한 일도 마다않고 열심히 할락캅니더. 그러면서도 주민들에게 손톱만치도 폐를 안 끼칠라카는 걸 보면 참말로 이쁩니다." (→쓰지 않나, 안 쓰나) 『한겨레』, 1989. 7. 16.

이것은 여름에 농촌활동을 하러 온 대학생들을 두고 65세가 된 시골 할머니가 한 말을 쓴 기사인데, 이런 사투리를 쓰는 할머니가 "사용 안 하나"라고 말할 리가 없다. 이 말은 기자가 자신의 말로 써버린 것이라 본다.

- 눈을 많이 <u>사용하는</u> 사람들은…… (→쓰는) 어느 잡지
- 하나로 <u>집결해야</u> 할 때가 이미 오래전에 <u>경과하였다</u>. (→모아야 ｜→지나갔다.) 어느 교사신문
- 개인의 자유가 <u>타</u> 개인에 대한 무관심이 되고…… (→다른) 『말』, 제21호
- <u>수차례</u>에 걸쳐 행동요령을 <u>교육받은</u> 간호생들의 눈에는……(→ 몇 차례, 몇 번 ｜→배운) 『말』, 제21호
- 사원들은 그동안 <u>수차례</u>에 걸쳐 편집국 직원들과 대화를 했으나…… (→몇 차례) 『한겨레』, 1989. 1. 13.
- 이와 같은 문제를 놓고 <u>수차례</u> 대화를 나눈 적이 있다. (→몇 차례) 『한겨레』, 1989. 8. 11.
- 이 과정에서 일본경찰에 체포되어 <u>수차례</u> 옥고를 치르기도 했다. (→몇 차례) 『한겨레』, 1987. 8. 5.
- 바로 이 조국이 분단된 <u>상황에서 기인한다는</u> 것을 인식하고…… (→상황에 원인이 있다는, 형편 때문이라는) 『말』, 제21호
- 아기를 <u>판매합니다</u>. (→팝니다.) 『말』, 제21호
- 어떤 영화사가 이를 <u>매입하여</u> 국내 상영을 준비 중이라고 한다. (→사들여) 『동아일보』, 1988. 4. 13.
- <u>상시</u> 매표하고 있습니다. (→언제든지 표를 팔고) 서울역 대기실
- <u>호수변</u>에 <u>위치한</u> 청남대가 <u>침수되지</u> 않도록 <u>만수위</u>에서 방류(→ 호수가 ｜→있는 ｜→물에 잠기지, 잠기지 ｜→먹찬물 높이 ｜→ 물을 터놓아, 터놓아, 흘려보내) 『한겨레』, 1988. 7. 22.
- 을지로에 <u>위치한</u> 조그만 사무실을…… (→있는, 자리 잡은) 어느 사보

- 런던에 위치한 '존 소안' 경 박물관의 원형복구 작업이 한창이다. (→있는) 『중앙일보』, 1989. 5. 2.
- 베를린의 호숫가 숲속에 위치한 예술인촌의 자택을 다시 방문…… (→있는) 『한겨레』, 1988. 10. 27.
- 부산시 사하구 장림동에 위치한 경희여자상업고등학교 (→있는) 『평화신문』, 1989. 3. 26.
- 한국 함정 2척이 23일 새벽 동이 틀 무렵 한반도와 중국 사이에 위치하고 있는 황해의 '장산곶' 인근 영해로 침입 (→있는) 『한겨레』, 1989. 3. 24.

여기서는 위치하고란 말이 전혀 필요가 없다.

- 게시판은 학생들의 의식을 각성시키는 교육의 장이 되어야 한다. (→생각을 깨우치는 | →자리) 어느 신문
- 민족학교는 참 인간교육의 장 (→자리) 『한겨레』, 1989. 3. 15.
- 공동체 구성원 (→식구) 『넝마』, 제4집
- ×× 상 (→올림, 드림) 어느 편지글
- 서로 자기를 개방해야…… (→열어놓아야) 『돔병』, 1988. 7.
- 이러한 사건들을 처리하기에는 심한 역부족을 느끼고 있습니다. (→너무 힘이 모자람을) 어느 인쇄물
- 그 논리에 인간화를 추구하는 문인이 편승한다는 것은 아무리 생각해도 납득하기 어렵다. (→이해하기, 곧이듣기, 알아듣기) 『평화신문』
- 사할린 거주 우리 동포들을 찾아…… (→-에 사는) 『한겨레』, 1988. 10. 3.
- 금연, 왜 그렇게 어려운가 (→담배 끊기) 『고려병원』, 1988. 7.
- 우리 민족의 저력을 유감없이 발휘 (→숨은 힘 | →드러내) 『중앙일보』, 1988. 10. 3.
- 효과적인 민주화를 위해서는 지시일변도의 관료적 행정 체계를

- 단호히 거부해야 한다. (→지시만 하는) 어느 교사협의회 성명문
- 본인의 신념과 양심에 입각해서…… (→따라서) 어느 교사신문
- 연상 작용을 일으키도록 하는 아이디어를 단적으로 표현한 것이다. (→바로 나타낸)

아이디어는 '생각'으로 쓰면 된다.

- 나는 초등학교에 다니는 세 자녀를 두고 있다. (→아들딸, 아이)
  『한겨레』, 1988. 10. 7.
- 앞으로 탁아소가 위치한 공간은 지역 주민들, 특히 형편없는 환경에서 장시간 일하면서 조그마한 마음의 여유를 가지지 못하고 문화적 혜택도 받지 못하는 많은 여성 노동자들이 와서 쉬며 놀이도 배우고 책도 볼 수 있는 장소로 확대될 것입니다. (→있는 곳은 | →긴 시간, 오랜 시간 | →문화의 | →자리로 넓혀질) 『개구쟁이 어린이방』, 1988. 7.
- 시내 직행 매표소 (→표 파는 곳) 어느 정류장

예매소(→미리 파는 곳), 택시 하차장(→택시 내리는 곳), 승차장(→타는 곳) 따위 모두 고쳐야 할 것이다.

- 독서하는 국민, 발전하는 국가 (→책 읽는) 어느 대학 표어
- 농사상담소 (→농사 의논하는 곳) 어느 농업전문대학 교문 간판

이런 간판도 농민들이 친근하게 대할 수 있도록 썼으면 싶다.

- 질서의식 생활화 (→언제나 차례를 지킵시다.) 버스 안에 써 붙인 표어
- 국민 참여 미흡, 선언적 차원 벗어나야 (→모자라) 『한겨레』, 1988. 12. 30.

"선언적 차원 벗어나야"는 '선언에만 그치지 말아야'로 쓰는 것이 좋겠다.

- 봉은사 변밀운 스님 별도 집행부 구성 (→따로) 『한겨레』, 1988. 12. 30.
- 유아 놀이 책자 (→아기 | →책) 『가정의 벗』, 1988. 12.
- 상호 방문 허용 (→서로 | →-하게 해) 『한겨레』, 1989. 1. 11.
- 김밥 도시락 주문 배수 (→받습니다.) 어느 음식점
- 現地 투자 때 果實送金에 상당한 애로 (→어려움) 『중앙일보』, 1989. 3. 9.
- 독자 여러분, 국민 여러분, 90년에는 일일 16면 『한겨레신문』을 기대해주십시오. (→하루) 『한겨레』
- 5공 청문회 내일부터 재개 (→다시 열어) 『한겨레』, 1989. 3. 12.
- 이날 부락의 조순형 씨가 기증한 풍물복 착복식을 했다. (→풍물옷 입기 예식) 『주간흥성』, 1989. 3. 13.
- 그런 우주관에 의해 세워진 지배체제를…… (→따라) 『한겨레』, 1989. 4. 18.
- 공권력에 의해 자행되거나 비호되는 테러 행위들에 접하면서…… (→으로 | →을 대하면서) 『한겨레』, 1989. 4. 18. 민주교수협 성명문

"자행되거나 비호되는 테러 행위"는 '저지르거나 두둔하는 폭력행위'로 쓰는 것이 좋다.

- 불법 압수된 작품 8천여 점 ……최근 다시 빈발 (→잦아, 자주 일어나) 『한겨레』, 1989. 5. 4.
- 지난 85년 8월부터 매달 실시된 '한길역사기행'은…… (→달마다) 『스포츠서울』, 1989. 7. 13.

중국글자말을 함부로 쓰다보니 이런 어설픈 말까지 생겨난다.

- 매달 받는 회보와…… (→다달이) 어느 회보
- 국제심판인 송영수 씨와 한동진 씨는 자신들이 북한의 권투 관계자들과 가장 자주 접할 수 있었다는 자랑과 함께…… (→대할 수, 만날 수) 『한겨레』, 1989. 8. 1.
- 사실은 제가 어머니 아버지께 말씀드릴 면목은 없지만…… (→낯, 체면) 초등학교 3학년 어린이의 글
- 이런 생각에는 다른 어떤 자가 숨어들어서 그렇게 생각하게끔 만들고 있는 것이다. (→사람이) 『네 마음이 전쟁을 부른다』

이것은 일본글을 번역한 글인데, 원문은 "人間が"로 되어 있는 것을 이렇게 해놓았다. 일제강점기에 학생들에게 주는 상장 첫머리에 '右者 本學年間'이라고 쓴 것을 일본인들은 "みぎは"(오른쪽은)하고 읽었는데, 우리나라 사람들은 해방 후에도 이것을 "우자는"이라 쓰고 읽었다.

6. 우리 말을 파괴하는 중국글자말투

이것은 어떤 중국글자말의 앞이나 뒤에 —적(的), —화(化), —하(下), 재(再), —제(諸), —대(對)들을 붙여서 쓰는 버릇인데, 말보다 글에 더우 심하지만, 글이 또 말에 영향을 미치는 것은 다른 경우와 같다. 이런 유식함과 권위를 내보이는 비민주의 말글 체계 속에 한번 빠져들어가버리면 거기에서 헤어 나오기가 정말 힘이 든다.

물론 하도 오래 써온 말과 글의 버릇이라 모조리 없앨 수는 없다. 될 수 있는 대로 안 쓰도록 하고, 적게 쓰도록 조심해야 한다. 요즘은 더구나 이런 말투가 너무 제멋대로 마구 쓰이고 있다.

—적(的)
- 이 대작은 '형식적으로는 추상적이나 내용적으로는 표현주의적'인 추

상표현주의 화가의 작품세계를 단적으로 보여준다. 『한겨레』, 1989. 3. 2.

이 짧은 글에 들어 있는 다섯 개의 -적은 모두 없애도 된다고 본다. 그래서 다음과 같이 고쳐본다("작"이란 말도 고쳐서).

이 큰 작품은 '형식으로는 추상(화)이나 내용으로는 표현주의'인 추상표현주의 화가의 작품세계를 바로 보여준다.

- 우리 무안교협은 초등 교사들의 참여가 전국에서 모범적으로 매우 희망적이다. 그래서 지난 6월부터 정기적으로 '무안초등교사 모임'을 가져오고 있다. (→모범 | →희망이 크다, 희망에 넘쳐 있다 | →정기로, 때를 정해서) 『무안교사신문』

"가져오고 있다"도 '가지고 있다' '열고 있다' '차리고 있다'로 써야 한다.

- 남북 간에 국회회담, 정치군사회담, 경제인 교류, 적십자회담 등 다방면적 접촉이 모색되고 있는 현황입니다. (→다방면의, 여러 방면의) 『한겨레』, 1989. 4. 15.
- 나눔·섬김으로 현재적 화해의 공동체 이루는 것이 신앙인 사명…… (→오늘날의) 『평화신문』, 1989. 3. 26.

화해는 '서로 주는'으로 쓸 수 있을 것이고, 사명은 '맡은 일'로 쓰는 것이 좋겠다.

- '반농민적 농정' 개혁 촉구 (→농민 배반한 농업정책) 『한겨레』, 1989. 2. 23.
- '5·4운동' 동아시아에서 갖는 현재적 의미 (→오늘날의, 지금의)

『한겨레』, 1989. 5. 4.

- 무조건적 사랑 (→조건 없는) 『럭키』, 1988. 6.
- '팽창의 본래적 속성'을 실현 (→본디) 『한신학보』, 1988. 9. 17.

이 제목 전체를 고쳐서 '불어 오르는 본디 성질을 나타내'로 쓰면 좋을 것이다.

- 모두 임의적으로 선정한 것이지만…… (→임의로, 마음대로) 어느
  교사의 글

"선정한"은 '뽑아 정한'으로 쓰면 더 좋겠다.

- 우선 1988년은 전쟁 이후 40년 가까이 계속되어 온 반국(半國)적 인 분단적 문학사 인식이 일국적인 통일적 문학사 인식으로 극적 인 변화를 겪은, 통일민족문학사의 원년으로 기억될 것이다. (→ 반쪽 나라인 | →분단의 | →한 나라인 | →통일의 | →연극 같은) 『한겨레』, 1989. 3. 1.

"반국적인 분단적 문학사"를 '반으로 쪼개진 문학사'로 쓰면 더욱 좋지 않을까.
"일국적인 통일적 문학사"는 '한 나라로 통일된 문학사'로 쓰면 될 것이다.

- 그 노래들에 무슨 이데올로기적 색채가 있다면 몰라도…… (→이 데올로기의, 사상의) 『한겨레』, 1989. 1. 3.
- 가톨릭교회의 발언에 이만큼 사회적 관심이 집중됐던 적이 일찍 이 없었던데다가 내부적으로도 세계성체대회를 앞두고…… (→

사회의 | →내부에서도) 『한겨레』, 1989. 7. 29.
- 신맹순 교사 즉각적·무조건적 석방 요구(→즉각·무조건) 『전교조신문』, 1989. 8. 9.

이밖에 주관적(→주관)으로는 그렇게 볼 수 있다, 상식적(→상식)으로 말해서, 군국주의적 색채가(→군국주의 빛깔이), 이론적(→이론의) 배경은, 대체적으로(→대체로) 보아서, 시간적으로(→시간이) 바빠서, 무방비적인(→방비 없는) 상태다, 악조건적인(→조건이 나쁨), 그것은 좀 모순적(→모순)이다, 어른적인(→어른의) 틀에다 따위 쓰지 않아도 될 자리에 함부로 -적을 써서 우리 말의 아름다움을 파괴하고 있다.

-화(化)
- 일본은 지금 군국화로 치닫고 있다. (→군국으로) 어느 신문
- 이러한 작품을 문학작품화하여…… (→문학작품이 되게 하여, 문학이 되게 하여) 『노동자신문』

"문학작품화하여"는 틀린 말은 아니지만 -화를 안 쓰는 것이 좋다.

- 노동자문학 운동을 조직화하는 움직임들을 널리 알려나가고자…… (→조직하는, 짜는) 『노동자신문』

"조직화하는 움직임"이 아니고 '조직하는 움직임'이다. 그런데 "운동을 조직하는……"도 말이 올바르지 못하다. '운동체를 조직하는' '운동틀을 짜는'이라 써야 한다.

- '헬기 기총소사' 정치쟁점화 (→정치쟁점으로 돼, 정치쟁점 돼) 『평화신문』, 1989. 2. 26.

- '동백림 사건' 사과 요구, 광주집회 계획 <u>문제화</u> (→문제돼) 『한겨레』, 1989. 3. 5.

이렇게 중국글자말만 늘어놓지 말고, 같은 값이면 순수한 우리 말을 쓰는 것이 옳다.

- <u>무효화된</u> 반장선거 (→무효가 된) 『주간홍성』, 1989. 3. 13.
- 제가 본 소설이 <u>활자화되어</u> 나온다니…… (→활자로 되어) 어느 소설책 뒷글

─화란 말이 '되다'는 뜻인데, 여기에다 또 "되어"를 붙인 것은 잘못이다.

- 나는 우리나라 학생들이 반드시 <u>좌경화되어</u> 있다고는 생각하지 않습니다. (→좌경하여, 좌경해, 좌경되어) 『중앙일보』, 1989. 3. 15.

이런 꼴로 폐허화된(→폐허화한, 폐허가 된) 시가지, 기정사실화되고(→기정사실이 되고, 이미 정한 사실이 되고), 획일화되고(→획일화하고, 획일로 되고, 하나같이 되고), 습관화되고(→습관화하고, 습관이 되고, 버릇이 되고) 따위를 잘못 쓰는 버릇이 널리 퍼지고 있다.

되다 대신 지다가 붙는 경우도 있고, 시키다가 붙는 수도 있다. 모두 우리 말을 잘못 쓰는 것이다.

- 노사분규가 <u>과격화해지는</u> 등 예상되는 소요사태가…… (→과격해지는) 어느 신문
- 한편으로는 '교차승인'을 통일에 이르는 현실적인 방안으로 국내외에 <u>기정사실화시키면서</u> 유엔 동시가입(또는 단독가입)을 추진

하게 되고, 이는 남북 분단을 더욱 <u>고착화시키는</u> 결과를 낳게 할 것이다. (→이미 정한 사실로 되게 하면서ㅣ→굳어지게 하는) 『여론시대』, 1989. 1.

여기서는 –화에다가 –시키다가 붙은 두 가지 말을 다 없애는 것이 좋다.

– 성(性)
- 자료집의 구성은 주로 지난 3년간의 탁아소 운영을 검토하고 새로운 <u>방향성</u>을 찾기 위한 내용을 담았는데⋯⋯ (→방향) 『개구쟁이 어린이방』, 1988. 7.

"새로운 방향성을 찾기 위한"이것은 틀린 말이다. "운동의 방향성을 찾지 못하고 있다" 이런 말도 '운동의 방향을 찾지 못하고 있다'로 써야 한다.
이밖에도 근면성(→근면함, 부지런함)이 모자란다, 성실성이 있다(→성실함이 있다. 성실하다), 정직성(→정직함)이 첫째요 따위로 많이 쓰는데, 이럴 때는 –성을 '-함'으로 쓰면 된다. 그러나 그럴 가능성이(→그렇게 할 수) 있는 사람, 지속성이 의심된다(→지속할는지 의심된다, 이어 갈지 모른다)와 같이 아주 순수한 우리 말로 바꿔 써야 할 경우도 있다.

– 하(下)
- 이런 <u>상황하에서</u> 벌어지는 일들이⋯⋯ (→상황에서, 형편에서) 어느 인쇄물

'상황(형편)에서'이지 "상황하에서"가 아니다. 거의 모든 경우 이렇게 아무 필요가 없는 –하를 덧붙여 쓰고 있다.

- 관제 교육하에서 노예로 길들여진…… (→교육에서) 어느 교육신문
- 전환기의 한국문화예술이라는 주제하에 심포지엄을 개최하오니 (→주제로) 문예진흥원 안내문
- 자발적 활동을 보장할 수 있는 통로가 필요하다는 인식하에 각 지역별 교사협의회의 창립을 추진하게 되었다. (→인식에서, 깨달음에서, 〔필요하다고〕 깨달아서) 어느 교사협의회 인쇄물
- 제5공화국 시기의 경직된 정치풍토하에서 내려진 김성만 씨에 대한 사형선고는 너무나 가혹한 것이다. (→정치풍토에서) 『평화신문』, 1988. 10. 2.
- 신문사는 강압적 분위기하에서 제대로 보도할 수 없었다. 언론청문회 기사 증인 발언…… (→분위기에서) 『한겨레』, 1988. 12. 13.
- 그들의 이름과 명예를 걸고 7월 7일 조선학생위원회와 함께 채택할 공동통일방안의 기초하에 투쟁 계획을 세우게 될 것이다. (→〔을〕 기초로 하여, 바탕으로 하여) 『한겨레』, 1989. 7. 1.
- 이제는 평가할 시점이 되었다는 판단하에 저술을 시작했습니다. (→판단에서) 『중앙일보』, 1989. 3. 15.
- 양성우 의원은 미 하버드 대학 로스쿨법학연구소 초청으로 20일 이 대학에서 '한국 민중현실과 문학의 역할'이란 제하의 강연을 하기 위해 출국 (→제목의, 제목으로) 『동아일보』, 1989. 4. 17.

이밖에 질서하에서(→질서에서), 이름하에서(→이름에서, 이름으로), 그다음 배경하에서(→배경에서) 따위 아무 데나 마구잡이로 −하를 넣어 어설픈 말을 만들고 있다.
 −하 대신에 −아래에서를 쓰기도 한다. 결국 중국글자말을 번역한 우스운 말이라 할밖에 없다.

- 국가보안법과 집회 및 시위에 관한 법률이 반민주적인 악법이라

는 <u>지적 아래</u> 개폐 논의가 활발히 일고 있는 가운데…… (→지적에서, 지적으로)『한겨레』, 1989. 1. 26.
- 판화가 이인철 씨의 개인전이 '우리들의 일상'이란 <u>주제 아래</u> 오는 11일부터 3월 1일까지 전주시 고사동 온다라미술관에서 열린다.…… (→주제로)『한겨레』, 1989. 2. 9.
- 자각적인 제작 <u>의식 아래서</u> 씌어진 것입니다.…… (→의식에서) 어느 대담 기록

이 글 전체가 어렵게 되어 있다. '<u>스스로 만들겠다고 깨달아 쓴 것입니다</u>' 이런 말을 하려고 한 것이 아닐까.

- 500만 중·고교 학생들의 벗으로 학생들은 물론 학부모와 선생님들의 <u>참여 아래</u> 날이 갈수록 크게 자라고 있는『학생신보』가 그 자매지로 이번에는…… (→참여로) 어느 광고문
- 이런 <u>상황 아래서</u> '협조 요청'할 때 언론사가 거부할 수 있는 분위기였다고 생각하나. (→상황에서)『한겨레』, 1988. 12. 13.
- 이제 언론은 명확한 주관을 갖고 냉철한 사명의식의 <u>바탕 아래</u> 정의 사회의 삶을 영위할 수 있도록 해야 할 것이다. (→[을] 바탕으로, 바탕 위에)『한겨레』, 1989. 1. 14.

덮어놓고 -하(아래)를 자꾸 쓰다보니 이렇게 도리어 '위에'라고 써야 할 자리까지 아래라고 쓰게 된다.

- 이런 <u>환경 아래서</u> 살아가는 사람들은…… (→환경에서, 환경 속에서) 어느 회보

이런 경우에 덧붙인다면 '속에서' 해야 말이 될 것이다.

- 예산 편성이 되지 않았다는 이유 아래…… (→이유로) 『한겨레』, 1989. 2. 16.

이밖에도 논리 아래서(→논리에서), 원칙 아래에서(→원칙에서) 따위를 많이 쓰고 있다.

-감(感)
- 그런 기대감으로 부지런히 걸었다. (→기대로, 바람으로, 희망으로) 어느 동화
- 공산권과 교역 강화 추진에 큰 기대감 (→기대, 희망) 『한겨레』, 1988. 10. 3.

"자신감 있게(→자신 있게) 생각하기를" "책임감(→책임)을 물어야 옳다"들에 쓰이는 -감은 모두 필요가 없거나 잘못된 말이다.

-시(視)
- 학생들의 주체적 행동을 금기시하고…… (→꺼림칙하게 보고) 어느 광고문
- 꼭 읽어야 할 양서를 등한시하게 된다. (→등한히 여기게, 대수롭잖게 여기게) 어느 논문

이밖에도 열등시하다(→열등하게 보다, 못하게 여기다), 적대시하다(→적으로 보다), 난해시하다(→어렵게 보다), 불가능시하다(→불가능으로 보다, 할 수 없다고 보다), 질시하다(→밉게 보다), 경원시하다(→경원해 보다, 경원하다, 멀리하다) 따위 모두 우리 말로 쉽게 풀어 써야 하겠다.

-상(上)

- <u>외형상으로</u> 볼 때 아무 탈이 없어도…… (→외형으로, 겉으로) 어느 광고문

- <u>형식상으로</u> 하자가 없다고 하더라도…… (→형식으로, 형식에서) 어느 회보

하자는 '흠'으로 써야 한다.
이밖에 형편상(→형편이) 그러하다, 내용상(→내용에) 아무 탈이 없다 따위 모두 –상을 쓰지 않아야 된다.

-리(裡)

- 전대협 집회 <u>평화리</u> 끝나 (→평화로, 평화스럽게) 『한겨레』, 1989. 5. 13.
- 전태일 문학상은 <u>성공리</u>에 끝날 수 있었습니다. (→성공으로) 『노동자문학신문』
- 군내 체육회 <u>성황리</u> 폐막 (→성황으로) 어느 지방 신문 제목

재(再)-

- 계급과 국악 관계 <u>재해석</u> (→다시 해석) 『한겨레』, 1988. 9. 29.
- 불신임 <u>재다짐</u> (→다시 다짐) 『한겨레』, 1989. 3. 12.
- 한국 현대사를 <u>재조명한다</u>. (→다시 조명한다, 다시 비춰본다.) 『평화신문』, 1989. 3. 19.
- 전·최씨 동행명령 <u>재거부</u> (→다시 거부) 『국민일보』, 1989. 2. 22.
- 김순남·이건우 등은 최근 한국 음악사 연구가 활발해지면서 <u>재발견되기</u> 시작한 월북 음악인들이다. (→다시 발견되기, 다시 알려지기)
- 관련 선수들과 <u>재계약</u> 포기 등 초강경 태세
 "시대역행"…… 한국 시리즈 끝난 뒤 <u>재추진</u> (→다시 계약 | →다

시 추진) 『한겨레』, 1988. 10. 8.
- 서강 30년의 재도약을 준비한다. (→[-에] 다시 뛰어오르기를) 『서강학보』, 1988. 9. 17.
- 한국 교육의 재인식 (→한국 교육 다시 알기) 책 이름
- 이광수·최남선·김동인 등이 이제 자신들에게 걸맞은 적절한 자리에 재배치돼야 할 때다. (→다시 배치돼야) 『한겨레』, 1989. 2. 14.
- 헝가리 '56년 폭동' 민중봉기 재평가 (→다시 평가) 『한겨레』, 1989. 1. 31.
- 복직 근로자 재해고 부당 (→다시 해고) 『국민일보』, 1989. 2. 21.
- 국회 재의결 때 부결 확실 (→다시 의결) 『한겨레』, 1989. 2. 21.
- 그러나 회사 측이 23일 오전 9시 중 노조 측에 협상재개를 위한 실무소위원회를 가동해줄 것을 요청하고 노조 측도 이를 받아들여 6인 실무소위원회가 구성돼 마지막 재협상이 시작됐다. (→협상) 『중앙일보』, 1989. 6. 23.

이것은 대우조선의 노조 측과 회사 측의 협상 상황을 알린 기사의 한 대문이다. 협상이 여러 번 되풀이되었을 터인데 "재협상이 시작됐다"고 하는 것은 잘못되었고, 더구나 "마지막 재협상"이란 말은 논리에도 안 맞는다. 이렇게 재- 자를 아무 소용없이 붙여 쓰는 경우가 많다.

- 재가동되는 대우조선 앞날 (→다시 가동되는, 다시 일하게 되는) 『한겨레』, 1989. 6. 28.
- '어머니의 노래' 재방영을 결정하면서(→다시 방영) 『한겨레』, 1989. 2. 23.

제(諸)-
- 진보적 제세력(→[진보적인] 여러 세력) 번역한 글에 흔히 나오는 말
- 이러한 제문제점을 검토할 때…… (→여러 문제) 어느 논문

미(未)-
- 이처럼 암매장 시체나 <u>미신고된</u> 변시체 등이 발굴, 발견되고 있는 가운데…… (→신고되지 않은, 신고 안 된) 『한겨레』, 1989. 1. 14.

미도착(→도착하지 않음, 오지 않음), 미임용(→임용 안 된) 교사 따위에 쓰는 미-는 모두 그다음에 오는 움직임의 뜻을 나타내는 말을 부정하는 뜻으로 써서 '-지 않다' '안 하다' '안 되다'로 하면 저절로 없어진다.

대(大)-
- '자주·민주·통일'이 민족운동 대명제 (→큰 명제) 『평화신문』, 1989. 3. 19.

대규모(→큰 규모), 대집회(→큰 집회, 큰 모임), 대도시(→큰 도시)' 따위 모두 '큰-'으로 쓰는 것이 옳다.

- <u>대시베리아</u> 횡단철도 (→시베리아) 『KBS저널』, 1989. 7.

그냥 '시베리아'라면 되는데 무엇이든 대 자 붙이기를 좋아해서 이렇게 우스운 말을 만든다.

소(小)-
- 자기를 보존하기 위해 모습을 숨기는 비공개 <u>소모임</u>은 더구나 아니다. (→작은 모임) 어느 교사협의회 성명문

소집단(작은 집단, 작은 모임, 작은 동아리), 소규모(→작은 규모), 소도구(→작은 도구) 들 모두 '작은-'으로 쓰는 것이 옳다.

신(新)-
- 신품종 (→새 품종, 새 씨앗)

신도로(→새 도로, 새 길), 신작품(→새 작품), 신생활(→새 생활), 신경지(→새 경지), 신기원(→새 기원, 새 시대) 따위 신-은 모두 '새'로 쓰는 것이 옳다. 신- 다음에 한 소리마디가 오는 말도 마찬가지다. 신년(→새해), 신인(→새 사람), 신작(→새 작품), 신품(→새것, 새 물건), 신춘(→새봄), 신록(→새 잎), 신어(→새말)와 같이.

고(古)-
- 고가구 매입함 (→헌 가구, 헌 세간) 어느 간판

"매입함"은 '삽니다'로 써야 한다.

- 고서점(→헌 책방)

'고물'도 이제는 '헌 것' '낡은 것'으로 써야 하겠고, '고서적(→헌 책)' '고잡지(→헌 잡지)' '고분(→옛 무덤)' '고어(→옛말)' 모두 고-를 '옛' '헌' '낡은'으로 쓰는 것이 좋겠다.

현(現)-
- 현시점 (→이때, 이 자리)

현 시국(→현재 시국), 현 정세(→현재 정세, 지금 형편)뿐 아니라 현- 다음에 한 소리마디가 오는 말도 현하(→이제, 오늘날), 현금(→지금, 오늘날), 현지(→그곳, 그 자리), 현재(→이제, 지금)와 같이 순수한 우리 말을 쓰는 것이 좋겠다.

초(超)-
- 비행기가 <u>초음속으로</u> 날아간다고 하지 않아…… (→소리보다 빠르게) 어느 동화

초공간(→공간을 뛰어넘음), 초능력(→능력을 초월한) 인간, 초고열(→몹시 높은 열)을 일으켜 따위도 될 수 있는 대로 초-를 안 쓰는 것이 좋겠다.

탈(脫)-
- 여름은 <u>탈도시</u>의 계절이다. (→도시를 벗어나는) 어느 수필

탈정치(→정치를 벗어난) 시대, 탈출구를(→빠져나갈 구멍을) 찾아서, 탈의장(→옷 벗는 곳) 이런 말뿐 아니라 탈- 다음에 한 소리마디가 오는 경우에도 될 수 있는 대로 안 쓰는 것이 좋다.

불(不)-
- 양담배 <u>불매운동</u> 전개 (→안 사기 운동) 어느 신문

불공평한(→고르지 않은) 처리, 불완전한(→완전하지 못한) 상태, 불필요한(→필요 없는) 일, 불치병(→못 고칠 병)에 걸린 사람, 불참(→빠짐), 불응(→따르지 않음, 듣지 않음) 따위 될 수 있는 대로 불- 자를 쓰지 않도록 하는 것이 좋다.

합(合)-
- 이들 기관은 정부의 정책에 <u>합목적적인</u> 역할을 수행하고 있다. (→〔정책〕목적에 맞는) 『말』, 제21호

합세, 합석, 합당하다도 각각 '세력 합함' '자리 같이함' '알맞다'로 써야 한다.

대(對)-
- 갈지자로 비틀거리는 <u>대</u>북한 정책 (→북한에 대한) 『한겨레』, 1989. 3. 2.
- 지하철노조가 붙인 <u>대</u>언론 반박규탄성명서 (→언론에 대한) 『평화신문』, 1989. 3. 19.

매(每)-
- 노동운동을 선두로 하는 민족민주운동의 <u>매</u> 시기 중요한 투쟁을…… (→시기마다) 『노동자문학신문』

무(無)-
- <u>무소유</u> (→가진 것 없음, 안 가지기) 책 이름

무사고(→사고 없음, 탈 없음), 무산자(→가난한 사람, 가난뱅이), 무보수(→보수 없음), 무방비(→방비 없음), 무성의한(→성의 없는) 사람, 무기한(→기한 없는), 무소식(→소식 없음) 따위 무- 대신에 '없다'를 쓰는 것이 좋다.

7. 틀리게 쓰는 중국글자말

(1) '중국글자말+한다'로 쓰는 경우

순수한 우리 말이 중국글자말에 잡아먹히는 꼴은 아기(→유아), 말(→언어), 글(→문장), 옷(→의복), 집(→가옥), 찬물(→냉수), 달걀(→계란), 뜻(→의미), 거짓(→허위), 갈림길(→기로)과 같이 이름씨에도 나타나고, 차차(→점차), 서로(→상호), 천천히(→서서히)와 같이 어

찌씨에도 나타나지만, 다음과 같이 움직씨나 그림씨도 중국글자말 다음에 -한다를 붙여서 우리 말을 모조리 몰아내고 있다.

밥 먹는다 (→식사한다)
일한다 (→노동한다, 근로한다)
잠잔다 (→취침한다, 수면한다)
쉰다 (→휴식한다)
다툰다 (→경쟁한다)
싸운다 (→투쟁한다)
춤춘다 (→무용한다)
논다 (→유희한다)
성낸다 (→분노한다)
사건이 일어난다 (→발발한다)
걸어간다 (→보행한다)
숨쉰다 (→호흡한다)
빈다 (→기도한다)
차 탄다 (→승차한다)
나선다 (→출발한다)
다다른다 (→도착한다)
끝낸다 (→종결한다)
부르짖는다 (→절규한다)
이긴다 (→승리한다)
진다 (→패배한다)
나아간다 (→전진한다)
헤맨다 (→방황한다)
가난하다 (→빈궁하다)
깨끗하다 (→청결하다)

조용하다 (→정숙하다)

착하다 (→선[량]하다)

이것은 아주 일부에 지나지 않는다. 이렇게 한다 따위 풀이씨를 마구 만들어 쓰다보니 한다를 붙여서는 안 되는 말까지 함부로 '한다'를 붙여서 쓰는 경향이 있다. 예를 들면 바탕을 둔다(→기초한다), 있다(→위치한다), 작용한다(→기능한다)와 같은 것이다.

기초한다

- 미소(美蘇) 심포지엄은 이러한 정신에 <u>기초하여</u> 열렸으며…… (→[을] 바탕으로 하여, 기초로 하여) 『중앙일보』, 1988. 10. 15.
- 변증법적 유물론과 사적 유물론에 <u>기초하여</u>…… (→바탕을 두고, [을] 바탕으로) 어느 책 광고문
- 개인주의에 <u>기초한</u> 경제 관리 '유해' 경고 (→기초를 둔, 바탕을 둔, [을] 바탕으로 한) 『한겨레』, 1989. 2. 19.
- 객관적 사실에 <u>기초한</u> 정확한 기록이 나와야…… (→기초를 둔, [을] 바탕으로 한) 『한겨레』, 1989. 3. 17.
- 역사적 정당성에 <u>기초한</u> 우리의 투쟁의 승리를 확신해야 할 것입니다. (→기초를 둔, 바탕을 둔, 근거를 둔) 『사탑』
- 도덕성과 정당성에 <u>기초해서</u> 공권력을 행사할 때…… (→바탕을 두어, [을] 바탕으로 하여) 『한겨레』, 1989. 5. 29.

이 기초한다는 본디 우리 말에는 없었다. 이것 역시 일본 사람들이 쓰는 말의 영향을 받은 것이 아닌가 생각된다. 일본 사람들은 중국글자말 이름씨를 (대개는 자기 나라 말로 풀어 읽는다) 끝바꿈(활용)하여 움직씨나 그림씨로 쓰고 있다. '基づく'(もとづく) '基づける'(もとづける) '基礎づける'와 같이. 사전에도 '기초'란 말은 이름씨로서만 나와 있다. 기초

한다가 이전부터 쓰던 말이면 일본말이든지 새로 쓰게 된 말이든지 웬만한 말은 모두 넣고 싶어 하는 약삭빠른 사전편찬자들이 빠뜨릴 리가 없었을 것이다.

그런데 북한에서 나온『현대조선말사전』에는 이 기초한다가 나와 있다. 이것은 일본의 사회과학 책들의 문장을 우리 말법대로 옮겨 쓰지 못한 잘못된 글 버릇을 사전에까지 자리잡아 놓은 것이라고 보며, 지금이라도 바로잡아야 한다고 생각한다.

기초한다와 같은 말에 바탕한다가 있다. 중국글자말은 아니지만 똑같은 말이니 쓰이는 보기를 들어본다.

- 다당제에 <u>바탕한</u> 총선을 실시하겠다고 밝히고 있지만…… (→바탕을 둔, 〔을〕 바탕으로 한)『한겨레』, 1988. 9. 20.
- 국민대중의 최대한의 공통의사를 <u>바탕한</u> 올바른 정책이 수립되어야 (→바탕으로 한) 민주화를 위한 교수협의회 성명문
- 진솔한 인생관에 <u>바탕한</u> 교육철학의 실천이야말로 (→바탕을 둔, 〔을〕 바탕으로 한)『한겨레』, 1989. 3. 21.
- 능력·기량 <u>바탕한</u> 선수 중심론으로 지도 일관 (→바탕을 둔)『한겨레』, 1989. 7. 8.

이 바탕한다는 순전히 기초한다를 번역해놓은 것이다. 기초한다가 우리 말이 되어 있다면 바탕한다가 우리 말이 아니라 할 수 없다. 그런데『현대조선말사전』에는 바탕한다가 없다. 이것은 기초한다가 일본말을 바로 따라 쓴 것이고 여기서 바탕한다란 말이 생겨났음을 잘 말해주는 증거가 된다. 바탕한다는 남한의 지식인들이 순수한 우리 말을 쓴다고 해서 기초한다를 이렇게 옮겨 쓰는 것이다. 본디 있는 우리 말 이름씨 '바탕'을 바로 써서 '바탕을 두고' '바탕으로 하여'라고 하면 얼마나 좋은가.

기반한다

- 부계혈통 계승에 기반한 가족주의와…… (→기반을 둔) 『사회와 사상』, 1988. 10.
- 타성의 양자를 불허하는 원리에 기반해 있으며…… (→기반을 두고, 바탕을 두고, 터전을 두고) 『사회와 사상』 1988.10.

"타성"은 '다른 성'으로, "불허하는"은 '허락하지 않는'으로 쓰면 좋겠다.

- 민중의 삶에 기반한 민족예술을 창조해야 (→기반을 둔, 터전을 둔, 바탕을 둔, 뿌리를 내린) 『한겨레』, 1989. 3. 28.

기초한다와 비슷한 말 기반한다도 잘못 쓰는 말이다. 이 기반한다는 많이 쓰다보니 사전에 올랐지만 역시 일본말 '基づく'를 따라 쓴 것이라 본다.

근거한다

- 기계 값이 비싸면 기계 대신 노동자를 고용하고, 반대로 임금이 오르면 사람 대신 기계를 설치하면 된다는 경제학 교과서의 철없는 선동에 근거하고 있다. (→근거를 두고) 『한겨레』, 1989. 6. 16.
- 실정법에 근거한 교사들의 사법처리는…… (→근거를 둔) 『한겨레』, 1989. 6. 17.

이 근거한다는 사전마다 나와 있지만 일본말 '根ちす'를 따라서 쓰는 말이니 안 쓰는 것이 좋겠다. '근거를 두다' '뿌리내린다' '뿌리박는다'로 써야 살아 있는 우리 말이 된다.

- 신앙적 결단에 <u>근거한</u> 것임이 너무나 분명하다. (→근거를 둔, 뿌리내린) 『한겨레』, 1989. 8. 8.

위치한다

- 북한 함경북도에 <u>위치한</u> 청진강 (→있는, 자리 잡고 있는) 『한겨레』, 1989. 2. 19.
- 모스크바 중심가에 <u>위치한</u> 2백여 년의 오랜 연륜을 지닌 전통 깊은 공연장이다. (→있는) 『동아일보』, 1988. 8. 20.
- 13차 세계 청년학생축전이 1일 평양 능라도에 <u>위치한</u> '5월 1일 경기장'에서 8일간의 일정으로 막을 올렸다. (→있는) 『한겨레』, 1989. 7. 2.

'있다'고 하면 될 것을 위치한다고 쓰는 것도 일본말 '位置する'의 영향이다.

'このヒマラヤを廣義にみると，インド亞大陸の北緣と千ベツト高地の南緣に<u>位置する</u>，東西約3000キロ，南北200~300キロの廣大な山地で' (白旗史朗,「ネパールの山と人と 'ネパールの北邊に<u>位置し</u>'」)

- 한반도와 중국 사이에 <u>위치하고 있는</u> 황해도의 '장산곶' (→있는) 『한겨레』, 1989. 3. 24.
- 그중에서도 농촌에 <u>위치하고 있는</u> 학교들은…… (→있는) 『한겨레』, 1989. 3. 24.

위치하고 있다에서 위치하고란 말은 전혀 소용이 없는 말이다. '있다'고 하면 될 것을 왜 위치한다고 쓰는지 도무지 알 수 없다. 글을 유식하게 쓰려고 하는 헛된 몸가짐이 얼마나 사람들의 마음바탕을 병들게 하는지 생각하게 한다.

그런데 놀랍게도 남쪽이고 북쪽이고 모든 사전에 이 말이 표준말로 올라가 있다. 『새우리말 큰사전』에는 위치한다란 말이 쓰이는 보기로 "위치를 차지하고 있다"고 들어놓았다. '자리를 차지하고 있다' 이래야 우리 말이 된다. 『현대조선말사전』에는 쓰이는 보기를 들어 "우리 농장은 압록강과 가림천이 합치는 곳에 위치하고 있다"고 해놓았다. 그냥 '있다'면 되는 것이지, 어째서 위치하고 있다인가?

- 우리의 주체적 실천이라는 관점에서는 하나님 나라의 실천이 단순한 학문의 한 분야로서 <u>위치 지워지는</u> 것이 아니라 우주적 해방의 과제로 형성되어야 함이 자명한 것이라면…… (→자리 잡는, 있는) 어느 글

여기 이 위치 지워지는이란 말은 완전히 일본말 '位置づける'를 직역한 말이 되어버렸다.

위치한다와 똑같은 말에 자리한다가 있다. 이것 역시 기초한다를 바탕한다로 번역해서 쓰는 것과 다름없는 경우로, 위치한다를 순수한 우리 말로 쓴다고 쓴 것이다.

- 미풍도 해마다 돋아나는 잎새 속에 <u>자리할</u> 것이다. (→있을, 자리 잡을) 『말』, 1988. 8·9월호
- 비민주적 통치 질서의 근원에 <u>자리하고</u> 있으면서…… (→자리 잡고) 『한겨레』, 1989. 1. 13.
- 한겨레가 일하는 사람들의 억센 손에 늘 <u>자리하는</u> 신문이기를 기대한다. (→있는) 『한겨레가족』, 제2호

웅변한다

- 백화점 경기는 갈수록 좋아지나 일반 시중 점포는 바닥을 헤매고 있다는 사실이 그것을 <u>웅변한다</u>. (→잘 말해준다.) 『말』, 제21호

'웅변'에 한다를 붙여 쓰는 말은 없다.

- 사제단의 자생력을 <u>웅변해주는</u> 대목이다. (→잘 말해주는) 『한겨레』, 1989. 7. 29.

결실한다

- 올림픽 국민역량 민주화로 <u>결실하자</u>. (→열매 맺자.) 어느 현수막

이 결실+한다는 이희승 감수 『국어사전』에도 나오고 『새우리말 큰사전』에도 나온다(『현대조선말사전』에는 안 나온다). 그런데 실제로 쓰이는 일은 극히 드물다. '결실하는 능력'이라든지 '땀이 결실했다'고 쓰는 것이 틀리지는 않지만, '열매 맺는 능력' '땀이 열매 맺었다' 이렇게 쓰는 것이 좋다. 위의 보기글 "민주화로 결실하자"는 이것이 표어가 되어서 그런지 더욱 어색하게 느껴진다. 아예 이런 말은 안 쓰는 것이 옳다.

이름 한다

- 그 이후 80년대 중반까지 교육운동이라고 <u>이름</u> 할 수 있는 움직임은 완전히 와해되는 지경에 이르렀던 전례를 떠올리게 됩니다. (→말할) 『사회와 사상』, 1989. 7.

이 이름 한다는 사전마다 나와 있지만 이 역시 일본말 '名づける'에서 온 말이라 생각된다. 『현대조선말사전』에는 이 말이 쓰이는 보기글이 나와 있는데 "싸우는 고지 우에 탄약을 운반해온 마을 사람들과 뜨거운 악수를 나누는 병사들의 가슴엔 무엇이라 이름할 수 없는 살뜰하고 따뜻한 것이 목을 매게 오고갔다" 이렇게 되어 있다. '무엇이라 말할 수 없는' 이래야 우리 말이 되지, 어째서 "무엇이라 이름 할 수 없는" 것인가?

기능한다

- 양자는 상호침투적으로 기능하고 있다. (→작용하고, 활동하고, 일하고) 민주화를 위한 교수협의회 성명문

"상호침투적으로 기능하고"는 '서로 침투하는 일을 하고'로 쓰면 될 것이다. 굳이 기능이란 말을 쓰고 싶으면 '서로 침투하는 기능을 가지고 있다'로 써야 한다. 기능한다란 말은 어느 사전에도 없다.
양자는 '양쪽' '양편' '두 편'으로 쓰는 것이 좋다.

자유한다

- 사랑은 자유하는 삶입니다. (→자유스러운, 자유의) 어느 책 광고문

'자유'란 말은 '-롭다' '-스럽다'를 붙여 그림씨로 쓰지, -한다를 붙여 움직씨로 쓰지는 않고 쓸 수도 없다. 왜 이렇게 우리 말법에도 어긋난 말을 제멋대로 쓸까? 어쩌다 시인들이 자유한다를 쓰는 것을 보지만, 이 말이 우리 말로 될 수는 없다고 본다.

- 진리가 너희를 자유케 하리라. (→자유롭게) 『時兆』, 1989. 7.

이것은 「요한복음」에 나오는 말이다. '자유'란 말은 자유한다(→자유하게→자유케)로 써서는 안 된다. 왜 이렇게 쓰는가 살펴보았더니 1939년 대한성서공회 발행 『신약전서』가 이렇게 되어 있다. 자유한다, 자유케 따위로 잘못 쓰는 까닭이 여기서 비롯되었음을 알 수 있다. 다행히 『공동번역 성서』에는 "진리가 너희를 자유롭게 할 것이다"라고 바르게 써놓았다.

가열차다

- 조국통일의 불바람이 백두에서 한라까지 가열차게 휘몰아치고 있

는 현하 민족사의 전환점에서…… (→힘차게, 맹렬하게) ^{어느 시집}

최근에 와서 이 가열차게란 새말을 가끔 쓰는 것을 보는데, 본디 우리 말에 없는 말이고, 남쪽이고 북쪽이고 어느 사전에도 들어 있지 않다. 새로운 말도 만들어볼 수가 있고, 잘못된 말도 모두가 쓰게 되면 안 따를 수 없지만, 이 가열차게는 쓰지 말아야 한다고 생각한다. 그 까닭은, 이 말이 민중의 입에서 생겨난 것이 아니라 어려운 글을 쓰는 사람들이 쓰기 시작한 말이기 때문이다.

- 시위 때마다 닭장차에 실려 서울시 밖 외진 곳에 내팽개쳐지지만 피코아줌마들이 국회의사당·주한미상공회의소·미대사관 등에서 벌여온 시위는 서울시내 각 경찰서에서도 인정할 정도로 가열찼다. (→열렬했다, 맹렬했다.) 『한겨레』, 1989. 6. 14.

(2) 겹말

말을 말로써 가르치고 배우고 퍼뜨리고 전하고 이어받던 시대에는 어쩌다 생기는 겹말이 자연스러운 현상이라 할 수 있었지만, 말을 글로써 가르치고 배우면서 글을 쓰는 지식인들이 말을 퍼뜨리는 오늘날에는 잘못 쓰는 겹말을 그대로 두어서는 결코 안 된다고 생각한다. 지식인들이 쓰는 글말은 중국글자말투성이가 되어 있고, 겹말은 거의 모두 중국글자말에서 오기 때문이다.

겹말은 '가끔씩'과 같이 순수한 우리 말에서도 어쩌다 잘못 쓰는 수가 있지만 대개는 중국글자말이 앞서고 그다음에 또 중국글자말이 붙거나 순수한 우리 말의 이름씨나 토씨가 붙는다. 이와 같이 중국글자말 다음에 또 같은 뜻의 다른 중국글자말이나 우리 말이 붙는 것은, 중국글자말이란 것이 얼른 그 뜻을 알아내지 못하는 말이 되어 있어서(남의 나라 글자를 남의 나라 말을 따라 읽으니까) 저절로 그다음에 알기 쉬운 말을 더 붙이고 싶어 하는 심리에서 오는 현상이다. 이럴 때 이것이 사람들의 말하기나 글쓰기의 자연스러운 심리 현상이라 해서 그대로 받아들여서는 안 된다. 그 까닭은, 이러다가는 중국글자말이 대부분을 차지하고 있는 우리 말에 큰 혼란이 일어날 것이기 때문이다. 잘못 쓰는 겹말은 모두 바로잡아야 한다. 근본을 해결하는 길은 될 수 있는 대로 중국글자말을 안 쓰는 것이고, 겹말을 바로잡는 방법도 중국글자말을 버리고 순수한 우리 말을 찾아 쓰는 데 있다.

- 43년이라는 짧은 <u>기간 동안</u> 외적으로 놀라운 성장을 거듭해왔으나…… (→동안, 사이) 『주간 기독교』, 1988. 8. 21.

기간과 '동안' 둘 중 하나만 쓰면 되겠는데, 기간이란 중국글자말보다 '동안'이 좋겠다.

"외적으로"란 말은 말할 것도 없이 '밖으로'로 해야 한다.

- 이 <u>기간 동안</u>에 기억에 남는 일이 꼭 하나 있다. (→동안) 『말』, 제21호
- 이 의원에 대해서도 협의를 두고 <u>외유기간 동안</u>의 행적 조사를 벌이고 있는 것으로 알고 있다. (→외유 동안의, 외국에 나간 동안의) 『한겨레』, 1989. 7. 2.
- 그렇다면 그 <u>기간 동안</u>에 전혀 출연 안 한 겁니까? (→사이, 동안) 『한겨레』, 1988. 9. 17.
- 이 전쟁 <u>기간 중</u>에는…… (→기간, 중) 『평화신문』, 1989. 3. 26.

'기간'이나 '중' 둘 중 하나를 써야 한다.

- 어린이신문은 어린이의 학습적 신장을 위해 교육계의 권위자들로 편집위원회를 구성하여 <u>매호마다</u> <u>심도 깊은</u> 학습 면을 다룸으

로…… (→매호, 호마다 | →깊이 있는) 어느 광고문

　심도 깊은은 '심도 있는'이라고 하면 되지만, 심도란 말은 안 쓰는 것이 좋으니 '깊이 있는'이든지 '깊은' 하면 될 것이다. 이런 잘못된 말들이 모두 중국글자말을 즐겨 쓰는 데서 온다. 위의 보기글에서 "학습적 신장"도 어색한 중국글자말이다. "학습적 신장을 위해"로 쓸 것이 아니라 '공부가 잘되도록 하기 위해'로 써야 할 것이다.

- 나는 매일마다 그곳에 가보았다. (→날마다) 초등학교 5학년 어린이의 글

　초등학생들이 매일마다를 많이 쓰는데, 알고 보니 학교 선생님들이 쓰는 것을 아이들이 그대로 따르는 것이었다. 중국글자를 모르고 중국글자말을 쓰니까 이렇게 되니 중국글자를 가르쳐서 바로잡을 것이 아니라 아예 중국글자말을 안 쓰는 것이 가장 좋은 길이다. '날마다' 하면 될 것을 왜 매일이라 쓰는가? 그러니까 매일마다가 생겨나는 것이다.
　'매주마다' '매월마다' '매년마다'도 마찬가지다.

- 어린이신문은 국내 최초로 발행되는 어린이 대상 전문 언론으로서 매주마다 어린이에게 필요한…… (→매주, 주일마다) 어느 광고문
- 방청석에서 웃음이 터져 나왔는데, 답변 매대목마다 "나는 비상임 감사로서……"라는 말을 꼭 붙여 방청객의 웃음과 의원들로부터의 웃음과 고함을 동시에 유도 (→대목마다) 『조선일보』, 1988. 11. 4.

　"의원들로부터의"는 '의원들의'로 써야 한다.

- 성씨(姓氏) 본관별 인구수 (→인구, 사람 수) 『동아일보』, 1987. 12. 23.
- 대의원은 학교별 회원명수를 기준으로 10인 이하일 경우 1명 (→

회원 수) 어느 교사협의회 인쇄물

- 유고 세르비아 공화국 내 코소보 자치주의 알바니아계 주민 <u>수천여 명</u>이 17일에 이어 연 사흘째인 19일…… (→몇천 명) 『한겨레』, 1988. 11. 22.

여자를 붙일 때는 그 앞에 나오는 천 단위의 수가 분명했을 때다. '1천여 명'이라든가 '3천여 명' 이렇게 말이다. 그렇지 않고 막연하게 몇천(수천)이라 할 때는 여를 쓸 수 없다. "몇천 명 남짓"이란 말이 틀린 것과 같다.

- 이러한 과정 속에 '제제'는 자기만의 친구를 만들어갔고……(→[이렇게] 지나는 동안에) 중학교 1학년의 글

'과정에' 하면 되는데, 여기에다가 또 "속"을 더 붙였으니 이것도 한갓 겹말이라 할 수 있다. '과정에'보다는 '지나는 동안에'가 훨씬 좋다.

- 사무실 <u>옥상 위에</u>…… (→옥상에, 지붕 위에) 『한신학보』, 1987. 9. 9.
- 오후 <u>1시 이후부터</u> 저의 업소를 개방하오니…… (→1시부터, 1시 이후) 어느 광고문
- 눈을 뜬 <u>후부터</u>…… (→뒤[후]에는, [뜨고]부터) 어느 동화
- 선생님은 <u>그 이후부터는</u> 좀 일찍 일어나려고 했을 것 같다. (→그 뒤에는, 그때부터는) 어느 대학생의 글
- <u>동일제목 하에서의</u> 글을 살펴보고자 한다. (→같은 제목의) 어느 대학생의 글

-하, -화, -화되고 들도 한갓 겹말 현상으로 볼 수 있다.

- 이런 사회에서 진보가 있을 수 없으며 인간은 <u>생산도구화되고 획일화될</u> 뿐이다. (→생산도구화하고 획일화할→생산도구가 되고 획일로 될) 『동아일보』, 1987. 6. 6.
- 잡다한 민병 조직의 전투로 <u>폐허화된</u> 서베이루트시가…… (→폐허화한, 폐허가 된) 『동아일보』, 1987. 10. 29.
- 이러한 <u>환경 아래에서</u> 『접시꽃 당신』이 나오자 폭발적인 인기와 함께 숱한 독자들을 끌어들일 수 있었다고 풀이한다. (→환경에서) 『출판저널』, 1987. 9. 5.

"폭발적인"은 '폭발하는'이나 '터져 오르는'이라고 쓰는 것이 좋다.

- 노벨 평화상 수상자 테레사 수녀가 24일 모스크바에서 소련 평화위원회 의장 겐리흐 보로비크로부터 이 위원회가 주는 금메달을 <u>수여받고</u> 있다. (→받고) 『한국일보』, 1987. 8. 26.

'수여'란 준다는 말인데 수여받고란 말은 있을 수 없다. 그냥 '받고'로 쓰면 될 터인데 왜 이런 괴상한 말을 쓸까?

- 산성비의 원인이 고도로 <u>공업화된 결과의 산물 때문이란</u> 것은 이제 누구나 다 알 수 있다. (→공업화한 결과란, 공업화의 산물이란, 공업화 때문이란) 『공해와 생존』, 1987. 7.

이것은 세겹말이다. '결과' '산물' '때문' 셋 중 어느 것 하나만 쓰면 된다.

- <u>60여 명도 더 되는</u> 아이들이 <u>20여 평 남짓</u> 작은 교실 하나도 제대로 쓸고 닦으려 들지 않았습니다. (→60여 명 되는, 60명도 더 되는 | →20여 평, 20평 남짓) 어느 교사의 글

- 중고생 글모음집 (→글모음, 문집, 글모음책) 『희망이라는 종이비행기』

"집"은 '문집'의 '집'이니 모음집이란 말을 쓸 수 없다. '글모음'이 아니면 '글모음책'이라 하든지, 차라리 '문집'이라 쓰는 것이 바른 말이다.

- 안명철 군의 일기모음집 (→일기) 『하루가 모인 잔치』

일기는 날마다 쓰는 것이니 일기모음도 맞지 않고, 일기모음집은 더욱 괴상한 말이다.

- 여성 문인 21명 글모음집 펴내 (→글모음, 글모음책, 문집) 『한겨레』, 1989. 3. 14.
- 어린이놀이 모음집 내 (→모음) 『한겨레』, 1989. 6. 15.
- 남조선민족해방전선 사건으로 알려진 저자의 옥중 시·서간 모음집 (→시·편지 모음) 『일요신문』, 1989. 6. 18.
- 출판물 경제기사 모음집 (→모음책, 글모음, 모음, 문집) 『한겨레』, 1989. 5. 4.
- 교육자이자 아동문학가인 이오덕 씨의 생생한 교육현장기록모음집 (→현장기록, 현장기록 책) 『평화신문』, 1989. 6. 25.

기록모음이란 말도 맞지 않고, 여기에다 또 '집'을 붙인 것은 아주 잘못되었다. 이 신문사에는 모음집이란 말을 쓰지 말라고 전화로 주의한 일이 있는데, 바로 내가 낼 책 소개를 또 이렇게 해놓았다. 우리 말에 대한 깨달음이 없고, 성의 없는 게으름에 놀랄 뿐이다.

어찌 이 신문사뿐이랴. 신문기자·출판사 편집자·방송인 들은 이와 같이 잘못된 말을 퍼뜨리는 노릇을 예사로 하고 있다.

표지에 글모음집이라고 되어 있는 책들을 다음에 들어본다. 눈에 띈 대로 들었으니 이밖에도 많을 것이다.

- 십대들의 쪽지 모음집
- 장애인과 정상인이 함께하는 글모음집
- 김지하 譯詩 모음집
- 노래모음집『님을 위한 행진곡』
- 교육민주화를 주제로 쓴 평론 모음집『한겨레』, 1989. 7. 27.
- 정치평론가 홍사덕 씨의 방송칼럼 모음집『한겨레』, 1989. 7. 27.
- 글모음집『꼬투리』
- 소설 16편 에세이 4편 모음집『스물의 어둠은 너무 깊어라』
- 엄인희 이야기 모음집

(3) '일절'인가 '일체'인가?

- 인터뷰 당시 문 목사는 일절 말하지 않았다. (→일체, 전혀, 도무지)『한겨레』, 1989. 3. 28.
- 극소수의 주변친지 이외에는 일절 알리지 않았던 것이 확실하다. (→일체, 조금도)『한겨레』, 1989. 3. 28.
- 『월간조선』은 이 같은 주장의 근거로 전씨의 '측근'들을 인용했으나 그들의 신원에 대해서는 일절 공개하지 않았다. (→일체, 전혀, 조금도)『한겨레』, 1989. 5. 23.

일체(一切)란 중국글자말은 이름씨와 어찌씨와 매김씨 세 가지로 볼 수 있다. 위의 보기글들은 모두 어찌씨로 쓴 것이다. 이름씨와 매김씨로 쓰는 경우는 드물고, 어찌씨로 쓰는 일이 많다.

어찌씨로 볼 때 일절이라고 쓰는 것은 잘못이다. 사전에도 잘못 적혀 있다. 참고로 사전에 어떻게 나와 있는가 다음에 들어본다.

일체(一切)【명사】모든 것, 온갖 사물
일절(一切)【명사】아주, 도무지(사물을 부인하거나 금할 때 씀)
• 이희승 감수, 『국어사전』

일체(一切)【이름씨】전체, 온통【어찌씨】죄다, 모두【매김씨】모든, 온갖
일절(一切)【어찌씨】전혀, 도무지
• 한글학회, 『새 한글사전』

일체(一切)【명사】온갖 것, 모든 것【부사】조금도, 도무지, 전혀('일체로' 형으로도 씀).
• 신길철·신용철 편저, 『새우리말 큰사전』

일체 ①【명사】모든 것, 온갖 것
② 관형사적으로 쓰여 '모든' '온갖'의 뜻
③ 주로 '아니하다' '없다'와 함께 부사처럼 쓰여 '조금도' '전혀'의 뜻
• 『현대조선말사전』

위에서 보는 바와 같이 이희승 감수 『국어사전』과 한글학회 『새한글사전』에서 어찌씨를 일절이라 해놓았다. 한글학회 『새한글사전』에는 '일체'에도 어찌씨라 해놓고 일절에도 어찌씨라 했다. 이래도 할 수 있고 저래도 쓸 수 있다는 뜻이니 어디 이럴 수가 있나? 그런데 신기철·신용철 편저 『새우리말 큰사전』에는 일절이 없다. 북한의 『현대조선말사전』에도 일절이 없고, '일체'를 이름씨(명사)로 해서 "관형사적으로" 또는 "부사처럼" 쓰인다고 해놓았다.

'一切'를 일절로 읽어서는 틀리고 '일체'로 읽어야 함은, 이 '切' 자가 '모

두 '전부' '전혀' '아주'의 뜻일 때는 '체'로 읽고, 칼로 무엇을 베거나 끊는다는 뜻으로 읽을 때는 '절'이 되기 때문이다. 그래서 이 글자 이름이 '온통 체' '끊을 절'이다. 『한한대자전』(漢韓大字典)에서 이 글자를 찾아 보자.

　　〔切〕㉮ 온통 체, 전부, '一切'
　　　　㉯ ① 벨 절, 칼로 벰, 썲, 저밈, 切開, 切斷
　　　　　　② 절박할 절, 매우 가까이 닥침, 切迫
　　　　　　③ 정성스러울 절, 親切
　　　　　　④ 중요로울 절, 중요함, 요점
　　　　　　⑤ 진맥할 절, 맥을 봄
　　　　　　⑥ 문지방 절
　　　　　　⑦ 반절 절, 反切
　　　　　　⑧ 간절히 절, 切望

　이것으로 보면 '전부' '전혀'란 뜻으로 쓸 때는 '일체'임이 환하다. 왜 '일체'를 일절로 잘못 쓰게 되었을까? 그 까닭은 쉽게 짐작된다. 위에서 든 『한한대자전』에서 볼 수 있듯이 ㉮의 뜻으로 쓰이는 경우 외에는 이 '切' 자가 모두 '절'로 읽히기 때문에 ㉮의 뜻으로 쓸 때도 그만 따라서 '절'로 잘못 읽는 것이다. 그러나 이런 잘못을 바로잡아야 하며, 더구나 이제는 중국글자를 쓰지 않으니 쉽게 바로잡을 수 있을 것이다.
　이 말을 바로잡는 더 좋은 방법이 있다. 그것은 '일체'란 말도 쓰지 말고 순수한 우리 말로 쓰는 것이다.
　모든 것, 온갖 것, 아주, 도무지, 전혀 들과 같이 그때그때 알맞은 우리 말을 골라 쓰면 얼마나 깨끗하고 분명하고 좋은가? 아름다운 우리 말을 두고 중국글자말을 쓰자니 이런 문제가 생기는 것이다.

- 이는 공안당국의 수사방향을 파악하기 위한 것이며 정치적 흥정은 일절 고려치 않고 있다고 밝혔다. (→일체, 조금도) 『한겨레』, 1989. 7. 6.

(4) 잘못 쓰는 하임움직씨 '-시킨다'

'한다 움직씨'에서 '한다' 대신에 시킨다를 넣어서 하임[使動]움직씨를 만들어 쓰는 경우에 '-한다'만으로 그 뜻이 충분한 것을 공연히 -시킨다를 덧붙이는 경향이 있다. 이것 역시 앞에서 말한 '겹말'과 같이, 중국글자말이 재빨리 그 뜻을 느끼게 하지 못하는 말이 되어 있어서 그다음에 쉬운 우리 말을 덧붙여 강조하고 싶은 심리가 되어 이렇게 잘못 쓰는 것이다.

이렇게 잘못 쓰는 말법에 대해서는 일찍이 최현배가 지은 『우리말본』(1929년 초판)에서도 다음과 같이 지적한 바 있으니, 중국글자말이 우리 말을 병들게 한 모양이 이렇게 넓고 깊음을 새삼 깨닫지 않을 수 없다.

> 세상에는 흔히 '시키다'를 그릇 쓰는 수가 있나니, 그는 '하다'로 넉넉한 것을 공연히 '시키다'로 하는 것이다. 보기를 들면,
>
> 　김 아무가 민중을 선동시켜서……
> 　술이란 것은 신경을 자극시킨다.
>
> 와 같은 따위니라. 제움직씨[自動詞]의 '하다 따위 움직씨'를 남움직씨같이 만들어 쓰는 데에는 '시키'가 필요하지마는, 본대 남움직씨를 그저 단순한 남움직씨로 쓰는 데에는 조금도 하임의 뜻을 보이는 '시키'가 필요 없는 것이어늘, 흔히들 이것을 깨치지 못하고 조심 없이 '시키'를 붙여 씀은 우스운 일이라 아니 할 수 없다. 『우리말본』, 406쪽

- 법을 준수해야 할 공기업에서 근로기준법을 지키지 않고 반복적인 근무형태로 계속 운영하여 공사 직원들을 혹사시키고 있습니다. (→혹사하고) 서울지하철공사 노동조합 광고문

"반복적인"은 '되풀이하는'으로 쓰는 것이 좋다.

- 민간단체 교류도 정부창구를 이용하는 것은 적극 권장하겠지만, 정부 허락 없는 교류시도는 북한의 실상을 모르고 하는 것이어서 <u>금지시킬</u> 수밖에 없다. (→금지할) 『한겨레』, 1989. 5. 3.
- 오늘 아빠가 <u>주의시킨</u> 말이 머리를 스쳤다. (→주의한, 주의하신)
  초등학교 6학년 어린이의 글
- 군사시설과 자원과 식량 창고들만 속속들이 찾아내어서 여지없이 <u>파괴시켰다</u>. (→파괴했다, 깨뜨렸다, 부숴버렸다.) 어느 소설
- 빗발처럼 쏟아지는 빔 하나가 그의 전투기의 오른쪽 날개에 <u>명중시켜</u>버린 것이었다. (→〔……를〕 명중해, 바로 맞혀) 어느 소설

이렇게 -시키다를 잘못 쓰는 일도 중국글자말을 안 쓰고 순수한 우리 말을 쓰면 다 풀어진다.

- 학부모님과 저희 교사들이 함께 힘을 합치는 것을 <u>이간질시키고</u> 있는 사례도 종종 있었습니다. (→이간질하고) 어느 교사신문
- 남북불가침선언 채택을 실현하기 위한 방법과 절차를 <u>구체화시키고</u> 있다. (→구체화하고, 분명히 하고) 『한겨레』, 1988. 11. 17.
- 단재 신채호는 '我와 非我의 투쟁'이라는 그의 역사의식의 연장선상에서 非我인 일제를 극복했을 때 진정한 민족주체성인 我의 회복이 가능하다는 신념을 시 속에 <u>구체화시키고</u> 있다. (→구체화하고, 뚜렷하게 보여주고) 『중앙일보』, 1989. 3. 1.

중국글자말에 화를 붙이는 문제와, 여기에다가 다시 또 시키다를 붙이는 문제는 '6. 우리 말을 파괴하는 중국글자말투'의 -화 쪽에서도 보기를 들어놓았다.

- 인간을 관리해서 그 머리를 황폐화시키고…… (→황폐화하고, 황폐하게 하고, 엉망으로 만들고) 『네 마음이 전쟁을 부른다』

이 글의 일본글 원문이 "その頭をめちゃくちゃにして"다. 그러니 '엉망으로 만들고'로 써야 옳다.

- 봉급자 한 사람 한 사람이 이상하게 되는 것이 아니라 오늘날에는 회사 전체가 이상 사태를 발생시키고 있다. (→일으키고, 저지르고) 『네 마음이 전쟁을 부른다』

이 원문은 "ずいぶん 異常 な事態をしでかしはじめている" 이렇게 되어 있다. 그러니 '엉뚱한 일을 저지르기 시작했다'로 써야 한다.
이렇게 보면 이 시키다는 되다, 지다와는 달리 일본말의 영향을 받은 것이라고는 볼 수 없다.

- 수미터의 오차로 적의 핵기지만을 파괴시킬 수 있으니 도시는 안전하다는 엉터리 이론도 생기게 된 핵미사일이다.(→파괴할, 부술) 『네 마음이 전쟁을 부른다』

이 글의 원문은 "たたくことができる, だから……" 이렇다. 그러니까 '깨부술 수 있다. 그러니……'로 된다. "파괴"란 중국글자말을 쓰니까 시킬이란 말을 붙이게 되는 것이지, '깨부술' 하는 순수한 우리 말을 쓰면 아예 잘못된 군더더기가 붙을 수 없는 것이다.

- 이 위원장 직무대리는 "교직원노조를 결성한 것은 참교육과 민주교육을 실현시키기 위한 것"이라며…… (→실현하기) 『중앙일보』, 1989. 6. 26.

제1장 중국글자말에서 풀려나기 95

- 이날 오후 성명을 내고 "3명의 신부를 <u>구속시키고</u> 7명을 불구속 입건한 현 정권에 대해 분노를 참을 수 없으며 이들의 석방을 위해 어떤 고난도 무릅쓰고 싸워나갈 것"이라고 밝혔다. (→구속하고) 『한겨레』, 1989. 7. 30.

- 전국평협 회장단은 이 성명에서 '정의구현전국사제단 총회가 문규현 신부의 파북을 추인하는 등 주교회의의 방향제시에 거부의 사를 <u>표출시킴으로써</u> 교회의 근본 질서인 교계제도에 적지 않은 손실을 가져왔음'을 지적하고…… (→표출함으로써, 표현함으로써, 나타냄으로써) 『한겨레』, 1989. 8. 8.

- 사회당의 승리는 일본 정치를 <u>개혁시킬</u> 것인가 (→개혁할, 뜯어고칠) 『사회와 사상』, 1989. 9.

제2장 우리 말을 병들게 하는 일본말

1. 우리 말을 파괴하는 일본말 일본글

  일본말 일본글은 지난 80년 동안 우리 글 우리 말에 엄청난 영향을 주었고, 지금도 우리 말 우리 글은 일본말 일본글을 따라 끊임없이 변질되어가고 있다. 이런 말을 하면 젊은이는 대부분 "그게 무슨 소리냐? 당신같이 일본글 읽어서 공부한 늙은이들이야 그렇지만 우린 일본말 같은 것 한마디도 모른다"고 하겠지. 그러나 일본말의 영향을 어디 일본말을 직접 배워서만 받는가? 벌써 80년 전, 100년 전 이 땅에 나서 일본말을 배우고 일본글로 책을 읽고 공부를 하여 글을 쓸 때나 말을 할 때 저도 모르게 일본말법을 따랐던 할아버지의 가르침을 안 받은 아버지가 없을 터이고, 그 할아버지보다 더 철저하게 일본말 일본글을 배운 아버지 대의 가르침에서 벗어나 자라난 아들딸이 없을 터다. 더구나 지금은 일본책들을 마구잡이로 번역해서 우리 말을 비뚤어지게 해놓은 꼴이 말이 아니다.
  그래서 이제라도 시급히 이 사실을 깨달아 일본말의 해독을 뿌리 뽑고 씻어내지 않으면 머지않아 우리 겨레의 말은 돌이킬 수 없는 지경에 빠질 것이 확실하다. 일제강점기에는 포악한 제국주의가 강요해서 그렇게 되었다고 핑계를 댈 수 있지만, 요즘은 우리가 즐겨서 일본말을 따르고 흉내내는 꼴이 되었으니 도무지 용서할 수 없는 일이다.

  나는 지금까지 일본글을 큰 잘못 없이 제대로 번역해놓은 책을 보지 못했다. 일본글을 우리 글로 올바르게 번역하는 일은 일본글의 뜻을 틀리지 않게 우리 말로 나타내고, 그리고 그렇게 옮겨놓은 글이 우리 말로 살아 있어야 한다. 그런데 대부분 번역문장이 뜻도 틀리고, 우리 말은 아주 엉망인 경우가 많다. 지난날 36년 동안 온 나라 사람들이 일본말을 배우고 쓰다시피 했는데, 이건 어찌 된 셈인가? 그 가장 큰 까닭은 일본의 말법과 우리 말법이 비슷해서 글을 따라 차례로 낱말만 우리 말로 바꿔놓으면 뜻이 통한다고 모두 알고 있기 때문이다. 그리고 같은 중국글자말을 쓰기 때문에 그 중국글자말을 그대로 적어놓으면 된다고 보기 때문이다.

  이것은 아주 잘못되었다. 아무리 말법이 비슷하다 해도 일본말은 일본말이지 우리 말은 아니다. 말법이 비슷해서 그대로 직역해놓아도 대강의 뜻은 짐작할 수 있다는, 게으르고 성의 없고 책임감 없는 태도가 화를 불러일으킨다. 일본글의 본뜻이 잘못 옮겨지는 것이야 우리로서는 그 잘못이 거기에 그친다고 하겠지만, 우리 말이 일본글을 따라 괴상하게 쓰이는 것은 예삿일이 아니다. 중국글자말도 일본 사람들은 중국글자로 적어놓고 자기 나라 말로 읽는 것이 많다. 그것을 우리는 모조리 그대로 중국글자음으로 읽도록 옮겨놓는다. 거기에다 중국글자말에 중독이 된 우리는 일본 사람들이 자기 나라 글자 '가나'로 적어놓은 말까지 닥치는 대로 중국글자말로 번역한다. 이래서 일본글 번역한 책을 보면 온통 중국글자말투성이가 되어 있다.

  일본말과 우리 말의 짜임에서 가장 크게 다른 점은 우리 말의 토 '의'와 일본말의 토 'の'가 꼭 같이 보이면서도 크게 달리 쓰는 점과, 움직씨의 입음꼴을 달리 쓰는 점이다. 문장에 자주 나오는 이 두 가지만을 잘못 쓴다고 해도 우리의 말과 글은 아주 치명상을 입게 된다고 본다. 어디 또 이것뿐인가?

2. '진다' '된다' '되어진다' '불린다'

진다

이 입음도움움직씨〔被動助動詞〕를 아무 데나 함부로 쓰는 것은 일본 말글의 영향임이 틀림없다.

ㄱ) おとうさんのことを<u>きかれる</u>たびに 『世界の子ども』
ㄴ) 10日もかかつてやっと<u>やけた炭</u> 『世界の子ども』
ㄷ) 4時に<u>おこされた</u> 『世界の子ども』

위의 글들을 바로 그대로 우리 말로 옮기면 다음과 같이 된다.

ㄱ) 아버지의 일을 <u>물어질</u> 때마다
ㄴ) 열흘이나 걸려서 겨우 <u>굽혀진</u> 숯
ㄷ) 4시에 <u>깨워졌다</u>.

그러나 이렇게 되면 우리 말이 아니다. 이 글들은 마땅히 다음과 같이 옮겨야 할 것이다.

ㄱ) 아버지의 일을 물을 때마다
ㄴ) 열흘이나 걸려서 겨우 <u>구운</u> 숯
ㄷ) 4시에 <u>깨어났다</u>. (언니가 소리를 쳐서 4시에 깨어났다.)

이런 잘못된 남의 나라 말법이 얼마나 많이 펴져 있는지 살펴보자.

• 서울시는 2억 원을 들여 길이 13미터 너비 4.3미터 높이 5미터 크기로 <u>만들어진</u> 이 호랑이 모형을…… (→만든) 『동아일보』, 1988. 3. 17.

앞뒤의 문맥으로 보아 당연히 '만든'으로 써야 할 것이다.

- 세계 최대의 범종으로 만들어지는 이 좋은…… (→만드는) KBS 방송, 1988. 8. 11.
- 웅천(熊川)은 일본말로 고모가와이다. 산지명을 그대로 취해서 붙여진 이름이다. (→붙인) 『保寧』, 1988. 3.

"산지명"이란 무슨 말일까? "취해서"는 "따서"로 쓰면 될 것이다.

- 이 전등은 켜져 있을 때에도 이 문은 열려지지 않습니다. 앞뒤의 문을 사용하여주십시오. (→열리지) 전철 문에 쓰인 글
- 4개의 입양 기관 중 하나에 보내지고, 입양할 미국 혹은 유럽 가정이 나타날 때까지 그곳에서 키워진다. (→보내고, 보내게 되고 | →키운다, 키우게 된다.) 『말』, 제21호

키워진다, 보내진다 이런 말은 우리 말이 아니다.

- 아이들이 한국에서 고아원에 키워지는 것보다는 가정을 갖게 하는 것이 낫습니다. (→키우는, 키우게 되는) 『말』, 제21호
- 또 하나는 국제정세의 변화라고 보여집니다. (→보입니다.) 『평화신문』, 1988. 10. 9.
- 정확한 진실은 사직에 의해 가려지겠지만 국민과 국회 경시 태도는 차제에 철저히 뿌리 뽑혀져야 할 것이다. (→뿌리 뽑혀야, 뿌리 뽑아야) 『한국일보』, 1988. 10. 25.
- 양키는 집으로 돌려보내져야 합니다. (→돌려보내야) 『여론시대』, 1988. 12.
- 교문 철책마다 엿가락이 덕지덕지 붙여져 있다. (→붙여, 붙어) 『중앙일보』, 1988. 12. 16.

- 제법 잘 써졌다는 불교소설 (→썼다는) 어느 책 광고문
- 평화는 주어지는 것이 아니다. 지켜져야 한다. (→〔누가〕 주는 | →지켜야) 어느 간판
- '노동운동을 목적으로 한 단체로 보여진다'는 등의 이유로…… (→보인다)『한겨레』, 1989. 2. 17.

"등의"는 '따위'로 쓰는 것이 좋다.

- 8년 전 괴한들에게 폭행당해 오른발을 저는 박창신 신부는 군인의 테러가 틀림없고 반드시 진상이 밝혀져야 한다고 주장하고 있다. (→〔을〕 밝혀야)

이 밝혀져야는 아주 틀린 말은 아니다. 그런데 왜 하필 이렇게 모두 입음꼴로만 쓸까?

- 전씨 부부 망명설 진위 밝혀져야 (→밝혀야)『한겨레』, 1988. 7. 29.
- 건국 이래 최대의 부정 비리 사건으로 진상은 국민 앞에 반드시 밝혀져야 한다. (→밝혀야)『한겨레』, 1988. 8. 12.

이렇게 입음꼴로만 쓰는 까닭은 글에다가 행동의 주체를 드러내기를 꺼리는 심리 때문이라고밖에 생각되지 않는다. 언론에 대한 억압이 글을 쓰는 이들에게 이와 같이 저도 모르게 책임을 피하는 듯한 말을 하도록 하고 있다.

- 빼앗긴 노량진 수산시장 되찾아지려나 (→되찾으려나)『한겨레』, 1988. 8. 21.
- 작품에서 다뤄지고 있는 주제는…… (→다루고)『한겨레』, 1988. 7. 16.

- 도덕성 교육은 어떤 가정교육 내용보다 중요하며, 가정에서 가장 소중하게 다뤄져야 할 교육 내용이다. (→다뤄야) 『거북이교육』, 1988. 7.

이 다뤄지고, 다뤄져야도 '다루고' '다뤄야'로 써야 우리 말을 살린다.

- 치안본부는 최근 '남북학생회담 실현을 위한 재일교포학생연합추진위원회' 명의로 국내 학생들에게 3천여 장의 통일 웃도리가 보내진 데 이어…… (→〔를〕 보내온) 『한겨레』, 1988. 8. 11.
- 올림픽을 계기로 세계의 관심이 한국에 모아지고 있는 시점에서…… (→모이고) 『조선일보』, 1988. 10. 8.

이것도 '모이다'란 말이 있으니 모아+지다꼴을 만들 필요가 없다.

- 1922년~1925년에 지어진 이 건물은 지하 1층 지상 2층의 석재 혼합벽돌조이며, 설계자는 미상이다. (→지은) 서울역 앞 표지판

미상이다는 '알 수 없다'로 써야 한다.

- 書房茶는 여러 가지 한약재로 특별히 만들어진 독특한 건강차입니다. (→만든) 어느 광고문
- 과대 포장된 업적이 교과서에서조차 삭제된다고 하는 때에 이러한 잘못된 내용은 마땅히 고쳐져야 할 것이다. (→고쳐야) 『한겨레』, 1988. 12. 21.
- 그러한 역사인식이 타당하지만 그 때문에 이득은커녕 오히려 불이익을 받고 있는 곳이 대구 경북 지역이라면 이 모순은 어떻게 받아들여져야 할까. (→받아들여야) 『한겨레』, 1989. 7. 30.
- 코트디부아르 야무수크로시의 옛 코코넛 농장터에 세워지고 있는

- '평화의 성모당' (→세운) 『중앙일보』, 1989. 1. 24.

- 방송은 국민과 방송인들 손에 <u>돌려져야</u> 합니다. (→돌려줘야) 『KBS저널』, 1989. 2.

- 잘못된 교육은 행동으로 거부할 수 있는 권리가 교사에게 <u>주어져야</u> 합니다. (→〔-를 교사에게〕 주어야, 〔-를 교사가〕 가져야) 어느 교사협의회 인쇄물

- 소중한 아들딸이 올바르게 교육받고 있나 감시할 수 있는 권리가 학부모에게 <u>주어져야</u> 합니다.(→〔-를 학부모에게〕 주어야, 〔-를 학부모가〕 가져야) 어느 교사협의회 인쇄물

- 버려진 아이들에게 <u>주어진</u> 이름은…… (→〔아이들을〕 부르는) 『네 마음이 전쟁을 부른다』

위 번역문의 원문은 "捨てられた子どもたちに與えられた名は"다. 이 "與えられた"를 거의 모든 사람이 직역해서 '주어진'으로 쓰고 있다.

- '너무 성급한 기대는 현명치 못하므로 예의 주시하겠다'는 데 역점이 <u>두어지는</u> 등 매우 신중한 자세…… (→〔역점을〕 두는) 『중앙일보』, 1989. 2. 3.

"두어지는 등"은 '두고 해서'로 쓰는 것이 좋겠다.

- 한 방향에서만 <u>보아지도록</u> 구성되어 있고…… 한 방향에서만 생각하도록 물음이 <u>주어져</u> 있다. (→보도록 | →물음을 주고〔묻고〕) 어느 광고문

- 합의했다고 발표하더니 얼마 안 있어 붉은 얼굴에 뿔이라도 난 것처럼 <u>말해지던</u> 사람들이 멀쩡한 얼굴로 서울에 나타난 것이다. (→말하던, 알려진) 『한겨레』, 1989. 5. 5.

말해지던이란 말은 우리에게 없다.

- 가장 우수한 두뇌집단이라고 <u>일컬어지는</u> 법조계에서…… (→일컫는, 말하는) 『한국일보』, 1988. 10. 8.
- 서울의 명문 대입종합반이라고 <u>일컬어지는</u> ㅅ·ㄷ학원은…… (→일컫는, 말하는) 『한겨레』, 1989. 2. 4.

된다

이 된다는 '한다움직씨'에서 '한다' 대신에 된다를 써서 입음움직씨[被動動詞]로 만드는 경우인데, '한다' 그대로 쓰면 될 것을 공연히 입음움직씨로 마구 쓰는 경향이 있다. 이것은 중국글자말을 생각 없이 쓰는 데 원인이 있지만 중국글자말을 많이 쓰는 것은 일본글을 잘못 옮기는 과정에서 그렇게 된 것이다. 여기 일본글 번역에서 -된다가 어떻게 나타나고 있는가 한두 가지 보기를 들어본다.

- 五年生六年生の子供にとっては, 自分の成績が<u>数字で示され格付けされる</u>ということが, 心の痛手であった. 石川達三, 『人間の壁』, 8쪽

이것을 한울림총서 『인간의 벽』에서는 다음과 같이 번역해놓았다.

- 5학년, 6학년의 아이들에게는 자기의 성적이 <u>숫자로 제시되고 규정지어진다</u>는 것이 마음의 타격이었다.

여기서 '示され'를 '제시되고'로 해놓았다. 이 '示'란 중국글자를 일본 사람들은 'しめす' 'しめされ'로 읽는다. 이런 말조차 우리나라 사람들은 순수한 우리 말로 번역할 줄 모르고 중국글자말 '제시'로 번역하는 것이다. '-される'는 모조리 되다로 옮기니, 이래서 중국글자말로 된 '한다움

직씨'를 입음움직씨로 많이 쓰게 됨에 따라 잘못 쓰는 경향이 생겨난 것이라 본다. ('格付けされる'를 "규정지어진다"고 한 것도 잘못되었다.)

위의 글을 나는 다음과 같이 번역하는 것이 옳다고 본다.

- 5학년 6학년의 아이들로서는 자기 성적이 숫자로 <u>나타나고 등급으로 매겨지는 것</u>이 마음 아픈 일이었다.

한 가지 더 보기를 든다.

- あきらめというニヒリズムや, 戰爭への衝動にも<u>むすびつく</u>, 第一の原因が 羽二五郞, 『君の心が戰爭爭を起こす』, 30쪽

이 글을 『네 마음이 전쟁을 부른다』에서 다음과 같이 옮겨놓았다.

- 체념이라는 허무주의나 전쟁으로의 충동으로 <u>연결되는</u> 가장 큰 원인이……

여기서 "むすびつく"란 말을 '연결'이란 중국글자말을 써서 되는을 붙여놓은 것이 문제다. 이렇게 중국글자로 쓰지 않은 일본말조차 우리는 중국글자말로 번역해놓는다. 일본글에서 본디 중국글자말로 되어 있는 것도 될 수 있는 대로 순수한 우리 말로 번역해야 하겠는데, 중국글자말은 말할 것도 없고, 중국글자로 써놓고 일본말로 읽는 것도 우리는 중국글자말로 만들어 옮기고, 또 이렇게 자주 일본글자로 적어놓은 것도 예사로 중국글자말로 번역하니 모든 잘못은 우리의 중국글자말 쓰는 병에 찌들어 있다 하겠다.

위의 글은 다음과 같이 옮기는 것이 좋겠다고 생각한다.

- 단념이라는 허무주의나, 전쟁을 일으키고 싶어 하는 충동에 이르는 첫째 원인이……

이제 다음에 잘못 쓰는 입음움직씨 -된다의 보기를 살펴보자.

- '현실에 무관심한 철학은 극복되어야 한다' 등 세 가지 줄거리를 강조했다. (→극복해야) 『동아일보』, 1988. 3. 7.
- 국가보안법의 출판규제 폐지돼야 (→폐지해야) 『중앙일보』, 1988. 7. 20.
- 버스회사 일방적 결정 시정돼야 (→시정해야, 바로잡아야) 『한겨레』, 1989. 2. 10.
- 교육악법도 반드시 개정되어야 옳다. (→개정해야) 『한겨레』, 1989. 2. 14.
- 농민시위 악용돼서야 (→악용해서야) 『평화신문』, 1989. 2. 26.
- 정부 창구 일원화 재검토돼야 한다. (→다시 검토해야) 『한겨레』, 1988. 11. 17.
- 사정상 자제돼야 (→자제해야) 『한겨레』, 1989. 7. 9.

'자제해야'지 어째서 자제돼야인가?

- 국정교과서 제도 마땅히 폐지돼야 (→폐지해야) 『한겨레』, 1989. 2. 10.
- 진심으로 남·북 동포의 화해를 원하거든 남쪽 내부에서 은폐되고 조작되었던 역사의 바로잡음이 필요하다. (→은폐하고 조작했던) 『한겨레』, 1989. 1. 19.

"역사의 바로잡음이 필요하다"도 '역사를 바로잡음이 필요하다'든지 '역사를 바로잡아야 한다'로 쓰는 것이 옳다.

이렇게 '-하고' '-해야'를 모두 -되고, 돼야로 쓰는 것도 -지고, -져야처럼 행동의 주체를 바로 드러내지 않으려는 데서 오는 것으로, 이것은 결코 글을 바로 쓰는 길이라 할 수 없다.

- 제시된 예문을 읽을 이가 아닌 글쓸 이의 위치에서 구성→전개→표현하는 몫으로 얼마든지 변형·출제될 수 있기 때문이다. (→출제할) 『한겨레』, 1989. 1. 6.
- 권총강도살인사건은 한국교회의 잠을 깨우는 사건으로 <u>인식돼야</u> 할 것이다. (→인식해야) 『한겨레』, 88. 10. 5.
- 安全基調는 <u>견지돼야</u> 한다. (→견지해야) 『중앙일보』, 1988. 10. 6.
- 한편 이번 하원의원 선거가 끝나면 뒤이어 19일에는 지방의회 선거가 <u>실시되게 된다</u>. (→실시된다, 〔를〕 실시한다, 〔를〕 실시하게 된다.) 『한겨레』, 1988. 11. 17.
- 국가안보상 간첩을 막는 데 필요한 조항은 형법에 넣고 국가보안법은 <u>폐기되어야</u> 한다. (→폐기해야) '문익환 목사 방북 성과에 대한 김대중 의원과 이홍구 통일원장관 일문일답' 중 김대중 의원의 말, 1989. 5. 23.
- 지식인이라고 하는 사람들의 무분별한 외국어 사용은 <u>자제되어야</u> 한다고 생각한다. (→자제해야, 스스로 억제해야, 스스로 삼가야) 『한겨레』, 1989. 7. 30.

"무분별한"은 '분별없는'으로 쓰는 것이 좋다.

되어진다

되어와 진다가 합쳐서 된 것이다.

- 이 같은 소련의 한국에 대한 문화적인 접근은 그들이 한-소 관계의 새로운 정립에 대한 구상을 가지고 있음을 보여주는 것으로 <u>해석되어지기도</u> 한다. (→해석되기도) 『중앙일보』, 1988. 10. 3.
- 벽화 사업은 학교 측에 의해서 <u>거부되어지고</u> 있다. (→거부되고

어느 광고문

- 이러한 점이 <u>극복되어져야</u> 합니다.(→극복되어야, 〔을〕 극복해야) 어느 광고문

되어지다는 대개 소용없는 지다가 붙는 것이지만, 더러는 되어와 지다가 모두 소용없고, 죄다 없애야 할 경우도 있다.

- '국풍 81'과 '민정당'이라는 말은 마치 달군 인두로 지져놓은 것처럼 내 가슴에 깊이 <u>각인되어졌다</u>. (→각인되었다, 새겨졌다.) 『말』, 제21호
- 남들은 모두 다 자기를 근성이 비틀린 아이라고 업수히만 여길 뿐, 누구 하나 그렇게 <u>되어진</u> 원인을 생각하고 위로하여주는 사람은 없었다.(→된) 현경준,「少年錄」,『文章』제7집

1939년에 발표된 소설에도 이렇게 나온다.

- 사적(史賊)들에 의해 산 채로 <u>매장되어진</u> 역사 혼에 대해……(→매장된, 파묻힌) 어느 광고문
- 이 책은 이런 성장을 배경으로 했으며 또한 민족·민주운동의 불교적 기여를 위한 모색으로서 <u>기획되어졌음을</u> 밝히고자 한다. (→기획되었음을, 기획했음을) 어느 광고문
- 면밀하게 계획되고 <u>준비되어진</u> 고문은 어디에도 들뜬 구석이 없었다. (→준비된)『한겨레』, 1988. 6. 4.

불린다, 불리운다

- 세간에서 5공 비리라 <u>불리는</u> 한 시대를 더럽힌 구정물의 정화는 이제 막바지에 이른 건가. (→부르는, 말하는)『한겨레』, 1989. 1. 31.

- 일명 '통곡의 벽'이라 불리는 솔로몬성전 서쪽 벽 (→부르는, 말하는) 『서울신문』, 1989. 5. 17.
- 아주 오랜 옛날부터 '탑마을'이라고 불리는 마을이 있었다. (→부르는, 말하는) 어느 동화

'부른다'의 입음꼴인 불린다는 사전에도 나오지만 실제 입말에는 거의 쓰이지 않는다. 그런데 이것이 글에 많이 쓰이는 까닭은 보기를 들 필요도 없이 일본말 'よばれる'의 영향이다. 우리 말로서는 '부르는' '말하는'이라고 해야 한다. 불린다를 쓰지 말아야 하는 또 하나 이유는, 뜻이 다른 불린다란 말이 여섯 가지나 되기 때문이다.

- 이른바 '민족문학 주체논쟁'이라고 불린 현 단계 문학운동의 방향에…… (→부르는, 말하는) 『한겨레』, 1989. 1. 31.
- 소위 '황금시간대'라고 불리는 매주 토요일과 일요일 저녁 8시를 전후하여…… (→부르는, 말하는) 『한겨레』, 1989. 2. 15.
- '죽음의 재'로 불리는 석면대체용 단열재로 기대를 모았으나…… (→부르는, [라고] 말하는) 『한겨레』, 1989. 7. 18.
- 흔히 어용상인으로 불리던 규모 큰 시전상인이…… (→부르던) 『한겨레』, 1989. 7. 30.
- 가난과 철거민의 대명사로 불리던 동네가…… (→부르던) 『한겨레』, 1989. 8. 8.
- 금강의 시인으로 불리우는 신동엽의 시비 (→부르는, 말하는) 『학원』, 1988. 11.

이 불리우는은 더욱 잘못 쓰는 말이다.

- 이 물고기는 오늘날 성 베드로의 물고기로 불리워지는데 이것은

알을 물고 다니는 커다란 입 때문이다. (→부르는데, 말하는데) 어느 책

이것은 불리우에다가 또 지는데를 덧붙여놓았다.

- 달콤한 말로 충성심을 획득하려는 노력은 정가에서 '눈도장 찍히기' 작전이라고 <u>불리운다</u> 한다. (→부른다, 말한다) 『평화신문』, 1989. 2. 5.
- 북한 문학예술의 꽃으로 <u>불리우는</u> 고전적 명작 (→부르는, 말하는) 어느 광고문

3. -에 있어서

이 -에 있어서란 말은 일본말 '-に於て'(-において)를 그대로 따라 옮겨 쓰고 있음이 의심할 여지가 없다. 이 말은 본래 일본 사람들이 중국글을 새겨 읽으면서 쓰게 된 말이다. 일본어사전 (『新湖國語辭典』)에도 이 말을 다음과 같이 풀이해놓고, 곳과 때를 가리키거나 인물이나 사건들과 관계가 있다는 뜻을 보이는 '連語'로서 아주 옛글부터 쓰고 있다고 해놓았다.

〔おいて(於て)〕'において'の形で格助詞のように用いられる. 元來 漢文の'於'の字の訓として使ねれる語.

이 말이 '헤이안'(平安)조 중간에 쓴 책에 나와 있다고 하니, 중국글자가 일본에 건너가자마자 생겨난 말로 천 년 전부터 써온 것이 분명하다. 지금도 일본 사람들은 이 말을 많이 쓰지만, 중국글자를 더 많이 섞어서 쓰던 일제강점기에는 훨씬 더 많이 썼고, 더구나 문어체(文語體)의 글에서는 심했다.

其の初等教育の觀念が, 若しも, それ自身に於て, 何等がの價値を有し, 且つまた, 將來に於て存續すべき資格を有すゐものであるならば……『世界大思想全集』敎育文獻篇 序文, 春秋社, 1927.

이런 꼴이다. 이러니 이런 일본 책들을 읽은 우리나라 사람들의 글이 영향을 받지 않을 수 없다.

-에 있어서가 일본말에서 왔다는 것은, 본래 우리 말에는 없었기 때문이다. 중국글을 읽을 때도 우리는 이 '於' 자를 '에' '에서' '에게' '부터'로 읽지 -에 있어서라고 하지는 않는다. 일본보다 우리가 중국글을 먼저 썼지만, 옛날 어디에도 -에 있어서는 없다. 또 지금도 글을 읽지 않는 시골 사람들은 이 말을 결코 쓰지 않는다. 이 말은 일본제국이 이 땅에 들어온 뒤에 일본글 공부를 한 사람들이 쓴 글에서 비로소 나타나게 된 것이다.

- 日本<u>에 있어서는</u> 中小財閥이…… 洪性夏,「三井財閥과 朝鮮」, 1932
- 이것은 姙娠前<u>에 있어서</u> 미리 孕胎를 回避하는…… 徐椿,「경제와 산아제한」, 1932
- 조선문학<u>에 있어서</u> 자연은 국토로, 인사는 백성으로…… 정지용,『散文』, 1948
- 한문학 전체의 역사적 발전 단계<u>에 있어서의</u> 太白 杜甫의 詩와 詩人的 位置를 이해해야만…… 정지용,「朝鮮詩의 反省」, 1948
- 현대 서구문학<u>에 있어서</u> 詩人의 영도성과 영향력이 繪畵部面에까지 이른 것은…… 정지용,「朝鮮詩의 反省」, 1948
- 활판술이 유치하던 시대<u>에 있어서는</u>…… 이해준,『문장 강화』, 1939
- 文學<u>에 있어서의</u> 彫刻性…… 김오성,『文章』, 1940
- 단둘이 즐겁게 노는 그 시간은 <u>그에게 있어서는</u> 천국의 시간이었던 것이다. 현경준,「少年錄」, 1939

우리 말글을 다듬어 쓰는 일에 남달리 노력했던 이태준이나 정지용 같은 사람도 이 에 있어서란 말에 대한 자각만은 없었다. 그러니 일제강점기 이후 글을 쓰는 사람들이 모두 이 말을 우리 말인 줄 알고 쓰게 된 것이다.
　그러나 아무리 많은 사람이 예사로 쓴다고 하더라도 불순한 말은 몰아내어야 한다. 아직도 깨끗한 말을 쓰는 백성들이 많기 때문이고, 깨끗한 우리 말을 지켜야 하기 때문이다. 에 있어서가 우리 말이 아니라는 또 다른 증거는, 어떤 경우에도 이 말을 쓰지 않으면 안 되는 경우가 없고, 이 말 대신에 우리가 보통으로 쓰는 말을 그 자리에 넣으면 훨씬 부드럽고 자연스러운 말이 되기 때문이다.
　앞에서 든 보기글도 다음과 같이 고치면 모두 살아 있는 말로 느껴진다.

- 일본에 있어서는 (→일본에서는)
- 임신 전에 있어서 (→임신 전에)
- 조선 문학에 있어서 (→조선 문학에서)
- 역사적 발전 단계에 있어서의 (→역사적 발전 단계에서)
- 서구문학에 있어서 (→서구문학에서)
- 문학에 있어서의 (→문학의)
- 그에게 있어서는 (→그에게는)

　다음에 최근 글 쓰는 이들이 이 말을 쓰는 보기를 눈에 띈 대로 들어본다. 보기글을 좀 많이 들어놓은 것은, 그래도 이 말만은 우리 말로 보아야 하지 않을까, 또는 우리 말이 아니라 하더라도 달리 대신해 쓸 말이 없으니 어쩔 수 없는 것 아닌가 생각하는 이들이 적지 않을 것 같기 때문이다.

- <u>인간에게 있어서</u> 생명이 가장 소중한 것임은 두말할 나위 없다 하

겠다. (→인간에게) 『동아일보』, 1988. 6. 10.

여기서는 있어서를 빼버리면 된다.

- 나에게 있어 낙선은 고배가 아니라 축배다. (→나의, 나에게) 『여성자신』, 1988. 7.

에 있어서나 에 있어나 같은 꼴이다.

- 몽고인에게 있어 말의 존재는 동물 이상의 의미를 갖고 있다. (→몽고인에게) 『동아일보』, 1988. 4. 1.
- 몽고 말은 몽고인에게 있어 분신과도 같다. (→몽고인에게) 『동아일보』, 1988. 4. 1.
- 러시아에 있어서 자본주의의 발전 (→러시아) 어느 책 이름

이 경우에는 에 있어서를 아주 없애야 한다.

- 급변하는 사회에 있어서의 문학의 영원성과 가변성 (→사회에 있는, 사회 속에 있는) 국제펜대회 주제
- 문학작품에 있어서의 자유와 평화 (→문학작품의) 국제펜대회 주제
- 제3세계와 소수언어권에 있어서의 문학 (→소수언어권의) 국제펜대회 주제
- 건강한 소아에 있어서 괴사한 조직 혹은 소실된 조직의 재건에 있어서 세심한 수기의 미세 수술법은 좋은 수술 방법이다. (→아기에서, 아기의 | →〔을〕 재건하는 데에는, 재건하려면, 다시 세우려면) 『학술간호』, 1988. 3.

이 글은 이밖에도 알기 힘든 말들이 있다.

- 그날은 그 <u>행성에 있어서</u> 너무도 고요한 폭풍전야의 밤과 같았다. (→행성에서는) 어느 소설
- <u>그들에게 있어서</u> 아름답고 예쁜 것이란 이런 것이다. (→그들에게, 그들로서) 『동아일보』, 1988. 3. 5.
- 운율 조성의 <u>기초 원리에 있어서는</u> 민족고유의 운율조성 원리를 개성적으로 살려나간 긍정적인 시가유산이었다고 평가했다. (→기초 원리에서는) 『동아일보』, 1988. 3. 7.
- 언어를 통해서 겨레의 정서를 보전하려고 했고 또 그 같은 <u>노력에 있어서</u> 일정한 성과를 거둔 것은 결코 과소평가할 수 없는 것입니다. (→노력에서) 『한국일보』, 1988. 3. 5.
- 방사선량은 같은 <u>검사에 있어서도</u> 1백 배 이상 차이가 나고 있다. (→검사에서도) 『동아일보』, 1988. 3. 1.
- '3·1운동은 근대적 <u>의미에 있어서</u> 민족주의가 처음으로 등장한 것'이라며 역사적 의미를 높이 평가한 뒤…… (→의미에서) 『동아일보』, 1988. 3. 1.
- 그 <u>본질에 있어서</u> 유신 이래 아무런 차별성을 찾아볼 수 없는 새 후계자가…… (→본질에서) 『말』, 제21호
- 입양 <u>알선기관들에 있어서</u> 이건 하나의 사업입니다. (→알선기관들에서) 『말』, 제21호
- <u>시에 있어서</u> 솔직함의 의미 (→시에서) 어느 대학 신문
- 남과 북으로 분단된 우리 민족의 <u>현대사에 있어서</u> 군의 위상과 비중은 그 중요성이 되풀이 강조되어왔고…… (→현대사에서) 『평화신문』, 1988. 10. 16.
- <u>시에 있어서</u> 대중성이란…… (→시에서) 어느 시집
- <u>우리에게 있어서의</u> 미국의 존재를 냉철하게 되짚어보는 가운

데…… (→우리에게 있는, 우리로서) 『한겨레』, 1988. 10. 1.
- 그 점에 있어서는 군인들도 마찬가지였다. (→그 점에서는) 『말』, 제21호
- 적어도 내게 있어서는 그 모든 것이 무의미였다. (→내게는) 『말』, 제21호
- 미국을 사랑하고 아끼는 마음에 있어서는 누구에게 뒤질 까닭이 없는 사람이다. (→마음에서는) 『말』, 제21호
- 수학·과학·논리적 이해능력에 있어서 남태평양의 파푸아 뉴기니 섬 미개원주민 아동의 수준과 같다. (→이해능력에서) 『말』, 제21호
- 작년 3월에 있었던 미 외교관의 '북한외교단 접촉금지 완화지침'은 미국의 대북한 정책에 있어서 중요한 변화를 타나낸 것으로…… (→정책에서) 『말』, 제21호
- 계엄사의 발포 명령에 있어서도 지휘관이 부하를 살리기 위해 개인적으로 책임을 질 각오로 쏘라고 명령했으므로 사과하라고 할 수 있는 문제도 아니다. (→명령에서도) 『말』, 제21호
- 나에게 있어서 정말 잊지 않는 날은 수학여행이다. (→나에게) 중학교 2학년 학생의 글

이 말을 벌써 중학생들이 쓰기 시작했다.

- 그날은 나에게 있어서 정말 잊을 수 없는 추억이다. (→나에게) 중학교 2학년 학생의 글
- '일리노이'에서 2위를 한 것은 정치에 있어서 '정직'이라는 덕목을 향한 큰 진보다. (→정치에서) 『동아일보』, 1988. 3. 22.
- 白凡에 있어서의 민족 (→백범의, 백범이 생각한) 어느 강연 제목
- 가톨릭 신도들의 의사를 대변하는 데 있어서나 교회의 발전을 이룩, 각국의 가톨릭 신도와 그 단체들과 연대하여 우호관계를 발전

시키는 데 있어서 일정한 제약이 있었다. (→대변하는 데서나 | →발전시키는 데서) 『평화신문』, 1988. 7. 17.
- 학교 경영에 있어서의 자율성 (→경영의) 『동아일보』, 1988. 7. 18.
- 미주 기구에 대한 내정 간섭을 거부하고, 이 기구에 있어서의 전체주의의 배제 등을 결의했음. (→기구의, 기구에서) 『새우리말 큰사전』, '상호세선언' 풀이
- 서울올림픽을 계기로 헝가리의 기외르 발레단이 서울 공연을 갖는 등 東歐圈과의 문화 교류에 있어 새로운 章이 열리게 됐다. (→교류에서) 『중앙일보』, 1988. 10. 3.
- 나에게 있어 어린 시절은 정말 지옥이었어요. (→나의, 내) 『나의 어린 시절』
- 평교사회는 모든 교사에게 참여의 공간이 항상 개방되어 있는 조직이면서, 그 운영에 있어서는 철저하게 민주적이다. (→운영에서는) 어느 교사협의회 선언문
- 아직 실천적 시기 선택에 있어서 망설이고 있을 뿐이므로 (→선택에서) 어느 교사신문
- 참교육을 실천하는 데 있어서 상관이나 외부로부터 부당한 간섭을 받지 않고…… (→실천하는 데서) 어느 교사신문
- 올바른 교육을 하겠다는 뜻에 있어서는 경상도와 전라도 교사, 제주도 교사가 모두 한마음 한뜻(→뜻에서는, 뜻으로는) 어느 교사신문
- 자녀에게 있어 최초의 교사는 부모이며…… (→자녀에게) 『거북이 교육』, 1988. 7.
- 그러나 그 시기는 그에게 있어서도 누구에 있어서도 불행한 시대였다. (→그에게나 누구에게나) 『여원』, 1988. 9.
- 여행 계약을 이행함에 있어 당사의 고의 또는 과실로 인하여 여행객에서 손해를 입힐 경우에는…… (→지킴에 따라) 국내 여행 알선 약관
- 그의 편지는 근원적으로는 과연 우리에게 있어 분단은 무엇인가,

이데올로기란 무엇인가, 왜 서로 죽이고 죽고 해야 하는가 하는 질문을 끊임없이 던지고 있다. (→우리에게) 『평화신문』, 1988. 10. 2.

- 그 사건과 우리 사건은 <u>집행에 있어서는</u> 좀 성격을 달리한다. (→집행에서는) 『평화신문』, 1988. 10. 2.
- 악기 <u>사용에 있어서</u> 안이한 기존의 양식에 의존함으로써…… (→사용에서) 『한겨레』, 1988. 10. 25.
- 이들 <u>시에 있어서</u> 진솔성은…… (→시의) 어느 교사의 글
- 권위주의 <u>시대에 있어서의</u> 한국시의 굴절 (→시대의, 시대에 있는) 『현대시학』, 1988. 11.
- <u>신학함에 있어서의</u> 민중의 의미 (→신학 속의, 신학을 하는 가운데 깨닫는) 어느 교수의 강연

신학함, 신학하다 이런 말을 써도 될까?

- 북한이 16일 제의한 '남북고위급 정치·군사 회담'은 북한 쪽이 정치·군사 문제를 민족문제 <u>해결에 있어서</u> 선결적 과제로 삼아야 한다는 기존의 주장을 공식회담 형식으로 제의했다는 점에서 우선 큰 의미를 발견할 수 있다. (→해결에서) 『한겨레』, 1988. 11. 17.
- 첫째, 남북 정상회담의 전제로 군사·정치회담을 못박아 그들의 <u>남북한문제에 있어서</u> '포괄적 해결 방식'을 확인해두고…… (→문제에서) 『한겨레』, 1988. 11. 17.
- '민족화해와 <u>통일조국에 있어서의</u> 민족교회 형성을 위한 신학적 과제'란 주제 아래…… (→통일조국의) 『한겨레』, 1988. 12. 18.
- 김영삼 총재가 '<u>입법 활동에 있어서의</u> 독자 입장 고수' 방침을 표명하고 나서자…… (→입법 활동에서) 『한겨레』, 1988. 12. 24.
- 이번 사건은 언론의 보도 <u>태도에 있어</u> 전체 맥락을 살피지 않은 채 몇몇 특정 구절만 인용함으로써 생길 수 있는 위험이 얼마나

큰지를 다시 한번 생각하게 만드는 것이었다. (→태도에서) 『한겨레』, 1988. 12. 31.

• 한국의 정보처리의 표준화를 <u>논함에 있어서는</u> 먼저 한국어를 사용하는 모든 사람과의 대화가 앞서서 이루어져야 할 것으로 본다. (→논함에는, 논하려면) 『한겨레』, 1989. 1. 6.

• 민통련이 건설됨으로 해서 운동 <u>내용에 있어서의</u> 유사성과 중복, 투쟁을 <u>수행하는 데 있어서의</u> 단체 간 조직 간의 마찰, 조직 확대 노력에 따른 지역 내에서의 혼선 등을 극복해서 통일적인 실천을 할 수 있게 됐다. (→내용의 | →수행하는 데 〔따르는〕) 『여론시대』, 1989. 1.

• 앞으로 프로 <u>제작에 있어</u>…… (→제작에서) 『한겨레』, 1989. 2. 5.

• 나는 <u>사람에게 있어</u> 무한히 값지며 보배로운 존재입니다. (→사람에게) 『쌍용 소식』, 1989. 2.

• 「광주여 영원히」를 광주 역사상 맨 처음 <u>연주하는 데 있어서는</u> 나는 광주를 우리 민족의 성역으로 생각하기 때문에…… (→연주하는 데는) 『한겨레』, 1989. 3. 5.

• 중세기 <u>기독교에 있어</u> '이슬람'교 창시자 '마호메트'는…… (→기독교에서) 『동아일보』, 1989. 3. 8.

• <u>정치에 있어서의</u> 종교와 대중매체의 역할에 관한 의견 차이로 '루시디' <u>문제에 있어서</u> 서로에 대한 오해를 확대했으며…… (→정치에서 | →문제에서) 『동아일보』, 1989. 3. 8.

• 히로히토 日皇은 "금세기의 한 <u>시기에 있어서</u> 양국 간에 불행한 과거가 있었던 것은 진심으로 유감이며 다시 되풀이되어서는 안 된다고 생각한다"고 공식 사과하였다. (→시기에서) 각 신문, 1985. 9. 7.

• <u>정확도에 있어서는</u> 문제가 없지 않지만…… (→정확도에서는) 『한겨레』, 1989. 3. 31.

• 또 공동성명의 <u>형식에 있어서도</u>…… (→형식에서도) 『한겨레』, 1989. 4. 7.

- 언어 현상의 하나인 <u>사이시옷에 있어서는</u>…… (→사이시옷에서는) 『한겨레』, 1989. 3. 26.
- 그 느낌의 크고 <u>작음에 있어</u> 지금까지 남쪽의 민주세력은…… (→작음에서) 『한겨레』, 1989. 3. 28.
- <u>남북문제에 있어서</u> 지금까지 남쪽의 민주세력은…… (→남북문제에서) 『한겨레』, 1989. 3. 28.
- 통일에 대한 <u>염원에 있어서는</u> 나보다도 더 뜨거운 열기를 가진…… (→염원에서는) 『한겨레』, 1989. 3. 28.
- 오윤은 <u>우리 시대에 있어서</u> 가장 철저하게 민중정서를 표현한 작가이다. (→우리 시대에) 『한겨레』, 1989. 6. 28.
- <u>남한에 있어서</u> 전대협은 강철 같은 그런 조직을 갖고 있습니다. (→남한에서) 『한겨레』, 1989. 7. 2.
- 저는 감옥에 가는 것을 두려워하지 않습니다. <u>남한사회에 있어서</u> 감옥은 결코 죄를 지은 사람만이 가는 곳은 아닙니다. (→남한사회에서) 『한겨레』, 1989. 7. 5.
- <u>내게 있어 그는</u>…… (→나로서, 내게는〔그가〕) 『한겨레』, 1989. 7. 8.

-에 있어서 따위 말을 모두 정리하면 다음과 같다.

- 에 있어, 에 있어서, 에 있어서는, 에 있어서도 (→에서, 에서는, 에서도, 에 따라, 에게나 〔더러는 에 있어서를 아주 없애버려도 된다〕)
- 에 있어서의 (→의, 에서, 에 있는)
- 에게 있어 (→에게, 로서)
- 데 있어서 (→데서〔는〕)
- 에게 있어서의 (→에게 있는, 로서)

4. 의

(1)

우리 말에서는 토씨 의를 잘 안 쓴다. 옛글에도 의는 좀처럼 잘 안 나오고, 의자가 나와도 그것은 지금 쓰는 토 '에'의 뜻으로 본 것이다. 입으로 하는 말로서는 지금도 의는 잘 안 쓴다. 사전에 찾아보면 "체언에 붙어 그 체언이 다른 일이나 물건의 임자가 되게 하며, 그 일이나 물건의 뜻을 꾸미는 관형격조사" 이렇게 간단하게 설명해놓았다. 이 토의 성격이 아주 단순하기 때문이다. 최현배 씨의 『우리말본』에도 의가 몇 가지로 쓰이는 보기를 들어놓았지만 그것은 뜻을 말하는 것이고, 의의 성격은 "매김자리토"〔冠形格肋詞〕로 아주 단순하게 규정했다. 그리고 최씨 역시 매김자리토 의를 우리 말에서는 흔히 줄이고 쓴다고 밝혀놓았다.

그런데 일본말의 'の'는 어떤가? 일본말사전에서 이 "の"를 찾아보면 우선 말법만으로도 '격조사'로 7종(21가지의 다른 뜻), '형식체언'으로 4종, '병립조사'(並立肋詞)로 1종, '간투조사'(間投助詞)로 6종, 그리고 또 다른 '격조사' 1종으로 쓰여서, 사전에 나오는 일본말 가운데 가장 많은 풀이를 해놓은 것을 볼 수 있다. 단지 이것만 보더라도 우리 말 의와 일본말 'の'가 얼마나 다른가를 알 수 있고, 따라서 우리 말의 짜임과 일본말의 짜임이 그 바탕부터 판연하게 다르다는 사실을 짐작할 수 있다. 그래서 우리가 일본글을 우리 말로 옮길 때 덮어놓고 낱말을 직역해서 그대로 늘어놓는 것이 얼마나 잘못되었는가를 이 'の'의 경우 한 가지만 생각해도 충분히 알게 되는 것이다.

여기서 우리 말과 일본말에 공통으로 쓰는 관형격조사만을 보기로 들어 견주어보자. 앞에서도 말한 바와 같이 우리 말에서는 이 토를 흔히 생략한다. "우리 집으로 간다" "이건 아버지 모자다" 이렇게 말하지 "우리의 집으로 간다" "이건 아버지의 모자이다"고 말하지는 않는다. 그런데 일본말에서는 "私の家" "おとうさんのぼうし"라 해서 꼭 'の' 자를 써야 한다.

다음은 일본의 한 소학교 아이가 쓴 글이다.

きのう私は私の家のうらの私の家の細の私の家の桃をとってたべました.

이 짧은 글에 매김자리토(관형격조사) "の"가 8개나 나오지만, 그 어느 한 자도 없어서는 안 된다고 일본의 어느 교육평론가는 말하고 있다. 이 글을 그대로 우리 말로 직역하면 이렇게 된다.

어제 나는 나의 집의 뒤의 나의 집의 밭의 나의 집의 복숭아를 따먹었습니다.

이건 도무지 우리로서는 말이라 할 수 없다. 그래서 위의 일본말을 우리 말이 되도록 옮긴다면 다음과 같이 쓰는 수밖에 없을 것이다.

나는 어제 우리 집 뒤에 있는 우리 밭 복숭아를 따먹었습니다.

같은 뜻의 내용을 우리나라 초등학생이 쓴다고 하더라도 이렇게 쓸 것이다. 그리고 이렇게 써야 말이 되고 글이 된다. 이렇게 써놓은 글을 보면 놀랍게도 일본말(글)에 들어 있던 여덟 개의 관형격조사(매김자리토)가 모조리 없어졌다. 우리 말의 특징은 이렇게 남의 나라 말과 견줄 때 잘 드러나고 잘 알 수 있다.

우리 말 의와 일본말 'の'가 같은 관형격조사로서도 이렇게 다르다. 그러니 일본글에 나오는 온갖 성격과 뜻을 나타내는 'の'를 모조리 의로 옮길 때 그 글이 어찌 되겠는가 알 만하다.

(2)

우리 말에서는 왜 이 토씨 의가 잘 안 쓰일까? 잘 연구하면 몇 가지 까닭을 찾아낼 수 있겠지만 나는 그 한 가지가 발음이 힘들어서 그럴 것이라고 본다. 의는 겹홀소리가 되어서 이것을 소리 내기에도 힘들거니와 듣기에도 힘들어, 자주 써야 하는 토씨로서는 불편해서 저절로 줄여 없애게 된 것이라 생각한다. 일본글자 'の'는 "노"라고만 소리 내면 되고, 그것이 한 문장에 아무리 거듭 나타나더라도 부드럽게 읽히고 자연스럽게 느껴진다. 그런데 우리 말에서 의는 설사 한 번 쓴다고 하더라도 다시 또 그다음에 곧 거듭해 나올 때 무척 마음에 걸리고 다른 말로 바꾸고 싶어진다. 소리 내기가 거북해서 그렇다고 본다.

또 한 가지는 중국글의 영향이겠다. '春陽' '屋上' '心中' 하면 우리는 그대로 '춘양' '옥상' '심중'이라고 읽든지, 우리 말로 '봄볕' '지붕 위' '마음속'이라고 하지만, 일본 사람들은 중국글자음으로 읽는 경우보다 이것을 자기 나라 말법대로 풀어서 읽고 쓰는 경우가 더 많다. 이럴 때 중간에 꼭 'の'를 넣어서 '春の日'(はるのひ), '屋根の上(やねのうえ), '心の中' (こころのなか) 이렇게 쓰고 말하는 것이다.

어쨌든 우리 말에서는 토씨 의가 흔히 생략되는 것이 사실이고, 이런 특징이 있기에 우리 말은 우리 말답게 된다. 이런 우리 말의 특성을 없이 보고 남의 나라 말을 따라가려고 할 때 우리 말은 죽는다. 더구나 입으로 하는 말이 그렇다. 그리고 글도 살아 있는 우리 말로 썼을 때 비로소 깨끗하고 싱싱한 우리 글이 되는 것은 말할 나위가 없다.

오늘날 우리가 온갖 복잡한 일을 설명하거나 자세한 생각을 나타낼 때 완전히 입말 그대로 의를 거의 쓰지 않고 정확한 글을 쓰기란 어렵고, 또 굳이 그럴 필요도 없다고 본다. 다만 흔히 쓰는 쉬운 입말이나, 좀 논리를 세워서 쓰는 글이라도 입말체로 쉽게 써도 될 것을 공연히 남의 나라 말 번역한 글같이 함부로 의를 넣어 쓰는 버릇은 우리 말을 죽이는 글쓰기라 아니 할 수 없다.

"나의 살던 고향은 꽃 피는 산골" 우리가 반세기도 더 지난 옛날부터 무심코 부르면서 자라난 이 노래부터 우리 말법으로 된 말이 아니다. '내가 살던 고향'이지 어째서 "나의 살던 고향"인가? 이 노랫말을 쓴 이원수 선생도 살아 계실 때 이 노랫말이 잘못되었지만 모두 부르는 노래를 고칠 수가 없다고 하셨다. 일제강점기에는 우리 말의 병폐가 그다지 심하지는 않았고 또 그것을 깨닫지도 못했으니 예사로 넘겼지만, 지금은 도무지 그럴 수가 없는 때가 되었다. 그래서 문학에서 훌륭한 업적을 남긴 분도 아이들에게 잘못된 말을 가르쳐 우리 말을 병들게 했을 경우 그 잘못을 드러내어 비판하지 않을 수 없다. 문학을 하는 사람, 더구나 어린아이들에게 겨레의 말을 가르치는 아동 문학 작품을 쓰는 사람의 책임이 얼마나 큰가를 새삼 생각하게 된다.

지금 우리 말에서는 다른 어떤 바깥말의 오염보다도 토씨 의를 함부로 쓰는 문제가 가장 심각하다. 번역한 글뿐 아니라 자유롭게 쓰는 모든 글에서, 글뿐 아니라 입에서 나오는 말까지 글쟁이들의 깨달음 없는 버릇이 널리 퍼져서, 바야흐로 겨레말의 크나큰 수난시대가 전개되고 있다고 느낀다. 우리 말에서 그처럼 절제되어 우리 말을 살아 움직이는 삶의 말로 만들어놓았던 토씨 의가 이제는 아무데나 마구 붙게 되고, 다른 토씨들에도 덕지덕지 꼴사납게 덧붙어서 겨레말이 아주 처참하게 변질되고 있다.

여기서 먼저 의 하나만 쓰는 경우부터 살펴보기로 한다.

- <u>서로의</u> 신이 되자는 약속 (→서로) 『기아』, 1988. 6.

"서로"란 어찌씨는 뒤에 움직씨가 오니까 의를 붙여 매김자리토씨로 만들 필요가 전혀 없다. 의를 없앰으로써 뜻이 비로소 살아난다.

- <u>서로의</u> 안부를 묻고 난 후…… (→서로) 『한국 구비문학 대계』

- 무엇이 잘못되었던가를 <u>서로의</u> 얘기로 풀어간다. (→서로 〔얘기 해서〕) 어느 교사의 글
- <u>서로의</u> 집안 숨긴 채 유학 중 사랑 꽃피웠다. (→서로) 『여성자신』, 1988. 7.
- <u>서로의</u> 의견이 달라 결렬이 되었습니다. (→서로) KBS방송 1988. 6. 9.
- 혈육끼리 <u>서로의</u> 입장을 이해할 때가 되었습니다. (→서로) 『한겨레』, 1989. 3. 31.
- 남북한 <u>서로의</u> 기본시각에 대한 협의도 없이 우리 정부 쪽이 일방적으로 발표한 점…… (→서로) 『한겨레』, 1988. 10. 8.
- 중요 정치 현안에 대해서는 합의점을 찾지 못하고 <u>서로의</u> 의견을 밝히는 데 그쳤다. (→서로) 『한겨레』, 1989. 2. 12.
- 갈등의 매듭 풀어 <u>서로의</u> 벽 허물자 (→서로) 『국민일보』, 1989. 2. 22.
- <u>서로의</u> 소중함을 대화로 일깨운다 (→서로) 『중앙일보』, 1989. 5. 27.
- <u>나의</u> 첫 번째 존경하는 분 (→내가) 『길』, 제11집
- 보은군으로 농촌활동을 간 본교 <u>학우들의</u> 열심히 일하고 있는 모습 (→학우들이) 어느 대학신문
- 그야말로 "<u>저럴 수가</u>"의 분노로 치를 떨게 하는 국면에서…… (→하는) 『한겨레』, 1988. 10. 27.
- 내 집은 <u>만민의</u> 기도하는 집이다. (→만민이) 어느 교회당 표어
- 그 자신이 <u>스스로의</u> 이름을 천형식이라고 밝힌 것으로 보아…… (→스스로) 『말』, 제21호

어찌씨 "스스로"에 의를 붙일 필요가 없다. 그런데 이 어찌씨도 앞에 "자신이"가 있으니 쓸 필요가 없지.

- <u>스스로의</u> 처방으로 고치자 (→스스로 〔처방하여〕) 『쌍용소식』, 1988. 6.
- <u>스스로의</u> 선택 (→스스로 〔선택해야〕) 고속버스 자리 뒤편의 글

- 與野 <u>모두의</u> 패배 (→모두) 『중앙일보』, 1988. 7. 4.
- 국민 <u>모두의</u> 위대한 승리 (→모두) 『일요신문』, 1988. 10. 9.
- 내 동생은 공책에다 우리들 <u>모두의</u> 이름을 쓸 수 있습니다. (→〔우리들 이름을〕 모두) 외국 어린이의 글 번역

이것이 우리 말법이다.

- <u>농민의</u> 주인 된 삶을 위한 교양지 (→농민이) 어느 책 표지

"농민의 주인 된 삶"이라고 하면, 삶이 농민을 부리는 주인이 되고, 농민은 그 주인의 종이 된다.

- <u>경원이의</u> 여름방학 숙제로 낸 병풍 (→경원이가) 『새소년』, 1988. 11.
- <u>한국과의</u> 결승에서의 판정의 선택 (→한국과 마지막 심판의 선택, 한국과 치르는 결승전에서 선택할 판정) 『동아일보』, 1988. 9. 27.

이렇게 쓰면 세 군데에 나오는 의가 다 없어진다. 의를 될 수 있는 대로 없애야 알기 쉬운 글이 되는 것이 우리 말이다.

- 은행 대출을 받는 과정에서 전경환 씨가 압력을 <u>행사했는지의 여부를</u> 조사했으나…… (→행사했는지 〔안 했는지를〕, 행사했는지 그 여부를) 『동아일보』, 1988. 3. 26.
- <u>한국의</u> 최초의 신부이며 선각자이신 김대건 신부 (→한국) 『둠병』, 1988. 7.
- 그의 글의 <u>최대의</u> 장점은…… (→최대) 어느 교사의 글

여기서는 의 세 개 가운데 그 하나를 없앤다. 글 전체를 '그가 쓴 글에

서 가장 잘된 점은' 이렇게 쓰면 의가 다 없어진다.

- 교회 개척 당시부터의 주보가 한자리에 모여 있어 교회의 발전해온 모습을 보여준다. (→당시부터 나온 | →교회가) 『생활신앙』, 1988. 6.
- 한국 교회에 '우리의 것'이 있는가. (→우리 것) 『주간기독교』, 1988. 8. 7.
- 80년 민중항쟁을 겪으면서 당시 주한미군사령관이었던 위컴의 한민족은 들쥐 근성을 갖고 있다는 모욕적인 발언을 곰곰이 되씹으며, 또 미 대사였던 워커의 민주운동가는 못된 망나니라는 망언에서 민족민주주의야말로 우리가 나아갈 길이라고 확신하였다. (→위컴이 말한 | →워커가 말한) 『한겨레』, 1988. 6. 7.
- 건강한 농민문화의 뿌리내림을 위하여 (→농민문화가 뿌리내리기) 『농민』, 1989. 5.

이것이 우리 말법이다.

- 너희의 비판하는 그 비판으로 너희가 비판을 받을 것이오. 너희의 헤아리는 그 헤아림으로 너희가 헤아림을 받을 것이니라. (→너희가) 「마태복음」 7: 2, 1939, 『신약성서』

『공동번역성서』에는 다음과 같이 번역해놓았다.

남을 판단하는 대로 너희도 하느님의 심판을 받을 것이고, 남을 저울질하는 그대로 너희도 저울질을 당할 것이다.

- 아들이 떠난 뒤 스물아홉 해의 남들이 알아주지도 않던 긴 세월을…… (→해, 해가 되는) 어느 회보

의를 없애고 '해'나 '해가 되는' 다음에 쉼표를 찍어야 된다.

- 나는 위대한 조상과 훌륭한 전통을 가졌기 때문에 <u>나의</u> 음악은 나의 음악이 아닙니다. (→내) 『한겨레』, 1988. 10. 27.

입으로 한 말을 그대로 적은 글이라면 '내'라고 했을 것 같은데, 말한 것을 글로 정리하다보니 "나의"로 고쳐 쓴 것이 아닌가 생각된다. 실제 말에서는 아직도 '내 음악'이지 "나의 음악"이 아니다.

- 많은 사람이 <u>스스로의</u> 생명을 던져 투쟁했습니다. (→스스로) 『한겨레』, 1988. 10. 27.

이 "<u>스스로</u>"란 말도 필요가 없다.

- 왜 그렇게 많은 사찰에서 도끼를 휘두르는 소리가 들리고, 재물을 <u>놓고서의</u> 싸움과 소송이 그치지 않는 것일까. (→놓고서) 『평화신문』, 1988. 10. 2.

여기 의도 전혀 필요 없이 붙었다.

- 미주평화대행진 참가자들은 27일 뉴욕에서부터 <u>워싱턴까지의</u> 평화대행진을 끝내면서…… (→워싱턴까지) 『한겨레』, 1989. 7. 29.

여기 붙은 의도 소용이 없다. "뉴욕에서부터"도 '뉴욕에서'면 된다. 우리가 입으로 말할 때 '집에서 학교까지 걸어다닌다'고 하지 "집에서부터 학교까지의 거리를 걸어다닌다"고 말하지는 않는다.

5. 와의, 과의

와의, 과의는 어찌자리토씨〔副詞格助詞〕'와'(과)에 매김자리토씨〔冠形格助詞〕'의'가 붙은 것인데, 지금 꽤 널리 쓰고 있지만 이것은 일본말 'との'를 그대로 옮긴 것이다.

'韓國との交渉'

이것을 그대로 옮기면 '한국과의 교섭'이다. 그래서
"노조위원장은 금일중으로 김 회장과의 면담을 희망하고 있다."
이런 말법에 익숙해졌지만, 이것을 우리 말법으로 하면 다음과 같다.
'노조위원장은 오늘 안으로 김 회장과 만나기를 바라고 있다.'
곧 '와'(과)에다 '의'를 붙이지 말고 어찌말〔副詞語〕을 그대로 두고 다음에 움직씨를 쓰는 것이다. 미국과의 교섭(→미국과 교섭하기, 미국과 벌이는 교섭) 이와 같이 지금부터라도 와의, 과의를 쓰지 말고 이런 우리 말법을 따라 쓰는 훈련을 해야 한다.

- 현안을 해결하기 위해서 남한의 <u>집권자와의</u> 대화도 표명하고 있다. (→집권자와 〔대화하기를 바라고 있다.〕) 『말』, 제21호

위의 보기글은 글 자체가 잘못되어 있다.

- 이들은 대회 후 안동군청으로 몰려가 <u>안동 군수와의</u> 면담을 요구했으나 거절되자 군청 안으로 들어가려다 최루탄을 쏘며 저지하는 경찰과 투석전을 벌였다. (→안동 군수와 〔만나도록〕) 『중앙일보』, 1988. 10. 3.
- 그들은 해방 후 음악의 윤리성·사회성·<u>정치성과의</u> 연관을 중요시하기 시작했다. (→정치성들과 〔연관됨을〕) 『한겨레』, 1988. 10. 8.

"음악의"는 '음악이'로 고쳐야 한다.

- 금성 그룹과의 굴욕적인 합작협상을 중단하고 자율적인 회사형태 전환방안을 모색할 것을 요구…… (→금성 그룹과 〔굴욕적으로 하는〕) 『한겨레』, 1988. 10. 12.
- 정의와의 싸움에서 불의가 이겼다고 해서／ 불의가 아닌 것이 아니다.／ 불의와의 싸움에서 정의가 졌다고 해서／ 정의가 정의 아닌 것은 아니다. (→정의와 〔싸워서〕｜→불의와 〔싸워서〕) 어느 시

시는 모르지만 말법만은 이렇게 되어야 한다고 본다.

- 예총이 윤이상 씨와의 협력을 사실상 포기한 것은…… (→윤이상 씨와 〔협력하기를〕) 『한겨레』, 1989. 3. 5.
- 조교수가 기업주와의 면담에서 밝혀낸 바에 의하면…… (→기업주와 〔면담해서〕) 『한국일보』, 1989. 4. 16.
- 민주당은 처음에 현행 중선거구제를 골간으로 하는 1구 2~4인제를 내놓았으나 민정당과의 협상 과정에서 위에 열거된 민정당 안에 원칙적으로 동의한 것으로 알려졌다. (→민정당과 〔협상하는〕) 『말』, 제21호
- 콘트라와의 직접 정전협상 등 양보를 받아냄으로써…… (→콘트라와 〔직접 정전을 협상하는〕) 『말』, 제21호
- 자신들을 '비정하게 차가운 거리로 내버린' 교사들도 재단 비리와의 싸움에 동참하라고 촉구했다. (→비리와 〔싸우는 일에〕) 『말』, 제21호
- 한국은 사회주의 국가와의 경제 관계를 강화하기 위해…… (→국가와) 『한겨레』, 1988. 9. 24.

여기서는, 뒤에 "강화하기"란 움직씨가 나오니 와의라 해서 매김말을

억지로 만들 이유가 전혀 없다.

- 그들 지구 탐사대원들은 새 <u>인류와의</u> 만남을 기대하며…… (→인류와) 어느 글
- 중국은 자신의 경제적 실리를 위하여 <u>남한과의</u> 교류를 증대시키려 하고 있다. (→남한과) 『말』, 제21호
- 민족문화와 생활양식을 유지 발전시켜 <u>현대문화와의</u> 조화를 꾀하는 것 (→현대문화와) 『평화신문』, 1988. 10. 2.
- 올림픽을 통해 <u>동구권과의</u> 교류가 본격적으로 추진된 것은 사실이지만 (→동구권과) 『평화신문』, 1988. 10. 9.
- 올림픽을 계기로 <u>동구권과의</u> 교류 경험이 축적되면 전보다 더 유연한 자세로 북한과의 교류를 추진할 수 있다는 가능성은 내다볼 수 있습니다. (→동구권과 | →북한과) 『평화신문』, 1988. 10. 9.
- 일하는 <u>아이들과의</u> 만남을 위해…… (→아이들과 〔만나기〕) 어느 책 광고
- <u>전통문화와의</u> 만남 (→전통문화와) 『주간기독교』, 1988. 8. 7.

"만남"을 '만나기'로 해도 좋다.

- 탁아소 운영에 관한 <u>자모들과의</u> 좌담 (→자모들의) 어느 좌담 기록

여기서는 "과"를 공연히 넣어놓았다.

- 탁아 부모와 <u>탁아소와의</u> 관계 (→탁아소의) 『개구쟁이 어린이방』, 1988. 7.
- 왕자와 그의 친구들이 사냥을 떠남으로써 숙명적인 <u>백조와의</u> 만남을 암시하는 제1막이다. (→백조와 〔숙명으로 만남을, 숙명으로 만나게 됨을〕) 『동아일보』, 1988. 3. 22.

여기서는 글의 짜임을 바로잡아야 한다.

- 김씨는 전 기관차대 경비원 출신인 <u>부모와의</u> 사이에 4남 1녀 중 막내로…… (→부모) 『동아일보』, 1988. 4. 18.

"경비원 출신인 부모"라면 부모가 모두 경비원 출신이란 말이 된다. 또 "부모 사이에 4남 1녀 중 막내로" 하는 말도 우습다. 그러니 이 글은 '경비원 출신인 아버지와 어머니 밑에 자라난……'으로 쓰면 될 것이다.

6. 에의

"아름다움에의 약속입니다"

어느 화장품 회사의 광고문이다. 여기 나오는 -에의도 우리 말이 아니다. 이런 말은 실제로 쓰이지 않고 쓰일 수도 없다. 홀소리가 잇달아 나와서 알아듣기 힘든 이런 말은 입말로 쓰일 리가 없는 것이다. 그런데도 글 쓰는 이들이 이 말을 아무런 생각도 없이 예사로 쓰는 것은 그만큼 우리가 우리 말을 버리고 남의 나라 말과 글에 깊이 빠져 비참한 정신 상태가 되어 있음을 말해주는 것이라 할밖에 없다.

이 -에의는 일본말 'への'를 직역한 병신말이다.

『自由への敎育』(國際ヴァルフ學校聯盟編)

『兒童文學への招待』(加太こうじ・上笙一郞編)

이 책 이름들을 우리 말로 옮긴다면 일본글을 읽는 거의 모든 사람이 조금도 주저 없이 "자유에의 교육" "아동문학에의 초대"라 쓸 것이다. 그러나 이것은 '자유에 이르는 교육'(자유의 교육, 자유를 위한 교육) '아동문학에 초대합니다'(아동문학으로 와주셔요)라고 해야 옳다. 앞머리에 보기로 든 "아름다움에의 약속입니다"도 우리 말법으로 하면 당연히 '아름다움을 약속합니다' 해야 할 것이다. 이렇게 시원스러운 우리 말을 두고 아리송해서 도무지 머릿속에 들어오지 않는 말을 상품 선전 광고문으로 쓴다는 것은 이해가 안 된다. 화장품을 사서 쓰는 여자들은 무엇이든지 아리송해서 잘 알 수 없는 것이라야 좋아한다면 모르지만.

- 5월에의 초대 (→5월에 〔초대합니다〕) 어느 광고문

이것 역시 앞쪽의 와의, 과의와 마찬가지로 매김자리토씨 의를 없애고, 어찌말〔副詞語〕 다음에 움직씨가 오도록 하면 된다.

이 "5월에의 초대"를 광고한 호텔은 "6월에의 초대" "7월에의 초대" 해서 달마다 병신말 광고를 내었다.

- 연기에의 집념 (→연기에 대한) 『한겨레』, 1988. 9. 17.
- 우리의 지상과제인 통일에의 마지막 기회를 놓치지 않을 것이라고 믿고…… (→통일에 대한) 『동아일보』, 1988. 3. 17.
- 이 시집은 그가 온몸을 바쳐 노래해온 민주주의에의 열렬한 頌歌이다. (→민주주의에 대한, 민주주의를 향한) 어느 광고문
- 인간과 역사발전에의 신뢰 (→역사발전에 대한) 『동아일보』, 1988. 5. 18.
- 서울 올림픽에의 기대 (→올림픽에 대한, 올림픽에 〔기대함〕) 『조선일보』, 1988. 6. 12.
- 빨치산에의 투신을 자청한 터였다. (→빨치산에 〔투신하기를〕) 『평화신문』, 7호
- 제주도에의 파병을 반대하기 위한…… (→제주도에 〔파병하기를〕) 『평화신문』, 7호

이것은 에의를 아주 없애고 '제주도 파병을' 이렇게 쓰면 더욱 좋겠다.

- 안이한 형식에의 굴복 (→형식에 〔굴복해서〕) 『한겨레』, 1988. 6. 25.

- 변협과 민변의 사법 개혁에의 목마른 성명이 그렇게…… (→개혁에 대한) 『한겨레』, 1988. 8. 4.
- 미·일 국가들은 북쪽에의 투자(시장) 기회를 어느 정도 확대할 수 있을 것입니다. (→북쪽에 〔투자할〕) 『한겨레』, 1988. 7. 8.

이것이 좌담 기록인데, 실제 말을 이렇게 했다고는 믿지 않는다. 말한 것을 글로 정리해 옮기는 과정에서 이렇게 되었으리라.

- 그 글은 한마디로 유토피아에의 갈망을…… (→유토피아에 대한) 『한국일보』, 1988. 7. 28.
- 百歲에의 招待 (→백 살에 〔초대합니다〕) 어느 책 이름
- 그것이 곧 '마산결핵요양원'에의 취직이었다. (→'마산결핵요양원'에 〔취직하는 것이었다〕) 『고려병원』, 1988. 7.
- 祖國에의 자긍심·세계에의 理解 커져 (→조국에 대한 | →세계에 대한) 『중앙일보』, 1988. 10. 3.
- 진실과 참교육에의 굳은 의지를 나타내었다. (→참교육에 대한) 어느 교사협의회 인쇄물
- 금메달에의 갈망 (→금메달에 대한) 『조선일보』, 1988. 9. 27.
- 그의 불타는 작곡에의 열망은…… (→작곡에 대한) 『여원』, 1988. 9.
- 식구들과 고국에의 그리움과…… (→고국에 대한, 고국을 향한) 『여원』, 1988. 9.
- 그로 하여금 목회에 실패했다는 체념과 비판, 그리고 자책감 속에 '큰 교회'에의 꿈을 떨쳐버리지 못하게 만든 대도시의 대형화된 교회들은 이 사건과 무관할 수 없다고 본다. (→'큰 교회'에 대한) 『한겨레』, 1988. 10. 5.
- 불법명령과 불법명령에의 복종을 함께 처벌함으로써…… (→불법명령에 〔복종함을〕) 『중앙일보』, 1988. 10. 11.

- 기독교계는 다양한 통일에의 노력이 있어왔다. (→통일에 대한, 통일을 위한) 『주간기독교』, 1988. 10. 16.

"다양한"이란 말은 '통일을 위한' 다음에 와야 할 것이다

- 조국통일에의 열망을 누구보다도 열정적으로 (→조국통일에 대한, 조국통일의) 어느 시집
- 방법에의 도전 (→방법에 [도전하기]) 어느 책 이름
- 예배에의 부름 (→예배에 [부릅니다], 예배에 와주셔요) 어느 분의 전화 질문
- 통일에의 열기는 민족사의 발전과정에서 아주 당연한 귀결입니다. (→통일에 대한, 통일의) 『한겨레』, 1988. 10. 27.
- 큰 문학, 대국적 문학, 역사적 모순에의 일대타격! (→모순에 대한, 모순에) 어느 책 광고문
- 표현 없는 교육은 모방의 천재만을 낳고, 정보사회에의 부적응 환자를 양산할 것이다. (→정보사회에 대한) 『한겨레』, 1989. 1. 6.
- 풍산금속 안강공장에의 무장경찰 진입은 8천여 노동자의 정당한 권리와 요구를 짓밟고…… (→안강공장에 [무장경찰이 진입한 일은]) 『한겨레』, 1989. 1. 7.
- 회교에의 절망, 지옥 풍경 등 종교 의미 다뤄 (→회교에 대한) 『한겨레』, 1989. 2. 21.
- '아직도 역사의 진실과 국민의 민주화 열망에 귀 기울이지 못하는 민정당과 국방부에 인식의 대전환과 민주화에의 동참을 강력히 촉구한다'고 밝혔다. (→민주화에 [동참하기를]) 『한겨레』, 1989. 3. 10.
- 프랑스의 시인 샤를 보들레르의 '여행에의 초대'처럼…… (→여행에 [초대함]) 『여행』, 1989. 3.
- 청년학생 축전에의 참여 운동 (→축전에 [참여하기], 축전의) 『한

겨레』, 1989. 3. 28.

- 핏줄에의 집착 버려야 (→핏줄에 대한) 『여성신문』, 1989. 6. 2.
- 통일에의 의지 (→통일에 대한, 통일의) 『평화신문』, 1989. 6. 18.
- 우리 문화의 주체적 발전에의 희망을 갖게 될 뿐 아니라…… (→발전에, 발전에 대한) 어느 시인의 글
- 민주주의 토착화에의 기여 (→토착화에, 뿌리내리기에 〔이바지하기〕) 『중앙일보』, 1988. 10. 24.
- 이들은 또 공화의 김종필 총재에 대해 불신임운동에의 적극 동참을 주장하면서…… (→불신임운동에 〔적극 동참하기를〕) 『동아일보』, 1989. 3. 8.
- 남극에의 꿈을 그린 '헤르만 헤세'의 야들야들한 시 (→남극의) 『한국일보』, 1988. 3. 5.

―에를 빼고 매김말〔冠形語〕을 만드는 경우다.

- 국민이 바랐던 野圈 단일화에의 소망을 다시 배반했다면서…… (→단일화의) 『동아일보』, 1988. 3. 11.
- 윤이상의 음악에의 길은 순탄한 것만은 아니었다. (→음악의) 『여원』, 1988. 9.
- 이제 우리의 갈 길은 분명해졌습니다. 그것은 민족대학에의 길, 민주학원에의 길입니다. (→민족대학의, 민족대학으로 가는 | → 민주학원의, 민주학원으로 가는) 『평화신문』, 1988. 10. 2.
- 어떤 때는 벅찬 삶에의 의욕을 갈구하기도 한다. (→삶의, 삶에 대한) 『평화신문』, 1988. 10. 2.
- 삶에의 태도 (→삶의) 어느 책 이름
- 나는 세상에 나오고 싶어서 전향서를 썼습니다. 그러나 버린 건 교조주의지, 인간 그리고 인간 해방에의 꿈은 아닙니다. (→인간

해방의) 『한겨레』, 1988. 11. 15.
- 아내마저 거부한 <u>학자에의</u> 길 (→학자의) 『학원』, 1989. 1.
- <u>飛翔에의</u> 꿈 (→비상의 | →날아다니는) 『길』, 1989년 3·4월호
- 美蘇 양국은 정부적 대립의 종결, 군사적 대결 수준의 축소, 군사 휴전으로부터 안정적인 <u>평화에의</u> 전환 등에 의해 韓半島의 위기적인 상황을 제거하기 위하여…… (→평화로 〔전환하기〕) 『중앙일보』, 1988. 10. 15.
- 새롭고 통일된 <u>조국에의</u> 길 (→조국으로 가는) 어느 광고문
- <u>민족통일에의</u> 새로운 투쟁 단계에 들어섰습니다. (→민족통일로 가는) 『한겨레』, 1989. 4. 15.
- 과거 어느 때보다도 <u>파쇼에의</u> 야합기도를 노골화하고 있다. (→파쇼를 하기 위한, 파쇼의, 파쇼에 〔야합하기를〕) 『한겨레』, 1989. 4. 18.
- 어느 누구도 거역할 수 없는 <u>통일에의</u> 여망과 흐름에 있다. (→통일에 대한, 통일을 향한) 『한겨레』, 1989. 7. 2.
- 조총련이 발행하는 신분증을 내주어 <u>일본에의</u> 재입국받도록 조처해왔으나…… (→일본으로 〔재입국하는, 다시 가는〕) 『한겨레』, 1989. 7. 8.
- 정치적·사회적·경제적·문화적 사항에 대한 개인적 이해 및 그것들을 토의할 능력을 높이기 위해서 <u>정보에의</u> 접근을 포함한 공적 분야에 있어서 열린 정보정책을 추구한다. (→정보에 대한, 정보에 〔접근함을〕) 『한겨레』, 1989. 7. 13.

"정치적·사회적·경제적·문화적 사항에 대한 개인적 이해"이 글은 '정치·사회·경제·문화 들에 대한 개인의 이해'로 쓰면 좋겠고, "공적 분야에 있어서"는 '사회일반 분야에서'로 쓰면 좋겠다.

- <u>미래에의</u> 전망에서 (→미래의, 미래에 대한) 『한겨레』, 1989. 8. 8.

7. 로의, 으로의

이 로의, 으로의는 '곳자리'〔處所格〕를 나타내는 어찌자리토씨〔副詞格助詞〕 다음에 매김자리토씨 '의'를 붙인 것인데, 앞장에 나온 에의와 똑같은 일본말 'への'를 글에 따라 이렇게 옮겨 쓴 것이 버릇으로 되었다.

또 '맵시 있다'는 것에는 어떤 집단이 갖는 야만적 <u>행동으로의</u> 지향성이란 뜻도 있다. 『네 마음이 전쟁을 부른다』

이 글의 원문은 다음과 같다.

それ以上に，かっこよさには，ある種の集團のもつ，野蠻な<u>行動への</u>指向性という意味もあるのだ．

이 일본글을, 내가 바르다고 생각하는 우리 말로 옮겨본다. (해당 부분만)

야만스러운 행동으로 향해 가는 성격이란 뜻도 있다.

그러니까 이 경우도 '의'를 붙여 매김말을 만들지 말고 '-로'(으로)만 써서 어찌말이 되게 한 다음 그 뒤에 오는 말을 움직씨로 쓰면 되는 것이다.

- '새로운 <u>체제로의</u> 이행이냐, 아니면 자본주의 성숙이냐'라는 기로에 서 있음을 지적하면서…… (→체제로 〔이행하느냐〕) 『말』, 제21호

그다음에 오는 말도 '자본주의가 성숙하느냐'로 쓰면 되겠지.

기로는 물론 '갈림길'로 쓰는 것이 좋다.

- 민정당은 소선거구제로의 당론 변경을 위해…… (→소선거구제로〔당론을 변경하기 위해〕)『동아일보』, 1988. 3. 4.
- 경제적 共存關係로의 南北 (→공존관계로〔가야 하는〕, 공존관계의)『광장』, 1988. 9.
- 이 여자들은 한국의 특수산업에 원료를 제공한다. 다름 아닌 미국으로의 아기 수출 산업이다. (→미국으로〔아기를 수출하는〕)『말』, 제21호
- 현실노선으로의 복귀를 주장해왔던 것 (→현실노선으로〔복귀하기를〕)『동아일보』, 1988. 3. 11.
- 민주당으로의 무조건적 통합은…… (→민주당으로〔조건 없이 통합하는 일은〕)『동아일보』, 1988. 3. 17.
- 가을로의 초대 (→가을로〔초대합니다〕) 미도파 광고

닿는 자리를 뜻하는 '에'를 쓰지 않고 향하는 쪽을 뜻하는 "로"를 썼는데 에의나 로의나 모두 잘못된 말이다.

- 이것을 일으켜 세울 때 필요하다면 민족·민주 대학으로의 굳은 정착을 위해 다시 한번 여러분의 협조를 부탁드릴지도 모르겠습니다. (→민족·민주 대학으로〔굳게 자리 잡도록 하기 위해〕)『평화신문』, 1988. 10. 2.
- 저는 편집 분야로의 진출을 원합니다. (→편집 분야로〔진출하기를〕)『출판저널』, 1988. 10. 15.
- 아무런 보장도 해주지 않는 대학 강사로의 전신이란 낙원에서 지옥으로 가는 기분이었다. (→대학 강사로〔몸 돌리기란〕)『한겨레』, 1988. 11. 15.

- 리얼리즘 바탕……<u>민족영화로의</u> 변혁 예고 (→민족영화로) 『한겨레』, 1988. 11. 26.

신문제목이라면 이렇게 "의"를 없앤 다음에 오는 말을 뚜렷하게 움직씨로 나타내지 않을 수도 있겠다. '변혁' 하면 '변혁하기'를 줄인 말로 읽게 되는 것이다.

- 아제르바이잔에 거주하는 아르메니아인들은 수백 명 사상자를 낼 유혈 인종 폭동의 공포에서 벗어나기 위해 <u>아르메니아로의</u> 피난을 계속하고 있으며, 현재 피난민은 2천 명 이상에 달하는 것으로 알려졌다. (→아르메니아로) 『중앙일보』, 1988. 11. 26.

"거주하는"은 '살고 있는'으로 쓰고, "달하는"은 '이르는'이라고 쓰는 것이 좋다.

- <u>과거로의</u> 여행 (→과거로 〔떠나는, 가는〕) YMCA 광고 제목
- <u>신세계로의</u> 출발 (→신세계로 〔떠나기〕, 새 세계로 〔길 떠나기〕) 어느 글 제목
- 구속자 가족에서 <u>민주투사로의</u> 변신 (→민주투사로) 『여론시대』, 1988. 12.

이 경우에도 의를 없애면 다음에 오는 "변신"은 '변신해'로 읽힌다.

- 숱한 사람이 <u>민주화로의</u> 길목에 선 이 시점에…… (→민주화로 〔가는〕) 『평화신문』, 1988. 12. 11.
- 중학교교장이 교련 탈퇴 교사에게 다른 <u>학교로의</u> 전출을 강요하고 있어…… (→학교로 〔전출하도록〕) 『한겨레』, 1988. 12. 23.
- <u>꿈으로의</u> 초대 (→꿈으로 〔초대합니다〕, 꿈의 초대) MBC, 1989. 2. 8.

- 북한의 체코슬로바키아 유학생 2명이 최근 서유럽의 한 나라의 우리 대사관에 <u>한국으로의</u> 망명을 요청, 정부는 이를 받아들이기로 했다고…… (→한국으로 [망명할 것을]) 『한겨레』, 1989. 2. 26.
- 신협운동, 새로운 <u>차원으로의</u> 도약을 다짐하며…… (→차원으로 [도약할 것을], 차원의) 『신협』, 1989. 3. 1.
- 쟁의의 근원 및 <u>앞으로의</u> 대비책 등을 집중 추구했다. (→앞으로 [대비할 방법]) 『한겨레』, 1989. 3. 24.
- 노무현 의원의 갑작스러운 의원직 사퇴서 제출은 <u>앞으로의</u> 귀추가 어떠하든 간에…… (→앞으로) 『한겨레』, 1989. 3. 24.

여기서는 의를 없애기만 하면 된다.

- 국내 정치는 물론 <u>앞으로의</u> 남북관계 나아가 국제적인 관심 대상으로 떠오를 것이 분명하다. (→앞으로 [전개될]) 『한겨레』, 1989. 3. 28.
- 우리는 베트남같이 일방적인 <u>체제로의</u> 통일을 바라지 않는다. (→체제로 [통일하기를]) 『사회와 사상』, 1989. 4.
- 서슬 퍼런 반공 이데올로기의 흑백논리가 판치는 <u>냉전체제로의</u> 회귀를 보는 느낌을 준다. (→냉전체제로 [돌아감을]) 『한겨레』, 1989. 4. 7.
- <u>앞으로의</u> 대화에 유효한 단초를 제공해주고 있다. (→앞으로 [할]) 『한겨레』, 1989. 4. 7.

"단초"는 '단서'를 잘못 쓴 것이겠지. 단서도 '실마리'라 쓰면 된다. "유효한"은 '효과 있는'이라고 쓰는 것이 좋다.

- 모진 <u>독재로의</u> 회귀를 뜻한다고 믿는다. (→독재로 [되돌아감을]) 『한겨레』, 1989. 4. 16.
- 민주당의 사과를 계기로 <u>특위정국으로의</u> 복귀를 위해 공동보조를

취하기로 했다. (→특위정국으로 〔되돌아가기 위해〕) 『한겨레』, 1989. 4. 18.

- 삶으로의 여행 (→삶으로 〔떠나는〕, 삶의) 어느 책 이름
- 公權力 强攻 회오리……앞으로의 進路는 (→앞으로 〔나아갈 길은〕) 『한국일보』, 1989. 5. 11.
- 값진 교양지로의 성장을 위해 (→교양지로 〔자라나기 위해〕) 『수레바퀴』, 1988. 1.
- 충남대·공주사범대 등 대전·충남지역 6개 대학 교수 84명은 20일 대전지역으로의 미 8군 이전을 반대하기로 하고 이를 위해 대책위원회를 구성…… (→대전지역으로 〔미 8군이 옮겨옴을〕) 『한겨레』, 1989. 5. 21.
- 그리하여 한반도 남단에 주둔하고 있는 미군과 1천여 개의 핵무기 철수, 휴전협정의 평화협정으로의 전환을 통해 군사적 긴장이 완화되고…… (→〔을〕 평화협정으로 〔바꾸는 일을〕) 『한겨레』, 1989. 7. 5.
- 휴전협정의 평화협정으로의 대체 (→〔을〕 평화협정으로 〔바꾸는 일, 바꿀 것〕) 『한겨레』, 1989. 7. 8.
- 그는 탑의 건립자로서보다는 흔히 최상의 부귀를 말할 때 쓰는 어느 시점까지는 '평생 손에 물 안 묻히고 흙 안 묻히고' 산 표본으로서의 경이로운 인물이었던 것이다. (→표본으로서, 표본의, 표본이 되는) 『한겨레』, 1989. 7. 8.
- 다만 앞으로의 정치는…… (→앞으로) 『한겨레』, 1988. 12. 16.

8. 에서의

이 에서의도 일본말 'からの'를 그대로 옮겨놓은 말임이 의심할 여지가 없다.

日本からの愛に
中國人 信徒の淚 『ニュースレター』, 1988. 7·8월호

이것을 직역하면 다음과 같이 된다.

일본에서의 사랑에
중국인 신도의 눈물

- 이 일하는 마당에서의 소외가…… (→마당의, 판의, 마당에서, 판에서 〔일어난 소외가〕)『네 마음이 전쟁을 부른다』

이 원문은 "この？く 場面での 疏外が"이렇다. 여기서는 "での"가 에서의로 되어버렸다.

- 일본에서는 하급간부와 그 이하에서의 죄만 적발되지만…… (→이하의)『네 마음이 전쟁을 부른다』

이 원문은 "日本では, そういう下級幹部, あゐいはそれ以下の摘發はあゐけれども"로 되어 있다. 그러니 여기서는 "の"를 에서의로 옮겨놓았다. 하도 에서의를 많이 쓰다보니 이렇게 마구 쓰는 것이다.

- 오사카 음악학교에서의 작곡을 공부하면서도…… (→음악학교에서)『여원』, 1988. 9.

의를 더 붙일 아무런 까닭이 없다.

- 이 같은 오사카에서의 생활은…… (→오사카의)『여원』, 1988. 9.

여기서는 "에서"가 들어가야 할 까닭이 없다.

- 남한에서의 삶이 이렇게 고달플 줄 알았다면…… (→남한의, 남한에서 〔사는 것이〕) 『한겨레』, 1988. 9. 29.
- 서울올림픽 보도를 마무리하면서 '한국에서의 특별한 체험'을 송고하기에 바쁜 蘇 타스통신 기자들 (→한국에서 〔얻은〕) 『중앙일보』, 1988. 9. 30.
- 北戴河에서의 정치국 회의가…… (→북대하의, 북대하에서 〔열렸던〕) 『중앙일보』, 1988. 8. 5.
- 일본 외교관과 북한 공무원과의 제3국에서의 접촉에 대한 엄격한 제한 (→제3국에서 〔하는〕) 『말』, 제21호

"공무원과의"도 '공무원이'로 써야 한다.

- 일본 내에서의 북한 공작원의 단속 (→일본 안의 〔북한 공작원 단속〕, 일본 안에서 〔활동하는〕) 『말』, 제21호
- 유엔 안보리에서의 대북한 규탄 결의안 상정도…… (→유엔안전보장이사회에서 〔북한에 대한 규탄 결의안을 상정한 일도〕) 『말』, 제21호
- 레이건 정권하에서의 콘트라 원조는 사실상 불가능하게 되었다. (→정권하에서, 정권 밑에서, 정권의) 『말』, 제21호
- 농지에 대한 투기와 비농업부문에서의 저임금 등으로 빈곤이 가중되었다고 했다. (→비농업부문의) 『말』, 제21호
- 베트콩 또는 월맹공산주의자들이 하고 있다고 선전 비난했던 동남아 지역에서의 아편 밀수 행위도 미국 첩보기관이었다. (→지역의) 『말』, 제21호
- 국회 특별조사위원회에서의 추궁에 대해서 그들의 변론은 한결

같다. (→특별조사위원회에서 [있었던]) 『말』, 제21호

- 미국사회 속에서의 개인의 자유는 '원자화'된 시민(인간)을 낳고 있다는 감을 금할 수가 없다. (→속에서, 속의) 『말』, 제21호
- <u>삼청교육대에서의</u> 그 악몽들 (→삼청교육대의, 삼청교육대에서 [당한]) 『말』, 제21호
- <u>면회에서의</u> 내 태도 역시 꿈만 같았다. (→면회에서 보였던) 『말』, 제21호
- <u>삼청교육대에서의</u> 첫날, 고무신을 내던지며 욕을 씹던 그 당찬 체격의 사내. (→삼청교육대의) 『말』, 제21호
- 특유의 '한풀이론'을 개진하면서 이번 <u>총선에서의</u> 승리를 통해 지방자치제의 쟁취, 광주문제의 해결, 노동자의 정당한 권리 보장, 올림픽 후 <u>국민투표에서의</u> 승리 등을 달성할 수 있을 것이라고 강조. (→총선의, 총선거의, 총선거에서 [얻게 될 승리를] | →국민투표의, 국민투표에서 [거둘 승리]) 『동아일보』, 1988. 3. 1.
- 통일방안 논의 <u>과정에서의</u> 민족 구성원 전체의 참여 보장 (→과정에서) 『동아일보』, 1988. 3. 1.
- '내무위선거법심사 <u>소위에서의</u> 논의'를 이유로 일축했다. (→소위의, 소위에서 [논의함]) 『동아일보』, 1988. 3. 7.

일축했다는 '거절했다' '단번에 거절했다'로 쓰는 것이 좋다.

- <u>생활 속에서의</u> 자신에 대한 반성의 자세를 가지게 함으로써…… (→생활 속에서) 어느 교사의 글
- 왜냐하면 <u>글에서의</u> 감동이란…… (→글에서, 글의, 글에서 얻는) 어느 교사의 글
- 지난 대통령 선거에서의 동시 출마는 파멸에 이르는 길이었지만, 국회의원 <u>선거에서의</u> 동시 출마는 세계의 이목(耳目)을 다시 한번

집중시키는 가운데 야당 붐을 조성할 수 있는 계기가 될 것이라고 보고 싶다. (→선거에서 [있었던], 선거 때의) 『동아일보』, 1988. 3. 10.

- 그동안 야권(野圈)에서 거론됐던 <u>총선거에서의</u> 연합공천 논의도…… (→총선거의, 총선거에서 [연합공천을 할]) 『동아일보』, 1988. 3. 11.
- 6세 이하 <u>소아에서의</u> 유리판 이술 (→아기의) 『학술간호』, 1988. 3.
- 특히 김대중 씨로서는 12·16 대통령<u>선거에서의</u> 패배로…… (→선거의, 선거에서 [패배하여]) 『동아일보』, 1988. 3. 17.
- 영농의 기계화도 그렇고, 도시 <u>생활에서의</u> 각종 법규의 준수나…… (→생활에서) 『동아일보』, 1988. 3. 17.
- 특히 쉽지 않은 싸움터가 될 <u>서울에서의</u> 당선자 확보를 위해…… (→서울에서) 『동아일보』, 1988. 3. 22.
- <u>현 단계에서의</u> 가장 현실적인 전망은…… (→현 단계에서) 『동아일보』, 1988. 3. 22.
- 출근 버스 <u>속에서의</u> 환상 (→속의, 속에서 [떠올리는]) 『샘도』, 1988. 5.
- <u>초등학교에서의</u> 한자 교육은 천부당만부당하다. (→초등학교의) 한글학회 성명서
- 입학시험 <u>면접에서의</u> 계속된 낙방 (→면접의, 면접에서) 『한겨레』, 1988. 8. 11.
- 국가·지방 <u>자치단체에서의</u> 쟁의행위 금지 조항은 위헌이므로 삭제하고…… (→자치단체의) 『한겨레』
- 특히 <u>국회에서의</u> 제5공화국 비리와 광주항쟁 진상조사가 본격화할 단계에 접어듦에 따라…… (→국회에서) 『한겨레』, 1988. 7. 29.
- <u>통일문제에서의</u> 외세란 무엇이며…… (→통일문제에서) 『한겨레』, 1988. 7. 6.
- "<u>국제수역에서의</u> 안전통행권도 원한다"며 이같이 말했다. (→국제수역의, 국제수역에서 [안전통행할 권리도]) 『한겨레』, 1988. 7. 6.
- 요즘 들어 <u>가자지구에서의</u> 폭력은 좀 잠잠해졌다. (→가자지구

의, 가자지구에서) 『평화신문』, 1988. 7. 3.

- 이 지역에서의 소란은 계속되고 있다. (→지역에서, 지역의) 『평화신문』, 1988. 7. 3.

- 점령지구에서의 이스라엘 철수와…… (→점령지구의, 점령지구에서 [이스라엘이 철수할 것과]) 『평화신문』, 1988. 7. 3.

- 제3세계에서의 미국 분석 (→제3세계의, 제3세계에서 [하는]) 『한겨레』, 1988. 7. 1.

- 전장에서의 불안한 낭만 (→전장에서 [느끼는], 전장의) 『평화신문』, 1988. 6. 26.

- 교회에서의 상담(相談)은…… (→교회의, 교회에서 [하는]) 『주간기독교』, 1988. 8. 28.

- 그 전날 6월 10일은 우리나라뿐만 아니라 전 세계가 다 아는 한국에서의 민주항쟁의 날이지 않습니까. (→한국의 [민주항쟁 날], 한국에서 [일어났던]) 어느 동화

- 민정당은 삼청교육대 훈련과정에서의 50명 사망 사건과 관련…… (→훈련과정의, 훈련과정에서 [일어났던]) 『한겨레』, 1988. 10. 7.

- 新羅나 伽耶 고분에서의 출토품과 비슷해 韓國의 영향을 받았음이 뚜렷하다. (→고분의) 『중앙일보』, 1988. 10. 11.

- 이번에는 재일동포 김병진 씨가 보안사령부에서의 체험을 적은 '보안사'라는 책자가 나와…… (→보안사령부의, 보안사령부에서 [체험한 일을]) 『평화신문』, 1988. 10. 16.

- 이 땅 민중의 처절한 삶을 철도변에서의 연좌시위를 통해 알려주는 농민의 모습 (→철도변의, 철도변에서 [연좌시위를 하여]) 『서강학보』, 1988. 10. 4.

- 찬송가 연주를 들으면서 서울에서의 마지막 기도회를 했다. (→서울의, 서울에서) 『중앙일보』, 1988. 10. 24.

- 초등교육에서의 통일 민주 교육 (→초등교육의) 어느 대학의 강연

- 그곳에서의 증언은 국민에 대한 양심고백과 같다는 얘기가 된다. (→그곳의, 그곳에서〔하는〕)『한국일보』, 1988. 10. 25.
- 구금상태에서의 헌금 강요를 누군들 거부할 수 있으랴. (→구금상태에서〔하는〕)『한겨레』, 1988. 10. 27.
- 휴전선에서의 남북음악제 제안은…… (→휴전선에서〔하는〕, 휴전선의)『한겨레』, 1988. 10. 27.
- 상당부분을 동백림 사건에서의 고초·체험에 할애 (→사건의)『한겨레』, 1988. 10. 27.
- 양쪽은 전두환 씨가 5공화국에서의 정치자금 거래 내역을 독자적으로 공개할 경우…… (→5공화국의, 5공화국에서〔있었던〕)『한겨레』, 1988. 11. 15.
- 둘째, 어느 노동단체 사무실에서의 경험이다. (→사무실에서〔경험한 것이다.〕)『한겨레가족』, 2호
- '가정에서의 초·중학생을 위한 이데올로기 교육' 난을 만들어주기 바란다. (→가정의, 가정에서)『한겨레』, 1989. 1. 7.
- '민족해방운동사에서의 3·1운동' 조명 (→민족해방운동사의, 민족해방운동사에서〔차지하는〕)『한겨레』, 1989. 1. 18.
- 北韓에서의 결혼은 연애와 중매가 병행되고 있으나 平壤시에서는 대체적으로 연애결혼이 많은 편이라고…… (→북한의, 북한 사람들의)『동아일보』, 1989. 2. 2.

"병행하고"는 '아울러 하고'로 쓰면 좋겠고, "平壤 등 도시"는 '평양과 그밖의 도시'라 쓰면 되겠고, "대체적으로"는 '대체로'라고 써야 한다.

- 서재에서의 이 목사 (→서재의)『주간기독교』, 1989. 2. 5.
- 교육에서의 문제는 이뿐만 아니다. (→교육의)『한겨레』, 1989. 2. 19.
- 스포츠에서의 페어플레이 정신이 작용했다. (→스포츠의, 스포츠

에서)『한겨레』, 1989. 2. 19.

- 항간에서의 소문처럼…… (→민간의, 민간에서 [떠도는])『한겨레』, 1989. 2. 19.
- 역사 속에서의 민중의 역할을 강조하는 책들이 속속 출간되어…… (→역사 속의, 역사 속에서 [살아가는])『한겨레』, 1989. 3. 1.

역할과 속속은 일본식 중국글자말이다. "민중의 역할"은 '민중이 할 일'이라 써야 하고, 속속은 '잇달아'라고 써야 한다.

- 런던 자택에서의 루시디 (→자택의)『한겨레』, 1989. 3. 2.
- 부시 대통령은 노태우 대통령과의 회담 및 한국국회에서의 연설을 통해 한반도에서의 냉전 분위기를 부추겼다. (→한국국회에서 [한] | →한반도의)『한겨레』, 1989. 3. 3.

"한국국회에서의"는 에서의를 아주 없애고 '한국국회 연설을 통해'로 해도 된다.

위의 보기글 전체를 다음과 같이 쓰는 것이 좋겠다.

부시 대통령은 노태우 대통령과 했던 회담과 한국국회 연설을 통해 한반도의 냉전 분위기를 부추겼다.

- 이달 말 '예술의 전당'에서 열릴 예정이던 윤이상 음악제와 올 10월 이전 비무장 지대에서의 개최를 목표로 추진되던 남북합동 음악 축전의 전망에 먹구름이 끼기 시작했다. (→지대에서 [개최하기를])『한겨레』, 1989. 3. 5.
- 휴전선상에서의 대민족음악회 (→휴전선상의, 휴전선에서 [열])

『한겨레』, 1989. 3. 12.

- 헤이그에서의 모임 등 두 번밖에 없었음을 강조했으며…… (→헤이그의, 헤이그에서 〔했던〕) 『한겨레』, 1989. 3. 12.
- 국회에서의 중간평가 (→국회의, 국회에서 〔할〕) 『한겨레』, 1989. 3. 16.
- 글라이스틴 전 주한 미국대사와 위컴 전 주한 미군 사령관은 광주항쟁 당시 "20사단 차출은 광주에서의 계엄군과 시민 간의 협상이 결렬될 경우에만 사용할 수 있다"고 밝혀…… (→광주에서) 『한겨레』, 1989. 3. 16.
- 이제까지 남만주와 동만주에서의 항일무장투쟁에 대해서는…… (→동만주의, 동만주에서 〔벌였던〕) 『한겨레』, 1989. 3. 17.
- 국제그룹 해체 및 연합철강 정리과정 등에서의 정경유착 여부를 조사했다. (→따위에서, 들에서) 『한겨레』, 1989. 3. 17.

및은 "와"로 바꿔 써야 한다.

- 방북 루트와 그쪽에서의 일정은 어떻습니까. (→그쪽의, 그쪽에서 〔보낼〕) 『한겨레』, 1989. 3. 28.
- 제3국에서의 회의 추진을 검토하겠다고…… (→제3국에서 〔회의를 추진하도록〕) 『한겨레』, 1989. 3. 28.
- 단체로 열을 지어 이동하는 것까지 군대에서의 행동규칙과 흡사하다. (→군대의) 『한겨레』, 1987. 3. 31.
- 권위주의적 정치체제와 근로현장에서의 노동 통제를 용이하게 하는 데 상당부분 기여해왔다고 보고 있다. (→근로현장에서, 근로현장의) 『한겨레』, 1987. 3. 31.

"용이하게"는 '쉽게'로, "기여해"는 '이바지해'로 쓰는 것이 좋다.

- 진정한 의미에서의 제2차 세계대전의 종결이 될 것입니다. (→의미에서, 뜻에서) 『한겨레』, 1987. 3. 31.
- 광주은행은 장래의 일정 시점에서의 외국통화 환율을 미리 책정해서⋯⋯ (→시점에서) 『한겨레』, 1989. 4. 15.
- 그러기 위해서는 민족적 차원에서의 남북 간 접촉이 무엇보다 시급합니다. (→차원의, 차원에서) 『한겨레』, 1989. 4. 15.
- 대폭 석방하겠다고 했던 청와대 회담에서의 약속에도 반한다고 비난했다. (→회담의) 『한겨레』, 1988. 10. 3.
- 88 기간 중 한국에서의 이모저모 (→한국의) 『중앙일보』, 1988. 10. 3.
- 사실 그의 끊임없는 남아프리카에서의 활동은 영국 음악가 조합의 규정에 어긋나는 것⋯⋯ (→〔그가 끊임없이〕 남아프리카에서 〔활동한 것은〕) 『한겨레』, 1988. 10. 5.
- 이곳에서의 비가 무척 반가운 것은 무더위를 물러가게 하기 때문이다. (→이곳의, 이곳에서 〔오는〕) 『평화신문』, 1988. 10. 2.
- 예를 들어본다면 미국 특히 뉴욕에서의 나의 생활이다. (→뉴욕에서 〔보낸〕) 『평화신문』, 1988. 10. 2.
- 하지만 그것이 허용된다면 남한에서의 그 효과는 절대적일 것으로 생각합니다. (→남한에서) 『한겨레』, 1989. 4. 15.
- 피카소가 한국전쟁을 소재로 1951년에 그린 '한국에서의 학살.' (→한국의) 『일요신문』, 1989. 6. 18.
- 바둑 두는 동호인 간에 '자충수'란 하나의 실책으로 꼽는다. 축구에서의 자살골, 야구에서의 에러⋯⋯ 이런 것들이 스스로를 자멸하게 하는 요소들이다. (→축구의, 축구에서 | →야구의, 야구에서) 『한국일보』, 1989. 5. 11
- 아시아 태평양 지역에서의 긴장 완화와 경제 발전 촉진을 위한 '평화와 반핵운동'의 계기가 되기를⋯⋯ (→지역의) 『한겨레』, 1989. 7. 8.
- 미국 워싱턴에서도 '한국전쟁 종식집회'가 열려 한국에서의 미국

핵무기 철거를 요청하는 10만 명의 청원서가 미 의회에 제출된다. (→한국에서 〔미국이 핵무기를 철거할 것을〕) 『한겨레』, 1989. 7. 8.
- 승리교회에서 예배를 드리는 등 서울에서의 즐거운 하루를 보냈다. (→서울에서) 『한겨레』, 1989. 8. 1.

"드리는 등"은 "드리고 하여"라고 쓰는 것이 좋겠다.

- 십자가에서의 죽음과 부활을 통하여 하느님의 구원의 뜻을 체현하였다. (→십자가에서, 십자가의) 『한겨레』, 1989. 8. 8.

"체현하였다"는 '몸으로 나타내었다'고 쓰는 것이 좋겠다.

- 예수가 '멀리 있는 하늘나라를 강조함으로써 땅 위에서의 삶의 환경을 개선하려는 민중의 열망을 오도'했다고 믿는 작가의 눈에는…… (→땅 위에서, 땅 위의) 『한겨레』, 1989. 8. 8.

이 -에서의는 대개의 경우 "에서"와 "의" 중 하나를 없애면 되지만, 어떤 자리에서는 에서의를 모두 없앨 수도 있다. '의'를 없애고 '에서'를 쓸 때에는 그다음에 오는 말을 움직씨로 바꾼다. 어떤 경우에도 에서의를 써야 할 이유는 없다.

9. 로서의, 으로서의

로서의, 으로서의는 일본말 'としての'를 직역한 말이다.

돈 많은 젊은이와 가난한 젊은이, 돈 많은 늙은이와 가난한 늙은이 가운데 그 어느 쪽인가는 있어도 인간으로서의 노인, 인간으로서의 청년은 없다. 『네 마음이 전쟁을 부른다』

이 원문은 다음과 같다.

貧しい若者か, 金を持った若者か, 貧しい老人か, 金を持った老人か, そのどっちかはいつが, しかし, 人間としての老人, 人間としての若者はいない. 『君の心が戰爭を起こす』, 242쪽

보기를 하나 더 들겠다.

『고사기』나 『일본서기』에 나오는 천조대신이나 수좌지남명 따위의 이야기를 읽었더라면 인간으로서의 심성은 길러지지 않았을 것이다. '일본인'으로서의 심성은 형성될지 모르지만. 『君の心が戰爭を起こす』, 45쪽

이 원문은 다음과 같다.

「者事記」「日本書記」の天照大神や須佐之男命なんかの話を讀んでも, 人間としての心は出てこないのだ.「日本人」としての心は生れるかもしれないが. 『君の心が戰爭を起こす』, 43쪽

위의 경우를 우리 말법으로 쓰면 다음과 같다.

- 인간으로서의 노인, 인간으로서의 청년은 없다. (→인간이라는 늙은이, 인간이라는 젊은이는 없다. 사람이 되어 있는 늙은이, 사람이 되어 있는 젊은이는 없다.)
- 인간으로서의 심성은 길러지지 않을 것이다. (→인간의 마음은 나타나지 않는다.)

- '일본인'으로서의 심성은…… (→'일본인'의 마음은 〔생겨날지 모르지만〕)

위의 일본글 번역에서 "「古事記」「日本書紀」の天照大神や……" 대목의 번역을 다음과 같이 정리해본다.
"『古事記』, 『日本書紀』에 나오는 「天照大神」이나 「須佐之男命」 같은 이야기를 읽는다고 해도 인간의 마음은 나타나지 않는다. '일본인'의 마음은 생겨날는지 모르지만."

- 인간과 시민으로서의 자유는 오로지 억압 밑에서 살아온 한국인에게 '낙원'으로 비쳤었다. (→시민의, 시민으로서 〔누릴 자유〕)
  『말』, 제21호

"비쳤었다"는 '비쳤다'로 써야 한다.

- 이제 구기(球技)에서 첫 번째 금(金)메달을 따낸 종목으로서의 더 크고 감격스러운 환호만이 남았다. (→종목으로서) 『중앙일보』, 1988. 9. 29.

여기서는 "으로서"에 의를 덧붙일 아무런 필요가 없다.

- 실제 작품을 놓고 비평을 했다는 점에서 하나의 계기로서의 의미를 지닌다. (→기회가 되는) 『한겨레』, 1988. 7. 16.
- 문화작업의 시작으로서의 의미를 갖는다. (→시작으로서, 시작이 되는, 〔을〕 시작하는) 『한겨레』, 1988. 7. 8.
- 셋째는 전문직으로서의 교사의 권리다. (→전문직으로서 갖는, 전문직이 되는, 전문적인) 『한겨레』, 1988. 7. 8.
- 예술 중개 마당으로서의 책 (→마당이 되는, 마당인) 『출판저널』

- '한'으로서의 시간 (→'한'의, '한'으로서 [보는], '한'이 되는) 『광장』, 1988. 5.

- 空으로서의 시간 (→공[空]의, 공으로서 [보는], 공[空]이 되는) 『광장』, 1988. 5.

- 六藝로서의 시간 (→육예[六藝]의, 육예[六藝]로서 [보는], 육예 [六藝]가 되는) 『광장』, 1988. 5.

- 祭儀로서의 시간 (→제의[祭儀]의, 제의[祭儀]로서 [보는], 제의 [祭儀]가 되는) 『광장』, 1988. 5.

- 道로서의 시간 (→도[道]의, 도[道]에서 [보는], 도[道]가 되는) 『광장』, 1988. 5.

- 永遠으로서의 시간 (→영원의, 영원으로 [보는], 영원인) 『광장』, 1988. 5.

- 과학적 이론과 실천에 기초한 대중실천으로서의 통일운동을 모색해야…… (→대중실천의, 대중실천이 될 수 있는) 『한신학보』, 1988. 9. 13.

이 보기글은 전체를 다음과 같이 고치는 것이 좋겠다.

과학의 이론과 실천에 바탕을 둔 대중실천의 통일운동을 찾아야

- 인류에게 종교라는 것이 없었다면 얼마나 많은 육체와 영혼이 종교의 이름으로서의 파괴를 면했을까. (→이름으로 [파괴됨을]) 『평화신문』, 1988. 10. 2.

- 우등생의 길잡이로서의 역할을 다하고 있습니다. (→길잡이로서) 어느 광고문

역할은 '할 일'이라 써야 한다.

- 이 모두가 민족대학으로서의 조선대학교가 나아갈 길입니다. (→민족대학으로서, 민족대학인) 『평화신문』, 1988. 10. 2.
- 극도로 제한되고 억압된 상태에서 사람으로서의 욕구는 그 공상이 방종의 삶을 그려보다가도…… (→사람의, 사람으로서 갖는) 『평화신문』, 1988. 10. 2.
- 민족경제공동체를 회복, 민족으로서의 공동번영을 추구해나간다는 원칙에 찬성한다. (→민족의) 『한겨레』, 1988. 10. 8.
- 음악 전문인으로서의 그들이 또…… (→전문인으로서, 전문인인) 『한겨레』, 1988. 10. 8.
- 상식과 교양으로서의 과학을…… (→교양의, 교양이 되는) 『출판저널』, 1988. 10. 5.
- 言論社는 신문이 갖는 사회 公器로서의 책무를 다하고…… (→사회의 그릇으로 [그 책무를], 사회의 그릇이란) 전국인쇄인생존권수호위원회 성명서, 1988. 10. 18.
- 이렇게 여성은 인간으로서의 전인격적 정서도 갖춰야 한다. (→인간으로서, 인간의) 전국인쇄인생존권수호위원회 성명서, 1988. 10. 18.
- 성서는 생존가치로서의 임금 개념 나타내 (→생존가치로서, 생존가치의, 생존가치를 정하는, 살아가는 데 필요한 [품삯]) 『주간기독교』, 1989. 2. 5.
- 人間學으로서의 數學 (→인간학의) 어느 책 이름
- 「전쟁과 평화」 「안나 카레니나」 같은 대작들을 써낸 소설가로서의 권위가 있었기 때문이다. (→소설가로서, 소설가의) 『한겨레』, 1989. 2. 16.
- 오산학교 시절 사상가로서의 첫걸음 (→사상가로서) 『주간기독교』, 1989. 2. 19.
- '전사'로서의 그녀는 총이나 기관총 사격은 물론 말 타는 데도 곧 익숙해져 완전한 전사로서의 역할을 했다고 회상했다. (→'전사'로서 | →전사의, 전사 역할을, 전사 노릇을) 『한겨레』, 1989. 3. 17.

제2장 우리 말을 병들게 하는 일본말 155

그녀란 말을 쓰지 말고 바로 이름을 써야 한다.

- 산문작가로서의 그의 지위를 확고부동하게 했다. (→산문작가로서, 산문작가로) 『한겨레』, 1989. 3. 28.
- 그것은 혁신세력으로서의 재야가 아니라…… (→혁신세력인, 혁신세력의, 혁신세력으로 되는) 『한겨레』, 1989. 4. 9.
- 통일세력으로서의 재야와 문 목사의 재야는 어떤 공권력 행사로도 부인될 수 없을 것이다. (→통일세력의, 통일세력으로 되는, 통일세력인) 『한겨레』, 1989. 4. 9.
- 이 신문의 한쪽 구석을 맡들고 있는 사람으로서의 생각은 그렇다. (→사람으로서 [내 생각은]) 『한겨레』, 1989. 4. 16.
- 독점재벌의 정권으로서의 위치를 택하고 있음을 보여준다. (→정권으로서 [그 자리를 선택하고]) 『한겨레』, 1989. 4. 18, 민주교수협 성명문)
- 그런데 문제가 되는 것은 이들 관계 집회가 정당한 뜻을 실력행사로 관철시키겠다는 의지의 발현으로서의 모임이 아니라 전체 다수 국민의 참뜻을 왜곡·호도하여 대중여론을 조작해내는 데 주된 목적이 있다는 것이다. (→[뜻이] 나타난) 『한겨레』, 1989. 5. 3.

"의지의 발현으로서의" 이런 말은 말법을 아주 바꿔야 한다.

으로서의는 '으로서'와 '의'로 나누어 ① '의'만 쓰면 되는 경우와 ② '으로서'만 쓰면 되는 경우(이때 '으로서'를 '으로' '에서'로 고쳐 써야 할 경우도 있다. 그리고 '으로서'를 쓸 경우 대개는 다음에 '누릴' '갖는' '보는' '되는' 따위 움직씨가 온다)와 ③ '으로서의'를 아주 없애고 '-가'(이)를 쓰는(이때는 그다음에는 '되는' 따위 움직씨가 온다) 세 가지 경우가 있다.

물론 좀 엉뚱한 표현의 말이나 문장이 되었을 때는 아주 딴 말로 바로

잡아야 하는 것은 말할 것도 없다

10. 로부터의, 으로부터의

이 으로부터의는 일본말 'からの' 'よりの'를 직역한 말이다.

　그 전쟁은 백인 지배<u>로부터의</u> 해방 전쟁이었다고 한다. 『네 마음이 전쟁을 부른다』, 40쪽

이 원문은 다음과 같다.

　白人の<u>支配からの解放</u>の戰爭であったとうのだ.

위의 일본글을 내가 번역한다면 다음과 같이 쓸 것이다.

　白人の<u>支配からの解放</u>の戰爭 (→백인의 <u>지배에서 해방되는</u> 전쟁)

　• 여기 펴내는 이 작은 책은, 책 만드는 사람의 노동 <u>현장으로부터의</u> 체험적 보고서라고 할 수 있습니다.(→현장의) 어느 책

그런데 이 글은 "현장으로부터의"만 고쳐도 안 된다. 글의 짜임을 아주 고쳐야 한다. 다음에 고쳐놓은 글과 위의 보기글을 비교해보라.

　여기 펴내는 이 작은 책은, 책 만드는 <u>사람이</u> 노동 <u>현장에서 체험한 것을</u> 쓴 보고서라고 할 수 있습니다.

글자 수는 어느 쪽도 다 40자이지만 뒤의 것이 훨씬 더 쉽고 시원스럽

게 읽힌다는 것을 알 것이다. 입으로 하는 말같이 썼기 때문이고, 우리 말법으로 썼기 때문이다.

- 대학가로부터의 반향은 더욱 적극적인 것이어서…… (→대학가의, 대학에서 〔나온 울림은〕) 『말』, 제21호
- 넷째는 일반 행정으로부터의 교육행정의 독립권이다. (→일반 행정에서 〔교육행정이 독립하는 권리다〕) 『한겨레』, 1988. 7. 8.
- 감옥으로부터의 사색(→감옥 속의, 감옥에서 〔얻은 생각〕) 어느 책 이름

참으로 훌륭한 책인데, 이름이 그만 잘못되었다.

- 억압으로부터의 자유와 착취로부터의 평등 이루기 위해 (→억압에서 | →착취에서) 어느 시
- 아는 것으로부터의 자유(→아는 것에서 〔자유롭기〕) 어느 책 이름

이것이 영어책(『Freedom From The Known』)을 번역한 것인데 영어를 직역했다고도 할 수 있지만 일본말법을 완벽하게 따랐다고 아니 할 수 없다.

- 편집국 밖으로부터의 회신 (→밖에서 온 회답) 『한겨레』, 1988. 12. 30.
- 3월이면 여행으로부터의 유혹을 받는다. (→여행으로부터, 여행의) 『여행』, 1989. 3.
- 공해로부터의 해방을 위해 (→공해에서 〔해방되기〕) 어느 강연 제목
- 우리는 정부의 부당한 탄압과 싸우는 귀 노련의 투쟁을 단호히 지지하는 동시에 일본의 민간방송국에서 일하는 1만 조합원을 대표해 마음으로부터의 연대를 표명한다. (→진심으로) 『한겨레』, 1989. 4. 27.

이 일본글 원문을 보지 않았지만, 아마 틀림없이 '心からの'였을 것이다.

- **아동기로부터의** 해방(→아동기의, 아동기에서 [해방되기]) 어느 책 장 이름

지금까지 보기를 든 **으로부터의**는 '으로부터'와 '의'로 나누어, '의'만 쓰든지, 그렇지 않으면 '으로부터'를 거의 모든 경우 '에서'로 바꾸어 쓰면 된다. 이렇게 '에서'로 바꿀 때는 그다음에 오는 이름씨를 움직씨로 만들어 쓴다. 다만 어쩌다가 아주 다른 말로 바꾸어야 할 경우가 있는 것은, 그렇게 된 말이 엉뚱한 번역으로 되었기 때문이다.

11. 에로의

이 에로의는 로의, 에의와 같이 일본말 'への'를 옮겨 쓴 것이다. 그렇게 밖에는 이 괴상한 말을 생각할 수가 없다.

- 다시 말해 혈중**에로의** 역류를 방치한다. (→혈중으로 →핏속으로) 『시조』, 1988. 4.

"역류" "방치"도 쉽게 고쳐서, 이 보기글 전체를 '다시 말해 속으로 거슬러 흐르도록 내버려둔다'로 쓰는 것이 좋다. 공연히 어려운 말을 쓰고 싶어 하는 사람은 말법도 어려운 남의 것을 따르려고 한다.

- '어머니와 교사**에로의** 길' 그것은 우리와 교회가 끊임없이 추구해 가야 할 길이다. (→교사가 되는) 『평화신문』, 1988. 9. 11.
- '歷史에서 宇宙**에로**'의 시간 (→우주로 가는) 『광장』, 1988. 5.
- 행복**에로의** 인도 (→행복으로 [인도함, 안내함], 행복의 [길잡

이]) 어느 교회 주보

- 혁명 2백주년을 맞고 있는 프랑스가 새삼 지역감정이라는 <u>혁명전
에로</u>의 복고풍조가 일고 있다. (→혁명 전으로 [돌아가는 풍조
가]) 『동아일보』, 1989. 4. 24.

"혁명전"이란 혁명전쟁이란 말은 아니겠지.

에로의도 에로와 의가 붙어서 되었으니 이 둘 중 한쪽만 쓰면 되는데, 에로는 그것 자체가 우리 말이 아니니 '으로'로 써야 하며, 앞의 말에 따라 '가'로 바꿔 써야 할 경우도 있다. 이때 뒤에는 움직씨가 따라야 한다는 것은 말할 나위도 없다. 의를 쓸 때는 물론 그 뒤에 이름씨가 온다.

- 미국의 국가적 사회적 문제점은 <u>4년마다의</u> 대통령 선거전에서 집약적으로 제시된다. (→4년마다 [있는]) 『말』, 제21호
- 그래서 나는 <u>때마다의</u> 병상 생활을 와선(臥禪), 즉 누워서 하는 참선이라고 불렀는데…… (→때마다 [보내는]) 『고려병원』, 1988. 7.

여기 나오는 마다의도 우리 말법이 아니다. 의를 없애고 그다음에 움직씨가 오도록 써야 한다.

- 이 같은 <u>중학교까지로의</u> 의무교육 확대는…… (→중학교까지의, [이같이] 중학교까지 [의무 교육을 확대하는 것은]) 『동아일보』, 1988. 3. 17.

'까지의' 정도는 쓸 수 있다고 본다. "까지로의" 왜 이런 이상야릇한 말을 쓸까?

12. 에게서

이 에게서는 '에게'와 맞서는 곳자리토로서 사전에는 다음과 같이 나와 있다. 먼저 '에게'부터 살펴보자.

> 에게【조】① 사람을 나타내는 체언 아래에 쓰이어서 행동이 미치는 상대편을 나타내는 부사격조사. '그에게 주어라.'
> ② 체언 아래에 붙어 상대격을 나타내는 부사격조사. '그에게 칭찬받다.'
> • 이희승 감수,『국어사전』

> 에게【조】감각이 있는 활동체(사람이나 짐승) 명사나 대명사 아래에 붙는 여격조사. ① 어떤 대상을 지정함을 나타냄. '언니에게 부탁해라.' ② 어떤 행동이 능동적인 작용을 미치는 대상임을 나타냄. '사람들에게 귀염을 독차지하다.' ③ 어떤 행동을 하게 한 대상임을 나타냄. '도둑이 주인에게 들켰다.'
> •『새우리말 큰사전』

> 에게【토】여격토의 하나. 동물과 관련된 명사, 대명사 등에서 쓰인다. ① 어떤 행동이 미치는 대상임을 나타낸다. '사람들에게 알리다.' '동무들에게 물어보다.' ② 일정한 위치를 나타낸다. '아버지에게 있는 (붉은 해발 아래 항일혁명 20년).' ③ 행동을 일으키게 한 대상임을 나타낸다. '우리 정찰병들에게 사로잡힌 적장 교놈.' ④ 기준으로 삼은 단위를 나타낸다. '한 사람에게 10키로 그람씩 차례진다.'
> •『현대조선말사전』

다음은 에게서다.

> 에게서【조】체언 아래 쓰이어서 탈격을 나타내는 부사격조사. '언니에게서 얻다.'
> • 이희승 감수, 『국어사전』

> 에게서【조】명사나 대명사 밑에 붙는 탈격조사. '언니에게서 얻다.'
> • 『새우리말 큰사전』

> 에게서【조】위격토의 하나.(사람이나 그밖의 활동하는 대상에 쓰이어) 어떤 행동의 출발점, 원인, 동기 등의 관계를 나타낸다. '할아버지에게서 들은 이야기.'
> • 『현대조선말사전』

위에서 보면 '에게'보다 에게서의 풀이가 훨씬 간략하게 되어 있다. 에게서가 많이 쓰이지 않는 토이기 때문이다. 사전에서 풀이해놓은 것을 모두 정리하면 다음과 같이 된다.

(1) ㉠ 나는 동생에게 공책을 주었다.
　　㉡ 나는 동생에게서 연필을 얻었다.

```
              (에게)
     나  ───────────▶  동생
         ◀───────────
              (에게서)
```

(2) ㉠ 할아버지는 나에게 꾸중했다.
　　㉡ 나는 할아버지에게서 꾸중을 들었다.

```
              (에게)
        나  ⟵―――⟶  할아버지
              (에게서)
```

(3) ㉠ 선생님은 아이들에게 노래를 가르쳤다.
    ㉡ 아이들은 선생님에게서 노래를 배웠다.

```
              (에게)
      선생님  ⟵―――⟶  아이들
              (에게서)
```

이렇게 보면 '에게'와 에게서의 구별은 아주 분명하고, 또 그렇게 해야 할 것 같다. 그러나 이 보기를 살피면 (2)(3)에서 각각 ㉠에서 나오는 "에게"를 ㉡에 나오는 에게서로 바꿔 쓸 수는 없어도, ㉡의 에게서를 ㉠의 "에게"로 바꿔 쓸 수는 있는 것 아닌가? '나는 할아버지에게 꾸중을 들었다' '아이들은 선생님에게 노래를 배웠다' 이렇게 말이다. 사실 우리가 지금까지 이렇게 써온 것이다. 그렇다면 실제 말의 쓰임을 없이 보고 이렇게 문법으로 말을 억지로 고쳐 맞춘다는 것은 잘못된 것이라 생각한다.

그런데 (1)의 경우는 좀 다르다. "나는 동생에게 연필을 얻었다"(나는 친구에게 선물을 받았다. 나는 아버지에게 돈을 받았다)고 해서는 안 될 것 같다. 이것은 어떻게 보아야 할까? 여기서 깨닫게 되는 것은 어떤 물건을 누가 누구에게 주었다(누가 누구에게서 받았다)고 할 때는 이렇게 '에게'와 에게서를 구별해서 써야 하지만, 말 ― 칭찬·꾸중·이야기·가르침 ―들일 경우에는 '에게'와 에게서의 구별이 필요가 없겠다는 것이다. 이야기를 (물건같이) '주고받는다'고 하지만 말하는 것과 듣는 것은 똑같이 이뤄지는 행위가 아닌가. 그래서 '두 사람이 어떤 행동으로 관계를 맺을 때 쓰는 말'로 '에게'를 두루 쓰도록 했으면 좋겠다. 지금까지 우리가 써온 그대로.

　사실 앞에 보기를 든 사전의 풀이에서 "그에게 칭찬을 받았다"(이희승 감수, 『국어사전』)고 되어 있는 것은 다른 사전들의 풀이대로 하자면 '그에게서 칭찬을 받았다'고 해야 한다. 그러나 나는 '선생님에게 칭찬을 받았다' '할아버지에게 꾸중을 들었다'가 실제로 쓰는 우리 말이라 생각한다.

　여기서 이 '에게'와 '에게서의' 문제를 '한테'와 '한테서'에 견주어 좀더 따져보기로 하자. '한테'와 '한테서'를 사전에서 찾으면 다음과 같다.

　　　한테【조】'에게'의 통속적인 말. '언니한테 보낼 물건.' '너한테 주마.'
　　・이희승 감수, 『국어사전』

　　　한테【조】'에게'의 뜻으로 통속적으로 쓰이는 말. '누구한테 물을까?' '언니한테 야단맞았어.'
　　・『새우리말 큰사전』

　　　한테【조】(말체) 도움토의 하나. 사람이나 동물들과 관련된 명사나 또는 그것을 가리키는 대명사에 붙는다. ① 행동의 목표를 나타낸다. '선생님한테 말하다.' ② 어떤 상태가 일어나는 위치를 나타낸다. '나한테 참고서가 여러 권 있으니 빌려다보렴.' ③ 행동을 일으켜주는 대상을 나타낸다. '선생님한테 배운다.' ④ 어떤 수량이 차례지는 기준적 단위를 가리킨다. '세 사람한테 한 개씩이다.'
　　・『현대조선말사전』

　　　한테서【조】'에게서'의 뜻. '누나한테서 받았다.'
　　・이희승 감수『국어사전』

한테서【조】'에게서'의 뜻으로 통속적으로 쓰이는 말. '멀리 떠난 친구한테서 편지가 왔다.'
- 『새우리말 큰사전』

『현대조선말사전』에는 '한테서'가 없다.

이 '한테'와 '한테서'가 쓰이는 보기를 앞에서 든 '에게'와 에게서의 보기글에다 맞추어보자.

(1) ㉠ 나는 동생한테 공책을 주었다.
㉡ 나는 동생한테서 연필을 얻었다.

```
              (한테)
        나 ───────→ 동생
           ←───────
              (한테서)
```

(2) ㉠ 할아버지는 나한테 꾸중했다.
㉡ 나는 할아버지한테서 꾸중을 들었다.

```
              (한테)
        나 ───────→ 할아버지
           ←───────
              (한테서)
```

(3) ㉠ 선생님은 아이들한테 노래를 가르쳤다.
㉡ 아이들은 선생님한테서 노래를 배웠다.

```
              (한테)
     선생님 ───────→ 아이들
           ←───────
              (한테서)
```

이것을 보면 (2)와 (3)의 ⓒ에서 쓴 "한테서"는 '한테'로 써도 될 것 같다.

'나는 할아버지한테 꾸중을 들었다.'
'아이들은 선생님한테 노래를 배웠다.'

이렇게 말이다. 이 점에서 '에게' 에게서와 마찬가지로, 어떤 물건을 주고받는 행동이 아닌, 말 같은 것일 때는 '한테'를 써도 된다는 것을 알 수 있다. 사전에서 든 보기글에도 '나한테서 야단맞았어' '선생님한테서 배운다'고 하지 않고.

"나한테 야단맞았어" 『새우리말 큰사전』
"선생님한테 배운다" 『현대조선말사전』

이렇게 들어놓고 있다.

그런데 여기서 깨닫게 되는 것이 '에게' 에게서와 '한테' '한테서'의 다름이다. 내가 느끼는 바로는 '할아버지에게서 꾸중을 들었다' '선생님에게서 노래를 배웠다'고 말하는 것은 글말이지 입으로 자연스럽게 나오는 말이 아니다. 앞에서 말한 대로 "할아버지에게 꾸중을 들었다" "선생님에게 노래를 배웠다"가 자연스러운 말이다. 그런데

"할아버지한테서 꾸중을 들었다"
"선생님한테서 배웠다"

고 하는 것은 실제로 많이 쓰는 말이다. 여기서 의문을 가지게 되는 것이 에게서란 말이 실제 입말에는 없었던 말이 아닌가. 글 쓰는 사람들이 글에만 쓰는 말이 아닌가. 그래서 "동생에게서 연필을 얻었다"고 문법에 맞춰 쓰는 말이 생겨난 것이 아닐까 생각한다.

그런데 참 이상하게도 남한에서 가장 많이 쓰는 두 사전에는 똑같이 '한테'와 '한테서'를 "통속적으로 쓰는 말"이라 해놓았다. 북한의 사전에서는 통속적이라 하지 않았고 '한테'를 좀 자세하게 풀이해놓았지만 '한테서'가 아주 없다. 에게서는 있는데 말이다.

"통속적"이란 무슨 말인가? 바로 이 두 사전에서 "통속적"이란 말의 뜻

을 찾아보자.

> **통속**【명】① 일반 세상에 널리 통하는 풍속. ② 전문적이 아니고 일반으로 알기 쉬운 일.
> **통속적**【명】일반에게 속되게 통하는 모양.
> • 이희승 감수,『국어사전』

> **통속**【명】① 세상에 널리 통하는 일반적인 풍속. ② 전문적이 아닌 일반 대중에게 쉽게 통할 수 있는 일.
> **통속적**【관】【명】아주 전문적이 아니고 일반에게 널리 통하는 대중적이며 보편적인 것.
> •『새우리말 큰사전』

두 사전에서 풀이한 말이 비슷하다. 그대로 요약하면 '통속적'이란 말은 ① 세상에 널리 통하고 ② 전문적이 아니어서 누구나 알기 쉬운 것이다.

곧 '한테' '한테서'란 말은 누구에게나 통하는 알기 쉬운 말이란 것이다. 그렇다면 이거야말로 민중의 말이요, 진짜 우리의 말 아닌가? 이른바 표준이 되어야 할 말이 아닌가?

'한테' '한테서'가 누구에게나 통하는 쉬운 말이라면 '에게' 에게서는 누구에게나 통하지 않는 전문적인 말인가? 물론 그렇지는 않다. 그렇지는 않지만 에게서는 글말에서 주로 쓰고 있다. 여기서도 글을 쓰는 사람들이 우리 말에 대해서 저도 몰래 가지고 있는 생각과 태도가 나타나 있음을 보게 된다. 글에만 쓰는 말이나 어려운 말은 고상하고 품위가 있지만 누구나 쉽게 쓰는 말은 가치가 떨어지고 속되다는 것이다.

대관절 사전에서 낱말을 풀이하는데, 널리 쓰이는 민중의 말을 두고 "통속적"이란 딱지를 붙이다니 이래서 되겠는가? "통속"이란 말에는 두 사전의 풀이에는 없지만 내가 느끼기로 속되다, 곧 '고상하지 않고 천하다'는 뜻이 들어 있다. '한테' '한테서'가 '통속적'으로 쓰이는 말이라고 한 것은 분명히 이런 '고상하지 못하고 천한 말'이란 뜻으로 한 말일 것이다. 그렇지 않고 '누구나 알기 쉬운 말'이라면 쓸 까닭이 없다.

또 이 에게서가 일본말의 조사 'から' 'より'에서 왔다는 것은 최남선 씨가 쓴, 우리나라 최초의 자유시라는 「海에게서 少年에게」를 생각하면 곧 깨달을 수 있다. '바다가 소년에게'라고 써야 할 것을 이렇게 중국글자 '海' 다음에 이것 역시 입말에는 없는 (누구든지 쉽게 쓰지 않는 말) 에게서를 붙인 것은 일본글 모양으로 쓴 괴상한 흉내말이라 아니 할 수 없다. 일본 사람들은 "海"라고 써놓고 "うみ"(바다)라고 읽는데, 우리는 이런 일본글의 겉모양만 따르는 것이다. 그래서 한글만으로 쓰면 '해에게서'가 되어 아주 엉뚱한 말로 바뀐다. 어쨌든 에게서를 최남선의 시에서부터 쓰기 시작했으니 벌써 90년 동안 쓴 셈이다. 그래도 아직 입말로 되지는 않았고, 글에서도 그 대부분이 잘못 쓰고 있으니 이제부터라도 안 썼으면 좋겠다.

"서울의 중류사회에서 쓰는 말"을 표준말로 정한 까닭도 이래서 풀이될밖에 없다. 통속적이 아닌 말, 고상한 말을 표준말로 삼는다고 중류사회의 말을 쓰다보니 농민의 말, 민중의 말은 '통속적인 말'로 버림받고, 사전에까지 "통속적"이라 풀이해놓는 것 아닌가. 나는 여기서 "통속적"이라 가리켜놓은 '한테' '한테서'를 될 수 있는 대로 많이 쓰도록 권하고 싶다. 에게서는 될 수 있는 대로 쓰지 말았으면 하는 생각이다.

실제로 에게서를 쓰는 경우를 보면 거의 대부분 '에게' '에서'로 써야 할 것을 잘못 쓰는 경향이 아주 뚜렷하다.

- 코치인 아버지의 집념 딸에게서 결실 (→딸에서) 『중앙일보』, 1988. 9. 20.
- 미국사회의 '매듭'은 토크빌에게서보다는 미국인 자신에게서 찾게 된다. (→토크빌에서보다는 | →자신에서) 『말』, 제21호

- 그들은 모든 문제점을 소련에게서 발견하려고 하고…… (→소련에서) 『말』, 제21호
- 전직 공직자들에게서 예외 없이 발견되는 공통적인 요소는…… (→공직자들에서) 『말』, 제21호
- 미국의 대외정책을 지배해 온 이 집단에게서는 민주사회가 숭상하는 보편타당적인 가치관이나 세계관은 티끌만치도 찾아보기 힘들다. (→집단에서는) 『말』, 제21호
- 나온 사람들에게서나 남아 있는 사람들에게서나 어쩌다 전해 듣는 소식이란 모두 끔찍한 것들뿐이었다. (→사람들에게나) 『말』, 제21호
- 병원에서 출산 후 아기는 엄마에게서 떨어져…… (→엄마에서) 『말』, 제21호
- 중공에 냉대받고 우방에게서조차 외면당하면 그들의 설 땅은 어딘가. (→우방에조차) 『대구매일신문』, 1988. 3. 9.

"그들의"는 '그들이'로 쓰는 것이 옳다.

- 아이들에게서 배우는 교사의 기록 (→아이들에게) 어느 책 이름
- 이태준의 단편「복덕방」의 '안 초시'에게서는 공산주의 냄새는커녕 흔적조차 찾을 수 없다. (→'안 초시'에서는) 『한겨레』, 1988. 8. 7.
- 여러분에게서 부름을 받아온 사람입니다. (→여러분에게, 여러분의) 『평화신문』, 1988. 10. 2.
- '신의 섭리'와 '인간의 정의'를 이분법적으로 사고하는 데서 자신의 논거를 끌어내는 작가에게서 사제단의 깊은 신앙적 성찰과 순교자적 실천을 이해하라고 요구하는 것이 무리한 일일지 모르겠다. (→작가에게) 『한겨레』, 1989. 8. 8.

"이분법적으로 사고하는 데서"는 '두 쪽으로 나누는 생각에서'로 쓰는

것이 좋겠다.

13. 그밖에 필요 없이 겹치는 토

그밖에도 어수선하게 겹쳐서 쓰거나 필요 없이 붙이는 토가 많다. 모두 일본말의 영향이라고 본다.

- 여성운동 <u>주부에로까지</u> 확산 (→주부에게까지, 주부까지) 『평화신문』, 1989. 3. 26.
- 말 한 마디, <u>표정에까지도</u> 생각해보아라. (→표정까지도) 어느 교사의 글
- 그의 노래는 그의 확고한 <u>문학관에서부터</u> 비롯된다. (→문학관에서) 『평화신문』, 1988. 9. 18.
- 교육의 현실에 부당함을 느낀 교사라면 <u>누구든지에게</u> 문을 열어 놓고 있다.(→누구에게든지, 누구에게나) 어느 교사협의회 인쇄물
- <u>아이들마다에서</u> 느껴졌던…… (→아이들마다 〔느꼈던〕, 모든 아이에서 〔느꼈던〕) 어느 교사의 글
- 군축을 제안하면서 소련이 그것을 수락하면 그 <u>단계마다에서</u> 그 실현을 어렵게 하는 새로운 무엇인가? (→단계마다) 어느 교수의 글
- 그는 만나는 <u>사람에게마다</u> 자랑하였습니다. (→사람마다) 어느 번역동화
- <u>100그램까지마다</u> 40원 (→100그램마다) 체신부 국내우편 안내
- 10만 원 초과 <u>10만 원까지마다</u> 150원 (→10만 원마다) 체신부 국내우편 안내

관청에서 공표하는 광고문이란 것이 이 모양이다.

- 이제 우리 조선대학교의 가족은 <u>서로를</u> 격려하면서…… (→서

로) 『평화신문』, 1988. 10. 2.

14. 보다(토씨를 어찌씨로 잘못 쓰는 말)

"보다 나은 사회를 이룩하기 위하여" 이럴 때 쓰는 보다란 말은 우리 말이 아니다. 우리 말에서는 "작년보다 올해가 더 나아졌다"든지, "앞산보다 뒷산이 더 높다"고 할 때 쓴다. 곧 어찌씨(부사)로서는 쓰지 않고 토씨(조사)로만 쓰는 것이다. 어찌씨로 쓰는 것은 일본말 'より'를 그대로 옮겨 쓴 버릇이 퍼진 때문이다.

"보다 용기를 내어서" 이런 말이 우리에게 없다는 것은 쉽게 깨달을 수 있다. 여기 아버지와 아들이 밭에서 김을 매는데, 아버지가 아들에게 놀지 말고 부지런히 일하라고 타이르는 말을 한다고 하자.

"얘야, 벌써 하루해가 다 져간다. 오늘 이 밭을 다 매야 한다. 더 힘을 내봐라!"

이렇게 말했을 때 여기 나오는 말 "더 힘을 내봐라." 이것이 우리 말이다. 아버지는 결코 "보다 힘을 내라"고 말하지 않을 것이다.

그런데 책에 쓰인 문장을 보면 "보다 효과적인 방법을 모색해서" "보다 구체적인 사례를 들어서" 이런 말들이 예사로 나온다. 하도 이렇게 일본 말투로 글을 쓰고 쓴 것을 읽다보니 이것이 우리 말인 줄 알고 말을 할 때도 연설조로 나올 때는 "보다 용기를 내어서" 하고 말하는 수가 있다. 그러나 아직 일상의 말에서 이 보다를 어찌씨로 쓰지는 않는다.

우리 말 사전에서 이 보다를 어떻게 매겨놓았는지 알아보자.

> 보다【조】체언 아래에 붙어서 둘을 비교할 때 쓰는 부사격조사. '작년보다 춥다.'
> 【부】한층 더. '보다 정확히 말하면.'
> • 이희승 감수, 『국어사전』

보다【부】 (어떤 수준이나 정도에 비해) 한층 더. '보다 나은 내일' '보다 발전된 조국.'

【조】 체언 아래에 붙어서, 어떤 정도를 비교하기 위한 대상임을 나타내는 토. '양서(良書)보다 성실한 벗은 없다.' 보다가. 보담.
- 『새우리말 큰사전』

보다【부】 (어떤 정도에 비하여) 한층 더. '보다 높은 발전' '보다 훌륭한 일.'

보다【토】 격토처럼 쓰이는 토의 하나. 비교되는 대상을 나타낸다. '……이보다 더 큰 행복은 없다.'

보다【토】 도움토의 하나. 서로 차이가 있는 것을 견주어보기 위하여 가져다 대는 대상임을 나타낸다. '그 농장에선 우리들보다 생산을 더 냈어.'
- 『현대조선말사전』

보다【토】 두 가지를 비교하는 데에 쓰는 토. '이것이 저것보다 낫다.'
- 한글학회, 『새 한글사전』

이상, 우리나라에서 만들어 쓰는 4개의 사전을 살펴보면, 한글학회에서 나온 『새 한글사전』을 제쳐놓고는 3권의 사전이 모두 어찌씨(부사)로서 잘못 쓰는 보다를 인정하고 있다. 더구나 이 중에서 『새우리말 큰사전』과 『현대조선말사전』에서는 토씨(조사)로서 쓰는 보다보다는 어찌씨(부사)로 잘못 쓰는 보다를 더 무겁게 보고서 앞에 내어놓았다. 사전이 잘못 쓰는 말을 더욱 널리 퍼뜨리는 노릇을 남한에서도 북한에서도 하고 있음을 알 수 있다. 북한에서 우리 말을 소중히 한다고 말하지만, 이로 미루어 일본글 잘못 옮겨 쓰는 말의 오염이 남한과 다름없다는 것이 명백하다. 한 가지 주목되는 것은 한글학회에서 낸 『새 한글사전』이 토씨로서 쓰는 보다만을 풀이해놓은 사실이다. 아마 이 사전이 일제강점기에 만든 사전을 대본으로 한 것이라 생각된다.

그런데 이렇게 어찌씨로 잘못 쓰는 보다란 말이 영어에서 온 것이라 할 수도 있다. 실제로 영문을 번역하는 사람들은 형용사의 비교급을 흔히 보다로 번역한다.

to the "more" of life ('보다 나은' 삶을 위하여)
• 『꽃들에게 희망을』

또 good의 비교급 better를 『영한사전』(민중서림)에서 찾아보면 그 풀이말을 "보다 좋은" "보다 많은(큰)" "보다 나은" "보다 좋게(낫게)" 이렇게 적어놓았다.

그러나 영어의 영향보다 일본어의 영향이 훨씬 컸으리라는 것은 의심할 여지가 없다. 그 까닭은, 일제강점기에 우리가 모두 일본말로 일본글을 배워 책을 읽고 글을 썼기 때문이다. 그리고 지금도 우리는 일본책을 가장 많이 읽고 있고, 번역해놓은 책도 실제로는 일본책이 압도할 만큼 많다. 일본글자 한 자도 모르는 학생들이 모두 일본글투의 문장을 읽고 있다.

'より'란 말을 일본어사전에서 찾아보니 『廣辭林』에도 "助詞"로는 나와 있지만 '副詞'는 안 나온다. 그렇게 많이 쓰는 말인데도 권위 있는 사전에 나오지 않는다. 『新湖國語辭典』에는 "格助詞"로서 많이 풀이되어 있는데, 마지막에 "副詞"라 해놓고 아주 짧게 이렇게 적어놓았다.

"助詞에서 轉. 歐文의 번역에서 생겨난 말."

『學硏國語大辭典』 역시 "格助詞"로 보기와 함께 자세한 풀이를 해놓고는, 끝에 가서 '副詞'라고 해서 "格肋詞에서 轉. 정도를 비교해서 말하는 데 쓴다. 그 이상으로. 한층 더." "참고 - 본래 歐文의 比較級을 번역하기

위해 格肋詞 'より'를 轉用한 것인데 번역 냄새가 강한 용법." 이렇게 풀이해놓았다.

이것을 보면 본래 일본에서도 이 말(より)을 어찌씨로서 쓰지는 않았던 것임을 알 수 있다.

다시 이번에는 『한일사전』과 『일한사전』이 이 말을 어떻게 다루고 있는지 찾아본다. 김소운 편저 『한일사전』에는 어찌씨(부사)로 나오는 보다가 없는데, 박성원 편저 『일한사전』에는 'より'란 말을 부사(어찌씨)로 먼저 풀이해놓고, 그다음에 격조사(토씨)로서 풀이해놓았다. 이것은 일본말을 바르게 해설했다고 볼 수 없다.

이제 사전에서 얻은 바를 대강 정리해보자. 우선 일본글에서나 우리글에서 어찌씨(부사)로 쓰는 보다(より)란 말은 그 근원이 영어에 있다는 것을 알 수 있다. 영어가 '세계어'처럼 되어 얼마나 많은 나라 말에 스며들고 영향을 주고 있는가를 깨닫게 된다. 그런데 같은 영어의 영향을 받아도 일본 사람과 한국 사람의 태도가 크게 다르다. 일본의 쓰보우치 쇼요(坪內逍遙)나 모리 오가이(森鷗外) 같은 이름난 영문 번역가들이 90년 전에 형용사의 비교급을 어떻게 번역했는지 정확하게는 알 수 없지만, 거의 한 세기가 다 지났는데도 일본 사람들은 잘못 퍼뜨린 외국말을 자기 나라 말로 인정하지 않고 사전에도 올리지 않거나 사전에 올리더라도 그 내력을 분명히 밝혀놓고 있다. 그런데 지금 우리는 어떤가? 서양 여러 나라 글의 번역이 어느 정도로 정확한지 나로서는 모르지만 며칠 전에도 어느 영문과 교수의 말을 들으니 영문서적을 번역한 문장이 엉망이고 오역투성이라고 했다. "제대로 번역한 책은 거의 볼 수 없습니다"라고 하는 말을 들었다.

내가 보기로 일본책도 그렇다. 틀리지 않게 번역한 책을 나는 아직 단 한 권도 본 적이 없다. 이런 상태에서 사전을 만드는 사람들은 잘못 옮겨놓은 외국말투의 말들을 주저 없이 사전에 올려서 우리 말을 파괴하는 괴상한 말을 퍼뜨리는 짓을 하고 있으니, 그 또 하나의 보기가 이 보다란 말이다. 우리나라에는 말의 근원을 밝혀놓은 사전이 아직 단 한 권도 없다. 말의 풀이도 먼저 나온 사전을 그대로 따르고, 더구나 중국글자말에서는 일본말 사전의 풀이를 그대로 옮겨놓았다고 모두가 알고 있다. 그러면서 사전마다 낱말의 수가 많음을 자랑하려고 일제강점기 이후에 쓰는 말은 있는 대로 올려놓고 있으니 이런 꼴이 될 수밖에 없다.

여기서 한 가지 더 보태고 싶은 것이 있다. 일본 사람들도 영어 따라 그렇게 쓰는데, 우리도 쓰면 어떤가? 써도 좋지 않나? 하는 의견에 대해서다. 말은 시대에 따라 변한다. 더구나 오늘날에 와서는 교통이 편리해져서 세계가 한 이웃같이 되고, 따라서 말도 서로 영향을 주고받게 되는 것이 당연하지 않은가? 하는 생각을 누구든지 할 수 있다. 물론 그렇다. 그런데 남의 나라의 영향을 받은 것을 옳다고 볼 경우란, 남의 것을 바르게 알려고 애쓰면서 우리 것을 지키는 노력을 힘껏 한 다음에 받은 것이라야 하는 것이지, 처음부터 제 것은 다 내버리고 남의 것에만 홀려 따라가는 짓을 옳다고 볼 수는 결단코 없다. '일본 사람들도 그러니까.' 이게 정신 빠진 상태다. 일본 사람들이 중국글자말을 쓰는 것이 우리가 중국글자말을 쓰는 것과는 다르듯이, 일본 사람들이 영어를 쓰거나 서양말투를 쓰는 것도 우리와는 사정이 다르다.

일본말에서 비교의 뜻을 나타내는 어찌씨(부사)로는 'もっと' 'いっそう' 이렇게 석 자나 넉 자로 된 말을 써야 해서, 간편한 말을 쓰고 싶어 하는 심리도 작용해서 일본 사람들은 'より'를 쓰게 되었다고 본다. 그런데 우리 말에는 어찌씨로 '더'라는 아주 적절한, 한 소리마디밖에 없는 말이 있다.

"보다 빨리, 보다 높이, 보다 힘차게"
이 올림픽 표어를
'더 빨리, 더 높이, 더 힘차게'
이렇게 고쳐놓은 것이 얼마나 좋은가.

이제라도 늦지 않았으니 잘못 쓰는 말을 바로잡아야 한다. 다음에 이 말이 잘못 쓰이는 보기를 들어본다.

- 『워싱턴 포스트』는 최근 "미국 선수들이 서울에서 소련과 메달 경쟁을 벌이는 동안 <u>보다</u> 중요한 경쟁인 한국의 호감을 사는 면에서 소련에 뒤지고 있다"고 진단했다. (→더욱) 『한겨레』, 1988. 9. 29.
- 어린이들을 <u>보다</u> 안전하고 포근하게 돌보고…… (→더) 『해송 아기둥지』
- 혜택이 많은 한국인 유학생들의 <u>보다</u> 본질적인 미국사회의 인식을 방해하는 요인이기도 하다. (→더욱) 『말』, 제21호
- <u>보다</u> 많은 물적 소유를 위한 싸움이 생활의 이념이 될 수밖에 없었다. (→더) 『말』, 제21호
- 민중이 소외당하는 시대를 종식시키고 <u>보다</u> 민중적인 사회를 건설하기 위해…… (→더욱) 『말』, 제21호

여기서는 "시대를……"부터 이렇게 쓰는 것이 좋겠다. '시대를 끝내고 참된 민중의 사회를……'

- 일반에게 <u>보다</u> 올바른 이해를 구하는…… (→더) 『동아일보』
- 우리의 이야기를 <u>보다</u> 폭넓게 대해주기를 바라고 싶고…… (→더) 중학교 3학년 학생의 글
- 관객들과 함께 해내는 <u>보다</u> 속 시원한 끝맺음이 필요했으리라 본다. (→더) 중학교 3학년 학생의 글
- 민정 복귀를 촉구시키기 위해 <u>보다</u> 강경한 제재조치를 취할 것을 촉구하는 반 '노리에가' 결의안을…… (→더욱) 『동아일보』, 1988. 3. 11.
- 이를 <u>보다</u> 효과적으로 활용하여…… (→더) 어느 문학평론
- 그러나 직접 연주된 두 사람의 가곡은 김순남은 <u>보다</u> 현대적이고 표현주의적인 색채를, 이건우는 좀더 질박하고 토속적인 냄새를

- 갖고 있었다. (→더, 더욱) 『한겨레』, 1988. 10. 8.
- 이밖에 <u>보다</u> 장기적인 국제적 보증에 대해서도 검토할 수 있다. (→더) 『중앙일보』, 1988. 10. 15.
- <u>보다</u> 포괄적인 교섭을 목적으로 하는…… (→더욱) 『중앙일보』, 1988. 10. 15.
- <u>보다</u> 친절하게, <u>보다</u> 깨끗하게, <u>보다</u> 질서 있게 (→더) (동마장 주유소)
- 소수의 예술가만이 아니라 민중 전체가 <u>보다</u> 높은 예술적 가치를 공유할 수 있는 참 민중적 민족문화예술의 기틀을 건설해낼 것이라 다짐했다. (→더) 『한겨레』, 1988. 12. 24.
- 『한겨레신문』은 <u>보다</u> 다양하고 풍부한 정보와 뉴스로…… (→더욱) 『한겨레』
- <u>보다</u> 유익한 내용, <u>보다</u> 깊은 삶의 의미 (→더) 『노동문학』
- 아프간 정부와 소련은 <u>보다</u> 여유 있는 입장에서 반군과의 평화협상을 다시 추진할 것이다. (→더) 『한겨레』, 1989. 3. 15.
- 그러나 <u>보다</u> 근본적인 요인으로는…… (→더) 『한겨레』, 1989. 3. 16.
- 시설수용아동 폭행에 대해 <u>보다</u> 철저한 대책이 있어야…… (→더, 더욱) 『대구매일신문』, 1989. 3. 18.
- 결국 이동휘는 러시아 정부나 코민테른 입장에서 볼 때 '훌륭한 공산주의자'는 못 되었고, 오히려 급진적 민족주의자로 불리어지는 것이 <u>보다</u> 적합할는지도 모르겠다. (→더) 『한국일보』, 1989. 3. 17.

"불리어지는"은 '(라고) 말하는'이라 써야 옳다.

- <u>보다</u> 높은 학습효과 기대 (→더) 어느 광고문
- 복잡해지는 사고와 사회현상을 <u>보다</u> 명확하게 의식하고…… (→더, 더욱) 『한겨레』, 1989. 5. 14.

1989년 3월 10일자 『대구매일신문』 광고란에 '대구투자금융'에서 낸 광고 표어가 눈에 띄어 반가웠다.

"더 밝은 내일을 향하여"

모든 사람은 자기를 낳은 조국의 말을 바르게 쓸 의무가 있다.

15. '-에 다름 아니다'와 '주목에 값한다'

-에 다름 아니다

편지를 쓸 때 첫머리에 인사말을 한 다음 본문을 시작하면서 '다름 아니옵고……'라든지 '다름 아니고……' 하는 것과, 풀이말에서 베품꼴로 쓰는 -에 다름 아니다는 전혀 다른 말이며, 이 -에 다름 아니다는 일본어 사전에도 나와 있는(ほかならない) 그대로 의심할 여지가 없는 일본말(을 그대로 옮겨놓은 말)이다. 우리에게는 옛날이고 오늘날이고 이런 말이 없다.

이 -에 다름 아니다가 일제강점기에는 글에서 쓰이지 않았는데, 정작 최근에 와서 글 속에 가끔 나타나는 까닭은 어디에 있는가? 그것은 일제강점기에는 거의 모든 사람이 일본말 'ほかならない'를 알고 있었기 때문에 빤히 드러나는 일본말을 쓰지 않았던 것인데, 지금에 와서는 이런 괴상한 말을 써도 일본말인 줄 아는 사람이 드물다. 그래서 일본말을 잘못 직역한 글을 읽고는 그것이 우리 말인 줄 알고 그대로 또 받아쓰니 이렇게 되는 것이다. 참으로 부끄러운 일이다.

- 이 같은 高銀의 문학은 곧 그의 삶에 <u>다름 아니다</u>. (→지나지 않는다, [삶]이다.) 『중앙일보』, 1988. 4. 14.
- 민중의 희생과 권력의 비리를 서슴지 않는 작태도 그 하나의 흐름에 <u>다름 아니다</u>. (→지나지 않는다, [흐름일] 뿐이다.) 『동아일보』
- 독재정권 본질의 또 다른 전형임에 <u>다름 아니다</u>. (→지나지 않는

다, 〔전형일〕 뿐이다.) 어느 대학 신문

- 제도 언론의 틀에서 벗어나려는 사원들의 몸부림에 <u>다름 아니다</u>. (→지나지 않는다, 〔몸부림일〕 뿐이다.) 『한겨레』, 1988. 7. 29.
- 정치법·양심수를 인질이나 홍정의 대상으로 삼으려는 것에 <u>다름 아니다</u>. (→지나지 않는다, 〔것밖에〕 안 된다.) 어느 대학 신문
- 다시는 학생들 앞에 부끄러운 교사가 되지 말자는 다짐에 <u>다름 아니다</u>. (→지나지 않는다, 〔다짐일〕 뿐이다.) 『한겨레』, 1988. 12. 10.
- 그러나 일관되게 '비폭력 평화시위'를 호소한 국본의 태도는 대중의 급격한 진출을 두려워하는 자유주의자들의 정치적 입장을 드러낸 것에 <u>다름 아니었다</u>. (→지나지 않았다, 〔것일〕 뿐이었다.) 『여론시대』, 1989. 1.
- 학교와 교수는 뒤로 멀찍이 물러서고 그들을 울타리 밖으로 몰아내라는 명령에 <u>다름 아니다</u>. (→지나지 않는다, 〔과〕 다름이 없다.) 『한겨레』, 1989. 5. 14.
- 보라매의 수많은 군중이 공안정국의 종식을 외친 것은 이런 정치 부재를 질타한 것에 <u>다름 아니다</u>. (→지나지 않는다, 〔것과〕 다름이 없다, 〔것과〕 같다.) 『한겨레』, 1989. 8. 11.
- 사회주의 정책은 '빈곤의 평등화'에 <u>다름 아니다</u>.(→지나지 않는다, 〔밖에〕 될 것이 없다.) 『동아일보』, 1989. 6. 21.

주목에 값한다

이것도 일본말을 그대로 옮겨놓은 것이다. 일본어사전 『學研國語大辭典』)에도 바로 "注目に値する"라고 나와 있다.

- 이밖에 '민족현실과 김수영 문학의 소시민적 한계'도 <u>주목에 값한다</u>. (→주목할 만하다.) 『한겨레』, 1988. 7. 1.

−에 값한다

- 그야말로 장편서사시에 값하는 것이다. (→가 될 만한) 『해란강아 말하라』

주목에 값한다에서 "주목" 대신 다른 말이 들어가는 수가 있는데, 이것 역시 일본말 '−にあたいする'를 직역한 말이며, 『일본어 사전』에도 이 말이 따로 나와 있다.

16. 의하여

우리 글에 자주 나오는 의(依)하여(의해, 의해서)는 일본글에 잘 나오는 'よって(依って, 因って, 仍って)'를 따라 써 버릇한 것이 틀림없다.

- 日本에 있어서는 中小財閥이 漸進的 發育에 依하야 大財閥로 成就되지 못하고…… (→따라, 〔으로〕發育하여) 洪性夏, 「三井財閥과 朝鮮」, 1932
- 産兒制限의 方法에 依하야 劣等한 血系의 種子를 根絶하고…… (→따라, 〔방법〕으로) 徐椿, 「經濟와 産兒制限」, 1932
- 所謂 經濟的 産兒制限論에 依하면 첫째 經濟上으로 보아 生活에 憂慮가 없는 階級에서는…… (→따르면) 徐椿, 「經濟와 産兒制限」, 1932
- 國民의 收入을 最大限度로 國家의 손에 依하야 動員시켜…… (→〔손〕으로) 金環載, 『平和와 自由』, 1931
- 그에 의하여 반·반핵(反·反核) 이론에는 네 가지 유형이 있다는 것이다. (→따르면) 『네 마음이 전쟁을 부른다』

이 번역문의 원문은 "彼によると……"이다.

- 거기에 의하면 미국은행 전체의 몇 할 정도인지는 밝히지 않았으

나…… (→따르면) 『네 마음이 전쟁을 부른다』

이 글의 원문은 "それによると……"이다.

- 이처럼 교과서는 집권세력에 <u>의해서</u> 철저히 독점되어 있고 그 제작 과정은 비밀주의와 상업주의에 <u>의해</u> 지배당하고 있다. 『한겨레』, 1989. 1. 31.

여기 나오는 의해서와 의해는 전혀 필요가 없는 말로서 아주 지워버리는 것이 좋다.

- 노동쟁의를 폭력에 <u>의해</u> 진압하고…… (→의지해, 〔폭력〕으로) 『한겨레』, 1989. 4. 7.

17. '속속' '지분' '애매하다'

속속

이 속속(續續)은 『우리말 사전』에도 나와 있지만 '자꾸' '연달아' '잇달아'와 같은 우리 말이 넉넉하게 있는데도 많은 사람이 하필 중국글자말인 이 말만을 즐겨 쓰는 까닭은 바로 일본 사람들이 이 말을 많이 쓰기 때문이고, 일본글에 많이 나오기 때문이다.

- 지역별 교사협의회, 학교별 평교사협의회, 교과별 교사 모임이 <u>속속</u> 탄생하는 데 탄탄한 밑거름이 된 '교육운동의 참 씨앗' 역할을 톡톡히 해냈다. (→잇달아, 자꾸) 『한겨레』, 1988. 10. 26.
- 최근 언론사 노조가 <u>속속</u> 결성되는 것을 보니…… (→잇달아, 자꾸) 『한겨레가족』, 제2호

- 크고 작은 사전들이 속속 출간되고 있다. (→잇달아, 연달아, 자꾸) 『동아일보』, 1989. 2. 21.
- 선거 결과에 이의를 제기하는 어린이들이 속속 나오기 시작했다. (→자꾸, 잇달아) 『주간홍성』, 1989. 3. 13.
- 기지 안으로 속속 집결했으며…… (→잇달아, 자꾸) 『한겨레』, 1989. 3. 16.
- 외신 기자들이 속속 한겨레신문을 찾아와…… (→연달아, 자꾸) 『한겨레』, 1989. 4. 16.

지분

이것도 우리 말인 '몫'을 버려두고 일본 사람들이 쓰는 'もちぶん(持ち分)'을 따라 쓰는 것이다.

- 중소기업 지분 51퍼센트 넘어야 (→몫) 『한겨레』, 1988. 8. 21.
- 공화당은 그들의 지분을 찾은 셈 (→몫) 어느 신문

애매하다

이 애매(曖昧)하다란 말은 본래 일본에서 만든 중국글자말은 아니지만 일본 사람들이 많이 쓰기에 따라서 쓰는 말이 되어 있다. 희미하다·흐릿하다·분명하지 않다·모호하다 따위 다른 말이 얼마든지 있으니 이 말은 안 쓰는 것이 좋다. 또 "아무 잘못이 없이 억울한 꾸중을 듣는다"는 뜻으로 쓰는 '애매하다'란 순수한 우리 말이 있으니, 이런 순수한 우리 말을 위해서도 모호하다는 뜻으로 쓰는 애매하다는 안 쓰는 것이 좋겠다.

- 가격표현도 애매 (→똑똑하지 않아, 알쏭달쏭해) 『한겨레』, 1988. 8. 13.

여기 나온 "표현"은 '표시'라고 써야 옳다.

18. '수순' '신병' '인도' '입장'

수순

일본말 'てじゅん'(手順)을 그대로 쓰는 잘못된 말이다.『일본말 사전』에는 어느 사전이고 있지만 우리 말 사전에는『새우리말 큰사전』에만 나온다.

　　수순(手順)【명】① 순서 ② 과정

이렇게 나오는데, 우리 말이 될 수도 없고 우리 말이 되어서도 안 되는 남의 나라 말을 아무 설명도 없이 사전에 올려놓는다는 것은 아주 큰 잘못이다.

- 중간 평가 整地작업 手順밟기 (→차례, 절차)『국민일보』, 1989. 2. 22.
- 재야인사 28명의 처리 과정은 당국의 '전민련 목조르기'를 위한 내정된 수순으로 해석된다. (→절차로)『한겨레』, 1989. 3. 5.
- 영수회담을 중간평가로 가기 위한 수순으로 이용하는 것이 아니라야…… (→과정으로, 절차로, 차례로)『한겨레』, 1989. 3. 31.

신병, 인도

신병이란 말은 일본말 'みがら'(身柄)를 중국글자음 그대로 읽어서 쓰는 잘못된 말인데, 우리 말 사전에는 이희승 감수『국어사전』과『새우리말 큰사전』두 곳에 다 올려놓았다. 그러나 한글학회 엮음『쉬운 말 사전』에는 이 말을 다음과 같이 쓰라고 밝혔다.

　　신병(身柄)→몸, 사람, 일신, 신상, 신분

이 신병(身柄)은 몸의 병을 말하는 '신병'(身病), 새로 입영한 군인을 뜻하는 '신병'(身兵)도 있으니 절대로 쓰지 말아야 한다.

- 농민 시위 14명 신병 확보 조사 (→신분) 『한겨레』, 1989. 2. 19.
- 중국 당국은 이들 부부에게 반혁명행위 선동 혐의로 체포영장을 발부하고 미국 쪽에 두 사람의 신병 인도를 요구하고 있다. (→몸 건네주기, 〔두 사람을〕 넘겨주도록) 『한겨레』, 1989. 6. 13.

인도(引渡)란 말은 사전마다 나와 있고 또 이것이 법률에서 쓰는 말로 되어 있지만, 일본말 'ひきわたし'(引渡)를 중국글자음으로 읽어서 쓰는 말이니, 법률상으로 어쩔 수 없이 쓰는 경우가 아니면 모두 『쉬운 말 사전』에 나온 대로 "건넴" "건네줌"으로 쓰는 것이 옳다. 또 법률에서 쓰는 말도 이제는 우리 말로 바로잡아야 할 것이다.

이 인도(引渡)는 '가르쳐 이끈다'는 뜻의 '인도'(引導)도 있으니 더욱 피해야 할 말이다.

입장

입장(立場)이란 말은 실제로 쓰는 보기를 들 필요가 없이 이제는 너무 많이 쓰는 말이 되어 있다. 남한에서 가장 많이 쓰는 두 사전(이희승 감수, 『국어사전』『새우리말 큰사전』)에도 나와 있다. 『현대조선말사전』에는 없다.

이 말은 해방 직후부터 문제가 되어, 한글학회에서도 일본말이니 쓰지 말자고 했다. 하지만 워낙 일본말버릇에 굳어져 있는 사람들이 많은데다가 문화 전반에 걸쳐 남의 것을 흉내 내고 따르는 병든 풍조가 수십 년 동안 사회를 휩쓸어온 결과, 이제는 이 말이 일본말인 줄 아는 사람도 어쩔 수 없이 따라 쓰게 되는 데까지 와버렸다. 모든 역사가 뒷걸음질을 쳐온 자취가 이런 말 한마디에도 엿보인다. 그러나 나는 아직도 이 말을 될 수 있는 대로 쓰지 말고 『쉬운 말 사전』에서 적어놓은 대로 "처지" "선 자리"로 쓰든지, '태도'란 말을 써야 한다고 본다. 그 까닭은, 이 말이 일본말임이 분명하기 때문이다. 立場이라고 쓰지만 일본 사람들은 '다찌바', 즉 '선 자리'란 뜻의 말로 읽는다. 달리 말하면 '선 자리'란 일본말을 그들은 立場이란 글자로 적는 것이다. 그런데 우리는 우리 말을 버리고 일본사람들이 써놓은 중국글자를 음으로 읽어 우리 말이라 쓰니 어디 이럴 수 있는가.

이 입장(立場)이 일본말이란 사실은 사전에도 밝혀져 있다. 이 말의 근원은 1903년에 만든 『日菊解典』에 있다고 한다(『新湖國語辭典』).

우리가 민족정신을 조금이라도 가지고 있다면 우리 말을 두고 어색한 남의 말을 쓰는 짓은 그만두어야 할 것이다.

19. '미소' '미소 짓다'

영어 smile을 우리는 미소(微笑), 미소 짓다로 번역하고 있다. 그러나 우리나라 사람들(물론 글을 쓰는 사람들)이 쓰는 이 미소, 미소 짓다란 말은 일본글에서 배운 것이다. 영어 'smile'을 알기 훨씬 이전에 일본글 微笑를 배우게 되었고, 『英和辭典』이 'smile'을 미소 짓다로 해놓았으니 『英韓辭典』이 그대로 따르게 되었다. 1922년에 초판이 나온 『英和辭典』(『コンサイス 英和辭典』, 三省堂)에는 smile을 다음과 같이 옮겨놓았다.

> smile ① ほおじむ, 微笑する ② にやりと笑う, 冷笑する ③ (景色などが) 晴れやかである

여기서 "ほおじむ"와 "微笑する"를 따로 적었지만, 『일본말 사전』을 찾아보면 어디에나 "微笑한"라고 적어놓았다. 즉 미소(微笑)라고 써놓고 "ほ

おじむ"로 읽는 것이다. 그런데 우리는 이 중국글자를 우리 말로 읽지 않고 중국식으로 미소라고 읽으니, 이런 말이 어째서 우리 말이 되어야 할까?

우리 말에는 '웃는다'란 말이 있다. 이 '웃는다'란 말은 소리를 내어 웃는 여러 가지 경우와 소리 없이 웃는 온갖 웃음을 다 나타내지만, 웃음의 여러 가지 모양과 소리의 자세한 나타냄은 웃는다는 말 앞에 온갖 어찌씨와 어찌말을 써서 나타낸다. 이것이 우리 말의 특징이다. 그런데 일본 글을 배워서 미소 짓다란 말을 쓰기 시작하자 웬만한 웃음은 모조리 미소 짓는다고 해서 유식함을 자랑하게 되었다. 소설이고 동화고 수필이고 할 것 없이 지금 우리 글은 순수한 우리 말인 '웃는다'와 '웃는다'를 꾸미는 온갖 아름다운 어찌씨들을 다 쫓아내고, 미소 짓다 한 가지만 쓰려고 한다. 참으로 속상하고 답답하며 어이 없는 일이다.

- 어린이와 어른이 함께 읽으며 감미로운 미소 속에 슬기와 꿈을 배우는 삶의 교훈서! (→달콤한 웃음) 어느 사보
- 가을의 향기를 머금은 조용한 미소(→웃음) 어느 잡지, 1988. 10.
- 소 개혁 정책은 미소작전…… 미측 시각 확인 (→웃음) 『일요신문』, 1989. 5. 21.

"미소작전"은 미국과 소련의 싸움이라고 잘못 알기 쉽다. 더구나 뒤에 "미측"이란 말이 또 나오니. "미측"도 '미국 측' '미국 쪽'으로 써야 한다.

- 남국현 신부가 29일 밤 잔잔한 미소를 띤 채 성동서에 수감되고 있다. (→웃음) 『한겨레』, 1989. 7. 30.

20. 그밖의 일본말들

축제

이 축제(祝祭)란 말은 일본말이다. 우리나라의 제사는 조용하고 엄숙하게 지낸다. 그래서 제사 제(祭) 자 앞에 축(祝) 자를 붙일 수가 없다. 그런데 일본 사람들의 제사는 시끄럽게 떠드는 행사로 치른다. 그래서 축제(祝祭)란 말을 『일본말 사전』에서 찾아보면 "① 축하의 제사 ② 축하와 제사"로 풀이되어 있고, 제사를 못 하는 '마쓰리'(まつり)를 찾아보면 제물을 바치고 주악을 울려서 신령을 위로하는 뜻과 함께 "おまつりさわぎ"란 말이 있어 "제사를 지낼 때의 시끄러움" "크게 떠들고 소란을 피움"이라고 풀이해놓았다. 대관절 "축하의 제사"란 말부터 우리들이 해온 제사와는 전혀 다르고, 이해할 수 없는 남의 나라, 다른 민족의 전통인 것이다.

그런데 어째서 이런 말을 쓰게 되었는가? 일본제국은 이 땅을 식민지로 통치하면서 우리가 도무지 받아들일 수 없는 문화와 전통까지도 강요했다. 또 어떤 것은 강요하지 않아도 일본말 일본글을 통해 지식을 얻고 생각을 이룬 대부분의 사람들이 일본의 문화를 아무 비판도 없이 그대로 우리 것으로 번역해 제 것인 양 그 속에서 살고, 다시 이것을 자라나는 세대에 물려주었다. 오늘날 우리가 버리지 못하고 쓰는 수많은 일본말은 이래서 버젓하게 사전에까지 오르게 되었는데, 축제란 말도 그중 하나다. 해마다 봄·가을이면 대학마다 열리는 축제, 각 지방에서 열리는 문화제, 중고등학생까지도 참가하는 각 학교의 예술제……모두가 부끄러운 말이요 부끄러운 행사다.

이렇게 말에 대한 자각이 없는 사람들이 그런 이름으로 벌이는 행사의 내용인들 진정 우리 것으로 되어 있으리라고 나는 결코 믿을 수 없다. 축제란 말 대신에 '잔치'란 말을 쓰면 얼마나 좋은가? 예술제(→예술 잔치), 문화제(→문화 잔치)…… 이렇게 말이다. 오늘날 젊은이들이 학교에서 거리에서 벌이는 그런 행사야말로 '잔치'란 말에 썩 잘 어울린다. 생각해보면 우리들에게 말이 없는 것이 아니다. 말이 있다는 것을 깨닫지 못하고, 자기 말을 할 줄 모르고 남의 흉내만 내는 버릇이 들어 그렇다. 36년 동안의 식민지 노예 교육과, 다시 분단 44년 동안의 우민교육은, 우리 겨레의 생명을 이토록 시들어버리게 해놓은 것일까?

납득

- 정치공작 몰랐다는 건 납득 안 가 (→곧이 안 들려, 곧이들을 수 없어, 알 수 없어) 『한겨레』, 1989. 2. 18.

이 납득(納得)이란 말은 우리나라 사전마다 다 나와 있지만 일본말이다. 쉬운 우리 말이 얼마든지 있는데 어째서 하필 이런 말을 쓰는가?

일본말 사전을 찾아보면 納得이란 말을 "사람이 바라고 비는 바를 신불(神佛)이 받아들인다"는 뜻으로는 벌써 서기 1180년대부터 쓴 것으로 문헌에 나와 있고, '잘 알아듣는다'는 뜻으로는 17세기 초에 나온 문헌에 나타나 있다고 한다. (『新湖國語辭典』)

옥내, 옥외

- 졸업식을 옥내에서 치르기로 했다는 학교당국의 방침에 대해…… (→실내, 집안) 『한겨레』, 1989. 1. 19.

옥내, 옥외, 옥상 할 때의 "옥"은 집 '옥'(屋) 자로 중국에서도 집을 뜻한다. 그런데 우리나라에서는 같은 집을 뜻하는 중국글자말이라도 옛날부터 이 '屋' 자는 잘 쓰지 않고 '家'를 많이 썼다. 우리나라의 도시에서 집에 관계된 이름으로 '屋' 자가 붙은 것은 모두 일제강점기 이후에 붙인 것이다. 일본 사람들은 본래 집을 'や'라고 했는데, 이것을 중국글자로 쓸 때 '屋' 자와 '家' 자를 썼지만, '家' 자보다 '屋' 자를 더 많이 썼던 것이다.

지붕도 '屋根'(やね)이라 한다. 그러니 같은 중국글자말이라도 우리가 쓰던 말을 써야 하고, 또 중국글자말보다 더 오래전부터 써온 순수한 우리말을 쓰는 것이 옳다. 옥외는 '바깥'으로 옥상은 '지붕 위'로 쓰는 것이 당연하다.

세면

세면(洗面)은 일본말이다. 얼굴을 씻는 것을 우리 말로는 '세수'라고 하고 '세수한다'고 하지 '세면한다'고 말하지 않는다. 그런데 세면이란 말을 쓰게 된 것은 일본 사람들이 하는 말을 따른 때문이고 일본글 때문이다.

군에 갔다 온 젊은이가 어릴 때부터 집에서 쓰던 '세수'란 말을 하지 않고 갑자기 "세면해야지요" 하는 말을 듣고 좀 놀란 일이 있다. 군대란 곳은 일제강점기에 쓰던 말을 그대로 쓰는 곳임을 새삼스레 생각했다.

그런데 남한에서 쓰는 사전에는 이 세면이란 말이 모두 실려 있다. 宇野哲人 編『新漢和大字典』에 이 말이 없으니 옛날부터 중국에서는 쓰지 않은 것이 확실하고, 일본어 사전에는 모두 있으니 일본말이 틀림없다.

천정

천정(天井)이란 말은 중국의 고전에도 있지만 일본 사람들이 쓰는 일본말이다. 우리는 '천장'(天障)이라 한다. 천장이 중국글자말이지만 이 말은 중국에도 없는, 우리가 만든 말인 것 같다. 순수한 우리 말로는 '보꾹'이 있지만 모두 쓰지 않으니 어쩔 수 없다. 천정이 잘못되었으니 천정부지 같은 말도 '천장부지'로 써야겠지만, "물가가 천장부지로 올라간다"고 하기보다는 '물건값이 천장 모르고 올라간다'고 쓰는 것이 좋다.

하치장

- 食水源인지…… 쓰레기 <u>하치장</u>인지 (→버리는 곳) 『동아일보』, 1989. 8. 11.
- 쓰레기 <u>하치장</u>이 커다란 문제를 일으키고 있습니다. (→버리는

곳, 쌓아두는 곳) 문화방송, 1989. 7. 7.

이 하치장(荷置場)은 'におきば'란 일본말이다. '짐 부리는 곳' '짐 두는 곳'이라고 하면 될 것을 꼭 유식하게 보이는 중국글자말을 쓰자니 이렇게 일본말이 되어버린다. 하물(荷物), 수하물(手荷物), 하송인(荷送人) 같은 말도 모두 일본말이니 '짐' '손짐'(들짐) '짐 보낸 사람'으로 써야 한다.

상담

상담(相談)이란 말도 우리 말 사전에 다 나오지만 일본말이니 '상의' '의논'으로 쓰는 것이 옳다고 본다. 이 말의 근원은 서기 1370년쯤에 만든 일본의 고전 『太平記』에 나온다고 한다. (『新湖國語辭典』)

거래선

거래선(去來先)이 어째서 일본말인가? 일본 사람들은 '去來'란 말을 안 쓰고 '도리히끼' 즉 '取引'이란 말을 쓴다. 그래서 '도리히키사키'(取引先)가 되는데, 이 "取引先"을 따라 '거래'에 '선' 자를 붙여서 거래선이라 쓰니 (가는 곳을 행선[行先]이라 하듯이) 일본말을 따라 만들어낸 말이라 안 할 수 없다.

- 선경(鮮京)매그네틱은 88서울올림픽을 맞아 미주(美洲) 거래선을 초청, 주요 경기 등을 관람했다. (→거래처) 『선경』, 1988. 10.

행선(行先)이나 여행선(旅行先), 행선지(行先地)도 '가는 곳' '여행하는 곳' '갈 곳'으로 써야 한다.

- 행선지는 강화도 북단의 쌍퇴지 (→가는 곳) 『한겨레』, 1989. 6. 13.

승합차

• <u>승합차</u>─버스 충돌 (→합승차) 『한국일보』, 1989. 8. 3.

'특별히 정하지 않은 손님들을 실어 나르는 영업용 대형자동차'를 일본에서는 '승합자동차'(乘合自動車)라고 한다. 일본에는 '合乘'이란 말이 없으며, '합승'은 우리 말이다. 남한의 사전들에는 '합승'과 승합을 똑같은 말로 실어놓았는데 잘못되었다.

『쉬운 말 사전』에는 '합승'을 "얼러타기"라고 해놓았는데, '합승차'를 '얼러타기 차'로 말하게 된다면 더욱 좋겠다.

수속

• 도쿄서 사흘 머물며 중국행 비자 <u>수속</u> (→절차, 절차 밟아) 『한겨레』, 1989. 3. 28.

일본 사람들은 'てつづき'를 중국글자로 '手續'이라 쓰는데, 이것을 우리가 수속이라고 말하니 아주 잘못되었다. 앞에 나온 수순(手順)과 같은 잘못이다.

취입

• 인간을 관리하려고 하는 지배자에 의해 <u>취입</u>된 마음인 것이다. (→〔지배자가〕 불어넣은) 『네 마음이 전쟁을 부른다』

이 번역문의 원문은 다음과 같다.

人間をようとする 支配者に, 吹きこまれた心によるものだということだ.

여기서 "吹きこまれた"를 "취입된"이라고 번역했는데, 취입이란 말을 사전에 찾아보면 사전마다 나온다. 그리고 중국글자는 이희승 감수 『국어사전』에서는 "吹入"이라 해놓고, 『새우리말 큰사전』에는 "吹込"이라 적어놓았다. "吹きこまれた"의 으뜸꼴인 "吹きこむ"의 중국글자 표기는 '吹き込む' 또는 '吹込む'이다. 이 '込' 자는 일본 사람들이 만든 글자이며, 뜻[訓]만 있지 소리[音]가 없다. 이런 일본글자 일본말을 우리가 멋대로 읽고 쓴다는 것은 도무지 당치도 않는 일이고 부끄러운 노릇이다. 더구나 일본 사람들이 만든 중국글자를 사전에다 그대로 옮겨놓았으니 이래서 되겠는가?

흡입(吸入)도 마찬가지로 '吸い込む' '吸込む'란 일본말인데, 우리나라 사전마다 들어 있다. "빨아들임"이란 우리 말 풀이가 나오는데, '빨아들인다'는 우리 말이 말의 구실을 할 수 없어서 일본말을 쓰자는 것인가. 참으로 한심하다.

조기청소

이 조기청소에서 조기(早起)란 말이 일본말이다. 일본 사람들은 일찍 일어나는 것을 '하야오키'(はやおき)라 해서 중국글자로는 '早起'라고 쓴다. 이것을 우리는 중국글자의 음으로 읽어서 조기라 하니 죽은 말이 될 밖에 없다. '아침 청소' '새벽 청소' 하면 될 것을 왜 일본 사람들이 쓰는 말을 그대로 따라 쓸까? 조기회(→아침 모임), 조기운동(→아침 운동, 일찍 일어나기 운동), 조기 체조(→아침 체조), 조기재배(→일찍 가꾸기)도 마찬가지다.

또 정한 시간보다 일찍 마치고 가는 것을 일본 사람들은 '하야비키' '하야비케'(はや-びき, はやびけ)라고 하여 중국글자로 '早退' '早引'이라고 썼다. 이 중국글자의 음을 우리 말이라고 아직도 쓰고 있으니 한심하다. '먼저 나감' '일찍 가기' 하면 그만 아닌가.

조견표(早見表)란 말도 마찬가지다. 早見을 일본 사람들은 자기 나라 말

로 읽어 '하야미'(はやみ)라고 한다. 우리가 조견이라고 하는 것은 일본 사람들이 쓰는 물건을 중국말로 가리켜 말하는 것과 같다. 『쉬운 말 사전』에는 조견표를 "얼른보기표"라 적어놓았다. "얼른보기표", 얼마나 재미 있는 말인가.

어느 지방의 전화번호 책 겉장에 "××면동별전화조견부"라 적혀 있었다. 글자는 알아도 말을 모르고, 남의 나라 말은 배워도 자기 나라 말은 할 줄 모른다면 이거야말로 까막눈이 아니고 무엇인가.

견출(見出)이란 말도 '미다시'(みだし)란 일본말을 쓴 중국글자의 음이다. '찾음표' '찾아보기'로 써야 한다.

수취인

수취(受取, うけとり), **수취인**(受取人, うけーとりにん), **취급**(取扱, とりあつかい) 모두 일본말이다. 수취는 '받음'으로, 수취인은 '받는이'로 취급은 '다루기' '처리'로 쓰는 것이 옳다.

요즘 쓰는 봉투에는 "받는 사람" "보내는 사람"이라고 적혀 있다. 그런데 정작 체신부에서 나온 인쇄물이나 책은 일본말투성이다. 송금의뢰서에는 수취인, 취급, 수수료, 일부인이란 말들이 그대로 있다. 수수료(手數料, てすうりょう)도 우리 말로 바꿔야 한다. 『쉬운 말 사전』에는 "구문" "수곳값"이라 해놓았는데, '구전'이라 해도 되겠지. 일부인(日付, ひーづけ)은 '날짜 도장'이라 해야 한다.

- 우편 수취함을 설치하여야 합니다. (→우편 받는 함 〔통〕) 체신부 광고문
- 우편을 이용해서 현금을 수취인에게 직접 전달하여주는 수단으로서…… (→받는 이에게, 받는 사람에게) 체신부 광고문

입구

일본말 'いりぐち'를 이렇게 쓰게 되었는데, 우리 말로는 '어귀' '들머

리' '들목'이다. 이 말을 바로잡기에는 벌써 늦었는지도 모르지만, 행정하는 사람이 마음만 바로 가지면 하루아침에 우리 말을 도로 찾을 수 있다. 전철역이나 버스 정류장에 세워둔 표지판 "××대학 입구" "××회관 입구"를 '××대학 어귀' '××회관 들목'이라고 치면 다 되니까. 행정은 일제식민지 때뿐 아니라 아직까지도 중국글말과 일본말을 퍼뜨리고 순수한 우리 말을 없애는 일을 앞장서 하고 있다.

할증금

이 할증금(割增金)은 일본말 'わりまし金\きん'이다. 『쉬운 말 사전』에는 "덧돈" "덤돈" "얹음돈"이라고 해놓았다. 할증료(割增料)라면 '웃돈'이면 된다. 얼마나 쉽고 쓰기 좋은 우리 말인가.

할증과 맞견주게 되는 말 할인(割引)도 일본말 '와리비키'다. 할인은 "덜이" "깎음"이라고 『쉬운 말 사전』에 밝혀놓았다.

또 할당(割當)도 있다. 일본말 "와리아테"(わり-あて)다. 『쉬운 말 사전』대로 "배정" "노느매기"로 쓰면 된다. "노느매기", 참 좋은 우리 말이다.

이 "나눌 할"(割) 자가 또 문제다. 일본 사람들은 이 글자를 '와리'(わり) 즉 '나눔'이란 뜻으로 읽는다. 그런데 우리는 "할"이라고 읽고 말한다. 하도 '와리'란 말을 많이 쓰니까('와리바시'〔割箸〕지금도 일본말 그대로 많이 쓰고 있다) 이 "할"이라는 중국글자의 음조차 일본말에 따라가 '활'로 되는 경향이 있어, 해방 후 많은 사람이 "활당" "활인" "1활" 이렇게 말했고, 지금도 그렇게 말하는 사람이 가끔 있다.

치환

치환(置換)은 일본말 '오키카에'(おき-かえ)다. 그냥 '바꾸다' '바꿈'으로 말하고 쓰면 될 것을 왜 이런 어설픈 말을 쓰는지 도무지 알 수 없다. 차를 갈아타는 것을 일본말 그대로 '노리카에'(乘換, のり-かえ)라고 해방 뒤에도 오랫동안 쓴 일이 있다.

일응
- 한국의 민주화를 위한 미국 사람들의 노력과 고충에는 <u>일응</u> 이해는 한다. (→일단, 우선) 어느 신문
- 필자의 거듭된 해명이 없이도 <u>일응</u> 인정될 법한데…… (→일단, 우선) 『창작과 비평』, 1989, 봄호

이런 말은 아직 일반사람들이 쓰지도 않고, 우리나라 사전에도 나오지 않는 일본말인데 가끔 신문이나 잡지에서 볼 수 있으니, 이것도 그냥 웃어넘기다가는 또 어느새 널리 퍼지지는 않을지 염려가 된다. 일본 사람들이 물러간 지 반세기가 가까워오는데 아직도 엉뚱한 일본말이 이렇게 우리 말에 섞여 신문에까지 예사로 나온다는 것은 놀랄 일이다.

담합
- 銀行 금리 <u>談合</u> 사실상 깨져 (→의논, 짬짜미) 『중앙일보』, 1989. 3. 9.

이 담합이란 말은 일본 가마쿠라(鎌倉) 시대 초기부터 써오던 말로, 일본 사람들이 만들었다고 사전(宇野哲人, 『新漢和大字典』)에도 적혀 있다. 그런데 부끄럽게도 우리나라에서 사전마다 우리 말로 올려놓았다.

21. '그녀'에 대하여

우리나라 거의 모든 소설가가 소설에 나오는 여자를 삼인칭으로 가리킬 때 그녀라고 쓴다. 나는 최근까지 이 그녀에 대해 좀 못마땅하다는 느낌뿐이었지 확실한 의견을 가지지는 않았다. 우리 말로 쓰는 소설에 꼭 남의 나라 말같이 남녀를 구분해서 그, 그녀로 해야 할까? 그녀는 일본말 '카노조'(彼女)를 그대로 옮긴 말이다. 그래서 우리 소설은 우리 말법을 따라 써야 하겠는데 너무 쉽게 남의 것을 따른다는 생각이었던 것이다.

그러다가 얼마 전 한 외국 사람을 만나 이야기하는 가운데 크게 깨달았다. 그 외국 사람이 우리 말로 더듬거리며 말하는 가운데 바로 그녀란 말이 나왔던 것이다.

"어제 그녀를 만났습니다."

나는 이 말을 듣는 순간, '이건 우리 말이 아니구나. 우리 말이 되어서는 안 되겠구나' 하는 느낌이 번개같이 들었다. 그래서 그 사람에게 이렇게 말해주었다.

"지금 그녀라고 하셨는데, 그 말은 소설에만 쓰는 말이지, 실제 입으로 하는 말은 아닙니다. 실제 말은 '그 사람'이라든지 '그 여자분'이라고 합니다."

내 말에 그 외국 사람은 상당히 놀라는 듯했다. 실제로 쓰지도 않는 말을 소설가들이 글로 쓴다는 것이 이해가 안 된다고 말했다. 그렇다. 다른 어떤 글보다도 소설은 입말에 가까운 말이 되어야 한다. 더구나 소설에 자주 나오는 등장인물을 가리키는 삼인칭의 말은 실제로 쓰는 말이거나 적어도 자연스럽게 쓰일 수 있는 듣기 좋은 말, 아름다운 말이어야 한다. 그런데 그녀가 뭔가! 이건 실제로 내가 들어보니 남자를 욕할 때 "그놈" 하듯이 여자를 모욕할 때 나오는 말 "그년"과 구별하기 힘들다 싶었다. 그래서 이 말은 어떻게 해서라도 소설에서 쓰지 않아야 되겠다는 생각을 하게 되었다.

이 그녀에 대해 또 한 번 느낀 바를 적어본다. 다음은 『신협회보』(1989. 6. 1)에 나온 「조그만 삶 속의 큰 신협인」이란 제목의 기사 앞 절반을 옮긴 글이다.

이름 탓인지 몰라도 그녀는 유난히 키가 작다. 키뿐만 아니라 그가 살아온 칠십 평생이 그렇게 작았을지 모른다. 그녀가 신협 사무실에 들어서며 하는 첫마디는 언제나 "고생허슈"이다. 간혹 새로 들어온 직원이 무슨 말인지 몰라 되물으면 "고생혀"라고 다시 강조한다.

그 인사말이 나이 드신 분의 예사 인사려니 하고 넘겨버리기에는 그녀의 얼굴에 겹겹이 쌓인 생(生)의 깊이가 너무 깊다.

이 글 안에는 그녀란 말이 세 번 나온다. 그리고 한 곳에는 그라고 나온다. 아마 그녀란 말에 익숙하지 못했던 기자가 이 글을 쓰다가 저도 몰래 (자연스럽게) 그라고 쓴 것이 아닌가 생각된다.

누구든지 이 글만 읽어서는 여기 나오는 그녀가 그저 보통 소설을 쓰는 사람들의 글에 나오는 그녀와 별로 다름이 없다고 여길 것이다. 그런데 이 기사문 한가운데에는 바로 이 기사의 주인공인 이자근 씨(성우신협 조합원)의 얼굴 사진이 나와 있다. 이 사진을 보면서 이 기사를 읽으니, 여기 나온 그녀란 말이 얼마나 어울리지 않는 말인지 바로 느끼게 된다. 이자근 씨의 얼굴은 누가 보아도 농촌에서 평생을 땅만 파면서 살아온 할머니다. 그것은 이 기사문을 읽지 않고 사진만 보고도 알 수 있다. 이런 농사꾼 할머니를 그녀라고 불러야 글이 쓰일까? 아무래도 나는 그녀란 말이 걸린다. 이건 우리 말이 아니고 우리 말이 될 수도 없다는 생각을 아주 뚜렷하게 가지게 되었다.

- <u>그녀</u>는 고향에 다녀왔다. _{책 이름}
- <u>그녀</u>는 어깨 나란히 걸어가는 생금이와 희숙이의 뒤 모습을 멍 하니 바라보았다.『그녀는 고향에 다녀왔다』

제2차 세계대전이 끝난 뒤부터 다른 어떤 지역보다도 남의 나라말(일본어와 영어)의 오염에서 우리 말을 잘 지킬 수 있었다고 생각되는 중국 연변지방의 작가들도 이제는 그녀를 예사로 쓰게 된 것 같다. 이 말을 어떻게 처리해야 할까?

제3장 서양말 홍수가 졌다

1. 이 땅에서는 서양사람들도 우리 말을 해야 한다

(1)

옛날 우리 백성들은 중국글자를 모르면 사람대접을 못 받았고, 일제강점기에는 일본말 일본글을 모르면 아주 못난 시골사람으로 천대받았다. 그런 잘못된 역사는 아직도 그대로 계속되고 있다.

우리 글은 바르게 못 써도 부끄러운 줄 모르면서 영어는 글자 한 자 잘못 쓰면 크게 수치스러운 일로 아는 것이 보통이다. 이것은 교육이고 정치고 문화고 제 갈 길을 가지 못하고 있기 때문이다. 그리고 우리의 마음속에 오랜 세월 길들여진 종살이본성을 뿌리째 뽑아버리지 못한 때문이다. 걸핏하면 외국손님 보기에 부끄럽다는 식으로 말하는 버릇도 우리가 마치 외국 사람들 위해 살고 있는 것처럼 알고 있는 종살이본성에서 나온 말이다.

차를 탔을 때 가끔 함께 탄 서양사람들을 보면 조용히 앉아 있는 경우가 흔하지만, 더러는 눈앞에 사람이 없다는 태도로 큰 소리를 지르며 떠든다. 저것들이 남의 나라에 와서 참 건방지게 노는구나 싶다. 그런데 그런 서양사람들과 같이 서양말을 하는 우리 동포의 얼굴을 보면 분명히 자랑스러운 표정이다. 그와는 반대로 서양사람이 말을 걸어왔을 때 대답을 못 하는 사람은 난처한 표정이다. 얼굴을 붉히기까지는 않지만 부끄러워하는 눈치다. 이것은 얼마나 못난 짓인가? 그들이 우리나라에 왔으니 마땅히 우리 말을 해야 할 것이고, 우리 말을 모르면 그들이야말로 미안하게 여기고 부끄러워해야 할 것이다. 어째서 이것이 거꾸로 되었는가?

　외국인을 만났을 때는 당당하게 우리 말로 하자. 그래서 통하지 않으면 그들을 멸시하기까지는 안 해도 좋다. 다만 외국말 모른다고 기가 죽지 말자. 서양말·일본말·중국말 모른다고 기가 죽을 이유가 우리에게 손톱만큼도 없다. 그리고 우리가 외국에 가서도, 외국 사람이 우리나라에 와서 그들의 말을 큰 소리로 지껄이며 다니듯이 그렇게 우리 말을 지껄이면서 다닐 수 있도록―그런 정신으로 살아야 한다. 그래야만 이 땅에 찾아온 외국인들이 우리를 존경할 것이고, 우리 겨레를 "들쥐"라고 말한, 정말 들쥐보다도 못한 어느 미국인과 같은 사람도 없어질 것이다.

(2)

　1945년부터 오늘날까지 45년 동안 미국군이 주둔한 남한의 역사를 말의 역사로 보면 영어가 지배한 역사라 할 수 있다. 그것은 일제 36년의 총독정치가 일본어에 지배당한 역사였던 것과 같다.

　일본어에 지배된 역사보다 영어에 지배된 역사가 거의 10년이나 더 길어졌지만, 지난날을 돌아볼 때 영어란 것이 우리 국민 전체가 쓰는 말글 속에서는 중국글자말이나 일본말만큼 큰 힘을 나타내고 있지는 않았다고 볼 수 있다. 그 첫째 이유는, 8·15 직후 몇 해를 제쳐놓고는 미국이 직접 우리를 통치하지는 않았기 때문이다. 그래서 영어에 지배된 이 동안에도 일제강점기와 다름없이 중국글자말과 일본말이 계속 순수한 우리 말을 압도해서 우리 삶을 움직여왔기 때문이다. 그리고 두 번째 이유는, 영어란 것이 이 땅에서는 워낙 그 말의 본고장과는 거리가 멀어, 문화며 풍물들이 다른 데다가 말법 또한 너무 다르기 때문이다.

　그러나 이제는 이 서양말이 우리의 삶 전체를 짓누르고 있다. 일본을 적대하고 비판하는 젊은이들도 미국에 대해서는 (겉으로는 그렇지 않아도 속으로는) 은근히 부러워하고 쳐다보는 자세로 대한다. 어린아이들에 이르면 미국이란 나라를 오랫동안 이상의 나라로 생각해왔다. 이제 이영·미어가 우리 말을 어떻게 변질시킬 것인지 참으로 걱정이다. 우리 삶에 스며든 서양말이 얼마나 되는지, 어떤 분이 풍자해서 쓴 글을 인용해본다.

　한 베이비가 태어나면 캐시미롱 포대기 속에서 플라스틱 젖꼭지를 빨며 죠니 크랙카와 스마일쿠키를 먹고 코카콜라나 펩시를 마시며 자라난다. 프로 권투의 타이틀 매치를 관전하며 피 흘리는 KO승에 부라보를 외친다. 더 자라면 팝송이나 재즈뮤직에 넋을 잃고 아디다스 티셔츠에 고고 디스코를 추며 아이템풀 엣센스 국어광사전 콘사이스로 공부하여 대학입시를 보면 커트라인에 들어야 패스한다. 맨션 아파트에서 나와 스쿨버스를 타고 캠퍼스에 가면 채플을 보고 오리엔테이션이 끝난 후 총장 리셉션에 가서 커피 한 잔에 슈가를 세 스푼 넣어 마신다.
　• 『동아일보』, 1987. 10. 9.

　풍자해서 썼다고 했지만, 여기 나오는 온갖 바깥말을 보면 이 글을 쓰기 위해 억지로 찾아내어 맞추었다고만 생각할 수 없다. 이것은 벌써 웬만한 시골의 아이들까지도 날마다 보고 듣는 사실들이요, 귀에 익은 말들이 되어 있다. 이 글을 어찌 웃어버리고 말 것인가?
　위의 보기글에 나타난 거의 모든 바깥말들은 극히 최근에 와서 퍼진 말들이다. 그런데 우리가 쓰는 서양말들 가운데는 반세기 전, 또는 한 세기 전부터 들어온 말들도 있다. 지난 한 세기 동안에 들어온 바깥말 가운데는, 그 말이 나타내는 물건이나 개념들이 원체 우리에겐 없었던 것이어서 어쩔 수 없이 바깥말을 그대로 써야 했던 말들도 있지만, 아주 적절하게 대신해 쓸 수 있는 우리 말이 있어서 오랫동안 자연스럽게 우리 말로 쓰고 있었는데도 어느새 그 우리 말은 사라지고 바깥말이 쓰이게 된 것이 많다. 물론 애당초 우리 말로 바꾸어 쓰려고도 안 하여 남의 말을 그대로 쓴 것도 많은데, 최근에 올수록 그렇게 되었다. 요즘은 어느 정도로 되었는가 하면, 기왕이면 서양말을 쓰는 것을 도리어 자랑스럽게 여기는 풍조가 되어버렸다. 이래서 온갖 잡스러운 서양말들이 깨끗하고 아름다운 우리 말을 내어 쫓고 하나하나 그 자리를 차지하여 주인 노릇을 하고 있으니, 이것이 부끄러운 우리 말의 역사요 우리 글의 현실이다.

지난날 서양말이 이 땅에 들어온 길은 두 가지였다. 그 하나는 중국이나 일본을 거쳐 들어온 것이고, 다른 하나는 바로 들어온 것이다. 중국과 일본을 거쳐서 들어온 때는 조선시대와 일제강점기였고, 바로 들어온 때는 주로 해방 이후가 된다.

서양말이 중국을 통해 들어왔을 때는 중국 사람들이 쓰던 글자를 그대로 썼다. 가령 가스(gas)를 '와사'(瓦斯)라고 하고, 스페인을 '서반아'(西班牙)라고 한 따위다(같은 말을 일본인들은 '瓦斯'라고 써놓고, "가스"라 읽었고, '西班牙'라 써놓고 "스페인"이라 읽었다).

'와사등' '탄산와사' '영길리' '포도아' 같은 기괴한 말과 나라 이름들이 이렇게 해서 생겨났다. 그래도 그런 것이야 우리가 그때까지 써온 중국 글자를 쓴 것이니 그럴 수도 있었지.

일본을 거쳐서 들어온 서양말 가운데 일상생활에서 많이 쓰는 것은 이제 거의 모두 일본식 발음에서 벗어났다. '노오또'가 '노트'로 되고, '다꾸시'가 '택시'로 된 것같이. 그러나 일본식 발음에서 벗어났다고 해서 문제가 다 풀어진 것이 아니다. '도마도'를 '토마토'라 말하게 되었다고 해서 우리 말이 더 살아난 것이 아니고, 우리의 주체성이 확립된 것도 아니다.

앞장에서 들어 보인 보다, 그녀 따위 말들은 그것이 일본말이지만 그 말의 뿌리를 파보면 서양말이라고 했다. 어쨌든 이제는 서양말이 바로

물밀듯 밀려 들어오는 형편에 따르는 우리 말의 위기가 심각하다. 우리 말은 지금 그 말들이 생겨나고 이어지고 살아 숨쉬던 농경사회가 사라짐에 따라 그것이 뿌리를 내리고 있던 터전을 잃고 급격히 시들어지고 사라져가는 길에 놓여 있다. 사라져가는 순수한 우리 말 대신에 어떤 말이 생겨나고 어떤 말이 남게 되는가? 도시 산업사회의 병든 소비문화는 판에 박힌 획일의 말과 삶에서 떠난 추상의 말에다가 천박한 기분을 나타내는 감각의 말만을 남겨놓는다. 서양말이 판을 쳐서 주인 노릇을 하는 자리가 바로 이런 도시 사회다.

우리가 만약 제정신을 잃지 않았다면 마땅히 어설픈 중국글자말과 함께 불순한 서양말의 흙탕물을 모든 힘을 다해 막아야 한다. 이 서양말의 문제는 첫째, 우리 말을 파괴하는 말법의 문제, 둘째, 쓰지 않아도 되는—그러니까 당연히 우리 말로 써야 하는 말의 문제, 셋째, 우리 것으로 받아들일 수밖에 없는 말의 문제, 이 세 가지로 나눌 수 있다.

2. 영어 문법 따라 쓰는 '-었었다'

(1)

서양말법이 일본말을 거치지 않고 직접 우리 말에 스며들어온 보기는 거의 없는 중 오직 한 가지 들 수 있는 것이 우리 말에 맞지 않는 영어의 때매김〔時制〕을 흉내 내어 쓰는 것이다.

- 민주주의를 실현하려는 의지를 불태웠었다. ^{어느 신문}
- 어느 날 나는 힘든 일을 하는 노동자를 찾아갔었다. ^{어느 잡지}
- 나는 지금까지 이 문제를 여러 번 거론했었다. ^{어느 논문}
- 그녀의 마음속엔 걱정이 넓은 자리를 차지했었다. ^{어느 소설}
- 윤희는 희망을 잃지 않았었습니다. ^{어느 동화}
- 동생은 정원을 가꾸고 살았었습니다. ^{어느 수필}

• 서울에서 누가 온다고 전화가 왔었다. 어느 초등학생의 글

여기 든 보기글들에 나오는 움직씨(동사)에서 지난 때를 나타낸 도움줄기(보조어간) "었"(았)을 두 번이나 겹으로 쓴 것은 우리 말법에 없는 잘못이며, 우리 말의 자연스러움과 아름다움을 파괴한다. 어째서 이런 글을 쓸까? 신문기사고 소설이고 수필이고 동화고 어른들이 이렇게 쓰니까 아이들까지 본받게 되고, 일상의 말까지 따르는 경향이 있다.

이 었(았)었다가 나오는 경우를 살펴보면 거의 아무런 원칙이 없으며, 전혀 우연히 나온다. 그럴 수밖에 없는 것이, 이런 말법이 우리에게는 없기 때문이다. 다만 제멋대로 썼다는 느낌밖에 들지 않는 말버릇, 그러면서 꽤 널리 퍼져 있는 이 글 버릇을 어떻게 풀이해야 할까?

이것은 짐작하기에 어렵지 않다. 영어 공부를 한 사람들이 영어 문법을 따라 글을 쓰기 때문이고, 그런 영어흉내를 낸 글을 또 따라서 쓰기 때문이다. 다른 자리에서도 말했지만 하필 이 었(았)었다뿐 아니고 우리나라에서 글 쓰는 사람들은 될 수 있는 대로 일상에서는 쓰지 않는 말, 새로운 말, 유식한 말이나 말투를 쓰고 싶어 하는 심리에 사로잡혀 있다.

그리고 더구나 이 잘못된 말법을 우리 문법으로 만들어 유식한 글쟁이들이 즐겨 쓰는 구실을 준 것이 최현배 씨의 『우리말본』이다. 최씨는 『우리말본』에서 "우리 배달말은 종래로 때매김에 관하여 비교적 확실하지 못한 감이 있다"고 하여 영어 문법을 따라 우리 말의 때매김을 억지로 맞춰 만들어놓았다. 이에 따르면 우리 말에는 으뜸때, 끝남때, 나아감때, 나아가기끝냄때— 이 네 가지가 있고, 이 네 가지가 각각 이적(현재), 지난적(과거), 올적(미래)으로 나뉘어 모두 12가지로 된다. 그래서 "지난적나아가기끝남때"라 하여 "가고 있었었다" "먹고 있었었더라" "보고 있었었는 사람"과 같은 말이 쓰여야 하는 것으로 되어 있다. 가뜩이나 서양사람 것이면 물건이고 말이고 하늘같이 여기는 판에, 학생들이 이런 문법을 배웠으니 입으로 하지 않는 말을 글로 써서 유식함을 내보이려고 하는

심리가 될 수밖에 없다.

우리 말의 때매김은, 이적(현재), 지난적(과거), 올적(미래)에 다 나아감을 나타내는 때로서 '-고 있다' '-고 있었다' '-고 있겠다'가 있을 뿐이지, "지난적끝남때"(과거완료시)라고 하여 "먹었었다"고 쓰는 말법이 없다. 물론 "가고 있었었다"라는 "지난적나아가기끝남때"도 있을 수 없는 것이다.

말법이고 문법이란 것은 그 나라 그 사회의 사람들이 쓰는 말의 실상을 잘 붙잡아서 거기에 나타난 법칙을 찾아내어 체계를 세운 것이다. 말이 먼저 있고, 그다음에 글이 있고 문법이 뒤따른다. 결코 문법을 먼저 만들어서 그 문법에 따라 글을 쓰고 글 따라 말을 하게 되는 것이 아니다. 그러니 우리 말에 맞지도 않는 문법을 남의 나라 것 본떠서 만들어놓고는, 그것을 규범으로 글을 쓰게 한다면 이보다 큰 잘못이 없다.

- 아냐, 난 마음속으로는 널 미워하지 않았었어.
- 너 아까 우리한테 넘어졌었잖아.

이것은 어느 동화에 나온 마주이야기말들이다. "않았었어" "넘어졌었잖아" 참 말맛이 좋지 않고 듣기 거북하다. 아무리 아이들까지 입으로 말하게 되었다고 하더라도 그 말이 잘못된 교육으로 퍼뜨려진 말이라면 쓰지 말아야 한다. 더구나 아이들의 말을 가르치는 문학작품이 병든 말을 퍼뜨리는 노릇을 해서야 되겠는가.

(2)
다음과 같은 경우는 어떻게 보아야 할까? 어느 신문기사의 한 대문이다.

창작사가 본래 이름인 '창작과 비평사'로 출판사 명칭을 되찾았다.

서울시는 17일 출판사 측에 명칭변경을 통고했다. 창작과 비평사는 지난 80년 7월 계간지 『창작과 비평』이 56호로 강제 폐간되자 85년 가을 무크로 『창작과 비평』 57호를 펴냈다가 이해 12월 출판사 등록 취소를 당했으며 86년 8월 '창작사'란 이름으로 신규 등록해 오늘에 이르렀다. 창작사는 출판 자율화 조치에 따라 지난해 10월 상호변경 신청을 냈었다.

한편 이 출판사는 계간 『창작과 비평』 복간 및 출판사 명칭복원을 기념하는 자축연을 27일 오후 4시 서울 마포구 용강동 사무실에서 갖는다.

이 글에 나타난 때매김을 보면 "되찾았다" "통고했다" "이르렀다"(이상 모두 지난적), "냈었다"(지난적끝남, 혹은 지난적나아가기끝남 ― 『우리말본』), "갖는다"(나아감)의 세 가지로 나타나 있어 아주 잘 정리가 되어 있는 것 같다. 그런데 한 군데 냈었다가 우리 말법이 아니다. 이런 경우에는 어떻게 써야 할까? 곧 어떤 사실을 두고 현재의 상태를 풀이해 오다가, 다시 그 대상에 관한 지난날의 어떤 일을 밝히려고 할 때, 바로 앞까지 풀이해놓은 똑같은 꼴(지난적꼴)로 맺어서는 글이 단조롭기도 하고 혼란을 일으킬 수도 있다. 이럴 때는 '내었다'로 하지 않고 냈었다로 써야 하지 않겠는가? 사실 위의 기사에 나타난 냈었다는 이런 문맥에서 일부러 쓴 것이며, 우연히 나타난 말이 아니다.

그러나 어쨌든 이런 말은 우리 것이 아니다. 이럴 경우에 우리 말로는 냈었다로 쓰는 것이 아니라 '낸 일이 있다' '낸 바 있다'고 쓴다. 이렇게 고쳐놓고 읽어보면 이 글의 문맥이 훨씬 시원스럽게 읽히고 쉽게 이해가 된다.

우리 말은 아무리 복잡한 사건의 기록이나 형편의 풀이, 논리의 전개에도 충분히 자유스럽게 쓸 수 있는 훌륭한 말이다. 다만 우리는 남의 말과 글을 쳐다보고 따르기 때문에 우리 것이 보이지 않고 불편하게 여기는 것이다.

(3)

이 -었었다 문제에서 또 한 가지 말해두고 싶은 것이 있다. 우선 다음 글을 읽어보자. 초등학교 6학년 어린이가 쓴 「이발」이란 제목의 글 전문이다.

오후에 이발소에 갔다. 나는 좋지 않았지만, 어머니께서 머리가 길어서 가야 한다고 하시기 때문이다.
이발소에 들어가니 케케묵은 담배 냄새가 진동을 했다. 나는 참고 의자에 앉았다. 그러나 아저씨가 막대기를 걸치더니, 그 위에 앉으라고 하셨다. 나는 이게 좀 싫다. 막대기 위에 앉으면 내가 꼭 유치원 어린이 같은 느낌이 들어서이다. 그래서 나는 그냥 폭신한 의자에 앉아 있는 것이 소원이다.
잠시 후 이발을 시작했다.
나는 마네킹, 아니 돌부처같이 꼼짝 말고 앉아 있어야겠다. 가끔 머리카락이 얼굴 위에 떨어져 간지럼을 태운다. 그때 손으로 얼굴을 긁지도 못하고 참는 괴로움! 정말 생각만 해도 답답하다.
쓱쓱! 박박! 꼭 빨래 빠는 것같이 머리를 주무른다. 윽! 소리가 입안까지 들어오는 것을 겨우 참았다.
아무튼 이렇게 이발하는 것은 지겨웠다. 그래도 다 하고 나면 기분이 근사하다.
집에 와서 어머니께서 나를 보고는 "뒤를 돌아 봐. 고개를 숙여 봐" 등 잘 살피시더니, 참 잘 깎았다고 칭찬하신다. 나는 겸연쩍어서 고개를 숙이지만 그래도 즐거웠다.

이발을 한 이야기를 쓴 글이다. 그러니까 지나간 일을 쓴 이 글의 바탕

꼴은 '-었다'라는 '지난적(과거)' 때를 나타낸 꼴이다. 그러나 이 글을 살펴보면 '이적(현재)'때로 쓴 곳이 여기저기 나온다. 이것은 어찌 된 것일까? 그 까닭은, 이 어린이가 자기가 겪은 일을 그대로 잘 보여주려고 하다보니 그 일이 지금 막 일어나고 있는 것처럼 말하게(쓰게) 되었고, 그러다보니 글의 끝이 저절로 이적(현재)꼴로 된 것이다.

　이 어린이는 이렇게 써야 글의 효과가 나타날 것이라는 생각으로 계산해서 이런 형태로 글을 쓴 것이 아니다. 자기가 한 일을 열심히 전해주려고 하다보니 절로 이렇게 쓰인 것이다. 즉 살아 있는 말로 글을 쓰다보니 이렇게 된 것이다. 다시 말하면 이것이 우리 겨레의 살아 있는 말이다. '지난적' 때로 써야 할 말조차 이적 때로 나타내고 싶어 하는 것이 우리들이 말하는 심리인데, 여기에 어찌 "머리를 주물렀었다" "기분이 근사하였었다"란 말이 생겨날 수 있겠는가?

　그럼 이번에는 옛날 사람들이 말을 어떻게 했는가를 알아보기로 한다. 다음은 경남 김해 지방의 어떤 노인이 한 이야기를 그대로 적은 글이다.

　　어떤 사람이 하도하도 몬 살아서 자속(자식)은 많고 묵고살 길이 없는 기라. 넘우(남의) 집을 살아 봐도 안 되고, 품팔이를 해봐도 안 되고, 나(나이) 많은 부모 있제, 어린 자슥들은 많제. 묵고살 길이 없는 기라.

　　이래서 하다가 하다가 하는 수가 없어 가지고, 에래이 이놈우 내 혼자마 어데로 가까 싶어서 맨날 메칠을 연구를 해가지고, 마 궁구들한테 간다는 소리도 안 하고, 집안 궁구들한테 간다 소리도 안 하고 정처 없이 가다 말이다.

　　하루에는 마 입던 옷에, 그냥 신던 신에 그냥 마 정처 없이 가거든. 저무나 저무도록 산만디 산 고개를 너머서 이래 가이께네, 저 산중허리를 턱 가이께네, 이 청맹하고 청맹하고 좋던 날이 우연히 노성백락

(뇌성벽력)을 뚜드리고, 비가, 소내기가 막 내리 짜덧고, 소내기가 막 내리 짜덧고 이라거든. 이래서 갈 데 올 데가 없는 기라. 가만히 밑에 쳐다보이께네, 저 우에 만대이 쳐다보이 와낭창 같은 방구(바위)가 있단 말이다. 방구가 커다란 방구가 있어서 마 급해가지고 마 큰 방구 밑으로 올라갔네.

- 『한국 구비문학 대계』 김해시·군 편

여기는 처음부터 '이적'(현재)으로 나온다. "없는 기라" "이라거든" "있단 말이다" 이렇다. 그리고 '지난적'(과거)으로 나타난 것도 "가다 말이다" "가거든" "올라갔네"로 해서, 요새 소설 문장같이 "가버렸다" "올라갔다" 하고 베풂꼴의 끝을 모조리 다로 꽉 막아버리지 않고 "거든" "말이다" "갔네"라고 하여 묘한 여운을 남기는 말로 '지난적'(과거) 때매김을 현재로 살리고 있다. 물론 이것이 모두 계산된 속셈에서 나온 말재주가 아님은 말할 나위도 없다. 살아 있는 말의 아름다움이 이러하다. 우리 말의 참 모습이 이런 것이다. 그런데 글쟁이들이 써놓은 글이 우리 말을 다 짓밟아놓았다. 남의 나라 글을 따라서!

(4)
여기 었었다를 어떻게 쓰는가 대강 보기로 한다.

- 市井에서는 여러 가지 뒷얘기가 오갔었다. (→오갔다.) 『동아일보』, 1988. 3. 10.
- 당시 어느 국무위원은 '옷'을 벗을 결심까지 했었다는 後聞이다. (→했다는) 『동아일보』, 1988. 3. 10.

"후문"은 '뒷이야기'로 써야.

- 저번에 아이들과 즐겁게 노는 것을 보았었는데, 오늘은 그 아이가 쓸쓸해보였다. (→보았는데) 초등학교 6학년 어린이의 글
- 미국의 콘트라 원조, 콘트라 기지가 있는 온두라스 문제는 불문에 붙여졌었다. (→부쳐졌다.) 『말』, 제21호
- 가옥주가 집을 팔고 나가면 당연히 나가야 하는 것으로는 생각했었다는 이성숙 씨는…… (→생각했다는) 『말』, 제21호

"가옥주"는 '집임자'로 써야.

- 권인숙 씨를 '86년 여성운동인물'로 선정, 수상하여 세인의 관심을 모았었다. (→모았다.) 『말』, 제21호

'수상하여'는 '상을 주어'로, '세인'은 '세상사람'으로 써야 한다.

- 또끄빌의 그 저서를 한국에 돌아가면 번역해서 출판해야겠다고 결심했었다고 해서 비웃을 필요는 없을 것이다. (→결심했다고) 『말』, 제21호
- 한낱 중령의 군인에 불과한 올리버 노스가 거의 전능적인 북미합중국 대통령의 대외정책을 찬탈했었다. (→찬탈했다.) 『말』, 제21호
- 일이 이렇게 될 줄은 몰랐었다. (→몰랐다.) 『말』, 제21호
- 그는 이미 내 머릿속에서 '죽은 사람'으로 분류되었고, 이미 죽어버린 사람으로…… (→분류되고) 『말』, 제21호
- 그때까지는 계속 앞장섰었는데 이제부터는…… (→앞장섰는데) 『말』, 제21호
- 이른바 기구의 '肥大化' 기능성이 예상되기도 했었다. (→했다.) 『동아일보』, 1988. 3. 10.
- "2선으로 후퇴할 용의가 있다"는 태도표명으로 여론의 압력을 소

화하려 했었다. (→했다.) 『동아일보』, 1988. 3. 17.

- 존슨이 승리하던 날 서울 시내 초등학교 육상 지도교사 몇 사람을 만났었다. (→만났다.) 『동아일보』, 1988. 9. 27.
- 이에 앞서 11일 버마 집권 당국은 긴급 성명을 통해 강경진압 방침을 천명했었으나 버마 시위대는 12일에도 랑군 변두리 지역에서 공공건물에 불을 지르고, 쌀 창고를 탈취하는 등 격렬한 저항을 계속했었다. (→천명했으나, 밝혔으나 | →계속했다.) 『한겨레』, 1988. 8. 13.
- "서 총무원장이 지난 73년 결혼을 약속하고 서울 중구 회현동 남산 주변 여관에서 1개월간 동거했었으나 결혼 약속을 지키지 않고 있다"고 주장했다. (→동거했으나) 『한겨레』, 1988. 7. 8.
- 미국 관리들은 빈센트호가 페르시아 만 지역의 민간 항공편에 대해 간섭했었다는 주장을 묻는 질문에 응답하지 않았다. (→간섭했다는, 간섭한 바 있다는) 『한겨레』, 1988. 7. 6.
- 로저스 함장이 이 규칙에 따라 명령을 내린 것은 분명하다고 말했다. 앞서 윌리엄 크로 미 합참의장은 "함정 또는 부대를 지휘하는 (미군) 장교의 제1차적 의무는 부대원의 보호"라고 주장했었다. (→주장했다, 주장한 일이 있다.) 『한겨레』, 1988. 7. 6.
- 몇몇 학생이 잠시 동안 서울의 미 공보원 도서관을 점거했었습니다. (→점거했습니다, 점거한 바 있습니다.) 『평화신문』, 1988. 7. 3.
- 열다섯 번이나 '진실을 밝히자'고 강조했었습니다. (→강조했습니다.) 『평화신문』, 1988. 7. 3.
- 얄밉게도 '말리는 시누이'는 언제나 내부에 존재했었다는 내력을 씁쓸하게 되새김질하며…… (→존재했다는, 있었다는) 『한겨레』, 1988. 10. 27.
- 이날 회견과 관련, 당 주위에서는 입법부와 행정부 내의 5공 비리 관련자에 대한 처리가 김 총재 수습 방안의 핵심이 될 것으로 예

상됐었으나 언급되지 않았다. (→예상됐으나) 『한겨레』, 1988. 11. 26.
- 신임 강영훈 국무총리 서리가 미국 체류 시 설립 운영했던 한국문제연구소가 유신홍보를 담당했었다는 사실이 최근 밝혀져 물의를 빚고 있다. (→담당했다는) 『한겨레』, 1988. 12. 15.
- "시중에서 한 권도 빠짐없이 책을 거둬들여 보관하지 않으면 일신상에 문제가 생길 것"이라고 말했었다고 밝혔다. (→말했다고) 『한겨레』, 1988. 12. 16.
- 그래도 역시 석연치가 않다. 박정희 대통령은 국내 정치 위기가 있을 때마다 '남침 위협' '호시탐탐'했었지. (→했지.) 『한겨레』, 1988. 12. 18.
- 김씨는 "나에 대한 전기고문은 85년 9월 5일에 한 번, 6일에 한 번, 8일에 2번, 13일에 한 번, 20일에 한 번 등 모두 6차례 가해졌는데, 그때마다 '반달곰'이란 별명을 가진 무지막지하게 생긴 사내가 담당했었다"며…… (→담당했다) 『한겨레』, 1988. 12. 21.
- 오키나와는 태평양전쟁 중 최대 격전지로, 일본 본토가 51년 점령국인 미국으로부터 독립을 얻은 데 비해 72년까지 미국의 점령통치가 계속됐었다. (→계속됐다.) 『한겨레』, 1988. 1. 14.
- '고문기술자' 이근안 경기도경 공안분실장과 '노조파괴 기술자' 이윤섭(일명 제임스 리) 씨가 1987~1988년에 걸쳐 수원지역 삼성전자 단지 등을 무대로 노동 탄압과 노동자들에 대한 공갈·협박을 같이 하고 다녔거나, 적어도 '공조 관계'를 유지했었다는 사실이 밝혀지고 있다. (→유지했다는) 『한겨레』, 1989. 1. 14.
- 12월 23일 수배가 해제됐었으나 지난 23일 오후 6시 30분께 서울 서초경찰서에 연행돼 24일 전주경찰서로 이첩됐었다. (→해제됐으나 | →이첩됐다.) 『한겨레』, 1989. 1. 28.
- 이응로 씨와 함께 동백림사건이라는 것에 연루됐었고…… (→연루되었고) 『한겨레』, 1989. 1. 29.

- 임금인상을 관철시켰었다. (→관철시켰다.) 『한겨레』, 1989. 1. 29.
- 학살과 비리 자체는 민족의 수치지만, 그런 식의 무지막지한 짓거리가 아니고서는 어찌해볼 수 없는 민주역량과 민족의 열망이 갖춰졌었다는 반증으로서 그것은 우리가 자랑스럽게 파헤쳐야 할 역사이다. (→갖춰졌다는) 『한겨레』, 1989. 2. 2.
- 작년 7월 문학작품 해금 때 그의 작품이 제외되었었다는 것이다. (→제외되었다는) 『한겨레』, 1989. 1. 3.
- 시인을 감옥에 가둬놓고 그의 글만 읽어도 잡아가는 세상에 살면서 '또 하나의 정부'로 그를 모셨었다고 내세울 염치는 없는 일이다. (→모셨다고) 『한겨레』, 1989. 2. 16.
- 천주교와 개신교는 경전과 신조가 별 차이가 없는데도 서로 앙숙으로 지냈었다. (→지냈다.) 『한겨레』, 1989. 2. 19.
- 김운룡 위원이 자신은 바빠서 도저히 체육회장을 맡을 수 없다고 수차례 얘기했었고, 또 경선이라면 회장에 나서고 싶지 않다는 뜻을 전해 왔었다. (→얘기했고 | →왔다.) 『한겨레』, 1989. 2. 19.
- 베토벤보다 한 세대 위인 괴테는 자신의 세대에 형성된 생활 습관에서 벗어날 수 없었던 데 비해, 한 세대 아래인 베토벤은 당대에 팽배했었던 급진적인 시민의식에서 싹튼 행동 양식을 대변했음을 보여준다. (→팽배했던) 『한겨레』, 1989. 7. 1.
- 영문학자였던 김동석은…… 해방공간에는 순수문학을 들고 나온 김동리 등과 민족문학 논쟁을 벌였었다. (→벌였다, 벌인 바 있다.) 『한겨레』, 1989. 2. 19.
- "진작 시작했었더라면 더 풍부한 여생을 보낼 수 있었을 텐데" 하고 아쉬워한다. (→시작했더라면) 『한겨레』, 1989. 2. 28.
- 두 세계는 '이슬람'교가 창설됐던 지난 7세기 이후 13세기 동안 정치적 군사적 경쟁 관계에 있었으며, 이는 양측의 편견과 오해로 더욱 심화됐었다. (→심화되었다.) 『동아일보』, 1989. 3. 8.

- 온 가족이 울었다. 전에는 미처 몰랐었다. 초등학교 4학년에 다니는 막내 아이가 "저게 국군 아저씨냐?"고 물었을 때 뭐라 대답해야 할지 몰랐다고 말했다. (→몰랐다.) 『한겨레』, 1989. 3. 9.
- 그러나 정보사의 일부 장성을 포함한 일단의 장병들이 '군사문화'를 비판하는 글을 쓴 『중앙경제』 오홍근 사회부장을 칼로 난자하고 증거인멸 작업에 가담한 사건은 군 본연의 임무를 훨씬 벗어난 것이었다. (→것이다.) 『평화신문』, 1988. 10. 16.

여기서는 '지난적'(과거)을 나타낸 "었"조차 필요가 없다.

- 정주영 북한방문 주선한 손원달, 이병철의 방북도 주선했었다. (→주선했다, 주선한 일이 있다.) 『여성동아』, 1989. 3.
- 그러나 『조선일보』는 평민당이 1등석으로 예약했었는지 여부에 대해서는 언급하지 않았다. (→예약했는지) 『한겨레』, 1989. 3. 14.
- 이제까지 남만주나 동만주에서의 항일투쟁에 대해서는 어렴풋이나마 들은 바 있으나 북만주에서는 항일투쟁이 치열했었다는 얘기를 처음 듣는 기자로서는…… (→치열했다는) 『한겨레』, 1989. 3. 17.
- 중국 소식통은 리펑 수상을 비롯한 상무위원들이 처음에는 자오 총서기의 사임을 받아들이기를 거부했으나 곧이어 그의 사임을 결정했다고 보도했다.
  자오 총서기는 학생시위를 끝내기 위해 필요하다면 군대를 사용해야 한다는 데 동의하기를 거부했었다고 이 소식통들은 밝혔다. (줄임)
  올해 71살인 자오 총서기는 87년 초 학생들의 민주화 요구 시위와 관련, 후야오방 당총서기가 인책 사임하자 그의 후임으로 취임했었다. (→거부했다고 | →취임했던 것이다.) 『한겨레』, 1989. 5. 20.

현재의 일을 얘기하다가, 이 이야기에 관련된 지난날의 어떤 일을 밝힐 때, 그것이 단 한 번으로 지나가버린 일이 아니고 현재까지도 효력을 나타내는 행위일 경우, 이렇게 '-했던 것이다'로 쓰면 된다.

- 한국전쟁 당시 소련군 조종사들이 북한을 도와 <u>참전했었다고</u> 소련군 기관지 『붉은 별』이 25일 최초로 시인했다. (→참전했다고)
『한겨레』, 1989. 6. 27.
- 평민연 회원들은 대부분 2년 전에 김대중 김영삼 두 야당총재 지도 아래 '6월 항쟁'을 이끈 '국민운동본부'에 적극 <u>참여했었다</u>. 국회광주특위와 언론청문회에서 여권을 '<u>괴롭혔던</u>' 이해찬·김영진·박석무 의원들을 비롯하여 형민연 소속 의원들은 민주당 소장파 의원들과 함께 지난해의 청문회 정국을 <u>주도했었다</u>. (→참여했다 | →주도했다.) 『한겨레』, 1989. 7. 8.
- 이 의원이 베이징에 도착한 이틀 뒤에 북한의 허담도 베이징에 <u>왔었던</u> 것으로 알려졌으나…… (→왔던) 『한겨레』, 1989. 7. 2.
- -귀국 경로는 어떻게 생각하고 있나?
문 목사님이 <u>의도했었으나</u> 실패했던 그 길, 판문점을 통해 돌아갈 결심이다. (→의도했으나, 하려 했으나) 『한겨레』, 1989. 7. 1.
- '김영사'에서 <u>나왔었구나</u>! (→나왔구나) 『한겨레』, 1989. 8. 18.
- 고개 들어/ 하늘을 바라본다./ 구름 한 점 없는 맑은 하늘/ 80년 5월의 하늘도 <u>그랬었다</u>. (→그랬다.) 『한겨레』, 1989. 5. 24.

문학작품, 그 가운데서 더구나 시일수록 살아 있는 말을 써야 한다.

3. 쓰지 말아야 할 말

안 써도 좋은 서양말, 쓰지 말아야 할 서양말들이 너무 많이 쓰이고 있다. 이런 말들은 모두 알맞은 우리 말로 바꿔 써야 한다.

• <u>레크리에이션</u> 희망자 대거 영입키로 (→놀이, 오락) 『주간홍성』, 1989. 3. 27.

"대거 영입"은 '크게 맞아들여'로 쓰는 것이 좋다.
이 레크리에이션이란 말은 학교에서 교회에서 그밖의 친목 모임들에서 널리 쓰는 말이다. 어느 자리에서 왜 그런 말을 쓰느냐고 물었더니 "레크리에이션에 꼭 맞는 우리 말이 없잖아요?" 했다. 언제부터 꼭 이렇게 서양말을 쓰고 서양사람 흉내만 내어야 살 수 있었던가? 우리 놀이를 하면 안 되고, 남의 것을 하더라도 놀이란 말조차 쓰지 않아야 맛이 나는가? 레크리에이션을 사전에서 찾아보면 "일이나 공부의 피로를 즐거움이나 기쁨으로 풀어 정신적 육체적으로 새로운 힘을 북돋우는 일"(이희승 감수, 『국어사전』) "휴양, 기분전환, 건전한 오락, 야외 활동·스포츠를 통한 새 기분 돋우기"(『외래어사전』) 이렇게 되어 있고, 『쉬운말 사전』에는 "마음 쉬기(바람 쐬기), 새 기분 짓기, 오락"으로 적혀 있다. 말을 살려서 쓰고, 살아 있는 말을 써야 하는 것이지, 사전에서 말을 찾아 거기에 맞춰 쓰려니 "꼭 맞는 우리 말이 없다"고 하게 된다. 어느 나라 말이고 완전히 같은 말이 어디 있는가? '놀이'란 말, 이렇게 좋은 말을 두고 하필 혀 꼬부라진 말을 자랑스럽게 쓴다는 것은 이만저만 병신 짓 하는 게 아니니다.

• 신입생 <u>오리엔테이션</u> (→예비교육) 『한겨레』, 1989. 2. 17.

이밖에 대학에서 예사로 쓰는 말 리포트는 '보고서'라고 했으면 좋겠다. 캠퍼스, 채플, 오리엔테이션 같은 말을 꼭 써야 대학의 권위가 서는 것일까? 대학이 서양말을 퍼뜨리는 데 앞장설 것이 아니라 순수한 우리 말을 쓰고 겨레말을 이어가는 데 앞장서주었으면 좋겠다.

• 斬新한 詩語와 이미지의 重視 (→심상) 어느 책

"참신한 시어"는 '새로운 시의 말'이라 쓰면 좋겠다.

이미지란 말은 문학인들이 즐겨 쓰는 말이다. 지난날 우리 문학이 얼마나 서양문학의 흉내를 많이 내었고, 서양사람들의 문학 이론을 빌려 우리 문학 얘기를 하고 싶어 했는가를 이런 말에서도 짐작할 수 있다(다행스럽게도 『문화비평용어사전』〔이상섭 지음〕에는 거의 모든 문학용어를 우리 말로 적어놓았다. '리얼리즘'이란 말까지도 쓰지 않고 "사실주의"라 적어놓았으니, 수필 몇 줄 써가지고 에세이란 이름을 붙이고 싶어 하는 이들은 모름지기 참고할 일이다).

• 박태원은 일본 법정대를 중퇴한 뒤 30년 단편 「수염」으로 문단에 데뷔, 「소설가 仇甫씨의 1일」로서 서민문학을 한 장르로 개척했다. 그는 북한에서의 직책은 없었으나…… (→나와 | →갈래) 『동아일보』, 1988. 7. 23.

『문학비평용어사전』(이상섭 지음)에서 장르란 말을 찾아보면 "프랑스 말에서 '종류'란 뜻을 가진 이 낱말은 이제는 세계 공통의 용어가 된 듯하다"고 써놓았다. 그러나 나는 장르란 말보다 '갈래'란 말을 쓰도록 권한다. 쉽고 알맞고 얼마나 좋은 우리 말인가.

"북한에서의"는 '북한의' 하든지 '북한에서 맡은'이라고 써야 우리 말이 된다.

• 『현대문학』에 추천되어 데뷔 (→등단, 문단에 나옴) 어느 시인 약력

이 데뷔란 말은 문인들이 적어놓은 약력에 거의 빠짐없이 나온다. 외국말 좋아하는 문인들의 심리가 이런 말에도 나타난다.

- 어린이 책 일러스트레이션 (→삽화, 책 그림) 어느 책 이름

『어린이 책 일러스트레이션』이란 책의 작은 제목은 "아시아 지역 중심의 일러스트레이션 124 작품집"이라고 되어 있다. 이것도 '아시아 지역 중심의 책 그림 124 작품집'이라고 쓰면 좋겠다. 또 이 책 표지 띠종이에 적힌 글 "어린이는 일러스트를 통하여"도 '어린이는 책에 나오는 그림을 통하여'로 쓰면 얼마나 좋겠나 싶다.

나는 화가들이 그림을 그려놓고 그 한 모퉁이에 자기 이름을 서양글자로 표시하는 것을 매우 못마땅하게 본다. 이것은 문인들이 약력을 적을 때 꼭 데뷔란 말을 쓰고 싶어 하는 심리와 다름이 없다. 우리 말글을 학대하는 사람은 무식한 시골 사람이 아니라 문인·예술가·학자…… 와 같은 지식인들임을 새삼 생각하게 한다.

- 유화 '랜드스케이프' 시리즈 (→풍경 연속물) 『한겨레』, 1988. 7. 22.
- 판화에서 출발, 유화 오브제를 거쳐온 그가 이번 전시에서 보여주는 작품은 「랜드스케이프―대지」 시리즈. 그에게 있어 풍경은 산이나 강, 하늘이 있는 산뜻한 풍경이 아니라, 새 생명이 꿈틀거리는 깜깜한 흙, 그 깊은 대지이다. 전시장에 나오는 15호에서 60호 사이의 정사각형 캔버스들은 대체로 검은색의 단색 소 바탕에 반추상의 형체가 흰색, 푸른색, 붉은색으로 꿈틀거린다. ……반지하인 이 작업실을 그는 스스로 '카타콤베'(이탈리아에 있는 기독교 지하무덤)라 부른다. (→물체 | →풍경 | →연속물 | →화폭, 그림천) 어느 신문

대지는 '땅'이라 써야 한다. "그에게 있어"는 '그에게'로 써야 하고.

- 스케치북 유치원생들이 보는 '일일교실' 교재 (→사생첩, 사생 그림첩)

- 이 책은 안단테로 읽어주십시오. (→천천히) 어느 광고문
- 자동차 캠핑이 늘고 있었다. (→천막생활, 야영) 『중앙일보』, 1988. 7. 26.
- 연포, 주문진 캠프村 매년 開場 (→야영마을) 『중앙일보』, 1988. 7. 26.

"매년 開場"은 '해마다 열어' 하면 될 것이다.

- 남편 동행 피서 러시 (→성행, 몰려들어, 유행) 『중앙일보』, 1988. 8. 5.
- 독점 인터뷰 (→만나보기) 『주부생활』, 1989. 5.

독점은 '독차지'로 쓰면 될 것.

- 최일남 칼럼 (→시사평론) 『한겨레』
- 오늘 스케줄을 알고 싶습니다. (→일정(표), 예정(표)) 어느 기자의 말
- 법률 개폐 특위 위원 상대로 로비 (→로비 활동, 의안 통과 운동) 『한겨레』, 1988. 8. 4.
- 우리 용어 쓰기 캠페인 (→운동) 『果川뉴스』

용어는 '말'이라 해야 한다. 우리 말 쓰기 운동을 한다는 글의 제목에 캠페인이란 말이 나왔으니 참 어이가 없다. 신문의 이름부터 중국글자와 바깥말로만 되어 있다. '과천소식'이라고 하면 얼마나 좋은가.

- 1988맞이 패션쇼 준비 한창 (→유행 옷 전시회) 『동아일보』, 1988. 7. 21.
- 꿈의 티켓인가 재앙의 티켓인가 (→입장권, 승차권) 『동아일보』, 1988. 7. 21.
- 어린이 5천 원으로 서울랜드 정복! 한국판 디즈니랜드로 통하는 세계적인 주제공원―서울랜드. 이제 서울랜드 관람을 보다 편안하고 보다 경제적으로 즐길 수 있습니다. (→?) 『중앙일보』, 1988. 7. 21.

우리 말과 영어를 억지로 한데 붙인 말이다. 서양말이 좋아 미쳤으면 어른들끼리나 미칠 일이지, 아이들이 놀게 되어 있는 공원의 이름을 이 꼴로 지어놓다니 참으로 어이가 없다. 그리고 이 광고문은 전체가 서양말과 일본말과 중국글자말을 마구 잡탕으로 해놓은 천박한 글이 되어 있다. 이런 장사꾼들이 날뛰는 세상이니 "서울랜드"란 공원도 생겨나는 것이다.

- 이제 革命 콤플렉스에서 벗어나 제 노래 부르자 (→강박관념, 억눌림증, 이상심리) 『한국일보』, 1988. 7. 7.
- 지금은 繁華街로 꼽는 아베크 코스 (→남녀동반 길) 『중앙일보』, 1988. 7. 15.
- 듀카키스, 黑人반발 우려… 딜레마에…… (→궁지에, 궁한 지경에) 『한국일보』, 1988. 7. 17.
- 프라이버시 침해 '무방비' (→사생활) 『중앙일보』, 1988. 7. 13.
- 기업 슬로건과 기업 이미지 (→표어, 〔-이〕 내건 말 | →인상) 『럭키』, 1988. 6.
- 연상작용을 일으키도록 하는 아이디어를 단적으로 표현한 것이다. (→생각, 착상) 『럭키』, 1988. 6.

단적으로는 '바로' '한마디로'라고 쓰는 것이 좋겠다.

- 우리 사회에서 물질지상주의 · 배금주의 · 이기주의 · 쾌락주의를 바탕으로 하는 퇴폐문화를 촉진시킨 또 다른 에이전트는 1960년대 이후 급속하게 보급된 TV · 라디오 · 영화 · 그리고 저급한 오락 잡지와 같은 매스미디어였다. (→원인 | →대중매체) 『수레바퀴』, 1988. 5.
- 그 긴 숨결에도 불구하고 다가드는 스트레스마저 삶의 리듬 속에 스스로 소화하는 역량이 오늘의 40대에게 요구된다. (→고통, 불

- 안 | →흐름새) 『수레바퀴』, 1988. 4.
- "청곡(윤 대표 아호)이 평소 힘 자랑을 자주 하니 重責을 맡긴 게 아니냐"고 조크한 후…… (→농담) 『한국일보』, 1988. 5. 7.
- 우리 조합 노하우 (→기술정보, 비결) 『신협회보』
- 21세기를 디자인한다. (→설계) 『조선일보』, 1988. 8. 14.
- 핫머니 가세하면 대외 예속 심화 (→단기투기자금) 『한겨레』, 1988. 9. 29.
- 新素材·디자인 바꿔 공기 抵抗 줄여
  숨 멈추고 스타트…… 중반 이후 體力 살려 (→설계 | →출발) 『중앙스포츠』, 1988. 9. 20.
- 선수 주변에는 일종의 징크스가 아니겠느냐는 반응들 (→불길한 일, 재수 없는 일) 『중앙일보』, 1988. 9. 20.
- 토큰 하나 (→버스표) 『기아』, 1988. 6.
- 홀름스크의 바자회에서 만난 동포들 (→자선시장, 자선 모임) 『한겨레』, 1988. 10. 3.
- 하바로프스크의 바자회에서…… (→자선시장, 자선 모임) 『한겨레』, 1988. 10. 3.
- 伊 '보르딘' 異變의 피날레 (→끝장, 마지막) 『중앙일보』, 1988. 10. 3.

"異變의"는 '달라진'이나 '엉뚱한'으로 쓰면 될 것이다. "伊"는 '이탈리아'로 써야.

- 조이너 '스마일 역주'…… 우승 후 트랙에 입 맞춰 (→웃음의, 웃음 띤 | →경기장) 『조선일보』, 1988. 9. 27.
- 여자에서는 지난 6년간 무적 행진을 계속해오던 중국이 뜻밖에 소련에 퍼펙트 패까지 당하는 치욕 끝에 동메달에 그쳤다. (→완전패배) 『한겨레』, 1988. 10. 5.
- 새마을本部와 파워게임 (→권력 다툼, 세력 다툼) 『동아일보』, 1988. 3. 17.

- 전 대통령의 실제인 전경환 씨 외에도 장인 처숙 등 로열패밀리가 구설수에 올랐던 점을 감안하면…… (→대통령 가족) 『동아일보』, 1988. 3. 17.

- 파리의 에스프리를 입는다. 명동점 오픈! (→마음, 슬기 | →열어) 『중앙일보』, 1988. 10. 11. 광고문

- 세계적인 신 데탕트 무드 속에서도 동북 아시아지역에서는 오히려 신냉전 체제의 지속이라는 현상이 두드러지게 수년간 압도했음을 우리는 잘 알고 있다. (→새로운 긴장완화 분위기, 새로운 해빙 분위기, 〔세계적으로〕 얼음이 풀리는 새 공기) 『한신학보』, 1988. 9. 30.

- 모니터를 모집합니다. (→협찬위원) 어느 광고문

- 華城郡과 인접해 있는 龍仁郡에도 각종 루머가 도는 등 공포 분위기에 휩싸여 있다. "龍仁의 모 아파트에서 빨간 옷을 입고 다니는 여자는 모두 죽이겠다는 낙서가 발견됐다." (→소문) 『중앙일보』, 1988. 10. 20.

"모 아파트"는 '어느 아파트'로 써야 한다.

- 라우드 스피커 (→확성기) 어느 대학신문

이밖에도 이 대학신문에는 테두리 기사에 고정한 이름으로 '트레일러' '캠퍼스 언저리' '로비에서 만난 사람'과 같은 바깥말을 쓰고 있다.

- 禁念食 많아 메뉴 짜기 진땀 (→식단, 차림표) 『중앙일보』, 1988. 10. 20.

"禁念食"은 '안 먹는 것' '꺼리는 것' 따위로 쓰면 될 것이다.

- 탤런트 조민수/ 작은 요정이 내뿜는/ 거인 같은 열정 (→연예인, 연기자)『KBS저널』, 1989. 1.

'연예인'보다 탤런트가 더 널리 쓰이는 말이라 하더라도 '연예인'을 쓰는 것이 좋겠다. 어느 쪽이 더 우리 말로서 부드럽고 자연스럽게 느껴지는가 생각해볼 일이다.

- 日語 마스터, 東南亞 일주 (→숙달)『선경』, 1989. 1.
- 원숙한 리더상의 정립 (→지도자)『선경』, 1989. 1.

"리더상"은 '지도자 모습'으로, 정립은 '세우기'로 쓰는 것이 좋겠다. 따라서 "리더상의 정립"은 '지도자 모습 세우기'가 된다.

- 엔지니어링 컨설턴트의 구현 (→공학기술고문단)『선경』, 1989. 1.
- QC 활성화의 불을 댕긴다. (→품질관리)『선경』, 1989. 1.
- 자립과 화해의 멜로물 (→통속극)『선경』, 1989. 1.

멜로물은 멜로란 서양말과 물이란 중국글자음을 붙여놓은 괴상한 말이다.

- 초보자에게 주는 어드바이스 10 (→도움말, 충고)『쌍용소식』, 1989. 2.
- 조직화된 농민파워가 어떤 영향을 미칠지 주목된다. (→농민의 힘)『중앙일보』, 1989. 3. 1.
- 다큐멘터리 제5공화국 (→실록) KBS방송
- 5분쯤 조깅으로 몸 풀고 시작 (→달리기)『중앙일보』, 1989. 3. 2.
- 『주간조선』의 한낱 가십성 기사에 대해…… (→꼬집는)『한겨레』, 1989. 3. 16.

이것도 가십이란 서양말과 성이란 중국글자음을 한데 붙여놓은 것이다.

- 소득세 확정 신고 가이드 (→안내) 『평화신문』, 1989. 5. 28.
- 검찰 주도……특위는 옵서버 참석 (→참관인으로) 『한겨레』, 1989. 6. 16.
- 뉴코아 가을 정기 바겐세일 (→싼값 팔기, 헐값 팔기) 어느 광고문
- 쇼핑·행사 가이드 (→물건 사기, 장보기 | →안내) 『중앙일보』, 1989. 8. 25

4. 들온말 적기

우리가 아무리 우리 말을 지키기 위해 바깥말을 안 쓰려고 해도 쓰지 않을 수 없는 바깥말은 남는다. 여기서 '이런 말을 어떻게 우리 글로 적는가?' 하는 문제가 생긴다.

어쩔 수 없이 써야 할 들온말이라면 그대로 쓰되 너무 원음에 가깝게 소리 내려고 할 것이 아니라 우리 말에 잘 어울리도록, 우리 말의 특징과 아름다움을 손상하지 않도록 적는 것이 옳다고 본다.

- 플라타너스 (→풀라타나스, 풀라탄나무)

적기에는 '플라타너스'로 되어 있는데, 우리로서는 '-너스'보다 '-나스'가 소리 내기 좋고 자연스럽다. 본래는 이것을 '풀라탄나무'라고 했는데, 이것도 일본 사람들이 '뿌라다나스'로 가르친 뒤로 안 쓰게 되었다. '플라'도 '풀라'로 쓰는 것이 좋겠다. 그 까닭은, 우리 말 소리에서 '프'소리는 '푸'와 구별하기 힘들고 뒤섞기 쉽다. 그래서 아주 '푸'로 분명하게 쓰는 것이 좋겠다는 생각이다.

같은 경우가 '포플러' '포플라' '포풀라'에도 있는데, 이것 역시 '포풀라'가 소리 내기로나 듣기로나 좋다.

이 플라타너스는 사전에 나오는 '풀라탄나무'도 아니고, 사실은 우리나

라의 산과 들에 본래부터 나 있던 '버즘나무'라고 한다. 나무 이름으로서는 '버즘나무'도 재미있지만 '풀라타나스'도 좋다. 모두 쓰는 플라타너스를 '버즘나무'로 바꿀 수 있을까?

- 코피[coffee] (→커피)

본래의 말소리 그대로 쓴다고 하다보니 날마다 마시는 차의 이름이 우리로서는 불쾌한 연상을 하지 않을 수 없는 말로 되어버린다. 이 차의 색깔이 또 그 연상 작용을 돕는다. 서양말을 서양말로 쓸 것이 아니라, 이미 우리의 삶 속에 들어온 것이라면 우리 말로 써야 하겠다.

- 라디오 (→라지오)

이것도 '라지오'가 일본식 발음이라고 고쳤다는 것이다. 그러나 라디오보다는 '라지오'가 우리 말소리에 더 잘 어울린다. '디'를 '지'로 소리 내는 것은 우리 말의 '입천장소리되기' 법칙을 따른 것이라 할 수도 있다. 하지만 이제는 글자로, 교육으로 아주 라디오로 굳어진 것이니 그대로 쓰는 수밖에 없겠지.

- 23일, 덩샤오핑의 축출과 마오쩌둥의 보위를 외치며 중남해(고급 관료들 거주지역) 정문에 몰려들었던 홍위병 출신 장웨트는…… (→등소평 | →모택동 | →?) 『한겨레』, 1989. 5. 19.

중국의 사람이나 땅 이름은 그 나라 사람들의 말소리를 따라 적을 것이 아니라 이미 우리가 잘 알고 있는 (중국글자를 우리 식으로 읽는) 그대로 적는 것이 옳다고 생각한다. 말이고 글이고 우리가 편리하게 쓰는 것을 원칙으로 해야 한다.

- 당시 부수상 덩과 류샤오치(유소기)를 축출하는 운동에 앞장섰다.
  『한겨레』, 1989. 5. 19.

"덩"이란 덩샤오핑(등소평)을 말하는 것일까? "류샤오치"는 다행히도 묶음표 속에 "유소기"라 적어놓았다. 차라리 "유소기"(류샤오치)로 썼으면 싶다. 들온말을 적는 법에서도 우리의 주체성을 살려야 한다.

- 중국의 학생·시민들이 18일 마오쩌둥과 저우언라이의 초상화를 앞세우고 천안문 광장에서 벌어지고 있는 시위에 합류하기 위해 시가지를 행진하고 있다. (→모택동 | →주은래) 『한겨레』, 1989. 5. 19.

사람 이름은 그 나라에서 부르는 소리대로 적으면서 건물이나 거리 이름은 "천안문 광장"으로 쓰니 원칙이 없는 적기가 되어 있다.

- 〔베이징=외신 종합〕 확산일로를 걷는 중국의 민주화 시위를 진정시키기 위해 리펑 수상은…… (→북경 | →이붕) 『한겨레』, 1989. 5. 19.

여기서는 '북경'이 아니고 베이징으로 되었다. 같은 날짜의 같은 신문에 베이징이 나오고 "천안문 광장"이라 되어 있으니 이럴 수가 없다.

- 〔東京 聯合〕 美日 양국은 北韓의 핵무기 개발 가능성에 대응, 여러 경로를 통해 전면 사찰의 수락을 촉구하고 있다고 『산케이(産經) 신문』이 日本정부 소식통을 인용 17일 보도했다. (→도쿄, 동경)
  『동아일보』, 1989. 8. 17.

'日本'을 "닛폰"이라 읽지 않고 "일본"이라 읽듯이, 우리 신문에 난 東京이란 글자를 '도쿄'로 읽을 우리나라 사람은 아무도 없을 것이다. 그런데 같은 신문 2면에 "히로시마 共同聯合"으로 시작한 기사가 나와 있다. 같은 도시 이름인데 한쪽은 "동경"이고 한쪽은 "히로시마"로 되었으니 이것 역시 원칙이 없는 적기라 하겠다.

• 蘇, 波 비공산 聯政案 우호 반응 (→소련, 폴란드) 『동아일보』, 1989. 8. 17.

蘇, 波뿐 아니라 '獨, 伊, 佛, 西, 葡' 따위 나라 이름을 이렇게 적는 것은 시대에 뒤떨어진 짓이다. 더구나 우리 것도 아닌 중국글자를 쓰는 것을 주체 있는 태도라 여긴다면 잘못 생각도 이만저만이 아니다. 신문은 이렇게 중국글자를 고집하면서 한편 들어온 서양말을 마구잡이로 쓰고 있다. 결국 중국글자 쓰는 것이나 서양말 쓰는 것이나 똑같이 정신 나간 짓이다.

5. 잡지 이름, 상품 이름

어느 날 버스를 탔더니 낯익은 한 젊은이가 인사를 했다. 그는 명함을 한 장 내보이면서,
"요즘 저는 여기서 일하고 있습니다"
했다. 명함을 보니 최근 창간호가 나온, 이름이 참 괴상한 잡지사다.
"잡지 이름이 왜 그 모양입니까?"
"사실은 우리 편집부에서 말이 많았습니다. 그런데 윗사람이 어디 말을 들어줘야지요."
윗사람이 왜 말을 안 들어줄까? 그런 서양말 이름을 붙여야 잡지 등록이 쉽게 되는가? 아니면 그런 이름이라야 잡지가 잘 팔리는가? 어느 쪽이라도 입맛 싹 떨어지는 이야기다.
또 어느 날은 한 잡지사에서 원고를 써달라고 부탁을 해왔다. 역시 이름이 별난 잡지다.

"거, 잡지 이름이 왜 그래요?"

"죄송합니다."

잡지 기자는 딴말은 안 하고 자꾸 "죄송합니다"만 되풀이했다. 기사를 쓰고 교정을 보고 책을 만드느라 애쓰는 기자들은 거의 모두 바른 생각을 가지고 있는데, 그 기자들 위에 앉아 돈을 만지고 있는 사람들의 생각이 대체로 글러먹었다. 나는 앞으로 남의 나라 말로 이름을 붙인 잡지에는 절대로 글을 써주지 않기로 단단히 마음먹었다.

다음은 내가 사는 마을 바로 이웃에 있는, 그리 크지 않은 책방의 진열대 위에 놓여 있는 월간잡지들의 이름이다.

- 엔터프라이즈(씨피아이 · 주), 레이디 京鄕, 객석, 마드모아젤, 영레이디, 우먼센스, 여성자신, 행복이 가득한 집, 新婦, 主婦生活, 女苑, 여성中央, 멋, 가정朝鮮, 여성백과, 러브, 스위트홈, 음악세계, 펜팔저널, 리더스, 유머펀치, 마인드, 크리스찬타임스, 홈토피아, 가이드포스트, 리크루트, 비전, 샘이 깊은 물.

이 잡지들 이름을 좀 살펴보면, 모두 29종인데 거의 모두 여자들이 보는 것이다. 어떤 말로 된 이름들인가?

서양말 이름	15가지
서양말+중국글자	1가지
중국글자가 든 것	6가지
한글로 쓴 중국글자말	4가지
순수한 우리 말	3가지
모두	29가지

이것으로 보아 우리나라 여자들이 얼마나 서양 것을 좋아하나를 알 수

있다. 아무리 정부에서 서양말로 책 이름 붙이기를 바란다고 하더라도 책을 읽는 독자들이 싫어한다면 이렇게 될 턱이 없다.

또 서양말 다음에는 중국글자가 든 것을 좋아한다. 유식함을 내보이고 싶어 하는 심리로 볼밖에 없다.

순수한 우리 말 이름의 잡지는 『멋』과 『행복이 가득한 집』과 『샘이 깊은 물』세 가지다. 그러나 이 가운데 두 가지는 소비생활을 즐기는 여자들의 제 욕망 채우는 삶을 부추기는 내용을 담은 잡지란 느낌이 그 이름에서 풍겨진다. 결국 삶의 참뜻을 탐구하는 여성잡지는 겨우 한 권 정도밖에 없다는 결론이다.

다음은 1988년 10월 14일자 신문에 난 어느 백화점 상품 광고다. 옷·신발 그밖의 용품들 이름인 모양인데 그저 눈이 빙 돌 뿐이다.

에스더, 쉐리뷔, 크리스챤모드, 마담엘레강스, 리스, 다이아나, 잉거스, 랑시, 러보오그, 마담봉쥴, 스테이지원, 허즈도나, 테이크리, 모아, 브리타니아, 아이에프, 후즈, 파스텔톤, 샤트렌, 논노, 풀오버, 가디간, 원피스, 케이시박, 리즈도박, 미세스윤, 로젤, 레이온, 환시엔델, 하리케인, 샤리오, 요하넥스, 카루소, 라파엘로, 프리머스, 프로맨, 프로모드, 제니패션, 논노, 마르시아노, 옥스필드, 케쥬얼니트, 프로맨, 휘버스, 핀토스, 꼼씨꼼싸, 수지니, 라이너스, 요넥스, 고어스포츠, 프로케넥스, 슈발리에, 리베로, 파이볼드, 세라, 탠티, 뱅가드, 베스타, 캐쥬얼화, 메탈, 마벨, 피에르가르댕, 키스톱.

먹는 것 입는 것 신는 것 잠자는 것, 그리고 보는 것 읽는 것 듣는 것이 모조리 서양 것이요 남의 나라 것이니, 말인들 어찌 우리 것이 남아 있겠는가? 이것이 모두 학교 교육을 받았다는 신사 숙녀들의 꼴이다.

제 2 부 말의 민주화와 글쓰기

제1장 말의 민주화1)

1. 이야기글의 역사

(1)

그 옛날 이 땅에 씨를 뿌려 곡식을 가꾸고 열매를 거두어 먹고살던, 그 여러 천 년의 긴 세월에, 우리 겨레 말의 주인은 바로 농민들이었다. 농민들은 자기들이 살고 있는 땅의 이름을 짓고, 산과 내의 이름을 짓고, 마을의 이름을 지었다. 풀과 나무의 이름도, 짐승이며 벌레의 이름도, 물고기의 이름도 지었다. 농사를 짓는 데 쓰는 여러 가지 연모의 이름도 지었고, 일을 할 때 필요한 말, 일을 하면서 느끼는 괴롭고 즐겁고 슬프고 답답한 마음을 나타내는 여러 가지 말을 지어서 쓰고, 사랑과 미움, 소망과 절망 등 온갖 마음을 말로 나타내었다. 이 모든 농민의 말은 우리 겨레 말의 바탕이 되고 뿌리가 되고 줄기가 되어 오늘날까지 전해오고 있는 것이다.

이렇게 삶의 주인인 농민들이 스스로 말을 창조하고 쓰면서 즐기고 전하던 시대에는, 따로 인간을 겁주고 짓누르는 말이 거의 그들의 말밖에 없었다. 절대왕권이 다스리던 시대에 임금과 그 주변의 귀족이나 권력자들이 만드는 말이 있기는 했지만 결코 그런 특수한 말들이 줄기차게 흘러가는 백성의 말을 좌우하거나 어떤 영향을 줄 수는 없었다.

그런데 농토를 많이 가지고 사람을 부려서 사는 이들과 땅을 가지지 못한 사람들의 삶이 서로 갈라지게 되고, 농사일을 하지 않는 양반 계층들이 남의 나라의 글자인 한문을 받아들여 그것을 쓰게 되고부터는 우리 말이 한문의 영향을 크게 입어 변질하게 되었고, 우리의 글자인 한글을 창제하고도 제대로 쓸 수 없게 되었다. 여기에서 양반들이 쓰는 중국글자말과 중국글자말투의 말이 생겨난 것이다. 이 중국글자와 중국글자말과 중국글자말투는 지난 천 년 동안 끊임없이 우리 말글에 조금씩 들어 왔는데, 지금은 우리 말 사전에 실린 전체 낱말의 6~7할이 중국글자말로 되어 있는 형편이다. 우리 말이 시들어 온 지난 천 년의 역사는 그대로 중국글자와 중국글자말이 우리 말을 차지해 들어온 역사라 할 수 있다.

우리 말은 중국글자에서만 수난당한 것이 아니다. 지금으로부터 80년 전 일본말이 들어오기 시작하고는 일본말에 상처를 크게 받게 되었고, 우리 말은 말법까지도 일본말을 따르는 경향이 뚜렷해졌다. 그리고 이 일본말은 또 중국글자말을 마구잡이로 가져와 우리 말의 숨통을 틀어막았다. 주목할 것은, 일본이 이 땅을 침략해 온 뒤 일본말과 중국글자말로 우리 말글을 짓밟아온 일에는, 외세에 붙어 행정에 참여하고 경제를 차지해온 지주와 자본주들뿐 아니라 글을 읽고 쓰면서 사회를 움직여온 지식인 계급도 들어 있었다는 사실이다. 지식인 계급은 일본말글을 전파하고 일본말법으로 우리 말글을 병들게 하는 데 앞장섰다. 상당히 생각이 나아갔던 지식인들조차 여기서 벗어날 수 없었으니, 이 문제를 바르게 깨달은 이가 아무도 없었던 것으로 안다.

우리 말은 '해방'의 날 8·15부터 중국글자말과 일본말에 (이어서가 아니라) 겹쳐서 또 하나, 서양말의 수난을 받았다. 서양말에서 받는 우리 말의 수난은 갈수록 심해서 이제는 정말 눈뜨고 도시의 거리를 걷기가 부끄럽고, 귀 열고 차 타기가 거북하다. 신문을 봐도 책을 펴도 그렇다.

농민의 말이요 백성의 말인 우리 겨레의 말과 글은 남의 땅에서 들어온 중국글자말과 일본말과 서양말에 시달려 '삼중고'의 병신으로 앓고 있다. 우리 말글이 앓고 있는 모습이 바로 우리 백성들이 앓고 있는 모습이다. '우리 말을 어떻게 해야 살릴 수 있는가' 하는 문제는 바로 우리 백성들을 어떻게 살리냐 하는 문제가 된다. 나는 여기서 더구나 지식인들의 커다란 깨달음이 필요하다고 본다.

우리 말을 살린다는 것은 바로 우리 말을 백성의 말로 한다는 것이고, 우리 말을 백성의 말로 한다는 것은 우리 사회를 백성의 사회로 만든다는 것이다.

(2)

여기서 우리 말이 어떻게 변질해왔고 변질해가고 있는가, 곧 우리 말이 어떻게 살아 있는 백성들의 말에서 점점 멀리 떠나왔고 떠나가고 있는가를 몇 편의 이야기글에서 살펴보기로 한다.

다음은 『한국 구비문학 대계』(경기도 강화군편)에 나오는 글인데, 1981년 81세의 할머니가 말한 것을 그대로 옮겨놓은 것으로 (하필 이 자료뿐 아니지만) 우리 말의 본바탕을 짐작하게 하는 깨끗한 말이다.

포수가 밭에다가 꿩차위(덫)를 놨어. 꿩차위를 놨는데 인제 숫꿩이, 숫꿩하고 암꿩하구 아들이, 이제 아들이 딸이 열둘이고 아들이 아홉이야. 열두 딸에 아홉 아들이야. 그러니까 그렇게 하구. 까투리 암꿩이, 이름이 까투리지. 그때, 숫꿩이 그 꿩차위에 홀씨를 먹으려고 그러거든. 암꿩이 까투리가,
"여보, 여보. 그거 찍어 먹지 말우. 그거 찍어 먹으면 죽을 테니 찍어 먹지 말우."
"찍어 먹으면 어떠냐?"
그러거든.

"아, 글쎄, 제발 좀 찍어 먹지 말라구. 나 엊저녁에 꿈을 꾸었는데."
"어떻게 꾸었어?"
"후축기하고 후축고 하더라."
그리고 덜썩 찍어 먹거든.
아, 모가지가 타서 죽었지. 모가지가 타서. 까투리가 다 열두 딸, 아홉 아들을 데리고 살고.
"아유! 여보, 여보. 그렇게 찍어먹지 말라구 해두 왜 먹구선 나를……"
열두 딸 아홉 아들 들이 그냥 그 지 아버지 모가지를 빠지기를 바라고 그냥 물어뜯는 거야. 물어뜯으니까 털은 다 빠졌지, 아주 하나도 없이 빠졌지. 모가지만, 모가지도 안 빠졌는데 모가지는 안 빠지고 털만 죄 빠지고 까투리가 하는 말이,
"잘못 갔네. 잘못 갔네. 이 차녀며 장 포수는 털도 안 뜯고 잘못 갔네."
이제 까투리가 노래하니까 그리고선 아! 아닌 게 아니라 장 포수가 온단 말이야. 오니까 숨었지, 모두. 숨었는데 '옳지 치었구나' 그리구서는 모가지를 빠가지구서는 그 모가지를 짤라 내버리면서 고사를 지내거든. 또, 또 하나 잡히게 해달라고. 그리고 고사를 지내고 내던지거든. 그러니깐 그리고 가지고 가지. 그 까투리하구 그 열두 딸 아홉 아들이 그 대가리를 갖다가 칡 껍데기를 벗겨서 두 몸뚱이를 동여매고 그래서 파묻었거든. 발로 다 헤치고 파묻고 인제, 파묻고 나니, 오리가 한 날은 왔단 말야. 오리가 까투리한테 와서,
"여보 까투리."

• 「까투리와 오리의 결혼」 부분

이것을 읽어보면 중국글자말이나 일본말이나 서양말 들에서 입은 상처가 전혀 보이지 않는다. 이것이 바로 농민의 말이요 민중의 말이다. 입으로 하는 말은 아직도 이렇게 깨끗한 우리 말을 어느 정도 보존하고 있

다고 본다. 이런 우리의 말을 어떻게 하면 살릴 수 있을까, 그 방법을 생각해야 하겠다.

다음은 혜경궁 홍씨의 「한중록」 첫머리다. 약 200년 전에 쓴 이 내간체의 글은 우리 안방문학에서 빼어난 작품이라고 모두가 보고 있다. 그러나 나는 이 글에서, 우리의 말글이 중국글자에 얼마나 깊은 영향을 받아왔는가를 생각하지 않을 수 없다. 200년 전에 쓰인 이 글과 앞에서 든 「까투리와 오리의 결혼」 이야기를 견주어보면, '글'의 해독을 입지 않은 말을 이렇게 백성들이 가지고 있다는 것이 신통하다는 느낌마저 든다.

내 유시(幼時) 궐내(闕內)에 들어와 서찰(書札) 왕복(往復)이 조석에 있었으니 내 수적(手蹟)이 많이 있을 것이로되 입궐후(入闕後), 선인(先人)겨오서 경계하오시되 '외간(外間)서찰이 궁중(宮中)에 들어가 흘릴 것이 아니오 문후(問候)한 후에 사연이 많기가 공경하는 도리에 가치아니하니, 조석봉서(封書)회답의 소식만 알고 그 조회에 써보내라' 하시기 선비(先妣)겨오서 아침저녁 승후(承候)하시는 봉서에 선인 경계대로 조희 머리에 써보내옵고 집에서도 또한 선인경계를 받자와(……)

(3)
그러면 일제강점기의 초기, 국문으로 소설을 쓰면서 말과 글이 하나가 되게 하려고 애썼던 이들의 글은 어떤가?

입감한 지 사흘째 되든 날, 나는 병감으로 보냄이 되었다.

이것은 이광수의 소설 「무명」(無明)의 첫머리다. 이 짧은 글에서도 우리 문필인들이 살아 있는 백성의 말을 글로 쓸 줄 모르고 남의 나라 말을 저도 모르게 따라서 쓰고 있었다는 것을 발견하게 된다. 우선 문장의 끝

이 모조리 다로 끝나는 문제인데, 이것은 이인직에서 시작되었지만 이광수에 와서 이른바 '언문일치'의 현대문장으로 아주 굳어져버렸다. 우리는 오늘날 모든 작가가 쓰는 소설이 '언문일치'의 문장이라고 알고 있다. 그러나 다로만 끝나는 이런 문장이 얼마나 우리의 입말과 다른가 하는 것은, 앞에서 든 「까투리와 오리의 결혼」을 다시 읽어서 견주어보면 환히 알 수 있다. 우리의 입말에서는 다로 끝나는 말이 극히 드물며, 이런 문체는 20세기 초 우리나라 젊은이들이 일본에 가서 배워온 것이라 나는 알고 있다. 일본말과 일본소설 문장의 끝이 모조리 다(た)로 되어 있다. 글이 말에서 떠나 있는 것이 글의 비민주성이다.

이 글에는 또 한 가지 중요한 지적을 할 것이 있다. "보냄이 되었다"란 말인데, 이것이 어느 나라 말법을 따른 것일까. 우리 말법이 아닌 것만은 확실하다. 어쩌면 중국글자의 영향이 이런 꼴로 된 것 같다. 곧 '송치(送致)되었다'고 쓸 것을 쉽게 말한다고 "송치"를 "보냄"으로 바꾸어 괴상한 번역문같이 쓴 것이 아닐까 생각한다.

그런데 이런 글을 요즘 사람들이라면 어떻게 쓸까? 아마도 열이면 열 모두 이렇게 쓸 것이다.

'나는 병감으로 보내졌다.'

이 "보내졌다"가 일본말법이다. 일본말은 이 경우에 '送致された'로 쓴다. 이렇게 요즘같이 '보내졌다'로 안 쓰고 '보냄이 되었다'고 중국글 번역체같이 쓴 것이 반세기 전 우리 소설 문장이지만, "보냄이 되었다"든지 "보내졌다"든지 모두 우리 말이 아닌 것만은 사실이다. 위의 글을 우리 말로 쓴다면 마땅히 '나는 병감으로 가게 되었다'로 써야 할 것이다.

우리 말은 '보낸다'를 입음꼴로 쓸 때는 '보내게 된다'로 말하지 -진다를 붙여 '보내진다'로 쓰지 않는다. '먹는다'도 '먹게 된다'로 쓰지 '먹어진다'는 안 쓴다. '간다' '일한다' '노래부른다' 따위 모두 그렇다. 같은 입음의 뜻을 나타내는 말이지만 '보내졌다'와 '보내게 된다'는 그 느낌이 많이 다르다. -진다는 움직임을 아주 당하는 것이지만 '-게 되다'는 스스로 그렇게 하게 된다는 뜻이 나타난 말이다.

그런데 지금은 어떤가? 젊은이들은 말할 것도 없고 늙은이들도 거의 예외를 볼 수 없을 정도로 모조리 -진다를 함부로 쓰고 있다. 이것은 무엇을 말하는가? 글을 쓰는 사람들이 스스로 생산하는 일을 하지 않는 사람이 되어버렸다는 사실을 말해준다. 아니면 일을 하더라도 사회의 보이지 않는 어떤 힘에 눌리거나 끌려가고 있는 정신의 상황에서 하고 있다는 것을 말한다. 그런 정신 상황이 이런 말에 저절로 나타난 것이다. 이것은 우리 인간의 생태가 변해버린 것이 아닌가? 이런 생태의 변화에서 일본말 직역체의 -진다가 아주 딱 들어맞는 표현이 되어 너도나도 쓰게 되는 것이 아닐까. 틀림없이 그런 것 같다.

(4)
오늘날 젊은이들이 글을 어떻게 쓰는가를 알아보기 위해 올해(1989년) 1월 신춘문예 당선 소설을 잠시 보기로 한다. 다음은 『ㄷ일보』 당선작 소설의 첫머리다.

K시에의 도착은 근 너덧 시간이나 지연되어 있었다. 말이 고속도로였지 고작 이차선일뿐더러 전날 종일토록 내려 퍼부은 폭설과 끝없이 이어지는 엄청난 귀성 차량의 행렬로 인해 도로 사정은 참으로 끔찍한 생지옥에 다름 아니었다. 희연을 실은 임시 운행의 관광버스는 엉금엉금 거의 기다시피 위험천만의 빙판 길을 미끄러져 겨우 이곳 목적지에 당도한 것이었다. 그녀의 심신은 짠물에서 막 건져 올린 해초처럼 축 늘어져 있었다.

문장의 끝이 다로만 되어 있는 것이야 모두가 이렇게 쓰는 것이고, 그녀란 말도 입말에는 안 쓰는 것이지만 거의 모든 소설가가 쓰고 있다. 그런데 "K시에의 도착은" 하는 이 -에의는 결코 그대로 보아넘길 수 없다. "생지옥에 다름 아니다"도 일본말을 그대로 옮긴 말이다. 소설가가 우리 말을 제대로 쓰지 못하고 남의 나라 말법으로 써서 우리 말글을 병들게 하고, 잘못된 말을 온 국민에게 퍼뜨리는 것을 우리가 너그럽게 보아줄 수 있을까?

다음은 『ㅈ일보』 당선 소설의 첫머리 한 부분이다.

정보비행기는 생각보다 가볍게 날아올라 고도를 유지했다. 약간의 현기증을 안겨주는 동체의 흔들림도 잠시뿐, 초여름 햇살이 눈부시도록 반사되는 구름은 푸른 초원을 향해 몰려가는 흰 양떼와도 같았다.

비행기를 타고 가면서 바깥의 구름을 바라본 이야기다. 여기서 내 마음이 도무지 편할 수 없는 것이 "구름은 푸른 초원을 향해 몰려가는 흰 양떼와도 같았다"는 표현이다. 이 소설의 작가는 실제로 푸른 초원에 몰려가고 몰려오는 양떼를 어느 서양나라에라도 가서 보았을까? 물론 실제로 보지 않고도 글은 쓸 수 있다. 책에서 읽고 알게 된 일들을 얼마든지 쓸 수 있다. 내가 걱정하는 것은 소설가고 시인이고 실제로 그 삶을 체험하지는 않고 말만으로 온갖 근사한 이야기, 허망한 이야기들을 다 꾸며 보이는 것은 아닌가? 그래서 그 말들이 모두 뿌리도 없이 생겨나고 피어난 꽃처럼 되어가는 것이 아닌가 하는 점이다.

내 생각을 풀이하기 위해 여기 또 다른 글—이번에는 경남 어느 중학교 1학년 학생이 쓴 시 한 편을 들어본다. 제목은 「하늘」이다.

파란하늘에
뭉게구름 두둥실

하늘은 들판 같고

뭉게구름 양떼 되었다

지나가는 바람
목동 되어
양떼를 몰고 간다

양떼는 들판에 누워
풀을 뜯는다

이것은 지난 5월에 나온, 이 글을 쓴 아이가 공부하는 학급에서 낸 문집에 실려 있는 글이다. 이 아이도 뭉게구름을 양떼로 보았고, 구름을 몰고 가는 바람은 목동이라고 했다. 나는 초등학생이고 중학생이고 어른이고 이렇게 구름을 보고 양떼라고 말하는 것은 자기의 삶을 표현한 말이 아니고 잘못 배워 길이 들어 늘 하는 투가 된 표현이라고 본다. 이것은 내 추측에만 그치는 것이 아니고 뚜렷한 증거가 있다. 지난해까지 우리나라의 모든 초등학교에서 가르치고 배워온 교과서(『국어』 3-2, 18쪽)에 다음과 같은 글짓기 연습문제가 교재로 나와 있다.

1. 다음 글을 읽어봅시다.
푸른 하늘에는 하얀 구름이 떠 있습니다.
가만히 생각해보니 푸른 하늘은 넓은 목장 같고, 하얀 구름은 양떼 같습니다. 구름이 움직이는 것을 보고 있으려니까, 목동이 양떼를 몰고 산으로 넘어갔다가 넘어왔다가 하는 것 같습니다.

2. 위의 글을 여러 번 읽어봅시다. 이 글에서 나타나 있는 생각을 충분히 알고 나서, 그 생각을 잘 정리하여 동시로써 봅시다.
(1) 먼저 이 생각을 간단한 글로 써 봅시다.

(2) 다음에 따라 쓴 글을 다듬어봅시다.
- 행과 연을 만든다.
- 같은 말을 반복한다.
- 글자의 수를 맞춘다.

아이들이 자기 생활과 전혀 관계가 없는 이야기를, 그것도 서양사람 쳐다보는 마음이나 심어주는 이야기를 어른이 써놓은 것을 따라 더군다나 시라고 해서 쓰도록 한다는 것은 얼마나 한심한 글쓰기 교육인가? 얼마나 잔인한 감정 길들이기 교육인가? 이것이 세계에 유례가 없을 것 같은, 교과서를 절대시하게 되어 있는 나라의 국어교육이다. 이러니까 우리나라에는 아이고 어른이고 구름을 보면 양떼 같다고 하고 목동이 양떼를 몰고 간다고 하는 것이다.

자, 그러면 여기서 다시 앞에 든 소설가의 문장으로 돌아가보자. 이 소설가 역시 어느 중학생이 교과서에서 배우고 연습한 "목동"이란 말과 "양떼"란 말을 썼듯이 그렇게 썼다고 본다. 그렇다면 소설가가 삶에서 익힌 말을 쓰지 않고 교과서와 책에서만 익힌 말로 글을 쓸 때, 그런 소설이 가는 곳이 어디인가를, 우리 문학의 앞날을 심각하게 걱정하면서 묻지 않을 수 없다. 지금 우리나라의 문학은 시고 소설이고 할 것 없이 삶 속에 뿌리를 내리지 못하고 민중의 말에서 떨어져나가 공중에 붕 떠 있는 상태가 된 것은 아닐까?

(5)
기왕 내킨 김에 한 편 더 보기로 한다. 다음은 역시 올해 『ㅈ일보』에 당선한 소설 첫머리다.

영해는 뜨개질감을 내려놓고 밖을 내다보았다. 철길 너머 언덕배기 자드락 길에서 아이들이 연을 올리고 있었다. 우중충한 하늘 위로 바람을 타고 연들이 오르고 있었다. 얼레를 따라 오르던 연 한 개가 실을 끊고 아슥한 하늘 위로 사라져갔다. 한참을 쳐다보다 유리창 너머로 가려져서야 그녀는 다시 뜨개질감을 잡았다. 어머니가 들어선 것은 그때였다. 장바구니 틈새로 게발이 빼죽하게 밀려나와 있었다. 문을 닫고 조심스럽게 숨을 한 번 고르시더니, 어머니는 저쪽으로 난 출입구로 빙 돌아서며 말했다. 언제나처럼 어머니의 동작은 일정하고, 또 반드시 그러한 상황이나 장소에서는 그러해야만 한다는 듯이 완벽한 동작으로 그녀를 스쳐가며 말했다. 따스했지만 명령의 의미가 더 녹녹히 용해되어 있는 목소리였다.

"왜 난로를 껐니? 바깥 추위가 심하던데. 기름 아낄 생각 말고 몸을 아껴라."

아마도 어머니는 그 말 뒤에 '홀몸도 아니면서'라는 말을 하고 싶었지만 참았을 것이다. 날이 선 칼을 들어 도마 위에 놓인 게발을 잘라내면서야, 비로소 그 토막 난 말의 나머지를 혼잣말처럼 주섬거릴 것이다.

이 문장을 읽고서 우선 내가 갖는 느낌은 좀 지루하다는 것이다. 요즘 소설을 많이 읽지 않아서 이런 느낌이 드는지 모르지만 아무튼 소설이란 이렇게 할 일 없는 사람들이나 쓰고 읽는 글인가 하는 생각이 들었다. 첫머리에 나오는, 임신한 딸이 뜨개질을 하다가 창밖에서 아이들이 올리는 연을 쳐다보는 장면의 묘사는 그런대로 읽히는데, 그다음에 어머니 이야기가 되고부터는 심리표현이 곁들여져서 그렇기도 하겠지만 거기 쓰인 말들이 좀 재주를 부렸다는 느낌을 지울 수 없다. 언제나 사실과 삶 속에서 살아가던 '옛사람'들과는 달리 책과 글과 글에서 나온 말 속에서 관념과 사상으로 살아가는—그렇게 살아가도록 어릴 때부터 교육을 받아 자라난 사람들이기에 이런 문장을 좋아하고, 좋아하기까지는 않는다고 하더라도 당연하게 여겨 받아들이는지는 모른다. 그래서 나 같은 옛사람은 좀 재미없게 느끼는지도 모른다. 그러나 이것은 아무리 생각해도 '백성들의 이야기' 문학의 형태일 수는 없다고 본다. 더구나 "완벽한 동작으로"라든지 "명령의 의미가 더 녹녹히 용해되어"라는 말들은 지식인들의 말이지 우리가 써야 할 이야기 글의 말일 수는 없다.

그녀란 말도 여기서 말하겠는데, 위의 보기글에서 두 번 나오는 이 셋째가리킴 대이름씨를 꼭 써야 할까 의심한다. 처음 나오는 그녀는 바로 이름을 쓰면 될 것이고, 두 번째 나오는 것도 이름을 쓰든지 '딸'이라고 하면 된다. 그녀란 결국 우리가 쓰는 말이 아니기 때문이다. 소설에서 그녀란 말만 나오면 벌써 그 소설의 문장과 구조는 일본이나 서양의 소설을 따라간 것이라고 보는데, 지나친 생각일까?

2. 벼슬아치의 말과 글

그 옛날부터 언제나 백성들 위에 버티고 앉아 있는 몸가짐을 버리지 않는 벼슬아치들은 될 수 있는 대로 그 말을 유식하게 하고 글을 어렵게 씀으로써 그들의 권위를 유지하려고 했다. 봉건시대에는 중국글을 썼고, 일제강점기에는 일본말을 썼으며, '해방' 이후에는 한글을 썼지만 그 말은 여전히 중국글자말투성이로 된 것을 조금도 고칠 생각을 안 하더니, 요즘은 아주 중국글자로 돌아가 정부에서 만든 책이고 거리의 구호까지 중국글자를 쓰고 있다. 40년 동안 국민교육에서 가르치지 않던 중국글자를 이제 와서 마구 써보이는 일은 무슨 까닭인가? 그것은 백성들로부터 멀리 떠나 있는 '힘을 가진 자'들과 그 힘을 부리고 행세하는 벼슬아치들이 그런 짓거리로나마 자신들의 잃어버린 권위를 유지해보겠다는 안간힘의 표현밖에 아무것도 아니지만, 백성들을 주눅 들게 하는 데는 상당한 효과가 있다. 아무튼 벼슬아치들이 쓰는 말과 글만 보아도 우리 사회가 얼마나 민주주의를 거꾸로 가고 있는가를 알게 된다.

이제 백성들의 심부름꾼이어야 할 관공서의 월급쟁이들이 어떤 말과 글을 써왔고 쓰는가를 몇 가지라도 살펴보자.

본인은……

중앙의 관청들은 말할 것도 없고 지방의 하위 관공서에서도 그 관서의 '장'이 직원들을 모아놓고 무슨 이야기를 할 때는 자기를 가리켜 본인은…… 하는 것이 예사로 되어 있다. '나는……' '저는……' 하면 그 말이 부드럽게 느껴지고, 그 자리가 얼마나 사람다운 자리로 바뀌겠는가? "나는……" 하고 말을 시작하면 그다음 말도 사람다운 말로, 적어도 사람다운 말에 가까운 말로 나오게 된다. 그런데 관리들은 그것을 도리어 겁내고 꺼리는 것이다. 그렇게 쉬운 말로, 보통 사람들이 하는 말로 해서는 우선 자기의 권위가 떨어지고, 다음에는 자기가 지금부터 지시하고 명령하고, 혹은 겁주기까지 해야 하는 말을 도무지 할 수 없게 된다고 생각하는 것이다. 사실 이 벼슬아치들이 "나는" "저는" 하고 말해서는 그들이 맡고 있는 꼭두각시 노릇을 해낼 수 없겠지. 본인은……이 아니고 본관은…… 하고 말하는 자리도 있다.

나는 우리나라가 민주주의가 되려면 대통령도 "나는" "저는" 하고 말해야 한다고 생각한다. 대통령이 국민 앞에서 "저는"이라고 말했다 해서 민주주의가 당장 되는 것은 아니지만, 대통령이 진정 그런 몸가짐 마음가짐으로 정치를 할 때 비로소 민주의 길이 트인다고 본다.

본인은, 본관은 하는 말에서 또 생각나는 것은 필자는…… 하는 말이다. 논설문을 쓰는 지식인들이 글 가운데서 자기를 가리키는 말로 쓰는 이 어설픈 중국글자말도 한갓 벼슬아치 말(관료 언어)이다. 글쟁이 벼슬아치 말이라 할까. 아무리 어려운 내용이 담긴 글을 쓰더라도 '나는'이라고 해서 글이 안 될 까닭이 없다. 특수한 경우에는 '이 글을 쓰는 사람은' 해도 좋다.

이 글쟁이들이 권위를 자랑하고 싶어 하는 글 버릇도 따지고 보면 백성들을 다스리는 사람들 편에 서서 글을 쓰기 때문이고, 벼슬아치들의 태도에 물이 든 때문이다. 권력과 행정은 이렇게 온갖 자리에서 일하는 사람의 태도와 말과 글에 영향을 미치고 그것을 지배하는 것이다.

당

- 당 관리소에서는…… 어느 아파트 관리사무소 인쇄물

이 당 관리소, 당 사업소 하는 말도 본인은, 본관은과 비슷한 말이다. '이 관리소는' '우리 사업소는' '저희 업소는' 하면 그 관리소나 업소의 자리가 떨어진다고 느끼는 것이 틀림없다.

애로사항

이 말은 공문서에도 잘 나오지만 도지사나 군수가 면장이나 동장, 혹은 마을 사람들을 만났을 때 흔히 쓰는 말이다.
"애로사항이 무엇입니까?" 하는 꼴인데, 하도 벼슬아치들이 예사로 쓰니까 시골의 농민들도 따라 쓰게 되었다.

사료(思料)하오니

공문서에서 주로 쓰던 말인데, 가끔 편지글에서 쓰는 것을 볼 수 있다. 같은 값이면 유식한 말, 권위가 있어 보이는 말을 쓰고 싶어 하는 심리가 나타난 것이다.

- 20일까지 무루 필착토록 보고하시기 바랍니다.

상급 관청에서 하급 관청에 보내는 공문서 끝에 가장 많이 나오는 말이다. '해방' 후 얼마 동안에는 "보고하시압" "보고하기 바람" "보고 요망" 따위로 썼는데, 언제부터던가 보기 좋게 고친다고 '보고하시기 바랍니다'로 바꾸었다. 그러나 그것은 말뿐이지, 그런 '기한문서'를 가볍게 여겼다가는 큰일 난다. 왜 보고 요망은 '보고하시기 바랍니다'로 고치면서 무루 필착은 '빠짐없이 꼭 닿도록'이라 못 쓰는가? 여기에 그저 겉모양만 민주인 척해보이는 짓이 잘 나타나 있다.

다음은 어느 대학 교무처장이 교수들에게 보낸 "중간고사 실시 여부의 일"이란 제목의 공문이다. 이 짧은 공문의 문장은 누가 보아도 달리 흠잡을 데가 없다고 할 것 같다.

  1. 1989학년도 제2학기 중간고사가 10월 26일부터 30일까지 실시되는 것을 알리오며,
  2. 시험 실시 여부를 아래 양식에 기재하여 10월 6일까지 교무처에 제출해주시기 바랍니다.
  3. 문제지는 10월 19일까지 필히 제출해주시기 바라며, 답안지만 필요하신 경우에는 비고란에 기재하시기 바랍니다.

이것은 보통의 공문서 문장에서 누구나 쓰는 중국글자말들을 그대로 쓴 데 지나지 않는 공문이다. 별나게 어렵다든지 특수하다든지 신기하다는 느낌을 주는 낱말은 하나도 없다. 그런데도 잘 살펴보면 관공서의 공문서에서만 써왔던 말, 그래서 그것이 어느새 일반 사람들까지 쓰게 된 말이 여러 군데 있음을 찾아낼 수 있다. 그것은 실시, 기재, 제출, 필히 하는 말들이다. 이런 말들을

- 실시되는 (→하게 되는)
- 기재하여 (→써 넣어, 적어 넣어)
- 제출하여 (→내어)
- 필히 (→반드시, 꼭)

이렇게 쓴다고 해서 공문의 위신이 떨어진다고 생각한다면 얼마나 잘못되어 있는가? 그리고 더욱 한심한 것은 이런 공문의 말이 널리 온 백성들의 말로 되어가고 있는 현실이다.

- 이 분야의 연구를 <u>강화하여야</u> 한다. 『한겨레』, 1989. 1. 6.

철저, 단속, 강화 이런 따위의 말이 모두 관청의 공문용어라고 생각하는데, 이런 말에 길들여진 백성들은 어느새 그 입에서 펜 끝에서 공문서의 말이 튀어나온다. 백성들은 이제 그 자신이 말을 창조하여 쓰는 주체가 되지 못하고 권력을 잡은 벼슬아치들이 권위를 보여주기 위해서 쓰는 어설프고 아름답지 못한 중국글자말들을 따라 쓰는 슬픈 존재로 떨어지게 되었다.

나의 좌우명 '정직, 근면, 성실'

이것은 어느 초등학교 6학년 어린이가 쓴 글에 나오는 말이다. 이것은 도무지 어린이의 말이 아니다. '좌우명'은 어른이 쓰는 말이고, 정직, 근면, 성실은 관공서의 문간이나 학교 교실이나 사무실 벽에 걸어놓은 구호다. 어린이들까지도 벼슬아치 어른들의 구호를 자기말로 쓰려고 하는 형편이 되었다.

민속의 날

여러 해 전 정부에서 음력설을 민속의 날이라고 했다. 그러니까 몇 해 안 가서 거의 모든 사람이 '설'이란 말을 안 쓰고 민속의 날이라 하게 되었다. 그러다가 지난해부터는 무슨 속셈이었는지 정부는 민속의 날을 다시 '설'이라 했다. 그러니까 사람들은 다시 모두 '설'이라 말했다. 이건 한마디로 못난 백성들이다. 정부가 하는 짓이야 본래부터 그런 것 아닌가? 어쩌자고 수천 년을 써오던 제 겨레의 말까지 하루아침에 싹 버리고, 정부가 쓰지 않으니까 안 쓰고 정부가 쓰니까 또 따라서 쓰고 한단 말인가?

어찌 민속의 날뿐인가? 달력에만 나오는 육림의 날이 있다. 중국글자로 쓸 때 "育林"이라 쓰고 읽으면 되지만 육림의 날이 무슨 소리인가? '나무 가꾸는 날'이라면 너무 쉬운 말이라 벼슬자리에 있는 사람들을 백성들이 두려워할 줄 모른다고 그렇게 지었는지도 모른다. 자연 보호, 서머타임, 서울랜드 따위도 모두 벼슬아치들이 만들고 쓰게 한 말로서 문제가 있다.

3. 땅 이름, 마을 이름

옛날 우리의 선조들은 그들이 살던 마을, 바라보는 산, 골짜기와 내들의 이름을 모두 지었다고 했다. 그 이름들은 말할 것도 없이 순수한 우리말 이름이다. 마을 뒤 골짜기에 가재가 많이 나면 가재골이라 했고, 나비가 많다고 나비실이라 했다. 밤나무가 많으면 밤나무실, 박달나무가 많으면 박달골이라 이름을 붙였다. 대나무가 많아서 대뫼라고 하는 마을도 있다. 얼마나 자연스럽게 아름답고 부르기 좋은 이름인가? 그런데 중국글자를 숭상하던 양반들은 이런 마을 이름들을 중국글자말로 지어 붙였다. 양반들이 새로 지어 붙인 마을 이름은 대개 큰 마을뿐이었는데, 일본놈들이 침략해 들어와 총독정치를 하고부터는 모든 마을 이름을 중국글자로 지어 불렀다. 총독이 한 이런 짓은 우리 양반들도 환영하는 바가 되어 그로부터 마을 이름, 땅 이름은 우리 말과 중국글자말 두 가지로 아울러 쓰이더니 차츰 우리 말이 덜 쓰이게 되었다.

그러다가 '해방'이 되어 일본 사람들이 물러갔는데, 일본 사람들이 물러갔으니 땅 이름, 마을 이름을 마땅히 우리 말 이름으로 되돌려 불러야 했는데도 그렇게 하지 못했다. 도리어 분단 40년 동안 우리 말 이름들은 더욱 철저하게 멸시를 받고 시들어 없어지게 되었다. 가재골이라 말하는 사람은 거의 없고 모두가 '가자곡'(柯子谷)이라 하고, 나비실은 아주 '첩곡'(蝶谷)이 되고, 밤나무실은 '율곡'(栗谷)으로, 박달골은 '박다동'(朴多洞)으로, 대뫼는 '죽산'(竹山)으로 되어버렸다. 모두 엉뚱한 중국글자가 아니면 우리 말의 뜻은 전혀 나타나지 않는 어설픈 중국글자음으로 된 마을 이름으로 변한 것이다.

　내가 옮겨 다니면서 살았던 곳에 '금바드레' '복바드레'란 이름의 산마을이 있었다. 참으로 아름다운 마을 이름이라 생각했다. 그런데 그 마을 사람들은 그런 순수한 우리 말 이름을 부끄러워하고는 당치도 않은 중국 글자이름으로 부르기를 좋아해서 '바드레'를 "상수천"(上受川)이라 했고, '금바드레'를 '금수천'(金受川), '복바드레'를 "복수천"(福受川)이라 했다. 금수천, 복수천도 좋지만 금바드레, 복바드레가 열 배도 더 좋은 이름이다. 또 한 마을 이름은 '행촌'(杏村)이라 했는데, 알고 보니 그 마을에는 옛날에 살구나무가 많아서 "살구골"이라 불렀다고 한다. '살구골' '살구나무 마을' 얼마나 아름다운 이름인가? 그런데 양반들과 일본 총독은 살구나무 행(杏)자의 '행'을 따다가 '행촌'이라고 한 것이다. 배나무실을 '이곡'(梨谷)이라고 부르는 마을도 나는 알고 있다.

　일전에 경주 어디를 지나다가 녹촌 선생이 "이 마을 이름이 하동인데, '하'자는 새우 하(鰕) 자래요. 이런 산언덕에 무슨 새우가 나서 마을 이름을 하동이라 붙였는지 알 수 없어요" 했다. 내 생각에 그 마을의 본래 이름은 틀림없이 '새우마'(새우 마을)이거나 '새우골'이었을 것이다. 이렇게 마을 이름을 지은 까닭은 그런 산골짜기에 새우가 많이 나서가 아니라 그 뒷산이 새우 모양으로 보여서 산 밑의 마을 이름을 그렇게 지었을 것이라 생각한다.

　산 이름도 아주 옛날에는 모두 우리 말 이름으로 불렀다. 촛대봉, 두리봉, 표대배기, 땅밭타랑, 사발봉, 매봉산, 성떰…… 이렇게 그 산의 모양까지 떠올릴 수 있도록 재미있는 이름을 지어 붙였다. 이런 산 가운데서 그 고장 사람들만 알고 있는 작은 산들의 이름은 아직도 그대로 우리 말로도 부르지만, 아주 높은 산, 큰 산의 이름은 모두 중국글자 이름을 가지고 있다. 다행하게도 큰 산 이름이나 강 이름은 중국글자로 붙였지만 모두 부르기 좋은 이름이다. 백두산, 금강산, 묘향산, 태백산, 설악산, 속리산, 지리산, 한라산 그리고 압록강, 두만강, 대동강, 한강, 금강, 낙동강,

영산강같이.

이 산 이름과 강 이름은 일본총독이 붙인 것이 아니고 아주 옛날 우리 선조들이 지은 것이다. 비록 중국글자말이기는 하지만 총독 관리들이 마을 이름들을 함부로 마구 지은 것과는 같을 수 없다.

내 고향 청송에 '서남티'란 높은 재가 있다. 그 재는 '삼자현'(三子峴)이라고도 했지만 내가 어렸을 때는 모두 서남티라고 불렀다. 그런데 몇 해 전에 거기 가서 "서남티재"라고 했더니 아무도 아는 사람이 없었다. 지도를 찾아봐도 "삼자현"이었다. 차를 타고 그 재를 넘었더니 잿마루 표지판에 "부남재"라고 쓰여 있었다. 행정구역 이름을 따다가 붙여놓은 것이다.

마을 이름, 땅 이름에서 순수한 우리 말이 사라져 가는 역사는 그대로 우리 겨레가 병들고 우리 백성들이 수난을 당하는 역사로 보아야 한다.

우리나라의 도시 이름, 마을 이름에서 순수한 우리 말 이름을 가진 곳이 몇 군데 남아 있을까? 학교 이름에는 샛별초등학교가 있고, 강원도 어디에 제비초등학교가 있다고 들었다. 풀무농업학교가 있고, 학다리고등학교도 있다. 그런데 마을 이름이나 도시 이름은 서울밖에 머리에 안 떠오른다. 서울시내 전철역 이름을 살펴보니 '뚝섬'이 있고 '연신내'가 있다. 부산에는 '자갈치'가 있다. 그밖에는 모조리 중국글자말로 되어 있다. 그래도 몇 개 안 되지만 우리 말 이름이 있다는 것은 우리 백성이 아주 죽지는 않았음을 말하는 것이 아닐까? 더구나 우리의 수도가 '서울'이란 이름으로 살아 있다는 것은 얼마나 다행하고 마음 든든한 일인가!

여기서 풀이름, 나무 이름, 벌레 이름 들에 대해서도 잠시 생각해보고 싶다. 산과 들에 나서 자라나고 있는 풀과 나무, 동물과 곤충의 이름들은 모두 농어민들이 지어놓은 것이다. 그 이름들을 알고, 그 풀과 나무, 물고기와 새들을 가까이하며 산다는 것은 사람이 사람답게 살아가는 가장 좋은 길이다. 그리고 그런 삶이 곧 이 땅을 사랑하는 마음이 된다. 사실 우리 선조들은 여러 천 년의 세월을 그렇게 살아왔던 것이다.

그런데 요즘은 어떠한가? 사람들의 생태가 아주 크게 변해 버렸다. 우리나라 사람들처럼 산과 들의 나무 이름, 풀이름을 모르는 사람들이 다른 나라에 또 있을 것 같지 않다. 물고기며 새 이름도 그렇다. 도시의 집마다 서양 꽃은 화분에 꽃밭에 심어서 그 꽃 이름을 아이들에게도 알게 하는데, 우리나라 꽃은 보기 드물고 꽃 이름도 모른다. 그러니 산과 들에 피고 지는 꽃이며 풀과 나무를 어찌 알겠는가?

왜 이렇게 되었는가? 이것이 바로 우리 역사가 반민주·반민족으로, 반자연·반인간으로만 끌려왔기 때문이다.

내가 어렸을 때는 아이들도 봄이 되면 부모를 따라 산과 들에 가서 온갖 풀을 캐고 나물을 뜯으면서 그 이름을 알게 되었다. 여름이면 냇물에서 온갖 물고기와 살았다. 가을이면 산에서 여러 가지 나무열매를 따 먹으며 살았다. 그런데 지금은 아이들이 교과서의 그림으로 겨우 몇 가지 꽃 이름을 배운다. 그림책에도 서양 꽃이 주로 나온다.

옛사람들은 풀이름, 나무 이름을 어떻게 지었는가? 잎이 삿갓처럼 생겼다고 삿갓나물이라 하고, 그 열매가 쥐똥 같다고 해서 쥐똥나무라 했다. 애기똥풀이 있는데, 이것은 그 꽃의 색깔과 줄기를 꺾었을 때 나오는 물이 젖먹이 아기의 똥 같다고 해서 지은 이름이다. 달개비꽃은 그 꽃잎이 꼭 닭의 볏같이 생겼다고 해서 붙인 이름일 것이다. 즉 '닭의 볏'이 달개비로 된 것이다.『식물도감사전』에는 '닭의장풀'로 나오는데, 잘못되었다고 본다. 은방울꽃도 꽃 모양을 눈앞에 그리게 하는 이름이다.

씀바귀는 그 맛이 쓰다고 해서 붙은 이름이고, 봄날 들판에서 뜯어 먹던 시금치도 그 맛이 시다고 그렇게 말했다. 5월에 꽃이 피는 조팝나무는 그 꽃이 조밥알같이 작은 것이 한데 모여 피기 때문이고, 같은 때에 피는 이팝나무 꽃은 이밥같이 풍성한 느낌을 주는 꽃이다. 모두 춘궁기에 피는 꽃이라 '밥'을 연상하는 꽃 이름을(산나물을 뜯으면서) 붙였을 것이다.

6월에 피는 뻐꾹채꽃이 있다. 뻐꾸기가 "뻐꾹, 뻐꾹" 하고 울기 시작할 때 이 꽃이 핀다. 아마 틀림없이 뻐꾸기 이름을 그 꽃에 붙였을 것이다. 이른 봄 논둑 밭둑이나 산기슭에 피는 제비꽃은 제비가 찾아올 때 핀다고 그렇게 지은 것 아닐까? 민들레꽃을 경북 지방에서는 말똥굴레꽃이라고 하는데, 말똥굴레가 봄이 와서 말똥, 소똥을 열심히 뭉쳐 굴리고 있는 길가에서 피는 꽃이니 얼마나 잘 어울리는 이름인가.

질경이란 풀이름은 듣기만 해도 그 생명력이 모질고 끈질기겠다는 느낌을 준다. 엉겅퀴, 댕댕이덩굴…… 풀이름을 말할 때 울리는 그 소리의 느낌만으로도 그 풀의 모양이 눈앞에 나타난다.

미나리가 있는데, 그 미나리와 비슷한 또 다른 풀이 있으니 이것은 미나리아재비가 된다. 도깨비바늘, 쥐오줌풀…… 재미있는 이야기가 풀이름마다 들어 있는 듯하다. 온갖 동물과 벌레들이 풀과 나무와 이야기하는 세계가 여기 있다.

이 모든 이름은 자연 속에서 일하며 살아가던 농어민들이 지은 것이다. 그래서 그 이름들은 자연스럽고 아름답고 재미있고, 그 이름만 불러 봐도 즐겁다.

그런데 이런 민중의 삶을 멀리하고 있던 양반들이나 학자들은 이런 자연에 대한 이름조차 잘못 만들어 붙였다. '며느리밑씻개'란 풀이름을 붙인 것도 서울의 양반들이지만, 도라지를 '길경'으로, 으름덩굴을 '목통'으로, 아주까리를 '피마자'로, 모란을 '목단'으로, 애기똥풀을 '백국채'로, 질경이를 '차전자'로, 콩을 '대두'로…… 우리 말의 뜻과 소리의 느낌과는 아무 상관이 없는 중국글자의 음, 곧 중국말 소리를 우리의 풀과 나무 이름으로 갖다 붙인 것도 중국글만 들여다보며 살아가던 양반들이었다.

왕조시대 양반들뿐 아니고 일제강점기 이후의 지식인들도 같은 잘못을 저질렀다. 우리나라의 모든 시인은 두견새를 노래한 시를 읊으면서 그것이 사실은 소쩍새란 것을 모르고 있었다는 지적은 미승우 씨가 한

바 있지만, 이것은 글을 쓰는 사람들이 얼마나 실제의 삶에서 떨어져 있는가, 책 속에서만 살고 있는가를 잘 말해준다. 일본어로 번역한 러시아 문학을 읽은 우리는 톨스토이나 투르게네프의 작품에 가끔 나오는 '白樺'나무를 그대로 '백화나무'로 읽고 번역할 줄밖에 몰랐다. 그런데 알고 보니 그것은 자작나무였다. 서양인들의 시에 나오는 '들장미' '야장미'도 우리는 번역한 것을 그대로 읽고 그대로 말해오면서 그것을 '찔레꽃'으로 바꿔 생각할 줄은 몰랐다.

'나이팅게일'이란 새 이름도 일본어 번역 따라 "밤꾀꼬리"로만 하지 말고, 실제 그 새 모양과 소리를 듣고 우리가 알고 있는 어떤 새에 가장 가까운가를 판단해서 그 이름을 옮겨 적어야 한다고 본다.

남의 나라의 새 이름, 서양에 있는 나무 이름이야 잘못 옮겨 쓴다고 해도 그렇게 큰 해를 입지는 않는다. 정작 문제는 우리 것이다. 우리나라의 작가들은 이 땅에서 우리와 함께 숨 쉬고 있는 풀이며 나무며 새들의 이름을 너무 모른다. 모를 뿐 아니라 알려고도 하지 않는다. 그래서 글에 나오는 자연은 그저 이름 모를 풀이요 이름 모를 새 들이다. 이 땅의 자연을 모르고서 이 땅의 인간을 이야기할 수 있을까? 백성이 그 속에서 살면서 역사를 만들어 오고, 백성의 마음에 무늬를 주고 빛깔을 준 자연은 그냥 이름 모를 풀이나 나무가 아니라 하나하나 분명한 우리 말의 이름을 가진 꽃이요 풀이요 나무요 새다. 우리 겨레의 혼이 깃든 보금자리인 그 자연을 제대로 보여주지 못한다면 그것이 진정한 이 땅의 문학이요 예술이라 할 수 있을까?

그래도 풀이나 나무의 이름은 아쉬운 대로 식물도감에 사진으로 그림으로 모아놓았고, 그 이름들도 대체로 우리 말로 적어놓았다. 그런데 하루하루 멸종해가는 여러 가지 곤충들, 물고기들은 그 이름과 사진조차 제대로 남겨놓는 일을 못하고 있다.

4. 일제 말, 군대 말

(1)

송영이 쓴 소설 「월파선생」(月波先生)은, 3·1운동 이후 우리나라 방방곡곡의 농어촌에서 사설학원이나 학교가 생겨나게 되고, 그래서 그 이전에 있던 한문서당이 이 학원이나 학교로 말미암아 어떻게 문을 닫게 되는가, 그리고 이 과정에서 지주나 옛날의 서당선생까지, 자치적으로 운영하는 마을의 교육기관과 농민운동을 관청이 탄압하는 일에 어떻게 협조했는가를 보여주는 소설이다. 이 소설에서 한문서당을 그려 보인 다음과 같은 대문이 나온다.

월파선생은 마루 끝으로 나와서 한 손으로 구레나룻을 쓰다듬으면서 위엄을 띠우고 섰다.
길동이는
"기착"
"경례"
아이들은 각인각색으로 예를 했다.
아주 꾸부린 애도 있고 고개만 숙인 애도 있다.
울퉁불퉁한 모양은 선생을 노하게 만들었다.

여기 나오는 기착, 경례 하는 구령 문제다. 이 기착이란 말은 "기오쓰케"(정신 차렷!) 하는 일본말인데, 이것을 중국글자로 섞어 쓸 때 '氣を着け'라고 쓰니 우리나라 사람들은 기착이라고 읽고, 그대로 따라서 이 말을 구령으로 삼고 있는 것이다. 참으로 부끄러운 일이다. 더구나 이 "기오쓰케" 하는 구령은 일본군대에서 훈련할 때 쓰는 말이다. 이것을 다른 자리도 아닌 한문서당에서 따라 썼다는 것은 얼마나 잘못된 일이고, 우습기도 하고 부끄럽기도 한 일인가?

그 당시 한문서당이 이랬으니, '새 학문'을 가르친다는 학원이나 학교에서는 어떤 방법으로 아이들을 가르치고 대했겠는가. 아이들을 훈련할 때 쓰는 말이 한문서당과는 달리 새롭고 창조적인 우리 말을 썼으리라고는 믿을 수 없다. 아니, 오히려 학원이나 학교에서 가르치는 것을 서당에서 따라갔으리라는 생각이 든다.

3·1운동 전후인 그때부터 우리들의 민간교육인 서당과 야학과 사립학교들이 이렇게 일본 사람들이 하는 꼴을 그대로 따라갔다는 것은 그 이후 일제 식민지의 교육은 말할 것도 없고, 분단 40여 년을 살아온 오늘날까지도 우리 교육이 벗어나지 못한 굴레요 함정이 되어 있다.

다른 말 다 제쳐놓고 우선 이 기착이란 기괴한 말에 대해서 좀더 살펴보자. 일제강점기에야 일본말로 가르치고 군대식으로 훈련했으니 바로 '기오쓰케'로 구령을 부른 것은 말할 것도 없는데, 그 일본군과 일본인들이 다 가 버린 다음 어떻게 했던가? 그때 우리끼리 모였을 때 자, 아이들을 줄로 세워서 인사를 하게 해야 하는데 무슨 말로 구령을 불러야 하나 하는 것이 첫째로 논의거리가 되었다. 그래서 "어느 학교에서는 '기착' '경례' 한답니다" 하는 선생님이 있어, 그렇게 하려다가 결국 내가 있던 학교에서는 그런 구령을 불러보지도 못하고 곧 행정지시가 있어 차렷으로 불렸던 것이다. 그러니까 내가 알기로 해방 직후 한동안 적지 않은 학교에서 기착을 써먹은 줄 안다.

문제는 기착이란 일본말에만 있는 것이 아니다. 우리는 지금까지 40여 년 동안 초등학교에서부터 대학에 이르기까지 모든 학교에서 차렷하는 구령을 당연히 써야 하는 교육 용어인 줄 알고 썼고, 그래서 이 말이 무엇을 뜻하는가? 어디서 왔는가를 알아보려고도 하지 않았고 여기에 대한 아무런 깨달음도 없었다.

차렷이란 말은 분명히 우리 말이다. 그러나 '기오쓰케'(정신 차렷)란 일본말을 그대로 옮긴 것이다. 더구나 우리 교육의 역사를 살펴보면 다른 교육 용어와 함께 일본말을 그대로 옮겨 쓰는 것이 의심할 여지가 없다.

이 차렷이란 구령 속에는 우리 교육 80년의 식민지꼴 정체성과 군대식 억압교육의 상황이 상징으로 나타나 있다고 본다. 우리는 아직도 '기오 쓰케' 교육을 하고 있는 것이다.

해방이 되었다는 그때 우리는 일제의 사슬에서 풀려나 우리와 함께 기뻐 날뛰는 그 순박하고 천진한 아이들의 모습을 바라보면서 그 아이들의 참되고 아름다운 삶을 어떻게 하면 가꾸어나갈 것인가, 그 아이들의 창조력을 어떻게 뻗쳐줄 것인가를 마땅히 걱정하고 의논하고 연구했어야 했다. 그런데 우리는 무엇을 생각했던가? 아이들을 어떻게 '정렬'시키고, '경례'를 어떻게 시키고, 행진을 어떻게 시키나, '규율'을 어떻게 잡아나가나 하는 것을 걱정했다. 그래서 기착이든지 차렷이든지, 무슨 구령이든지 아이들을 깜짝 놀라게 하는 고함소리를 버럭 질러서 정신을 바짝 차리게 하는 것이 당연하고, 그렇게 하는 것이 교육이라고 믿었다. 그래서 일제강점기에 쓰던 교육 용어를 그대로 모조리 우리 말로 옮겨썼고, 학교 이름조차 그대로 두었다. 이 땅에서 쫓겨 간 일본인들은 자기 땅에 돌아가 그런 군대식 교육 용어를 모조리 버리고, 학교 이름도 소학교로 고쳤는데, 정작 우리는 황국신민을 훈련하던 일본 군국주의 교육체제와 방법을 그대로 물려받아 가지게 된 것이다. 이 얼마나 부끄럽고 한심하고 슬픈 일인가?

그때 교육을 맡았던 20대의 우리 교사들을 생각해본다. 우리 역시 일제 군국주의 교육을 받아 자라났으니 군대식 교육밖에는 달리 무슨 참교육이 있다는 것을 생각해본 적이 없다. 배운 것이 그것뿐이니 그렇게 할 수밖에 없었다. 교육이란 얼마나 어려운가 여기서 깨닫게 된다. 아직도 이 땅에서 민주교육을 할 수 있는 사람이 과연 몇이나 있는지 나는 의심한다. 이 땅에서 민주교육을 받은 사람은 아무도 없다. 민주교육을 받아보지 못한 사람이 민주교육을 한다는 것이 얼마나 힘들고 어려운 것일까? 과연 가능한 일일까? 그러니까 우리는—어떤 교육자라도 자기가 아이들 앞에 스승이라고 높은 자세로 내려다보아서는 안 된다. 모두가 학생이고 어린아이가 되어 이제부터 민주주의를 아이들과 함께 배운다는 마음가짐을 잠시도 잊어서는 안 될 줄 안다. 그러지 않고는 우리들 뼛속까지 스며들어 있는 '기요쓰케' 교육의 해독을 지워 없앨 수 없을 것이다.

(2)

차렷이란 구호 다음에 어떤 말이 이어지는가는 쉽게 생각할 수 있다. 부동자세, 주목, 명령복종, 철저 이행, 엄중문책, 단속강화, 용의단정, 복장검사, 집합, 해산, 휴식, 기립, 착석, 우향우, 좌향좌, 구보, 조반, 중식, 식사완료, 취침, 조기청소, 정렬, 일렬횡대, 기합……

이래서 군대의 말은 곧 중국글자말이고, 백성들이 만들어내지 않은 말, 백성들을 지배하고 억압하는 말이 되어 있다.

- 그러나 대열은 동요하고 있었고, <u>후미</u>의 일부는 이미 돌아서서 온 길을 되돌아가기 시작하고 있었다. 『말』, 제21호
- "<u>제군</u>들의 요구 조건이 뭐냐?" 『말』, 제21호
- "진정하십시오. 감호생 여러분! 인질을 풀고 모두 <u>원위치</u>하십시오." 『말』, 제21호

여기 나오는 후미, 제군, 원위치 같은 말은 일반 사회에서는 쓰지 않는 말이다. 이런 말을 쓰는 사회에서는 이런 말 대신에 쉬운 말을 쓰게 되면 곧 사람다운 분위기가 감돌게 되어 그 특수한 사회의 억압구조가 뒤흔들린다. 그러니까 이런 말을 쓰는 것이다. 군대사회고 학교사회고 관료사회고 모든 비민주사회에서는 그 사회의 특수한 체제를 유지하기 위해 이렇게 밖으로 위세를 보이는 중국글자말이나 서양말을 많이 써서 그 반인간체제와 체제의 꼭두각시로 움직이는 사람을 지키려 한다. 그런데 문제는 이런 특수사회의 말이 오랜 세월 쓰이는 동안 일반사회에 번져가는 데 있다. 더구나 우리 역사에 뿌리깊이 박혀 있는 '관존민비'라는 삶의

태도는 이런 특수사회의 억압구조를 나타내는 말을 쉽게 널리 퍼뜨렸으니, 그 결과 백성의 말, 민중의 말은 끊임없이 위협받고 쫓겨나고 시들어 버리는 길을 걸어온 것이다.

(3)

정치인이나 관리들 가운데는 어째서 저런 말을 쓸 기분이 나는가 싶은 말을 자랑스럽게 쓰는 것을 흔히 볼 수 있다. 예를 들면 국위선양, 비상시국 같은 말이 그렇다. 이런 말은 일제 말기에 지긋지긋하게 듣고 읽었다. 그때 친일 문인들이 신문이나 잡지에 발표한 글을 찾아보면 틀림없이 이런 말이 나올 것이다. 국민정신이란 말도 그렇다. '국민총동원' '국민정신작흥주간' 따위로 얼마나 많이 썼던가? 유신은 바로 '명치유신'을 연상하지 않고 읽을 수도 들을 수도 없다. 이것이 어찌 나뿐이겠는가? 일제강점기 학교 공부를 한 사람이면 모두가 그럴 것이다. 얼마나 우리 말이 없기에 일본 사람들이 쓴 말을 빌려왔을까? 이것 역시 말이 없는 게 아니고 생각이 없고 정신이 없는 것이다. 일본역사에 홀딱 빠진 정신 상태다.

- 시민대중의 잠재 세력을 전국 규모로 엮어 세워나가는 작업에 매진해야 할 시기인 것이다. 『말』, 제21호

여기 나오는 이 매진(邁進)이란 말을 나는 일제 군국주의를 떠벌리는 사람들이 자주 쓰던 '일로매진'(一路邁進) '용왕매진'(勇往邁進)이란 말들을 연상하지 않고 읽을 수 없다. 이 글을 쓴 사람이 그때 군국주의 광신자들이 쓰던 말임을 알고 썼다는 것이 아니다. 알든 모르든 이 말을 쓰는 사람은 이런 중국글자말이 해내는 사회 속의 기능을 잘도 해내고 있다고 본다.

매진이란 말뿐 아니다. 돌입(突入), 옥쇄(玉碎), 산화(散華) 같은 말들은 한

동안 신문기사에 자주 나오고 민주운동을 하는 이들도 썼는데, 기왕이면 순수한 우리 말, 백성들의 말로 쓸 수 없을까?

- 조합원 전원 농성 돌입 (→모두ㅣ→〔에〕 들어가) 어느 신문
- 옥쇄의 각오로 일전불사 (→죽을ㅣ→한판 싸워야) 어느 정당 신문
- 5월의 하늘에 산화한 님이여 (→꽃잎으로 진) 어느 인쇄물

이런 돌입, 옥쇄, 산화 같은 말들은 중국글자말일뿐더러 일본 군국주의자들이 즐겨 쓰던 말이다. 누구든지 생각이 있으면 도서관에 가서 신문 자료를 찾아보라. 1940년대에 나온 큼직큼직한 전쟁찬양 보도의 신문기사 제목에서 이런 말들을 숱하게 발견할 것이다.

5. 강론 말

(1)

입으로 하는 말 가운데서는 여러 사람 앞에서 말하는 연설, 강의, 설교, 설법 같은 말들이 더 문제가 된다. 문제가 된다는 것은 백성의 말에서 떠나기 쉽다는 뜻이다. 두 사람이나 세 사람, 혹은 너덧 사람쯤 서로 무릎을 맞대놓고 이야기할 때야 보통 정상의 태도와 목소리로 말하겠지만, 수십 명이나 수백 명, 또는 그 이상 많은 청중 앞에서 말할 때는 사람의 심리가 좀 정상이 아니게 되는 경향이 있다.

내 경험으로 말하면, 많은 사람 앞에서는 위축이 되는데, 이렇게 위축이 되어서는 말을 제대로 할 수 없기에 아주 큰마음을 먹고 배짱 내미는 태도로 나간다. 정말 어느 책을 읽었더니 여러 사람 앞에서 연설 같은 것을 할 때는 거기서 듣고 있는 사람들이 모두 자기보다 못한 사람들이라 생각하며 내려다보는 태도로 말하라고 쓰여 있었다. 역시 배짱이 있어야 남들 앞에서 말을 하게 되는가 보다. 그런데 바로 여기에 문제가 있다.

한쪽에서 자기 혼자만 배짱으로 지껄이는 말이 듣는 이들에게 무슨 도움을 줄 수 있겠는가? 요즘은 이런 일방통행의 배짱으로 나오는 말들이 너무 많다. 서로 주고받는 말은 없고, 살아 있는 사람의 말은 없고, 요란하고 을러대고 제멋대로 된, 한마디로 민주에 거슬러가는 말들만 넘쳐 있는 세상이 된 것은 아닌가?

(2)

교사나 교수들의 강의, 무슨 연구발표회 같은 자리에서 하는 강연을 들을 때마다 크게 느끼는 것은 저게 '말'이 아닌데, 저건 글인데 하는 것이다. 말이 아닌 글이요 문장을 입으로 말한다는 느낌이다. 어떤 의식이나 강연, 혹은 무슨 학술 발표회에서 아주 원고를 써 가지고 가서 읽는 경우가 있다. 글을 그대로 읽는 것이야 글이니까 그렇게 듣는다. 그런데 말을 하면서 그 말이 말이 아니고 글에 가깝고 글이 되어버리는 것을 어떻게 보아야 할까?

이것은 매우 좋지 못한 현상이다. 말과 글, 이 두 가지에서 말할 것도 없이 말이 먼저 있는 것이고 글은 말을 따라가는 것이다. 말이 으뜸이고 뿌리다. 그런데 거꾸로 글을 따라 말을 하게 된다는 것은 (물론 극히 적은 어떤 부분에서는 그럴 수도 있지만 전체로 보아서) 있을 수 없고 있어서도 안 된다. 말이 병들기 때문이다. 이 있을 수 없고 있어서는 안 되는 일이 예사로 벌어지고 있는 것이, 우리 말이 병들어가고 있는 현실이다.

그럼 어째서 말이 말이 아닌 글로, 글말로 되는가? 원인은 두 가지다.

첫째로, 강의를 하든지 강연을 하든지, 말을 팔고 있는 사람은 대개 그 말을 팔아먹는 노릇을 직업으로 삼고 있는데, 그러자니까 언제나 책을 읽고 책 속에서 자기가 말할 자료를 찾고 준비를 하게 된다. 따라서 그가 하게 되는 말은 책에서 나왔고, 말씨며 말법이 책에 써놓은 글같이 되지 않을 수 없다. 사실은 그 책을 쓴 사람도 다른 책을 보고 자기 생각을 정리해서 쓴 것이다. 그리고 이렇게 그 책들을 읽고 책의 글을 말로 옮겨

전하면 그것을 전해들은 사람이 또 그런 말을 하고 그런 책을 쓰게 된다. 이래서 사람의 말이 책에 써놓은 글에 매달리고 따라가다보니 말은 간곳 없이 되고 어설픈 글만 남는 것이다.

다음 또 하나 이유는, 강연이나 강론을 하는 사람은 대개 미리 준비로 말할 내용을 글로 써서 그것을 외우듯이 말하거나 그 글을 대강 따라서 말한다. 물론 아주 그대로 읽어 나가기도 한다. 이렇게 거듭하다보니 그만 어느새 말이 글같이 되고 만다.

말을 떠난 글의 세계, 그 맛없고 삭막한 세계에서 우리는 벗어나야 한다. 말과 삶이 있는 사람의 세계, 뭇사람들의 세계로 찾아가야 한다.

(3)

다음은 어느 연구발표회에서 한 교수님이 하던 말을 잠시 듣고 몇 가지 적어놓은 말이다.

- 이런 성격을 가지고 <u>있다라는</u> 것입니다.
- 이런 뜻으로 받아들이고 <u>있다라는</u> 것입니다.
- 우리는 <u>보다</u> 앞선 자리에서
- <u>보여집니다</u>.
- <u>여겨집니다</u>.
- 우리나라에 <u>있어서는</u> 이보다 귀한 것이
- 그렇게 <u>했었던</u> 것으로 압니다.

여기 나오는 말 가운데서 "있다라는"을 뺀 다른 말들 −보다(어찌씨), −집니다, 에 있어서는, 했었던 들의 말은 이미 앞장에서 들어 보인 대로 일본말 또는 영어를 따라 쓰는 남의 나라 말투요 말법이다. 이런 남의 나라 말투와 말법이 잘못된 글에서만 쓰일 뿐 아니라 이제는 벌써 입으로 하는 말에까지 쓰이고 있다는 데 문제가 심각함을 생각하지 않을 수 없다.

이런 말을 한 분은 어쩌다가 잘못 말을 한 것이 아니라 빈번하게 이런 말들을 썼던 것이다. 그리고 사실 이런 말은 어떤 특수한 말버릇을 가진 사람이 한 강론의 말이 아니고 이제는 거의 모든 교수나 학자나 그밖의 지식인들이(사람에 따라 그 정도의 차이는 있겠지만) 예사로 하는 글말투의 말이 되었다.

(4)

'있다라는' '한다라는' 이럴 때에 이 −라는, −라고의 말버릇은 일본말에서 온 것이라기보다 이것이 한갓 강론 버릇말로서 70년대 이후에 널리 퍼진 것 같다. −다라는, −다라고 하는 말이 아주 틀렸다는 것이 아니다. 남의 말이나 글을 인용하거나 전할 때에 쓰는 말은 −다라는 말도도 '−다 하는'(−다 하고)도 쓸 수 있고 '−다는'(−다고)이라 쓰는 것이 더 알맞을 때도 많다. 그런데 거의 어떤 경우에도 모조리 다라고(−다라는) 한 가지만 쓰는 것이 문제이고, 또 이럴 경우 대개 입으로 하는 말에서 떠나버린 글말이 되어 있다는 것을 지적하고 싶다.

다음에 그 보기를 들어보겠다.

- 니카라과의 오르데가 대통령은 지난 2월 4일 라디오 연설을 통해 미 하원의 콘트라 원조 거부는 "평화 노력을 높이는 것이다"라고 평가하면서도 "싸움은 아직 끝나지 않았다. 레이건 대통령은 전쟁의 계속을 위해 새로운 방법을 검토하고 있기 때문이다"라며 국민에게 혁명 방위를 위한 대량 동원 준비를 호소했다. 한편 콘트라 지도자는…… "우리는 자유를 위한 싸움을 멈출 의사가 없다"라고 밝혔다. 『말』, 제21호

이 보기 글에서 −라고(−라며)가 세 군데 들어 있다. 이렇게 인용한 말 다음에는 반드시 …라고만을 쓰는 것이 살아 있는 입말에서 떠난 글말버

롯이라고 본다. 이 세 가지 경우에서 맨 첫번에 나오는 "'-것이다'라고"는
"'-것이다' 하고"로도 쓸 수 있고 "'것이다'고"도 쓸 수 있다. 두 번째 나오
는 "'-때문이다'라며"는 "'-때문이다' 하면서"로 써도 된다. 세 번째의
"'-의사가 없다'라고"는 "'-의사가 없다'고"든지 "'-의사가 없다' 하고"가
훨씬 자연스럽다.

- "저는 교사의 권리를 주장한 적은 없습니다. 다만 교사의 의무를 다하려고 노력했을 뿐입니다"<u>라고</u> 말했다. 『말』, 제21호

이 경우에도 라고보다는 '하고'가 더 살아 있는 말이 될 것이라 생각한
다. '하고'에서 '하'를 뺄 수도 있겠지.

- 자국의 영토를 외국의 반정부 세력에게 사용치 못하게 <u>한다라는</u> 5개 항목을 90일 이내에 동시에 실행하고…… 『말』, 제21호

여기서는 아주 어설픈 글말로 된 것이 뚜렷하다. "한다라는"이 아니라
'한다는'이라 해야 우리가 쓰는 말이 된다.

- "이 법안 처리는 당연히 무효다"<u>라고</u> 고함쳤고…… 『동아일보』, 1988. 3. 7.

여기서도 라고보다는 '하고'라 하는 것이 더 좋다.

- 나도 이런 글을 써보고 <u>싶다라는</u> 욕구를 일으킬 수 있다면…… 어느 교사의 글

"싶다라는"이 아니라 '싶다는'이라 써야 입말이 된다.

- '누가 썼는가'라는 것이 문제가 아니다. 어느 교사의 글

이것도 "라는"보다는 '하는'이 좋겠다.

- 마음껏 뛰어놀 수 있는 장소를 마련해 <u>주어야겠다라고</u> 생각하여 탁아소를 시작했지만…… 『개구쟁이 어린이방』, 1988. 7.

이것도 "주어야겠다라고"에서 "라"를 빼고 '주어야겠다고'로 써야 살아 있는 말이 된다.

- 가장 형편없는 임금을 받을 수밖에 <u>없다라고</u> 당연시하는 사고들이 깨우쳐져야 합니다. 『개구쟁이 어린이방』, 1988. 7.

여기도 "없다라고"는 '없다고' 해야 옳다. '없다 하고'로 쓸 수도 있겠다. 다른 문제이지만 "당연시하는" 이하의 글은 '당연하게 보는 생각들을 깨우쳐야 합니다'로 고쳐야 하겠다.

- 우리를 데모한 학생들의 <u>주동자들이다라고</u> 생각을 고쳐먹으면 잡을 수 있어요. 『한국일보』, 1988. 10. 13.

"주동자들이다라고"는 "다"나 "라" 두 글자 중 어느 하나를 빼면 된다. '주동자들이라고' '주동자들이다고' 이렇게 말이다.

- 고위직에 있는 어떤 분과 얘기 중 공직이든 아니든 한 조직체 내에서 높은 자리에 오르고 그 자리를 지키는 것은 산의 모습과 <u>같다라는</u> 말을 들은 적이 있다. 『대전일보』, 1988. 10. 28.

이 "같다라는"도 '같다는' 해야 자연스러운 입말이 된다. 인용한 글을 구분하고 싶으면 차라리 따옴표를 쓰는 것이 좋겠다.

- 그는 교장을 임기제, 임명제로 하여야 <u>한다라고</u> 나름대로의 당위를 역설했는데……『한겨레』, 1989. 2. 14.

이 "한다라고"는 '한다고'로 써야 입말이 된다.

지금까지 보기로 든 모든 글에 나오는 라고(라며, 라는)는 마땅히 입으로 하는 말대로 써야 그 글들이 우리 말로 살아난다고 본다. 그런데 이 '강론말버릇'이 벌써 얼마나 널리 퍼져 있는가? 앞에서 말한 대로 글뿐 아니라 실제 입으로 하는 말까지 라고 한 가지로 되어버린 듯하다. 적어도 젊은이들의 말에서는 그렇다. 책에서 모조리 그런 글만 읽고, 교실에서 그런 말만 들으니 입에서 나오는 말이 그렇게 안 될 수 없다.

- 요즈음 학생과 스승의 관계가 아주 잘못되어 <u>간다라고</u> 말하는 분이 있는데…… 어느 방송

"간다라고"가 아니고 '간다고' 말해야 한다.

- 그런 것을 볼 때 상당히 도움이 <u>된다라고</u> 생각하거든요. 어느 방송

"된다라고"가 아니고 '된다고'다.

- 그런 문제가 <u>있다라는</u> 것은…… 어느 교사의 말

'있다는'이라 해야 한다.

- 있을 수 없다라는 생각이 들어서…… 어느 교사의 말

'없다는' 해야 입말이 된다.

- 라면을 먹으면 기형아를 낳게 될 우려가 있다라는 것이지요. 어느 교사의 말

'있다는'이라 해야 한다.

- 그렇게 되어 있다라는 문제에 있어서…… 어느 토론에서 나온 말

'있다는'이라 해야 한다.
"문제에 있어서"는 '문제에서'로 써야 옳다. 말을 말로 하지 않고 글에 갇혀 있는 생각, 글로 나타내는 생각으로 하자니 이 꼴이 된다.

- 자연이 아름답다라는 것은…… 어느 젊은이의 마주이야기

'아름답다는'이라 말해야 한다.

- "정치에서도 신의가 있어야 할 것 아닌가"고 노골적으로 불만을 표시…… 『동아일보』, 1988. 3. 17.

참으로 만나기 힘든 글, 반갑게 만난 글이다. 그런데 이 경우에는 따온 말의 끝이 "가"이니까 그다음에 바로 "고"를 쓰는 것보다 '하고'를 쓰는 것이 말이 부드러워질 것 같다.

- 기악성 자체를 무시하고 쓰임새만 좋으면 좋다라는 생각은 옳지

않습니다. (→좋다는) 『한겨레』, 1989. 5. 24.

(5)

초등학교 선생님들의 말버릇 한 가지를 들자면 아이들 앞에서 자기를 가리키면서 "선생님은……" 하는 것이다. 처음 입학한 1학년 아이들 앞에서 잠시 그렇게 말할 수는 있겠지만 언제까지나 그 말버릇을 고치지 못하는 것이 문제다. 왜 아이들 앞에서 "나는……" 하지 못할까? "나는……" 하면 선생님의 위신이 아주 떨어진다고 생각하는가?

교사가 아이들 앞에서 "선생님은……" 하고 대하는 태도와 "나는……" 하고 대하는 태도는 엄청나게 다르다. "선생님은……" 하는 교사는 아이들 위에 올라서서 권위를 보이려는 태도로 교육하는 사람이고, "나는……" 하는 교사는 아이들과 같은 자리에서 이야기를 주고받고, 아이들과 사람다운 정을 나누고 생각을 나누는 사람이다. 어느 쪽이 참교육을 하는 교사인가는 말할 필요도 없다.

조회 때 운동장에 아이들을 부동자세로 정렬시켜놓으면 지휘단 위에 올라간 주번교사의 입에서 "나는……" 하는 말이 나오기란 거의 기대할 수 없다. 저절로 억압하고 위협하는 고함소리가 나온다. 학교의 모든 질서와 체제가 이러니 교사의 말이 쉽사리 바뀔 수가 없겠지만, 한번 교실에 들어가면야 얼마든지 살아 있는 사람의 말을 해야 할 것 아닌가? 인간교육과 민주교육을 하는 자리에서 살아 있는 말하기는 노조 만드는 일에 못지않게 중요하다고 나는 생각한다.

내가 하고 싶은 말을 요약하면 교사들이 제발 선생님이란 틀 속에 갇혀 있지 말라는 것이다. 길이 들여진 버릇, 길이 들여진 말과 행동, 거기서 빠져나와서 살아 있는 아이들을 보고 살아 있는 말을 할 수 있어야 비로소 사람의 지식을 키우는 교육이 된다는 것이다. 교육자는 교육자다워야지 어디 노동자가 될 수 있는가—바로 이런 말에 함정이 있다. 교육자답지 않고 오히려 노동자같이 되는 것이 바람직하다. 깨끗한 신사 숙녀복을 벗어 던지고 노동자들이 입는 잠바 차림으로 아이들 앞에 나가야 그 아이들이 선생님 품으로 들어온다. 그래야 아이들과 같이 뛰고 뒹굴게 되고, 참교육을 할 수 있다. 무엇이든지 '-답다' '-답게 된다'는 것이 좋지 않다. 오히려 '답지 않게' 되어야 한다.

어찌 교육자뿐이겠는가? 목사도 마찬가지다. 목사님들의 설교 말도 독특한 말버릇이 있다. 그 유창하게 흘러가는 설교 말의 노래 부르는 듯한 가락은 뭇 신도들의 삶의 말과는 너무나 먼 거리에 있는 말이라 느껴진다. 목사님들이 이런 말의 세계에서 벗어나지 않고는 『성경』의 말씀을 살아 있는 진리의 말로 전할 수 없다고 본다.

승려의 설법 말도, 교수들의 강의 말도, 상급관리가 하급관청 직원들에게 지시하거나 권유하는 말도, 언제나 하고 있는 그 말버릇에서 벗어날 때 비로소 살아 있는 말을 찾을 수 있다. 그래서 참 설법이 되고 참 강의가 되고 효과 있는 지시를 내릴 수 있다. 심지어 버스 안에서 물건을 팔아 보겠다고 떠들어대는 장사꾼까지도 그 이상한 곡조 같은 말씨나 구걸하는 투의 말에서 벗어나 정직한 자신의 목소리를 낼 때 비로소 그 장사도 잘될 것이라 믿는다.

사람다운 말을 한다는 것은 말할 것도 없이 사람다운 행동을 하는 것이다. 사람이 살아가는 나라, 백성이 주인이 되는 나라는 이와 같이 죽은 말의 허물을 벗고 살아 있는 말을 찾아가지는 데서 시작된다.

6. 방송 말

(1)

라디오와 텔레비전의 방송 말은 온 나라 사람들의 말하기 생활에 엄청난 영향을 주고 있다. 책과 신문이 나라 사람들의 글말을 이끌어간다면 방송 말은 나라 사람들의 입말을 이끌어간다고 하겠다. 따라서 이 방송 말이 깨끗하고 아름다운 겨레말을 들려준다면 우리 말의 앞날은 밝을 것이지만, 반대로 방송 말이 오염되어 있으면 우리 말의 앞날은 꽉 막혔다고 아니할 수 없다.

그런데 신문 잡지와 그밖의 모든 책의 문장이 중국글자·일본말·서양말로 병들어 있는 것처럼 방송 말도 신문이나 책들과 조금도 다름없이 병들어 있다. 방송 말은 바로 입으로 하는 말인데도 입말이 아니고 글말이 되어 있는 경우가 너무 많다. 왜 그런가?

그 원인을 생각해보니 두 가지다. 첫째는 원체 방송하는 사람들 자신의 말이 글말로 되어 있는 것이다. 어릴 때부터 책 속에서 자라나고, 그 책의 글을 전하는 강의 말로 생각을 이루어서 말을 하게 되었으니, 이런 지식인의 말이 글같이 안 될 수 없겠다는 생각이 든다. 또 하나 원인은, 방송인들이 미리 방송 내용을 글로 적어서 그것을 그대로 읽어가는 것이다. 방송을 듣고 있으면 말하는 것이 아니고 글을 읽고 있구나 싶을 때가 많다. 또 실제로 방송할 내용을 문장으로 써서 윗사람들의 결재나 검열을 받는 것은 아닌가, 그럴 것 같기도 하다. 이래서야 어디 방송 말이 살아나겠는가?

여기에 또 하나 보태어 낱말의 발음조차 틀리는 경우가 예사다. 이것도 말을 말로써 배우지 못하고 글로써 익혔으니 살아 있는 말의 소리를 알 리가 없어서 그렇다. 사정이 이러하니 방송 말이 우리 말의 본보기가 되기는커녕 도리어 우리 말을 어지럽게 하고 흐리게 하는 근원이 되어 있다는 생각을 지울 수 없다.

더구나 오늘날 자라나는 어린이들은 옛날같이 가정에서 부모들이 이야기를 들려주면서 말을 가르쳐주지 못해서, 아주 어린 아기 때부터 방송을 듣고 말을 배우게 되어 있으니, 겨레 혼을 이어주는 말 교육에 커다란 위기가 닥쳐왔다고 아니 할 수 없다.

(2)

다음은 1988년 7월부터 1989년 9월 사이에 가끔 듣고 적어놓은 라디오와 텔레비전의 말이다. 묶음표 안에는 날짜만 적었다.

중국글자말의 문제

- 오늘 낮부터는 점차로 흐리겠습니다.

이 점차란 말은 어려운 말을 쓰는 경향이라기보다는 '말의 획일화' 현상으로 보는 것이 옳을는지도 모른다. 곧 이와 같은 뜻으로 쓰는 말에는 '점점' '차츰' '차차' 이렇게 여러 말이 있는데, 다른 말은 거의 쓰이지 않고 유독 점차만을 쓰고 있으니 말이다. 글에서도 그렇고 말에서도 그렇다. 본래 우리 말에는 '차츰' '차차' '점점'이 쓰였지, 점차는 입말로 쓰지 않았던 것이다. 입으로 하는 말은 버리고 글에만 나오는 말을 쓰고 싶어 하는 못된 버릇이 여기서도 나타나 있다.

그런데 이제 사전을 살펴보니 이것도 일본말의 영향인 것 같다. '점점' '차츰'(이 말이야 물론 중국글자말이 아니다) '차차'는 『일본말 사전』에 없지만, 점차는 일본어 사전에 나와 있고 일본글에도 나오는 말이다.

- 내일은 점차 구름이 끼겠고…… (→차츰, 차차, 점점) 1988. 9. 30.

하필 일본 사람들이 쓰는 말을 따르지 말고 본래 우리가 많이 쓰던 말을 쓰는 것이 옳다.

- 오늘부터 점차 흐리겠습니다. (→차츰, 차차, 점점) 1989. 3. 18.

그리고 보니 날씨를 알리는 방송에는 언제나 이 점차란 말이 쓰인다.

- 그런 처방을 하는 것이 치료의 관건이 됩니다. (→열쇠) 1988. 9. 16.
- 오늘의 경기도 종료되어가고 있습니다. (→끝나) 1988. 9. 29.

- 금메달을 탈 가능성도 배제하지 않습니다. (→탈 가능성도 있습니다. 탈 수 있을지도 모릅니다.) 1988. 9. 29.
- 제24회 올림픽 축구에는 소련이 금메달을 획득했습니다. 브라질은 은메달을 획득했습니다. (→땄습니다, 받았습니다.) 1988. 10. 1.
- 어디로 달려가는가 의아했습니다. (→이상했습니다, 이상하게 여겼습니다.) 1988. 10. 1.
- 예측불허의 사태가 벌어지고 있습니다. (→미리 짐작할 수 없는 일이) 마라톤 중계방송
- 농사 짓는 괴로움은 차치하고라도…… (→그만두고라도) 1988. 11. 23.
- 이번에는 대체적으로 봐서 (→대체로) 1988. 12. 18.
- 그럼에도 불구하고 억제선을 넘어서서…… (→그런데도) 1989. 1. 14.
- 마침내 광주를 일러 광주민주화운동이라 명명한 것이다. (→이름 붙인) 1989. 3. 8.
- 결과적으로 이날의 집회는 무산됐으며…… (→결과로, 결과에서 | →안개로 흩어졌으며, 깨졌으며, 못 열게 됐으며) 1989. 3. 9.
- 앞으로의 동향을 예의주시하겠다고 했습니다. (→앞으로 움직임을 | →잘 살피겠다고) 1989. 3. 28.
- 지금 모든 차량이 광화문 쪽을 향해 서행을 하고 있는 중입니다. (→차 | →천천히 가고) 1989. 2. 10.
- 중국 무안을 비롯해 수개 도시에서는…… (→몇 개) 1989. 5. 24.
- 대부분이 비행과 관련한 약물복용 문제로 내담하거든요. (→와서 의논하거든요.) 1989. 5. 24.
- 장기간 근로 능력을 상실한 사람 등이 해당된다고 하겠습니다. (→오랫동안 일을 할 수 없는 사람들이) 1989. 5. 24.
- 교원노조는 초미의 관심사가 되었습니다. (→매우 급한 관심거리가) 1989. 5. 26.
- 문익점 선생의 생애를 재조명하게 됩니다. (→다시 비춰보게)

1989. 6. 12.

- 종착역인 <u>목포에게</u> 도착하겠습니다. (→목포에) ^{기차방송}

이것도 내가 실제로 들었던 말이다. 기차를 타고 듣는 차 안 방송이 말이 아니고 노래 같기도 하고 서투른 글 읽는 소리 같다는 느낌을 받기가 예사인데, "목포에게……" 하는 것도 방송 말이 말에서 떠나 있다보니 이런 꼴이 되는 것이다.

일본말, 일본말법을 쓰는 경우

- 기대가 <u>모아집니다</u>. (→모입니다.) ^{마라톤 중계방송}
- 그런 모습이 약간 <u>보여집니다</u>. (→보입니다.) ^{마라톤 중계방송}
- 직접 협상이 되지 않을까 <u>보여지고 있습니다</u>. (→보입니다.) 1989. 1. 14.
- 광주의 이름은 드러내 놓고 <u>말해져야</u> 할 그 무엇이었던가 (→말해야) 1989. 3. 8.
- 망월동은 이 시대의 한 상징으로 <u>불리우게</u> 되었다. (→부르게, 말하게) 1989. 3. 8.
- 광주 5·18로 <u>불리우게</u> 되는 날 (→부르게, 말하게) 1989. 3. 8.
- 당시 총을 들었던 사람들은 아직도 폭도며 난동자로 <u>불리고</u> 있다. (→점찍혀, [사람들을……] 부르고, 말하고) 1989. 3. 8.

우리 말에서는 '부르다'란 움직씨를 "불리다"로 쓰지는 않는다. '노래부르다'도 마찬가지다.

- 금산은 옛날부터 장수의 고장이라고 <u>일컬어지는</u> 곳으로…… (→일컫는, 말하는) 1989. 3. 18.
- 자민당의 후계자로 나올 것으로 <u>보여집니다</u>. (→보입니다.) 1989. 5. 29.
- 7월 하순에 국회가 열릴 것으로 <u>보여집니다</u>. (→보입니다.) 1989. 5. 29.

- 이번에 지어지는 아파트는 모두 소형으로 지어지며…… (→짓는 | →지으며) 1989. 7. 13.
- 화학에 있어서는 내용면에 있어서도…… (→화학에서는 내용에서도) 1988. 12. 18.
- 아시다시피 과거에 있어서는 소련의 군사과학이…… (→과거에는) 1989. 1. 14.
- 그러니까 인간에 있어서는…… (→인간에서는, 인간은, 인간으로서는)
- 정당차원에서의 교섭을 받고…… (→정당치원의, 정당차원에서) 1988. 7. 16.
- 주거환경이 보다 좋아질 것으로 믿어집니다. (→더욱) 1988. 7. 16.
- 이들 업종에 대한 사후 관리를 보다 현실화하기 위해…… (→더욱) 1989. 1. 14.
- 관중들이 어이샤 어이샤 응원을 보내고 있습니다. (→영차영차) 1988. 9. 29.

우리나라 구경꾼들이 응원을 하는데 일본 사람같이 "어이샤 어이샤" 했다고 믿어지지 않는다. 실제로 어떤 구경꾼들이 그런 소리를 질렀다고 한다면 이것도 방송인들의 책임이 크다.

서양 말법을 쓰는 경우
- 공인기록으로 인정받지 못했었습니다. (→못했습니다.) 1988. 7. 17.
- 계엄령이 선포됐으니까 집으로 돌아가라고 했었습니다. (→했습니다.) 1989. 3. 8.

글말을 쓰는 경우
- 올해 안에 수사를 끝낸다라는 것은 어려울 것으로 내다봅니다.

(→끝낸다는) 1988. 12. 25.

이것은 옳은 글말도 될 수 없다.

- 5공 비리 수사를 <u>마무리짓는다라는</u> 취지 아래…… (→마무리 짓는다는) 1989. 1. 23.

"취지 아래"는 '취지로'가 좋다.

- 이런 방법으로밖에는 <u>해결할 수 없다라는</u> 생각을 하게 되는가 봐요. (→해결할 수 없다는) 1989. 5. 24.
- 연말까지는 10프로까지 되지 <u>않겠는가?라고</u> 보고 있습니다. (→않겠는가.) 1989. 9. 2.
- 그때 창고에 숨겨놓은 아편, 땅 밑에 묻어놓은 아편을 전부 내놔라, 모조리 <u>불태워버리겠다라고</u> 큰소리쳤습니다. (→불태워버리겠다고) 1989. 9. 2.

이 말들을 보면 "되지 않겠는가?" "불태워버리겠다" 이렇게 말하고는 잠시 말을 끊었다가 다시 힘을 주어 라고로 시작하고 있다. 이런 말버릇이 언제부터인지 널리 퍼져 있는데, 나는 이것을 대학교수들이 퍼뜨린 외국말 번역문체를 따른 강론말버릇이라고 본다.

말이 "-했다" "않겠는가"로 일단 끝났으면 그다음 시작할 때는 라고가 나올 수 없고 "이렇게" "이런-"과 같이 나와야 할 것이다. 물론 '-다' 말끝이 나와도 숨이 끊어지지 않고 "버리겠다고 큰소리쳤던……" 하고 이어 간다면 문제는 없다.

- 한 시간 동안 달이 <u>없으므로 인하여</u>…… (→없기 때문에, 없어서)

제1장 말의 민주화1) 275

1989. 1. 1.

- 점차 개선 내지는 향상될 것으로 보입니다. (→조금씩 고쳐지거나)

낱말을 잘못 발음하는 경우

- 어쩌면 그렇게 <u>햇비시</u> 곱고 고마운지요. (→햇빛이) 1988. 7. 16.
- 무슨 <u>햇비시</u> 이렇게 시들해…… (→햇빛이) 1989. 7. 19.
- <u>들꼬슨</u> <u>스스로</u> 자란다. (→들꽃은) 1989. 3. 15.

이것은 어느 학생이 글을 읽는데 이렇게 읽었다. 어른들이 모두 "꼬시" "꼬슬" 하고 읽고 말하니 아이들도 따른다.

- 선생님 가슴을 보세요. <u>꼬시</u> 달려 있어요. 자, 오늘은 <u>꼬슬</u> 만들어 보기로 해요. (→꽃이 | →꽃을) 1989. 5. 5.

이래서 방송이 온 나라 말을 골병들게 한다.

- 사람마다 <u>달르지요</u>. (→다르지요) 1989. 3. 18.
- 이런 바람은 도회지에서 맞는 바람과 또 <u>달르지요</u>. (→다르지요) 1989. 5. 21.

아파트, 마을 방송

- 여러분도 <u>기히</u> 아시는 바와 같이 구시청자리에 고층 아파트를 <u>짓는 데 있어서</u> 주민 일동이 결사적으로 반대하기로 <u>하였사오니</u>…… (→이미 | →짓는 일에서 | →하였으니, 했으니) 1988. 11. 24.
- 부녀회에서는 매주 토요일 1단지 상가 앞에서 생선을 <u>염가로 공급고자 하오니 많은 이용 있으시기 바랍니다</u>. (→싼값으로 대어 드리려고 하니 많이 이용해주시기 바랍니다.)

• 제3회 과천시민의 날 및 제24회 서울올림픽 성공적 개최 축하 시민대회를 개최하고자 하오니 시민 여러분께서는 적극 참여하시어…… (→제3회 과천시민의 날과 제24회 서울올림픽을 축하하는 시민들의 모임을 하려고 하니) 1988. 10. 6.

"제3회 과천시민의 날 및 제24회 서울올림픽 성공적 개최 축하시민대회"이 요란스러운 글을 그대로 방송으로 읽어준다는 것은 얼마나 재미없고 뜻 없는 노릇인가? 방송의 민주화, 방송 말의 인간화는 하필 큰 방송국뿐 아니라 직장, 학교, 교회, 마을에서도 마찬가지다.

(3)
방송 말이 오염된 바깥말에서 우리의 말로, 글말이 아니라 입말로 살아나자면 우리 말이 일반으로 빠져 있는 두 가지 비민주의 함정에서 헤어 나와야 하리라. 이 두 가지 함정이란 관료성과 상업성이다.

관료성 문제는 방송국 자체의 체제 문제가 있고, 그 체제에서 길들여진 방송인 자신들의 관료 체질 문제가 있을 것 같다. 나는 언젠가 한 방송국에 갔다가, 도무지 이해할 수 없는 그 문간의 미로―홀림 길을 돌면서 내가 사람으로서 모욕당했다는 느낌을 지울 수 없었다. 나는 방송국의 체제가 어떻게 되어 있는지 그 내부를 모른다. 그러나 건물의 구조―문간만 봐도 그 내부를 짐작할 수 있었다. 이런 구조에서 방송의 민주화를 실현하기란 정말 힘들겠다는 생각이 들었다.

다음은 상업성 문제인데, 말하기에 한정해서 의견을 말하면, 우리 방송인들은 말을 너무 유식하게 하려고 한다. 그리고 말을 매끄럽게 빨리, 재치 있게 하려고 한다. 곧 참말을, 진실을 말하기보다 보기 좋게 듣기 좋게 말하려고 하는 것이다. 이것이 방송의 상업성이라고 본다. 말이 좀 서툴러도 좋으니 사람다운 말, 살아 있는 말을 들려주었으면 싶다.

방송의 관료성과 상업성은, 방송사에서 일하는 모든 사람이 방송 민주화를 위해 안과 밖의 끊임없는 싸움을 줄기차게 이어가야만 비로소 하나 하나 이겨내고 풀 수 있는 과제라고 본다. 한편 방송의 민주화는 방송을 시청하는 모든 국민이, 방송과 방송국이 바로 우리 것이고 우리를 위해 있는 것이란 생각, 국민이 방송의 객체가 아니라 주체―손님이 아니라 주인이라는 생각에서 언제나 지켜보면서 잘못을 바로잡고 잘된 점을 격려하는 데서 비로소 이뤄질 수 있는 것이라 본다.

7. 글말

여기서 중국글자말도 아니고 일본말이나 서양말도 아니고, 그러니까 순수한 우리 말인데 이미 옛말이 되어서 요즘은 입말로 쓰지 않는 말을 글에서 즐겨 쓰는 경향에 대해서 한마디 하고 넘어가고 싶다. 순수한 우리 말인데 지금은 그다지 쓰지 않는 말을 찾아내어 쓰는 일은 대단히 바람직하고 반가운 일이다. 그런데 내가 보기로 우리 것을 아끼는 마음에서 그러는 것이 아니고, 다만 사람들이 입으로는 말하지 않으니까 좀 귀에 설고 새롭고, 그래서 그것을 쓰면 유식해 보이기 때문에 기왕이면 그런 좀 근사해 보이는 말을 써보자고 하는 마음인 것 같다. 그런 증거로는 뜻이 똑같은 말로서 많이 쓰는 말이 있는데도 그런 입말은 쓰지 않고 일부러 입말이 아닌 말, 어쩌다 글에만 나오는 말만을 즐겨 쓰는 것을 보면 알 수 있다.

이런 말의 보기를 들면 '말하다' '부르다'를 안 쓰고 "일컫다"를 쓴다든지 '함께' '같이'를 안 쓰고 "더불어"를 쓴다든지 하는 것인데, 여기서는 '와' '과' '하고'와 같은 토를 안 쓰고 및이란 글말을 쓰는 문제를 보기글로 알아 보겠다. 이렇게 순수한 우리 말조차 입으로 쓰지 않는 말을 글에 쓰고 싶어 하는 것이 바라 유식함을 내보이려는 우리나라 글쟁이들의 자기 나타냄이 되어 있다.

- 지금 세계 정치정세 및 경제는 급변하고 있고, 한국도 이제 생산력이 높은 수준에 이르렀습니다. (→와) 『말』, 제21호
- 사회주의 국가 및 제도에 대해서 자본주의의 우월성이라고 내세우는 물질적 생산성이…… (→와) 『말』, 제21호

여기서는 '와'도 아니고 '의'란 토를 써야 할 것 아닌가?

- 반공사상과 반공주의는 타락 및 범죄성에 정비례한다. (→과) 『말』, 제21호
- 아침 점호 및 구보를 위해 연병장으로 나아갈 때였다. (→와) 『말』, 제21호
- 피해자 및 그 가족들에 대한 응분의 명예회복 및 정신적·물질적 보상이 주어져야 할 것이다. (→와 | →과) 『말』, 제21호

"보상이 주어져야"는 '보상을 주어야'로 쓰는 것이 좋겠다.

- 민족의 생존권 및 통일에 대한 열정은 아직까지 소멸되지 않고 있으므로…… ([생존권]과) 『동아일보』, 1988. 3. 1.
- 심장병과 비만증은 나쁜 습관 및 유전자로 발생 (→[습관]과) 『학술간호』, 1988. 3.
- 상대방 전화번호 및 용건을 메모하여 전화 받는 사람에게 전달한다. (→[전화번호]와) 한국 전기통신공사 안내문
- 몽고의 國技는 궁도 및 馬術 (→[궁도]와) 『동아일보』, 1988. 4. 1.
- 그러나 권 회장 및 몇몇 인사들이…… (→[권 회장]과) 『한겨레』, 1988. 8. 10.
- 현대사 연구자 및 일부 학자문인들 사이에…… (→[연구자]와) 『한겨레』

- 전국 교사협의회 및 시도별 교사협의회가 결성되었다. (→〔전국 교사협의회〕와) 어느 인쇄물
- 헌신적으로 원고작성 및 검토를 도와준…… (→〔원고작성〕과) 어느 책
- 이론적 무기 및 운동 역량의 집결 (→〔무기〕와) 어느 책
- 자신이 즐겨 다니는 체조 및 텀블링 도장이 있는 건물 2층에 수영장이 들어선 것…… (→〔체조〕와) 『중앙일보』, 1988. 9. 21.
- 서 의원의 밀입북 사실을 사전에 알고 있었는지 및 이번 사건의 관련 여부를 집중 조사 중이다. (→그리고) 『전남일보』, 1989. 7. 1.

여기서는 '그리고'를 써야 할 자리에 및을 썼다. 글이 말에서 멀어지니 이런 꼴이 된다.

"이번 사건의 관련 여부"도 '이번 사건에 관련되었는지'로 써야 할 것이다.

- 이 같은 체험을 가리켜 심금을 울려주는 시와 및 예술의 일반적인 미거나…… 어느 시집

여기서는 앞에 토 "와"가 있는데 전혀 소용없는 및을 그다음에 써놓았다. 및을 함부로 쓰니까 이런 일이 생긴다.

- 갯꽃 식구 및 뜻 (→와) 어느 학급문집
- 수도 베이징을 비롯한 주요 도시를 뒤흔들고 있는 소요의 물결은 표현 및 언론의 자유 획득은 물론 점차 덩샤오핑(84) 개인의 계속된 집권과 관료들의 부패를 집중적으로 공격하고 있다. (→과) 『한겨레』, 1989. 5. 19.

이 밑과 비슷한 노릇을 하는 또 하나의 어찌씨로 중국글자말 내지(乃至)가 있는데, 이 말 역시 근사하게 어려운 문장 쓰기를 좋아하는 사람들이 밑만큼 자주 아무데나 쓰고 있다. 내지의 보기는 제1장에도 나오지만 여기서 좀 생각해보기로 한다. 이 말을 사전에서 찾아보면 다음과 같다.

　　내지【부】순서나 정도를 나타내는 데 그 중간을 줄일 적에 쓰는 접속부사.
　　• 이희승 감수, 『국어사전』

　　내지【부】① (종류·양·셈·정도 같은 것을 나타내는 말들과 함께 쓰이어) '얼마에서 얼마까지'의 뜻을 나타내는 말. 세 사람 내지 여섯 사람. 권투에서 미들급은 71kg 내지 75kg을 말한다. ② 또는. 혹은. 음력설은 우리나라 내지 일본·중국에서 볼 수 있다.
　　•『새우리말 큰사전』

　　내지【부】(수량을 나타내는 단어들 사이에 쓰이어) '얼마에서 얼마까지'의 뜻. 20살 내지 30살 안팎의 젊은이.
　　•『현대조선말사전』

다음은 일본말 사전에 나오는 말 풀이다.

　　接續 ① (수량 따위를 나타낼 때) 위·아래, 앞뒤 따위의 범위나 한계를 정해서, 그 사이에 들어가는 모든 수량을 보일 때 쓰는 말, -에서 -까지. '완성하기까지는 3년 내지 5년 걸린다.' ② 또는, 혹은. '좌익 내지 진보적이라고 말하는 작가·시인들.'
　　•『學硏國語大辭典』

接續【接】① 위·아래만을 들어서 중간을 생략할 때 쓰는 말 ② 또
는, 혹은.
- 『新潮國語辭典』

接續【接】① 수의 위·아래를 들어서 그 가운데를 생략할 때 쓰는
말. 5 내지 7 ② 혹은, 또는
- 『廣辭林』

接續 ① 중간 생략의 말 ② 혹은, 또는.
- 『新漢和大字典』

이렇게 사전에 나온 것을 뭉뚱그려보면
1) 이 말의 근원은 중국의 고전에 있다.
2) 일본 사람들은 이 말을 두 가지로 쓴다.
    ㉮ '5 내지 7'이라 할 때 쓰는 경우와
    ㉯ '한국 내지 일본'이라 할 때 쓰는 경우다.
3) 우리나라에서도 많은 사람이 일본 사람들 쓴 글을 따라 ㉮ ㉯ 두 가지로 쓰고 있다. 그래서 『새우리말 사전』에는 두 가지 뜻으로 쓰이는 보기까지 들어놓았다.
4) 그러나 우리나라 사전 3권 중 2권은 ㉮의 뜻으로만 풀이했다. ㉯의 뜻으로 쓰는 것을 부정한 것이다.

나도 이렇게 ㉮의 뜻으로만 써야 한다고 본다. 그 까닭은 "한국 내지 일본" 이럴 때는, '한국이나 일본' '한국 또는 일본' '한국과 일본' 이렇게 말해야 하지 내지를 쓸 필요가 전혀 없기 때문이다.

그러나 이 문제를 더 시원스럽게 풀려면 내지란 말을 아주 안 써야 한다. ㉮의 뜻으로도 "5 내지 7"이라 할 필요가 없다. '5에서 7까지' 하면 얼마나 시원한 말이 되는가.

- 뉴욕市에서는 이런 사람들(누워 있는 거지들)이 <u>6만 내지 8만</u>이나 있다고 한다. (→6만에서 8만까지) 『중앙일보』, 1988. 7. 18.
- 미국의 금융 산업계는 전쟁 <u>내지는</u> 필연적인 대규모의 군사 행동을 예상하여…… (→-이나, 혹은, 또는) 『말』, 제21호
- 미국경제는 전쟁을 필요로 하며, 전쟁 발생의 조건이 없거나 미약하면 전쟁 <u>내지는</u> 전쟁에 가까운 행위를 정당화할 조건을 정책적으로 만들어야 한다는 말이 된다. (→-이나, 또는, 혹은) 『말』, 제21호
- 빈곤선 이하의 인종적 분포를 알면 미국사회가 얼마나 '불평등' <u>내지는</u> 불공평한 사회인가를 새로이 알게 된다. (→하거나) 『말』, 제21호

이렇게 내지란 말을 함부로 쓰고 있다.

- 70년대 말부터 자연의 움직임 <u>내지는</u> 율동을 평면 위에 기술하기 위해 이론적·실천적 실험을 계속해 온 안씨는…… (→이나, 또는) 『중앙일보』, 1988. 10. 4.
- 그는 "가두 <u>내지</u> 호별방문을 통해 평화적인 방법으로 전개할 계획"이라고 말했다. (→나, 또는, 혹은) 『한겨레』, 1989. 3. 19.

8. 사람가리킴 말

(1)

우리 말에는 높임의 등분으로 아주높임, 예사높임, 예사낮춤, 아주낮춤의 네 등분이 있는데, 이것이 더구나 사람을 가리키는 이름씨, 대이름씨, 그밖의 높임말들에 잘 나타나 옛날 사람들같이 이것을 낱낱이 가려서 쓰려면 여간 번거롭지 않다. 그래 이 점에서도 우리 말은 많이 달라져서, 지금은 옛날 사람이 들으면 한심하게 여길 정도로 간편해졌다. 그래도 아직 일부에서는 옛날 말법을 그대로 따르기도 하여, 우리 말은 사람을

가리키는 말에서도 안정이 되어 있지 않다. 여기서 이 문제를 '말의 민주화'란 관점에 비추어 대강 정리해보려고 한다.

(2)

『우리말본』(최현배 지음)을 보면 사람을 가리키는 대이름씨에서 첫째 가리킴(일인칭)은 예사낮춤으로 '나'(우리) 아주 낮춤으로 '저'(저희) 두 가지가 있을 뿐이지만, 실제로 쓰는 말은 이밖에 아주 많다. 우선 '소생'(小生) '우생'(愚生) '천생'(賤生) 같은 말이 있고, 특수한 상대자에 대해서 자기를 말할 때 쓰는 '소자'(小子) '문생'(門生) '소직'(小職) 들이 있다. 자기를 가리킬 때 쓰는 이 모든 말은 낮춤말이지만 안 쓰는 것이 좋다고 생각한다. 낮춤말로 '저'를 쓰면 어떤 경우에도 다 된다. 직장에 있는 사람이 그 직장에서 정해놓은 서식에 따라 '소직은' 하고 쓸 때는 어쩔 수 없겠으나 앞으로는 공문서에도 '저는' 하고 쓰는 것이 좋겠다고 생각한다.

첫째 가리킴에는 낮춤말뿐으로 되어 있지만 실제 말에는 높임의 뜻을 나타내는 말이 쓰이고 있다. 초등학교 교사들이 아이들 앞에서 자기를 말할 때 쓰는 "선생님은" 하는 말은 실제로는 자신을 가리키는 대이름씨가 되어 있다. 또 좀 높은 자리에 있는 관리들이 아래 직원들 앞에서 무슨 이야기를 할 때 "본인은" "본관은" 하는 것도 자기의 높은 자리를 드러내는 대이름씨로 보아야 한다. 이 모든 자기 높임의 말들은 쓰지 않는 것이 좋다. 우리 말에서 자기를 가리키는 대이름씨는 나(우리)와 저(저희) 두 가지만 있으면 된다. '필자'란 말도 쓰지 말고 '나'로 써야겠다. "이 글의 필자는" 할 때는 '이 글을 쓴 이는(사람은)' 하면 된다.

(3)

『우리말본』에서 상대편을 가리키는 둘째가리킴(이인칭) 대이름씨는 아주높임에서 '어른' '어르신' '당신'(-네, -들)이 있고, 예사높임에서

'당신'(-네, -들) '그대'(-들)가 있으며, 예사낮춤에는 '자네'(-들)가 있고, 아주낮춤에는 '너'(너희, 너희들)가 있다. 곧 '너' '자네' '그대' '당신' '어르신' 이 다섯 가지로 된다. 그런데 이 둘째가리킴의 말 역시 실제로는 이보다 더 많은 말이 쓰인다. 보기를 들면 학생, 선생(님), 아주머니, 아저씨, 할머니, 할아버지, 귀하, 여러분 따위가 실제로 많이 쓰이고 있다.

학생의 나이가 되는 아이들을 부를 때 "학생!" 한다든지 젊은이를 부를 때 "여, 젊은이!" 하는 것이야 자연스러운 말이라 탓할 것이 없다. 아가씨, 아주머니, 아저씨, 할머니, 할아버지도 그 성별과 나이에 따라 자연스럽게 나오는 말이다. 그런데 '각하'라는 말은 말할 나위도 없고, '귀하'란 말도 이제는 사라질 때가 되었다고 생각한다. 아주 격식을 차려서 쓰는 편지 형식의 글에서 적당한 말이 없어 '귀하께서는' 하고 어쩔 수 없이 쓰게 되는지 모르지만, 앞으로는 편지 봉투에도 받는 사람 이름 다음에 '귀하'라고 쓰기보다 '님' '님께' '앞'이라고 쓰는 것이 좋겠다. 이렇게 순수한 우리 말로 쓰면 훨씬 부드럽고 친근감이 난다.

처음 만나게 된, 자기와 나이가 비슷한 사람이나 좀 나이가 든 사람을 부를 때 적당한 말이 없어 요즘 가장 많이 쓰는 말이 '선생님'이다. 옛날에는 '선생' '선생님'이 아주 귀한 분이었지만 요즘은 선생님이 너무 흔한 세상이 되었고 많이 부르는 말이 되었으니 이런 말의 흐름을 자연스러운 현상으로 보고 '선생님'을 널리 쓰는 대이름씨로 생각해도 괜찮다고 본다.

또 옛날에는 '님'을 붙이지 않고 그냥 '선생'이라고만 하면 아주 높임의 말이 되었는데 요즘은 '님'자를 붙여야 제대로 높임의 뜻을 나타내는 말이 되었다. 이것도 말이 달라진 대로 따르는 수밖에 없다.

우리 말에서 입으로 말할 때나 글로 쓸 때 상대편 이름 다음에 붙이는 높임의 뜻을 나타내는 말로 두루 쓰이는 것이 없다고 해서 뜻있는 분들이 궁리 끝에 '님' 자를 쓰기로 해서 오랫동안 써온 결과 이제는 이 '님'

이 아주 널리 쓰는 말로 자리가 잡혔다고 본다. 다행한 일이다. 다만 한 가지 말해두고 싶은 것은 젊은이들이 자기 부모 나이가 되는 사람 앞으로 보내는 편지에도 상대편의 이름 다음에 '님' 자만 쓰는 경향이 있다는 것이다. 이것은 말의 민주화가 될 수 없고 편의주의와 기계주의에 빠져 우리 말을 맛없게 하는 것이라 본다. '님' 자 앞에 '선생'을 붙이기를 인색하게 하지 말 일이다.

또 이름 다음에 붙이는 말로 '씨'와 '양'이 있다. '씨'는 대학생 나이 이상의 모든 남녀를 부를 때 두루 쓰는 말이고, '양'은 결혼하지 않은 여자, 곧 '아가씨'란 말이다. 결혼한 여자는 '여사'(女史)라고 한다. '씨'란 말은 괜찮은데 '양'과 '여사'가 문제다. 우선 남자는 결혼을 한 사람이나 아니한 사람을 구별하지 않고 모두 '씨'라고 말하는데, 여자는 구별해서 부르는 것이 아무래도 잘못되었다. 그래서 이 '양'이니 '여사'니 하는 말도 안 썼으면 하는 생각이 든다. '양'이란 말은 성이 '양'이거나 이름글자가 '양'일 때는 연달아 "양 양" 하게 되어 부르기가 안됐다. 그리고 이것은 순수한 우리 말이 있으니 '아가씨'라고 말하고 썼으면 좋겠다. '여사'란 말은 아무 데나 쓰는 말이 아니고 사회에 좀 이름이 알려진 사람에게 쓴다. 그러니까 이 말도 문제가 있다. 내 생각으로 어른들에게는 남녀 두루 '씨'를 쓰고, 아이들을 부를 때는 중고등학생이나 그 나이쯤이면 '군'이나 '양'을, 초등학생이면 '어린이'로 두루 쓰는 것이 좋지 않을까 한다. 앞에서 '양'을 안 쓰는 것이 좋겠다고 했는데, 이름 대신에 부를 때야 "아가씨!" 하면 되겠지만 이름을 말해놓고 그다음에 붙이는 말로서는 더구나 중고등학생의 경우 지금까지 써온 대로 '××양'이라 하는 수밖에 없겠다는 생각이 든다. 물론 '××아가씨'로 부르면 더 나을 것이다.

임수경 학생이 북한에 가고 오고 한 이야기를 신문에 보도한 것을 보면 어느 신문에서는 '임수경 양'이라고 쓰고, 어느 신문에서는 '임수경 씨'로 썼다. 내 생각은 '양'이라 쓸 것이 아니라 '씨'로 써야 옳다고 본다. 만약 여학생이 아니고 남학생이었다면 '씨'라 했을 것 아닌가? 그렇다면 남학생에게는 어른 대접을 해주면서 여학생만은 아이로 보는 것이니, '양'이라 쓴 신문은 잘못되었다고 아니 할 수 없다.

(4)

많은 사람 앞에서 이야기할 때 그 이야기를 들어주는 상대가 되는 사람들을 불러 "여러분!" 한다. 가장 널리 쓰는 말이다. 이 "여러분"이란 말 앞에 '국민'이라거나 '시민'이란 말을 붙일 수도 있고, '농민' '노동자'를 붙일 수도 있고, '신사 숙녀'를 앞세울 수도 있다. 어쨌든 이 "여러분"이란 말은 나이, 성별, 직업을 넘어서 모든 사람을 부르는 편리한 말이다.

따라서 나는 대학교의 총장이 학생들 앞에서 이야기할 때도, 초등학교 교사가 어린이들 앞에서 말할 때도 "여러분!" 하고 말하게 되기를 바란다. "제군은"이나 "너희들은" 하는 말은 쓰지 않기를 바란다.

할아버지, 할머니 나이쯤 되는 분들을 부를 때는 처음 대하는 분이라도 "할아버지" "할머니"라 말하고, 부모 나이가 되는 분들을 부를 때는 "아저씨" "아주머니"라고 하는 것이 자연스럽고 또 당연하기도 하다. 그런데 초등학생들이 낯선 중고등학생쯤 되는 아이들을 보고 누구든지 "오빠" "누나" 하고 말하는 것은 좀 문제가 있다. 초등학교 3학년 아이가 5학년 아이를 보고 "오빠" "누나"로 부른다. 골목에서 험상궂은 아이에게 협박을 당해 주머니를 털려 혼이 났는데도 그 아이를 "오빠" "언니" 하는 것이다. 불러야 할 적당한 대이름씨가 없어 어쩔 수 없이 그렇게 부른다면 어른들의 책임이 크다. 자연스럽게 나오는 말이라면 탓할 것이 없겠는데, 내가 보기로 그렇지 않다. 일본의 아이들이 누구나 보고 "누나" "형" 하는데, 이것도 일본말의 영향을 받은 것 같아 마음이 편치 않다.

초등학생들은 1학년이고 6학년이고 그 말에 높낮음이 없고 평등하다. 그런데 중학교만 들어가면 한 학년만 달라도 한쪽은 높임말을 쓰고 한쪽은 낮춤말을 쓴다. 이런 말의 질서가 고등학교 졸업 때까지 꽉 짜여 요지

부동으로 되어 있다. 학교 교육의 군대식 체제가 얼마나 뿌리깊이 파고 들어가 있는가, 그것이 단지 학교의 겉모습이나 교사들의 교육방식에만 그치는 것이 아니라 아이들의 말과 행동과 생각의 밑바탕에까지 파고들어가 있는가 하는 것을 이 말의 차별성, 계급성에서도 뚜렷하게 찾아낼 수 있다.

(5)

셋째가리킴(3인칭) 대이름씨에는 예사높임으로 '이분' '저분' '그분' '어느 분' '이이' '그이' '저이' '어떤 이'가 있고, 예사낮춤에는 '이 사람' '저 사람' '그 사람' '누구' '아무'가 있으며, 아주낮춤에는 '이 애' '저애' '그 애'가 있다. 아주높임에는 그렇게 많이 쓰지는 않지만 '당신'이 있다.

이밖에, 입말로는 안 쓰는 '그'와 '그녀'가 주로 소설 문장에 쓰이고 있는데, 이 가운데서 "그녀"에 대해서는 이미 다른 장에서 충분히 언급한 바 있다. "그"란 말은 아직 입말로 되지는 않았지만 '그이' '그 사람' '그 애'로 쓰는 것이니 문장에 나와도 부자연스럽게 느끼지 않는다.

이것은 대이름씨는 아니지만 여기서 말해두고 싶다. '친구'란 말과 '동무'란 말에 대해서다. '친구'는 중국글자로 된 말인데 어른들이 쓰는 말이다. '동무'는 순수한 우리 말로 아이들이 쓰는 말이다. 이것이 교육의 잘못으로 요즘은 아이들도 '동무'를 잘 안 쓰고 '친구'를 쓴다. 잘못된 것이 분명하니 바로잡아야 하겠다. 아이들에게 그들의 말을 돌려주어야 참교육이 된다.

(6)

끝으로 집안사람끼리, 친척끼리 부르는 말에 대해 생각해본다.

먼저, 부모를 부르는 말인데, 어머니에 대해서는 엄마, 어머니, 어머님, 모친, 자친, 자당, 훤당, 대부인 들의 말이 있고, 아버지에 대해서는 아빠,

아버지, 아버님, 부친, 가친, 엄친, 춘부장, 춘장, 춘당 들의 말이 있다. 이렇게 여러 말이 있는 까닭은 어릴 때의 말과 어른이 된 다음의 말이 다르기 때문이고, 자기 부모를 부르는 말과 남의 부모를 부르는 말이 다르기 때문이며, 유식하다는 중국글학자들의 글말이 옛날부터 우리 말을 지배해 왔기 때문이다. 그래서 이제는 이 모든 말을 정리할 때가 왔다고 본다. 어떻게 정리할 것인가?

내 생각으로는, 아주 어릴 때—그러니까 학교에 들기 전에는 '엄마' '아빠'를 써도 되도록 하고, 유치원이나 초등학교에 입학할 무렵부터는 '어머니' '아버지'라고 부르게 하여, 어른이 된 뒤에도 다른 말은 아예 쓰지 말았으면 좋겠다. 물론 '어머님' '아버님'이야 같은 말이니 써도 되겠지. 자기 부모와 남의 부모를 달리 부를 필요도 전혀 없다. 아버지를 '가친'이라 했다가 '엄친'이라 했다가, 남의 아버지는 또 구별해서 '춘부장'이라고 한다고 해서 말이 더 발달하는 것도 아니고 생각이 나아가는 것도 아니고 인정이 더 붙는 것도 아니다. 말이 번거롭기만 하고 정은 더 떨어지기 쉽다.

"어머니, 학교 갔다 오겠습니다."

이것은 어린이의 말이다.

"아버지, 고향을 떠난 지 벌써 3년이 지났습니다."

이것은 어른이 다 된 아들이 고향을 떠나서 하는 말이거나 글이다.

"영순이 아버님 계십니까?"

이것은 남의 아버지를 부르는 말이다.

"정식이 아버님 병환이 어떠하십니까?"

"진구 어머님이 편찮으시다지요?"

이렇게 말하면 다 되는 것이다.

'아버지' '어머니' 이것이 우리 겨레의 말이지 '훤당' '춘부장' '대부인' 같은 말이 우리의 모국어가 될 수 없다.

어머니와 어머님, 아버지와 아버님의 구별은 안 해도 좋지만, 아주 어른이 된 다음에는 '어머님' '아버님'으로 말해도 좋고, 자기 부모는 그냥 '아버지' '어머니'로 부르고 남의 부모는 '아버님' '어머님'으로 부르도록 하면 어떨까 하는 생각도 든다.

다음, 할머니와 할아버지를 부르는 말도 같은 생각이다. 자기의 조부모든지 남의 조부모든지 모두 할머니·할아버지, 할머님·할아버님으로만 부르면 된다고 본다.

부부끼리 부르는 말로는 '여보' '당신'이 있을 뿐인데, 이것은 좀 불편하다. 우리의 삶이 옛날과는 달라졌기 때문에 부부 관계도 새로운 말로 세울 필요가 있다. 내 생각으로는 부부끼리 서로 상대방의 이름 다음에 '씨' 자를 붙여 부르는 것도 좋겠다는 생각이 든다.

남편이 자기 아내를 남에게 말할 때는 '졸처' '우처' 들의 말을 쓰지 말고 '처' '아내' '안사람' '집사람'이라 하면 되겠고, 아내가 자기 남편을 남에게 말할 때는 '가군' '가부'와 같은 중국글자말을 쓰지 말고 '남편' '바깥양반'이라 하면 되겠다.

남의 남편을 말할 때는 '부군' '현군' 두 가지 말이 있다. 남의 아내를 말할 때는 '부인' '영부인' 두 가지만 썼으면 좋겠다.

자기 자식을 남에게 말할 때는 '가아'니 '가돈'이니 하는 말을 쓰지 말고 그냥 '자식' '큰아이' '둘째아이'로 말하는 것이 좋겠고, 남의 자식에 대해서는 '자제' '아드님' '따님'으로 부를 것이고 '영식'이니 '영윤'이니 하는 말은 쓰지 않는 것이 좋겠다.

아버지의 형제는 3촌인데, 아직 아이라면 삼촌이라 말해도 괜찮지만 어른이 된 사람을 삼촌이라 부르지 않아야 한다. 아버지의 형이라면 '백부님'이라고 하든지 '큰아버지'(큰아버님)로 부를 것이고, 아버지의 동생이라면 '숙부님' '작은아버지'로 불러야 한다. 아버지의 형수는 '백모님' '큰어머니'로, 계수는 '숙모님' '작은어머니'로 부르게 되어 있다.

4촌이라면 그대로 '사촌형(님)' '사촌동생'이라든지 '종형(님)' '종제'라면 되겠고, 6촌도 '육촌형제' '재종형제'로 부르면 되겠지.

그런데 여기 문제가 또 있다. 아이들이 핏줄인연이 전혀 없는 사람한테는 '형'이니 '누나'니 '오빠'니 하면서 가까운 핏줄끼리는 사촌형이니 육촌동생이니 해야 하니 말이다. 이런 잘못을 바로잡기 위해서도 아이들이 아무한테나 '오빠'니 '누나'니 하는 것은 생각해봐야 되겠고, 달리 알맞은 부름말을 찾아야겠다.

9. 높임말

(1)

높임말은 윗사람을 존경하는 뜻을 나타내는 특별한 말법으로, 옛날부터 입으로 말할 때도 그 말법을 따라야 했지만 더구나 글을 쓸 때는 중국글을 많이 써야 했기에 여간 어렵고 번거로운 것이 아니었다. 여기서 높임말 문제를 말하기에 앞서 편지글부터 좀 살펴보려고 한다. 편지글은 옛날에도 서민들이 필요해서 쓰려고 했지만 중국글 때문에 쓰지 못했다. 국문으로 말하듯이 쉽게 써서는 어른들에게 갖추어야 할 예의를 도무지 갖출 수가 없다고 모두 생각했던 것이다.

다음은 이태준 씨의 『문장 강화』에 나오는 편지글을 이야기한 대문인데, 중국글이 우리 글과 말, 나아가 우리 역사 전체에 어떤 노릇을 했는가를 생각하게 하는 글이다.

조선에서처럼 편지를 어렵게 쓰고 무서워한 데는 고금동서에 드물 것이다. 자기 말과 자기 글이 있되, 자기 말과 자기 글로 쓰는 것은 부녀자들이나 할 것으로 돌리고 서로 체면을 볼만한 데는 으레 한문으로 썼다. 조선어화한 얼마의 단어 외에는 전적으로 외국 문자요 외국 문장이다. 이 외국 문장은 특수한 전문이 없이는 읽을 수 없고 쓸 수도 없다. 그럼에도 불구하고 행세하는 사람들이 다 이 외국문으로 쓰니까 그것을 읽을 줄도 쓸 줄도 모르는 사람은 수치스러울 수밖에 없이 되었다. 그래 한문을 잘 쓰는 사람은 어려운 문장으로 상대편을 은연히 압박했고, 나아가서는 난해의 문장이 개인 간에도 물론, 나라와 나라 사이에도 일종의 외교술이 된 예도 얼마든지 있다.

이렇게 쓴 다음 "편지는 만나서 말로 하듯 쓰면 그만"이라고 하면서 체호프의 편지 한 토막을 들고는 "서양의 편지만이 이렇게 쉬운 것은 아니다. 조선의 편지도 외국문자인 한문으로 쓴 것이 어렵지 조선문으로 쓴 것은 얼마든지 쉬운 것이 있었다"면서 선조대왕의 짧은 편지를 다음과 같이 들어놓았다.

    그리 간 후의 안부 몰라 하노라 어찌들 있는다 서울 각별한 기별 없고 도적은 물러가니 기꺼하노라 나도 무사히 있노라 다시곰 좋이 있거라
    정유(丁酉) 9월 20일

이 편지글은 난리로 궁궐을 떠나 계시던 선조(宣祖) 대왕께서 역시 다른 피난처에 있는 셋째 따님에게 보낸 편지다. 선조 대왕이 따님에게 보낸 편지이기에 이렇게 말하듯이 쉽게 우리 글로만 쓸 수 있었지, 만약 다른 신하들에게 보내는 편지라면 도무지 이렇게 쓸 수 없었을 것이고, 어려운 중국글로만 썼을 것이란 생각이 든다. 또 이 편지를 받은 따님이 아버지인 선조 대왕께 답장을 썼다 해도 중국글로 썼거나, 중국글로 쓸 수 없어 국문으로 썼다 하더라도 예의를 갖추기 위해 어려운 중국글자말을 섞어 쓰느라 무척 고심해야 했을 것이다.
이태준 씨의 글 이야기는 다시 이어진다.

    편지는, 다른 글보다도 더욱, 말하듯 쓰면 그만이다. 아랫사람에겐 아랫사람을 만나서 물을 것은 묻고 이를 것은 이르듯이 쓰면 되고, 윗사람에겐 윗사람을 뵙고 여쭤볼 것은 여쭤보고, 아뢸 것은 아뢰듯 쓰

면 된다. 첫머리와 끝에서만 상서(上書)니 상백시(上白是)니, 기체후일향만강(氣體候一向萬康)이니, 여불비상서(餘不備上書)니 쓰면 무얼 하는가? 정말 사연에 들어가선 꼼짝 못하고 말한 듯 쓰고 말지 않는가. 한문은 영어보다도 훨씬 어려운 문자다. 그것 한 가지만 방학도 없이 공부하기를 20년이나 해야 무슨 사연이든지 써낼 수 있을지 말지 한, 공리적으로 보면 세계 최악성(最惡性)의 문자다. 그런 한문을 요즘 학교에서 배우는 정도로는 대학을 졸업한대도, 한문으로 엽서 한 장을 써내지 못할 것이다. 한 문체를 통일해 못 쓸 바에는 "상백시"(上白是)니 "복모구구불임하성지지"(伏慕區區不任下誠之至)류의 문구를 외울 필요가 전혀 없다.

'아버님 보옵소서.'

'어머님께 올립니다.'

하면 그만이다.

'안녕히 계옵신지 알고자 합니다.'

하면, 훌륭히 안부를 여쭙는 것이 되고

'오늘은 이만 그치나이다.'

하면, 끝맺음으로 나무랄 것 없다.

이렇게 쓰고는 그다음에 어느 전문학교에 처음 들어온 학생의 편지를 보기로 들어놓았다. 좀 지루하지만 이 편지 첫머리만 들어본다.

아버님 보옵소서

아버님께서와 어머님 안녕하옵시며 집안이 다 무고하옵십니까?

제가 입학된 것은 라디오로 들으셨을 줄 아옵니다. 방이 붙을 때까지는 입격(入格)이 됐으면 하는 욕망뿐이옵더니, 입격된 그 순간부터는 벌써 집 생각이 나 어떻게 견디나? 하는 걱정이 생겼습니다. 그러하오나(……)

이 『문장 강화』는 1939년에 『문장』지에 연재했던 글이다. 그때로서는 참으로 신선한 생각을 주는 글임이 틀림없었을 것이다. 중국글과 중국글자말에 대한 비판은 꼭 반세기가 지난 지금도 충분히 귀담아들을 만하고, 문장도 오늘날의 문장가들보다도 오히려 더 쉽게 썼다. 그러나 딱 한 가지, 우리 말 우리 글로 쓰자고 해서 들어놓은 보기글에 나타난 말투는 어쩔 수 없이 반세기란 세월의 거리를 실감하게 한다.

"아버님 보옵소서"

하면 그만이라고 했는데, 그때는 참으로 쉬운 우리 말이라고 들었겠지만, 지금은 이런 말을 글로 쓰는 사람이 옛사람이 되어버렸다. "보옵소서"란 말은 입으로 하는 말이 아니고 글에만 써온 말이라, 아직은 이런 말을 편지글에 쓰는 사람이 있겠지만 머지않아 없어지게 될 것이다.

'아버지께'

'아버님께'

'아버지, 보셔요.'

'아버지, 보십시오.'

'아버님께 드립니다.'

이렇게 입말을 그대로 쓰면 되겠고, 반드시 이렇게 될 것이라 믿는다.

"안녕히 계시옵는지 알고자 합니다."

이것도 요즘 공부하는 젊은이들은 이렇게 쓸 사람이 없을 것이다.

'안녕히 계시는지 알고 싶습니다.'

이와 같이 입으로 말하는 대로 쓰는 것이 당연하다.

"오늘은 이만 그치나이다."

이런 끝맺음도 입말로

'오늘은 이만 그칩니다.'

이렇게 써야 할 것이다.

앞에서 들어놓은 어느 학생의 편지글도 거기 나타난 글말을 입말로 고치면 다음과 같이 된다.

- 안녕하옵시며 (→안녕하시고)
- 무고하옵십니까? (→무고하십니까?)
- 들으셨을 줄 아옵니다 (→들으셨을 줄 압니다)
- 욕망뿐이옵더니 (→욕망뿐이더니)
- 그러하오나 (→그러나)

이번에는 정지용 씨가 조지훈 씨 앞으로 보낸 편지를 들어보기로 한다.

  모습도 글과 같이 옥이실가 하와 내처 그립든 차에 이제 글월 받자와 봐오니 바로 앞에 앉으신 듯, 길게 넛지 않으신 사연에 정이 도로혀 면면히 그치지 아니하시오며 나를 보고 스승이란 말슴이 만부당하오나 구지 스승이라 부르실 바에야 스승 못지않은 형 노릇마자 구타여 사양할 것이 아니오매 이제로 내가 형이로라 거들거리며 그대를 공경하오리다. 지리한 장마에 아즉 근친 가시지 않으신 듯 향댁 안후 종종 들으시며 공부 날로 힘쓰시는지, 詩가 공부 중에도 낳은 공부에 부칠 것이오나 詩도 靑春에 병 되기 쉬훈 것이 아닐 수도 없을가 하오니 귀하신 폼도 마자 쇠를 고느실만치 튼튼하시기 바라오며 비개고 날 들거든 葉書 한장 띄워 날자 알리시고 놀러 나오시기 바라며 두어 자로 총총 이만

  7월 25일 지용

  芝薰賢弟前

- 『정지용 전집』 산문편

이 편지를 쓴 해가 안 나타나 있지만, 아마도 조지훈 씨가 『문장』지에 추천을 받은 1939년 무렵에 썼으리라 생각한다. 그러니 이 글 역시 반세기 전의 것이다. 일본말과 서양말에 더럽혀진 오늘날 사람들의 글에 견주면, 우리 말의 숨결이 잘 살아 있는 이 편지글은 우리 글의 훌륭한 본

보기가 되겠다는 생각이 든다. 그러나 이렇듯 훌륭한 글에서도 살아 있는 백성의 말이 아닌, 글쟁이들의 글말로 쓰였다는 비판을 이제 와서는 하지 않을 도리가 없다. 이런 글말의 특징이 무엇인가를 다음에 보인 편지글과 견주어서 생각해봐야겠다. 이것은 권정생 씨가 내 앞으로 보낸 편지인데, 읽을 맛도 있기에 좀 길지만 전문을 보인다.

선생님,
동극 한 편을 썼습니다. 희곡작법을 공부도 않고, 좀 외람되지만 쓰고 싶어서 썼습니다. 평생 좋은 연극 구경 한번 해보고 싶었는데, 그것도 못 이루고 말았습니다.
일본에서 郡馬懸 妻戀(쓰마고히)라는 조그만 시골에 동경 폭격을 피해 가서 살은 적이 있어요. 초등학교가 있는 마을에 유랑극단이 들어오면 형들과 누나들과 함께 신파연극을 하러 밤길을 걸어가보았습니다.
창고같이 생긴 낡은 극장 안에서 열심히 연극 구경을 했습니다. 나이는 어렸지만 타향살이의 외로움을 달래 주는 유랑극단의 연극은 감상적인 줄거리로 관객의 눈물을 흘리게 했습니다. 쓰마고히에서 8개월을 살았지요. 조그만 전차가 구사쓰 온천장까지 이어졌고, 철쭉이 빨갛게 산기슭을 덮었습니다. 물레방아가 있는 개울물 비탈길 언덕에 神社가 있고 아침저녁으로 밭으로 가는 농부들은 거기 발을 멈추고 묵념을 드렸습니다. 겨울엔 눈이 한없이 내리고, 삼나무가 우거진 산에는 버섯들이 여름내 돋아났습니다.
저희 집이 있던 마당가엔 벚나무가 세 그루 있었어요. 아름드리 큰 나무여서, 저는 그중 기우뚱 기울어진 나무에 올라갔습니다. 그 나무 위에서 지난번 구경한 유랑극단의 연극장면을 떠올리며 감상에 젖었습니다. 지금도 기억하고 있는 연극 중에, 전쟁으로 헤어진 남매가 애타게 찾아다니던 끝에 10년 뒤에 극적으로 만나는 이야기였습니다. 동생은 거지가 되어 누나를 찾아다니는데 어느 주막집에서 이상하게 눈길을 끄는 처녀가 있었습니다. 둘은 지나간 시절의 기억을 더듬은 끝에 남매라는 것을 확인했지만, 누나는 주막집에 하녀로 부자유한 몸이었습니다. 거기서 한 청년이 돈 100냥을 훔쳐 누나의 몸값을 치러 그들을 자유의 몸으로 풀어 주지만, 청년은 체포되어 감옥으로 가는 이야기입니다.

선생님, 제가 쓴 「팥죽 할머니」는 청송 화목장터에 소임(동네머슴)으로 일하던 저희 외숙부님께 10세 때 들은 우리 전래동화입니다. 이 이야기는 창비 전래동화나, 다른 어느 동화집에서도 저는 보지 못했습니다. 어머니의 남매는 아이들을 좋아하고, 얘기를 많이 들려주었습니다.

앞으로 몇 편 더 희곡으로 써보고 싶은데, 어떨지요?

「팥죽 할머니」가 제대로 씌어졌는지 모르겠습니다.

1월 4일 안동에 가서 뵙겠습니다.

1984. 12. 12

권정생 올림

입말이 글말과 다른 점은 첫째 중국글자말의 체계에서 벗어나 있고, 실제로는 쓰지도 않는 거북스러운 높임말투가 없는 것이다. 권정생 씨의 이 편지글은 완전한 입말로 되어 있다. 앞으로 우리 글은 편지글뿐 아니라 모든 글이 될 수 있는 대로 입말로, 입말에 가깝게 쓰여야 한다고 생각한다.

(2)

우리 글이 차츰 쉬운 입말로 되는 방향으로 걸어왔다는 것은 우리 글이 거북스러운 중국글자말과 필요 없는 존댓말을 없애는 쪽으로 몸바꿈을 하여 온 것이라고 말했다. 이것이 바로 우리 글이 민주의 길을 가고 있음을 뜻한다.

그런데 글은 그러하지만 말 자체는 이른바 '해라'체나 '하게'체보다 '습니다'체가 더 널리 쓰이는 경향이 뚜렷하다. 이 문제를 어떻게 보아야 할까?

옛날 사람들은 목에서 나오는 소리를 기계장치로 크게 만들어 떠들어 댈 필요가 없었다. 방 안에서고 밖에서고 몇 사람이 모인 자리에서 소곤소곤 속삭이듯 이야기하거나 보통의 목소리로 말하면 되었다. 그래서 그 말들은 저절로 "그랬지 뭐야" "그랬거든" "한단 말야" "해버렸구나" 이렇게 끝을 맺어갔던 것이다. 그런데 오늘날에는 적어도 수십 명, 많으면 수천 명, 수만 명을 한자리에 모아놓고 확성기로 계속 한 사람이 떠들어 대기가 보통이다. 우선 학교에서만 하더라도 60명, 70명의 아이들을 교실에 모아놓고 교사가 주로 말을 해서 가르치고 있다. 라디오와 텔레비전은 어떤가? 이건 한꺼번에 수백 만, 수천 만을 상대로 하는 말이 되어 있다. 그러니까 저절로 말하는 태도와 방식과 말씨가 달라지지 않을 수 없다. '해라'나 '하게' '하거든' 하는 말법이 시들어지고 "습니다"로 되는 것이 당연하다 아니 할 수 없다.

옛날에는 같은 나이끼리는 '하게'를 쓰고, 동생 나이쯤 되는 사람에게는 '해라'를 썼다. 그런데 오늘날에는 어른이 아이에게 쓰는 말조차 흔히 '해요' '합니다'로 된다. 학교의 교실에서 쓰는 선생님들의 수업 용어가 '습니다'체로 되는 것이 당연한 말의 흐름이 되어 있다.

여기서 새삼 생각되는 것이 소설의 문제다. 소설의 문장은 '한다' '했다'로 되어 있다. 이렇게 되면 앞으로 우리의 소설 문장이 점점 우리의 살아 있는 말에서 멀어지게 되는 것 아닌가?

이것은 이웃나라 일본과 비교할 때 퍽 대조가 된다. 일본도 우리와 같이 예삿말과 높임말의 두 가지가 글에도 있고 말에도 있다. 그리고 소설에서는 역시 우리와 같이 예삿말이라 할 문체를 쓴다. 그런데 일본말의 실상, 일본말의 경향을 보면 높임말보다 예삿말이 더 널리 쓰이고 있다. 교실의 수업용어나 강연장의 연설이야 높임말로 쓰겠지만 그밖의 자리에서는 대개 예삿말이다. 라디오 방송에서 들을 수 있는 대담이나 좌담을 들어도 그렇고, 잡지에 실린 좌담도 오래 사귀어온 친구끼리 스스럼없이 주고받는 말처럼 느껴진다. 어느 책이고 다 그렇다.

그런데 우리는 좌담이고 대담이고 인터뷰란 것이고 모조리 "습니다"체로 말하고 있다. (그런데다 이 말들은 흔히 '입말'이 아니고 요란스러운 글말이 되어 있다.) 그래서 이런 좌담이나 대담 내용을 신문 같은 데 옮겨 실을 때는, 글의 길이를 줄이기 위해서 말끝을 바꿔 예사말로 적어놓는다. 곧 입말이 글말로 둔갑하는 것이다. 국회의원들이 국회에서 말한 것도 신문이나 잡지에는 말한 그대로 나오지 않고 예삿말—글말로 고쳐져 나온다. 그러다보니 발표되는 그 말들은 자칫 말뜻마저 달리 받아들여질 수도 있고, 말의 생동감은 말할 나위도 없이 다 죽어버린다.

내가 하는 말은, 우리가 일본 사람들같이 예삿말을 입말에서 많이 쓰자고 주장하는 것이 아니다. 오히려 반대로 현재의 추세대로 '습니다'를 더 널리 쓰는 수밖에 없다고 생각한다. '습니다'체는 경어체라고 하기보다 공용어(公用語)체라고 하는 것이 더 알맞겠다고 생각한다. 실제가 그렇게 되어 있다. 가령 전화기의 신호가 울려 수화기를 들었을 때 우리는 아무리 나이 많은 사람이라도 "예" 하고 말하지 "오냐" 하지는 않는다. 아들이나 손자들이 전화를 걸어왔더라도 그 사실을 알기까지는 "예" "그렇습니다" 하고 말하는 것이 당연하다. 그러니 이런 공용어를 더욱 자연스럽게 널리 쓰도록 해서, 이 말이 모든 사람의 말로 뿌리내리도록 하는 수밖에 없는 것이다.

따라서 여기에 문제가 되는 것은 소설의 문장이다. 말이 글을 따르는 것이 아니라 글이 말을 따라야 하는 것이라면 소설문장이 가야 할 길은 어디일까? 말과 글의 어긋남을 어떻게 해결할지, 크나큰 과제가 되어 있다고 아니할 수 없다. 이 과제는 물론 말과 글만의 문제가 아니고 우리의 삶과 역사 전체 문제에 깊이 이어져 있다고 본다.

10. 준말

(1)

일상의 삶에서 말을 할 때 우리는 누구나 준말을 많이 쓴다. 준말은 생각을 쉽게 빨리 상대방에게 전하고 싶어 하는 결과로 나타나는 현상이고, 또 그렇게 줄여서 말해도 뜻이 잘 전해지기에 편리한 말법이라 하겠다.

준말 가운데는 언제나 그렇게 줄인 말로만 써서 그만 그 준말이 본딧말처럼 굳어진 것도 있다. "내(나의) 고향" "제(저의) 이름은" "마음이 편찮다(편하지 아니하다)"와 같이. 그러나 대부분의 준말은 그때그때 말씨에 따라 줄여서 하는 말로 되어 있다.

준말에는 긴 말의 어느 한 부분만을 나타내는 경우와, 두세 개나 그 이상의 여러 소리마디를 한두 개 또는 두세 개의 소리마디로 줄여서 나타내는 경우의 두 가지가 있다. 샛별초등학교를 "샛별교"라고 말하는 것은 앞의 경우이고, '나는'을 '난'으로, '먹었지요'를 "먹었죠"로 말하는 것은 뒤의 경우다.

준말이 문제가 되는 것은 줄이지 않아도 될 말을 줄이는 일과, 준말을 글자로 어떻게 적어 보이나 하는 것인데, 여기서는 '어떻게 적나' 하는 문제를 주로 생각해보겠다.

(2)

입으로 소리 내기 좋은 대로 말하면 듣는 쪽도 잘 알아듣고, 그러면 문제가 될 것이 없다. 말이 말에서 끝나면 아무것도 문제가 될 것이 없는데, 글자로 써서 눈으로 읽어야 하다보니 문제가 생긴다.

"그때 난 잠자리를 잡고 있었지."

여기 쓰인 '난'이란 글자는 '나는'을 줄인 말인데 '날아가는'이란 말로 오해할 수도 있다.

"<u>근데</u> <u>게</u> 가보니 <u>그게</u> <u>아녔습니다</u>."

이것은 '그런데 거기 가보니 그것이 아니었습니다'란 말인데 너무 여러 말을 줄였다. 실지로 이렇게 말했다고 하더라도 그대로 글로 적었을 때 알아보기 불편하면 소리대로 적는 것이 좋다. 그래서 위의 경우
'그런데 거기 가보니 그게 아녔습니다.'
'근데 거기 가보니 그게 아니었습니다.'
이 둘 중 어느 쪽으로 해서 '거기'를 "게"로는 줄이지 말고, '그것이'는 "그게"로 줄이고, "그런데(→근데)" "아니었습니다(→아녔습니다)"는 경우에 따라 어느 한쪽만을 줄이는 정도로 썼으면 좋겠다.
"피치 못할 사정으로……"
이 "피치"도 별로 읽기 좋은 말은 아니다.
글에서 마주이야기를 적어보일 때는 실제로 말한 대로 (대개는 말한 것 같은 대로) 적되 이 글을 읽어줄 사람이 쉽게 읽어서 이해할 수 있도록 써야 한다.

(3)
요즘은 길게 지어놓은 단체의 이름을 아주 짧게 줄여서 두 소리마디나 세 소리마디로 말하거나 쓰는 일이 흔해졌는데, 그 단체에 직접 관여하는 사람이 아니면 무슨 말인지 도무지 알 수 없게 되어 있는 것이 보통이다.

- 사당 2호 세대위 아래엔 통별 모임이 있어…… 『말』, 제21호
- 우리 세대위는 밤에 이뤄졌어요 어느 글 제목

여기 나오는 "세대위"가 무슨 말인지, 이 글만 읽어서는 짐작을 할 수 없다. '세입자 대책 위원회'를 이렇게 줄인 것인데, '세입자 대책위' 정도로 썼더라면 이해가 될 것이다. 또 줄이지 말고 다 쓴다 하더라도 다섯 자 더 쓰면 되는데, 이렇게 간편한 것만 알고 남들이 알 수 없는 점을 생각 못한다면 민주운동을 하는 사람들이 지닐 태도라 하기 어렵고, 운동

에서 손해 보는 일이 아닐까 생각한다.

• 지탁연

어느 날 편지가 왔는데 보낸 사람이 "지탁연"이다. 어떤 사람이 보냈는가 싶어 뜯어봤더니 사람이 아니라 단체 이름이었다. '지역사회 탁아소 연합회'를 줄인 것이다. "지역사회" "탁아소" "연합회" 이렇게 된 세 낱말의 맨 앞 글자만 따내어서 줄인 이름으로 만들었으니 거기 무슨 뜻이 나타날 리가 없고, 이 경우에는 그만 사람 이름으로 오해하기 좋게 되어버렸다. 이것도 '지역탁아연합'쯤으로 하든지, 꼭 더 줄인다면 '탁아연합' 하면 될 것 아닌가? 이름을 드러내기 싫어 일부러 남들이 알 수 없게 쓰려고 했다면 모르지만.

• 백본

이것은 '백기완 선거운동 전국본부'를 줄여 적은 것이다. 한때 잠시 있었던 단체이고, 일부러 암호같이 썼을지도 모르니 문제될 것은 없다.

• 사구체

이것은 단체 이름은 아니고 '사회구성체'란 말을 줄인 것이다. 글자 다섯 자를 굳이 석 자로 줄여야 말을 능률적으로 할 수 있다고는 보지 않는다. 말을, 그 말을 하는 사람끼리만 알 수 있는 틀에다 가두고 싶어 하는 태도는 민주운동을 하는 사람의 것일 수 없다.

• 사정추

이것은 '사립학교 교육 정상화 추진위원회'다. "사정추"라니 진사 열두 번 해도 모를 말이 되었다. '사립정상추진위' 정도로 줄였더라도 남들이 알 수 있을 것이다.

• 서울천사협 창립대회 『평화신문』, 1988. 8. 11.

이건 꼭 하늘을 날아다니는 천사들이 서울에 내려와 무슨 협회를 만든 것 같다. '서울지역 천주교 사회운동 협의회'를 줄인 것이다.

• 기사련

이건 서유럽 중세기 기사들이 무슨 연합회를 만든 느낌이다. '한국 기독교 사회운동 연합'이다.

• 전총련

'전국 대학 총학생회 연합'이다.

• 전대기련

'전국 대학 신문기자 연합회'다. 신문기자 모임이란 것을 어떻게 짐작할 수 있는가? '대학 기자 연합'쯤이라도 썼으면 좋겠다.

• 공대위

이것은 '전국교직원 노동조합 탄압저지와 참교육 실현을 위한 범국민 공동대책위원회'를 줄인 이름이다. 이름이 이렇게 빨랫줄같이 길어졌으니 줄여야 되겠지. 그러나 "공대위"로서는 암호밖에 안 된다. '교원노조공동위'쯤으로 쓰면 될 것 아닌가?

그러고 보니 이렇게 모두 단체 이름을 두 자나 석 자로 줄인 데에 공통되는 점이 있다. 단체 이름을 몇 개 낱말로 나누어 그 낱말의 맨 앞 글자만 딴 것이다. 이것은 아주 서양식이다. 그리고 일본식이기도 하다. 서양의 알파벳 글자는 한 자만 써가지고는 말이 안 되고 읽는 것도 글자 이름으로 읽는다. 그러니 몇 개 낱말로 이뤄진 단체 이름을 그 낱말의 머리글자만 따서 간략하게 큰 글자로 적어놓으면, 가령 그 이름이 어떤 문장 속에 끼어 있더라도 구별이 잘되는 것이다. 그리고 일본의 경우는 중국글자를 쓰니 두 자나 석 자로 줄여도 그 말뜻을 이해할 수 있다. 그런데 우리는 중국글자로 된 낱말을 한 줄로 써놓고는 이것을 서양글이나 일본글같이 줄였으니 괴상한 말이 된 것이다.

- 전공투

대체 이게 무슨 말인가? "일본학생운동사"란 작은 제목이 붙은 이 책을 표지와 '목차', 옮긴이의 머리말까지 살펴도 줄인 이 말의 본래 이름은 나타나지 않는다. 그러나 이 "전공투"가 중국글자로 '全共鬪'인 것만은 거의 확실하다. 학생단체의 본래 이름이 무엇인지 알 수 없지만, 책 이름이 한문글자로 '全共鬪'였던 것은 틀림없고, 이렇게 중국글자로 써놓으면 어떤 단체인가 짐작이 간다. '全'은 '全國'일 터이고 '共'은 '共同'이겠고 '鬪'는 '鬪爭'으로 곧 알 수 있다. 그런데 이것을 우리가 중국글자음으로 읽어서 '전공투' 하여 그 소리만 들으면 아주 딴말로 되어버린다. 아니, 이것은 말이 아니다. 어떤 말인지 도무지 짐작을 할 수 없는 수수께끼 말이 되어버렸다.

우리가 쓰는 말 가운데 너무나 많은 말이 이와 같이 일본글을 따라가다 보니, 그만 바보들이나 지껄이는 병신말이 되어버렸다는 것을 깨닫게 된다. 일본말을 따라가서도 그렇게 되고, 서양말을 따라가서도 그렇게 되었다.

단체 이름을 짓는 데서도, 그 이름을 짧게 줄이는 데서도 좀 남의 흉내를 내지 말고 제정신 가지고 주체를 세우는 태도로 짓고 쓰고 말해야 하겠다. 민주사회는 남 따라 흉내 내어서 결코 되는 것이 아니다. 제 나라 말을 살려서 쓰지 못하는 사람들이 어떻게 민주사회를 창조할 수 있겠는가?

제2장 말의 민주화2)

1. 말과 생각의 관계(질문과 대답)

어느 자리에서 젊은이들에게 지식인들이 쓰는 말의 잘못을 이야기했다. 그 요지는 이렇다.

"사회운동·문화운동·문학운동 들, 민주운동을 하는 지식인들의 말도 너무 오염되어 있다. 남의 나라 말법을 아무 깨달음도 없이 따라쓰고 있다. 말이 잘못되어간다는 것은 중대한 문제다. 정치나 경제의 예속은 아무리 오래간다고 해도 언젠가는 다시 제 것을 찾아 독립할 수 있지만 문화가 예속되고 동화되어버리면 끝장이다."

이 말에 대해 젊은이 몇 사람이 질문을 했다. 질문과 대답을 다음에 적는다.

물음 생각과 말이 아주 다르다는 것은 이상합니다. 어디 그럴 수 있습니까? 또, 가령 말이 좀 외국말투가 되었다고 하더라도 생각은 바를 수 있지 않습니까?

대답 생각과 말이 달리 나타나고 있습니다. 우리나라에서 민주운동을 하는 사람들이나 양심 있는 지식인들이 쓴 글을 보면 그 말법이 남의 나라 말법으로 되어 있는 것을 너무 많이 볼 수 있습니다. 생각은 민주주의로 앞서가고 있는데 그 생각을 담은 그릇이 되는 말은 백성의 것이 아닙니다. 그 까닭은, 이런 운동을 하는 사람들이 가지고 있는 생각이 모두 책에서 지식으로 얻은 것이기 때문입니다. 책과 지식이란 것이 대부분 남의 나라에서 들어온 것이지요. 그러니 이분들의 말과 글이 백성들의 것이 될 수 없습니다. 백성들은 글로써 살지 않고 몸으로 일하면서 살고 있고, 그 일 속에서 배운 말로써 살고 있습니다.

그러니까 지식인들, 민주운동을 하는 사람들, 글을 쓰는 양심 가진 문필인들의 생각과 말이 달리 나타난다는 것은 얼핏 보기에 그렇게 나타나는 것이지 사실은 생각과 말이 다른 것이 아닙니다. 어떤 사람의 어떤 말도 그 생각과 하나로 붙어 있는 것이고, 생각이 말로 나타난 것입니다. 지식인들의 말과 글이 백성들의 말이 아니고 남의 말글을 따르고 있다는 것은 그들의 생각이 남의 것, 즉 백성들 속에 살면서 그 삶에서 얻은 것이 아니라는 것, 책에서 얻은 지식이요 관념이라는 것을 말합니다. 엄밀하게 따져서 말하자면 어디까지나 그렇지요.

물론 지식인들의 그 지식이나 관념이 모두 나쁘고 잘못되었다는 것이 아닙니다. 관념이고 사상이고, 그런 것이 인간의 훌륭한 지혜와 노력으로 세우고 쌓아놓은 과학인 이상 그것을 배우고 참고하는 일은 당연하겠지요. 그러나 지식이나 관념만으로 자기의 관점을 세워나갈 때 문제가 일어납니다. 책에서 얻은 사상은 자기의 삶에서 몸으로 가지게 된 생각과 하나로 될 때 비로소 그 사상은 제 것으로 되지요. 제 것은 없고 지식만 가지고 제 것인 양 여긴다면 그것이 문젭니다.

말은 잘못되었는데 생각만은 바르게 가질 수 있는 것인가? 그럴 수 없다고 봅니다. 그것은 불가능합니다.

지난번 나는 작가·시인들의 작품을 보기로 들었는데, 그런 문학 작품을 다시 생각해주기 바랍니다. 그리고 시를 쓰는 사람이든지 소설을 쓰는 사람이든지 우리 말에 대해 끊임없이 반성하고 비판하는 몸가짐이 없이는 옳은 생각을 할 수가 없다고 봅니다.

물음 우리는 일본 사람을 싫어하고 일본글도 모릅니다. 미국도 우리의 적입니다. 그런데 어째서 우리 생각이 그들의 말글 따라 잘못 나타납니까?

대답 여러분이 일본이나 미국을 싫어하고 적으로 여기고 있는 것은 사실입니다. 그런데 좀 깊이 생각해보면 미국 사람이나 일본 사람이 모조리 우리의 적으로 될 수는 없고 되어도 안 됩니다. 여러분이 아무리 미국과 일본을 싫어한다고 해도, 그렇게 미국과 일본을 싫다고 하여 그들의 본색을 알게 된 것은 사실은 미국이나 일본의 앞선 지식인들이 써놓은 책을 읽고 그렇게 깨달은 옆면도 있다는 것을 생각해야 합니다. 여러분이 책에서 얻은 관념의 체계는 거의 모두 여러분이 적이라 생각하고 있는 자본주의 나라들의 말로 쓰인 것입니다. 그러니 여러분이 아무리 좋은 사상을 얻었다고 하더라도 그것은 남의 나라의 앞선 지식인들이 펼쳐놓은 사상에 지나지 않습니다. 그 앞선 지식인들은 모두 자기 나라 말로 자기 나라 글로 생각을 표현해놓았다는 것을 명심해야 합니다.

여기서 혹 여러분 가운데는 생각할는지 모릅니다. 우리가 잘살게 되기만 하면 미국의 한 주가 되어도 좋지 않겠나? 일본에 다시 예속되어도 좋지 않겠나? 혹은 중국이나 소련의 한 부분이 돼도 좋지 않나 하고요.

그렇게 생각하는 사람이 한 사람이라도 있다면 그런 사람한테 더 따질 말은 없습니다. 다만 남의 나라가 되어도 잘살게 된다는 생각은 터무니없는 환상이요 망상이라는 것만은 말하고 싶어요. 설령 어떤 진보했다고 하는 나라에 딸리더라도 말입니다.

우리에게 말과 글이 없고, 우리에게 마음과 문화가 없고, 겨레가 없으면 국가가 있고 정부가 있어도 그것은 허수아비에 지나지 않습니다.

아메리카 인디언들이 백인들을 감정으로 좋아해서 그 꼴이 된 것이 아닙니다. 말과 글을 제 것으로 지키지 못해 그렇게 됐습니다.

우리 생각은 우리 말로 나타낼 수밖에 없습니다. 아무리 앞선 사상이라도 남의 나라 말투로 적어놓았다면 그것은 우리 것이 아닙니다.

삶 속에서 몸으로 세우지 못한 생각은 우리 것이 아닙니다. 삶 속에서 우러난 생각은 삶의 말로밖에 표현할 도리가 없습니다.

2. 잘못 쓰는 말

여기 잘못 쓰는 말이라 함은 중국글자말을 즐겨 쓴다고 하다가 틀리게 되는 말이거나, 일본말 따르다가 잘못 쓰는 말이 아니다. 또 일반 사람들이 잘 안 쓰는 별난 글말을 쓴다고 하다가 잘못 쓰는 말도 아니다. 여기서 보이는 잘못 쓰는 말의 흐름은 그 원인이 어디에 있다고 딱 한 가지로 단정할 수는 없지만 어쨌든 꽤 널리 퍼져 있는 잘못된 말들이다. 그리고 이 모든 잘못된 말들을 퍼뜨리는 사람은 민중이 아니라 지식인들이요, 글을 쓰는 사람들이요, 말을 팔아먹고 살아가는 사람들이다.

- 그는 아주 <u>가끔씩</u> 역사물에 조연으로 출연하는 기회를 갖기도 했다. (→가끔) 『한겨레』, 1988. 9. 17.

매일마다, 매주마다, 매년마다라든지, 기간 동안이라든지, 사람명수, 인구수 같은 겹말들은 중국글자말을 쓰는 데서 생겨났다고 보겠는데, 이 가끔씩은 중국글자말도 아닌데 어째서 생겨났을까?

- 중산이 대오도통을 이룬 대원사 칠성각. 지금은 공부하러 산을 찾는 학생들이 <u>가끔씩</u> 머물 뿐 퇴락한 모습이다. (→가끔) 『한겨레』, 1989. 5. 24.
- 이 때문에 정씨는 <u>가끔씩</u> 인적이 드문 야산이나 교외를 혼자 산책하며 술에 취해 쓰러져 자곤 했다는 것이다. (→가끔) 『중앙일보』, 1989. 3. 6.
- 다만 <u>가끔씩</u> 일어나는 엄마 아버지의 지친 싸움과…… (→가끔) 『새소년』, 1988. 11.
- <u>가끔씩</u>은 물이 안 나와 다른 집에 가서 손발을 씻어야…… (→가

끔은, 가끔) 『새소년』, 1988. 11.
- 그를 <u>가끔씩</u> 슬프게 한다. (→가끔) 어느 중학생의 글

어른들이 잘못 쓰니까 아이들도 이렇게 쓴다.

- <u>이따금씩</u> 요청해 오는 신문 잡지의 인터뷰도…… (→이따금) 『한겨 레』, 1988. 10. 27.

이 이따금씩도 가끔씩과 비슷한 말이다.

- 예총 내 10개 회원단체 이사들은 지난 1년 사이 <u>이따금씩</u> 거론된 '예총 해체론'에 대한 단호한 반대 입장을 다시 확인하고…… (→이따금) 『한겨레』, 1989. 7. 30.
- 평민당은 <u>그러나</u> 전 씨에 대한 사법처리 방향에 대해서는 당의 공식 입장을 유보하고 있다. (→그러나 평민당은) 『한겨레』, 1988. 11. 16.

앞의 말을 받아서 다음 말(앞말과는 다른 뜻을 나타내는 말)에 이어주는 뜻을 나타내는 어찌씨 그러나는 언제나 문장의 앞머리에 온다. '그런데' '그리고' '그러므로' 들이 모두 이렇게 문장의 맨 앞에 온다. 그러나 요즘의 글, 더구나 신문기사 따위에서 흔히 그러나를 임자씨 다음에 쓰는데 이것은 잘못되었다. 이것 역시 일본말의 영향이 아닌가 싶다. 일본말 '시카시'(しかし)는 우리 말 그러나와 뜻이 똑같은 접속사인데, 문장의 앞머리에도 쓰고 중간에도 쓴다.

- 정부와 민정당은 <u>그러나</u> 전씨 쪽이 강력히 희망하고 있는 노전회담은 반대할 방침이다. (→그러나 정부와 민정당은) 『한겨레』, 1988. 11. 15.
- <u>백무산 씨는 그러나</u> 16일에 풀려나 이번 대회가 그를 환영하는 대

회가 됐다. (→그러나 백무산 씨는) 『한겨레』, 1988. 12. 20.
- 이 통신은 그러나 회담과 친서의 내용에 대해서는 언급하지 않았다. (→그러나 이 통신은) 『한겨레』, 1988. 12. 24.
- 金씨는 그러나 '宋씨의 문제 제기는 어찌 보면 당연하고 필요한 일'이라고 말하고…… (→그러나 김씨는) 『중앙일보』, 1988. 12. 29.
- 검찰은 그러나 장씨와 함께…… (→그러나 검찰은) 『한겨레』, 1989. 1. 14.
- 이것은 어떻게 보면 참으로 어려운 일 같기도 하지만 그러나 애정을 갖고 내 자식을 대하듯 지혜롭게 타일러주면…… 『십대들의 쪽지』, 마흔네 번째

이 그러나는 어떻게 처리해야 할까? 여기서는 바로 앞에 그러나를 쓸 필요가 없다. 그래서 아주 빼어버리면 된다. 만약 꼭 그러나를 쓰고 싶으면 '-같기도 하다' 하고 우선 문장을 끝맺어놓고 '그러나……' 하고 쓰면 된다.

- '광역 자치단체의 의회는 올해 안에 구성하고 단체장의 선출은 내년에 하는 것이 좋겠다'고 말했다. 그는 그러나 '광역자치단체장의 선거는……' (→그러나 그는) 『한겨레』, 1989. 3. 11.
- 그는 이어 "앞으로도 고도의 정치력을 발휘해서 남아 있는 모든 문제를 푸는 유종의 미를 거둬달라고 협상대표들에게 주문했다. 김 총재는 그러나 개별 영수회담에 대해서는…… (→그러나 김 총재는) 『한겨레』, 1989. 5. 21.
- 인근 주막에서 시켜온 점심을 먹으며 둘러앉은 소설가들은 그러나 별로 말이 없었다. 『한겨레』, 1989. 6. 13.

이 경우에도 그러나를 아주 없애든지, 이 문장 맨 앞에 가져가든지 해야 한다.

- 평소부터 어린이 글쓰기에 관심을 가지고 있었는데…… (→평소) 어느 교사의 글
- 천 원짜리 세 자리뿐이 없다. (→밖에) 『신동아』, 1989. 3.
- 하나뿐이 남지 않았다. (→밖에) 어느 교사의 글
- 여간 흐뭇했습니다. (→여간 흐뭇하지 않았습니다.) 어느 편지

이 "여간"이란 어찌씨 다음에는 반드시 부정하는 말이 와야 한다.

- 요산문학상이 주는 의미는 여간 컸다고 생각하며…… (→여간 크지 않았다고) 어느 편지
- 진실한 교사들이 무더기로 쫓겨나는 등 여간 가슴 아픈 사실에 당면했습니다. (→여간 가슴 아프지 않은 사실에) 어느 편지
- 아무도 다시 태어나는/ 아침이여! (→누구나, 모두가) 어느 시

"아무도"란 말 다음에는 부정의 말을 써야 하는데 "아무도 다시 태어나는" 했으니 말이 안 된다.

- 어둠은 아무도 원하지 않고/ 어둠은 아무도 증오한다. 어느 시

여기 쓴 둘 가운데 앞의 것은 맞게 썼지만 뒤의 것이 틀렸다. '어둠은 모두가 증오한다'고 써야 한다.

- 頂上의 자리를 오래 지키기가 얼마나 어렵다는 걸 모르는 바 아니다. (→얼마나 어렵냐 하는 걸) 『동아일보』, 1987. 7. 28.

이 "얼마나"란 어찌씨 다음에는 '냐?' '까?' 하는 물음을 나타내는 말이 오거나 감탄을 나타내는 말이 와야 한다. 위의 보기글같이 "얼마나 어렵

다"고 하는 베풂꼴이 와서는 틀린다.

- 여기서 다시 한번 民意를 외면하는 獨斷이, 정치적 상황에 대한 誤謬와 誤判이 정치 지도자들에게 얼마나 致命的이라는 것을 강조해두고 싶을 뿐이다. (→얼마나 그 정치생명을 죽이게 되는가 하는 것을) 『동아일보』, 1987. 7. 29.
- 왠지 거부감이 일어났다. (→어쩐지, 왜 그런지, 웬일인지) 어느 대학생의 글
- 어머니와 다투시는 것을 볼 때면 나는 왠지 슬픔이 찾아오곤 했다. (→웬일인지, 어쩐지, 왜 그런지) 어느 근로소년의 글

왠지, 웬지란 말은 사전에도 없다. 젊은이들이 유행말같이 쓰게 되었는데, 본래 쓰던 말이 얼마든지 있으니 이런 말은 안 쓰는 것이 좋겠다.

- 왠지 슬픔을 느꼈다. (→왜 그런지, 어쩐지, 웬일인지) 어느 대학생의 글
- 나는 왠지 그 사람이 불쌍하게 생각된다. (→왜 그런지, 어쩐지, 웬일인지) 6학년 어린이의 글
- 사탕 하나를 저만 먹었지 남을 줄지를 몰랐습니다. (→줄 줄을) 어느 대학생의 글
- 나의 고정관념이 나쁜 줄은 몰라도 그렇게 생각하지 않을 수 없었다. (→나쁜지는) 어느 대학생의 글

이 경우는 앞의 말과 반대가 되었다. "남에게 줄 줄을 모른다"고 할 때의 줄과 "그런 생각을 한 것이 나쁜지 좋은지 모른다"고 할 때의 지를 뒤섞어서 잘못 쓴 것이다. 불완전이름씨 줄은 풀이씨 밑에 붙어 어떤 방법이나 셈속들을 나타내는 말이고, 지는 막연한 의문을 나타내는 풀이씨의 씨끝(어미)으로 '나쁜지' '좋은지' '가는지' '먹는지' 이렇게 붙여 쓴다.

- 한창 밝게 자라나야 할 어린이가 친구들이 도시락 먹는 자리를 피해 담에 쪼그리고 앉아 땅만 쳐다보는 모습을 보면 가슴이 미어진다. (→내려다보는) 『동아일보』, 1988. 4. 26.
- 이미 모래바람이 지워졌을까 말까 하는 발자국을 뚫어져라 쳐다보며 험한 사막을 장갑차로 몰고 가기란 그리 쉬운 일이 아니었기 때문이다. (→내려다보며) 어느 중학생의 글

쳐다보다와 내려다보다를 구별해서 바로 쓸 줄 모르는 경향이 있다. 아이들뿐 아니라 어른들도 그렇다. 왜 그럴까? 말을 삶 속에서 배우지 못하고 글로써만 배웠기 때문일 것이다.

- 감당할 수 없는 사태가 비로서 눈앞에 뚜렷이 보이기 시작했다. (→비로소) 어느 평론가의 글

'비로소'를 비로서로 쓰는 사람을 가끔 볼 수 있다.

- 파랗고 높게 높게
  끝없이 개인 하늘
  우리들 가슴속 저마다의 하늘에
  함박눈 펑펑
  눈이나 펑펑 오거라

  꽃 펄펄 날거라
  파랗게 개인 하늘
  너무 오래 휩쓸렸던 황사현상 하늘, 우리들
  누구나의 가슴에
  꽃잎 펄펄 오거라

이것은 박두진 씨의 시 「새해 노래」 첫 연과 둘째 연의 앞쪽만을 옮긴 것이다. 여기 나오는 오거라 문제인데, '오다'는 '너라 벗어난 움직씨'(너라 변격동사)로 되어 있다. 시라고 해서 우리 말법을 없이하고 써도 된다고 생각할 수 없다. 또 일부 서울 사람들이 말을 잘못 쓰는 것을 그대로 따라가는 것이 글을 쓰는 사람의 바른 태도라 볼 수 없다. 오히려 올바른 우리 말을 시로써 보여주는 것이 문학의 길이 아닐까 생각한다. 내 느낌으로는 '눈이나 펑펑 오너라' '꽃잎 펄펄 날아라'라고 하는 것이 "눈이나 펑펑 오거라" "꽃잎 펄펄 날거라" 하는 것보다 훨씬 자연스럽고 아름답고, 살아 있는 우리 말이라 본다.

- 몇 해 전에는 음악학교의 선생으로 나에게 낙방의 쓴잔을 마시게 한 분이 올해는 나를 인정하여 관현악법과 지휘법을 자진 <u>배워주신</u> 선생님이 되었다. (→가르쳐주신) 『학원』, 1989. 1.

배우다와 '가르치다'를 뒤섞어서 잘못 쓰는 경우가 더러 있다. '사다'와 '팔다'를 뒤섞어 쓰는 사람도 가끔 만난다.

- 부동산 양도인 검인계약서, <u>네 달 만에</u> 제출 면제 (→넉 달 만에) 『한겨레』, 1989. 1. 22.
- 돈보다는 사람을 중요시하며 <u>더불어 함께</u> 사는 자치공동체 (→더불어, 함께) 『신 협회보』, 1988. 8. 1 광고문
- 가난한 자와 <u>더불어 함께</u> 나누자 (→더불어, 함께) 『평화신문』, 1989. 2. 12.

같은 뜻의 말을 거듭해놓았다. 입말로는 안 쓰는 더불어를 쓰다보니 이렇게 된다.

- <u>쉽지가</u> 않아요. (→쉽지) 어느 분의 말

'쉽지' 할 것을 쉽지가라고 더러 말하는데, 뜻을 강조할 때 이렇게 예사롭지가, 만만치가 하여 가를 붙이는 것을 굳이 말법에 어긋난다고 할 것은 없지만, 아무래도 이런 군더더기 말을 붙이는 버릇은 안 들이는 것이 좋겠다고 생각한다.

• 둘은 <u>이혼을 거두어들였다</u>. (→이혼을 그만두었다.) 『쌍용소식』, 1989. 5.

짧은 이야기 끝에 나오는 말인데, 이혼을 하지 않기로 했다는 말을 좀 재치를 부려서 쓴다고 한 것이 그만 반대의 뜻으로 오해할 수 있는 말이 되어버렸다. "거두어들인다"는 말은 곡식을 거두어들인다는 말로 느끼고 이해하는 것이 우리들의 느낌이다. 곡식, 곧 어떤 노력의 결과, 열매를 거두어들이는 것이다. 그러니 이혼을 거두어들였다고 하면 두 사람이 이혼을 하기 위해 온갖 노력을 한 끝에 그 열매가 맺어져서 거두어들였다고 되어버린다. 이 이야기를 읽은 사람들이 마지막에 나오는 이 한 마디로 바로 이렇게 오해해버리지는 않는다고 하더라도, 적어도 이 말에 좀 어리둥절하게 될 것은 사실이다. 말이고 글이고 그 뜻이 분명하게 나타나야 한다. 살아 있는 말을 글로 쓰지 않고 글 속에 갇혀 글재주를 부리다보면 엉뚱한 말이 되기 쉽고, 이해할 수 없는 말이 되기도 한다.

3. 아름답지 못한 말

(1)

아름답지 못한 말이라면 지금까지 말한 모든 어설픈 중국글자말들이 다 아름답지 못하다. 입으로 말했을 때나 우리 글자로 적었을 때 무슨 말인지 알 수 없는 말, 공연히 어렵게 쓰는 말들이 모두 아름다운 말이 아니다. 의식적, 가시적, 묵시적…… 무슨 적하는 말들이며 재거부, 재도약, 무산, 시도, 돌입, 위치하다, 기초하다, 가열하다, 표출하다, 필히, 공히, 접하여, 발발하다, 하치장, 수취인 들이 모두 아름다운 말일 수 없고 우리 말이 되어서는 안 될 말들이다. 또 일본말 직역한 에의, 에로의, 에 있어서의, 으로부터의, 에게마다 들이 아름다울 수 없는 말이다. 의와 함께 및이나 내지를 넣어서 중국글자말을 줄줄이 엮어 보이는 짓도 우리 말을 아름답지 못하게 만드는 노릇이고, 먹거라·오거라 하는, 우리의 자연스러운 말법에 어긋나는 말도 아름다울 수 없는 말이다. '밥을 먹었었다'도 그렇다. 조크, 데뷔, 레크리에이션, 일러스트레이션 같은 서양말도 우리 말의 아름다움을 깨뜨린다.

- 삶에 있어 상호 보족적인 관계를 명징하게 투영할 수 있다면 개체상으로 현현되는 사물의 형상은 인과의 입장에서 판단의 기준을 설정할 수 있다. 개인사의 제반 규정물이 개체존재의 독점물이 아니고 전체성 속에서 야기된 전체의 부분임이 분명할 때 <small>어느 정기 간행물</small>
- '유러피언 클래식'이란 신사복의 패션을 강조하는 이탈리안 모드에 정통 남자복식인 영국풍을 가미한 새로운 스타일의 신사복 경향입니다. '아더덕슨'은 유러피언 클래식 스타일의 정통을 추구하는 코오롱모드의 뉴 브랜드로서 품위 있고 세련된 멋과 Trendy한 감각을 지닌 분들을 위한 고감각 남성 토털 패션입니다. <small>어느 광고문</small>

이쯤 되면 말의 아름다움이고 뭐고 얘기할 거리도 안 되고, 우리 말 자체가 아주 말살되어버렸다고 하겠는데, 슬프게도 지금 우리 말은 한 걸음 한 걸음 죽음의 길을 가고 있다는 생각을 지울 수가 없다.

우리 말의 아름다움은 순수한 우리 말을 바르게 쓰는 데서 나타나는 것이지, 남의 나라 말을 섞어서 유식하게 지껄이는 데서는 절대로 나타날 수 없다. 그리고 우리 선조들이 삶 속에서 말을 창조하고, 또 그 말을 갈고닦아서 이어왔듯이, 그렇게 삶 속에서 말을 하고 말을 전하는 데서 아름다움이 나타나는 것이지, 삶을 떠난 자리에서 말을 말로서만 하거나 말의 재주 부리기를 즐긴다면 그런 말은 결코 아름다울 수 없는 것이다.

'아버지'를 아빠로 말하는 것이 아름답다고 생각하거나, '웃는다'를 미소한다로 쓰는 것이 아름답다고 생각하는 것도 엄청나게 잘못되었다.

• 아빠의 미소 KBS 토요가족극장, 1989. 3. 11.

이런 제목으로 엮어내는 이야기가 백성들의 삶의 진실을 보여주리라고는 생각할 수 없다.

(2)
여기서는 지금까지 언급하지 않은 몇 가지 말에 대해 생각해보기로 한다.

중국글자말이나 일본말이나 서양말 때문에 우리 말이 파괴되고 우리 말의 아름다움이 사라지는 문제는 우선 제쳐놓고, 순수한 우리 말로 보이는 말에서 아름다움이 손상된다고 생각되는 것이 거의 모든 글월의 끝마다 나오는 씨끝(어미) -다라고 볼 수 있다. 사람의 마음을 꽉 닫아버리는 느낌을 주는 이 맛없는 말씨와 글체를 어째서 소설과 수필과 논문이며 그밖의 모든 글에서 아주 굳혀놓았는지 참으로 안타깝게 생각한다. 사실은 이 -다 글체도 일본말을 따라 쓴 것이 틀림없다. -다 씨끝에 대해서는 다른 데서 어느 정도 말해두었기에 더 언급하지 않는다.

다음에 말해야 할 것이 것이라는 불완전이름씨다. 글을 쓰다보면 이것이 자꾸 나와 화가 날 때가 많다. 나뿐 아니라 모두가 그렇겠지.

• 인간이 다른 동물과 구분되는 <u>것</u>은 무엇인가? <u>그것</u>은 노동을 한다는 것이다. 인간노동의 생산력이 극히 낮은 단계의 원시공동체 사회 속에서 여성의 노동은 남성의 노동과 함께 극히 소중한 <u>것</u>이

었다. 생산 노동과 재생산 노동에 대한 차별이 없었다는 것이다.
어느 대학 신문

것이 마음에 걸려 안 쓰려고 해도 이렇게 자꾸 나온다. 어른들이 쓰다 보니 아이들까지도 쓰게 되었다.

- 공부가 다 끝난 뒤 선생님께서 박우근 일기를 읽어주었다. 너무 가슴 쩡하는 것이었다. 우근이는 그 일기를 읽을 때 엉엉 우는 것이었다. 정말 안타깝게 느껴졌다. 6학년 어린이의 글

이 아이의 글에서는 어른이 쓴 것보다 훨씬 더 어색하게 느껴진다. 그것은 아이들이란 본래 말을 떠난 글을 쓸 줄 모르기 때문이다. 말하듯이 써놓은 글에 것이었다가 들어갔으니 어색하게 느껴질 수밖에 없다. 이렇게 하여 어른들의 글에서 말을 익혀 어른들같이 맛없는 글을 쓰기 시작한다.

그러니까 이 것은 우리가 입으로 말을 할 때는 '이것' '저것' '그것' '아무것' '네 것' '내 것' '아름다운 것'밖에는 별로 쓰지 않는다. 더구나 것이다. 것이었다는 말할 것도 없고 것입니다. 것이었습니다도 거의 쓰지 않는다. 따라서 우리가 쓰는 글에서 것을 줄이려면 살아 있는 말로 글을 쓰는 수밖에 없고, 입말에 가깝게 쓰면 것이 저절로 줄어든다. 그 증거로는 소설이고 수필이고 마주이야기(대화)를 적어놓은 글에는 것이 거의 들어가 있지 않다는 사실을 들 수 있다.

'것이 언제부터 자주 우리 글에 나오게 되었을까?' 하는 문제도 살펴보면 좋은 깨달음을 얻을 수 있겠지만, 내가 보기로 이게 또 일본말의 영향인 듯하다. 가령 옛날에 어른들이 중국글을 새겨 읽을 때나 그 뜻을 풀어 말할 때는 것이다란 말이 나오지 않았다. 그런데 요즘 책을 보면 중국글을 풀이해놓은 글에도 것이다가 예사로 나온다. 『맹자』의 첫머리를 보기로 하자.

孟子見梁惠王. 王曰?不遠千里而來 亦將有以利吾國乎. 孟子對曰王
何必曰利 亦有仁義而已矣 『孟子』, 문공사

맹자께서 양혜왕을 만나보셨다. 왕께서 말씀하셨다.
"선생님께서 천 리 길을 멀다 않고 찾아오셨으니 장차 우리나라에 이로움이 있겠습니까?"
맹자께서 대답하셨다.
"왕께선 무엇 때문에 굳이 이(利)를 말씀하시는 <u>것입니까</u>? 오직 인(仁)과 의(義)가 있을 뿐입니다."

내가 어렸을 때 들은 기억으로도 "何必曰利"를 새겨 읽을 때 "하필 이(利)를 <u>말씀하십니까</u>?"로 읽었지, '하필 이(利)를 말씀하시는 것입니까?'로 읽지는 않았다. 이렇게 것, 것이다를 많이 쓰게 된 것이 일본글을 배우고부터라고 본다. 누구든지 일본글 번역한 책을 펴보면 것이 함부로 나온다는 사실을 알게 된다.

여하튼 그들이 말하는 '언론의 자유'는 다음과 같은 <u>것일 것이다</u>.
(ともかく, 彼らの言う「言論の 自由」とは, つぎのような<u>ものであ</u><u>らしい</u>) 『네 마음이 전쟁을 부른다』

이 번역문에서 'もの'도 것이 되고 'あゐらしい'도 것이다로 되었다.
여기 인용한 번역 책에서 여기저기 눈에 띄는 것을 찾아 그 원문과 맞춰보았더니 다음과 같다.

- 것은—のは, ことは, それを
- 것에—ことでは
- 것을—のを

- 것으로―ので
- 것이다―のだ, のだろう, あるらしい
- 것인가―ことが, という, のが
- 것이라고―であるか, のだろうか
- 것보다―だという
- 것이니―のよりも
- 어느 것도―いずれも
- 아무것도―なにも
- 것으로부터―ところから

이 가운데서 준체조사(準體助詞) 또는 형식체언(形式體言)이라고 하는 "の"를 것으로 번역한 말이 가장 많지만 그밖에도 'こと' 'それ' 'あれ' 'もの' 'なにも' 'ところ' 들과 같이 일본말로서는 모두 달리 나오는 말을 우리는 모조리 것으로만 번역하고 있으니 우리 말이 온통 것투성이가 될 수밖에 없다. 이것은 물론 일본말 탓할 일이 아니다. 형식체언 "の"를 모두 것으로 번역한 데서 재앙이 일어났다고 보아야 한다. 그래서 일본말을 낱말 따라 쉽게 옮겨가다보니 다른 말들도 편리한 대로 것으로만 옮기게 되고, 그래서 이런 버릇이 든 것이다. "の"를 것으로만 옮긴 것도 우리 말의 특성을 살리지 못하고 일본말 따라가다보니 그렇게 되었다. 이래저래 우리 말은 일본말에서 너무 많은 해를 입었다.

(3)

다음은 신경(을) 쓴다란 말에 대한 생각이다. 본래 우리 말에는 신경 쓴다란 말이 없었다. 이 말을 쓰게 된 때는 1960년대부터, 더구나 1970년대부터 많이 쓰게 되었다고 본다. 곧 이 말은 오늘날 산업사회가 낳은 말이다. 사전에는 『새우리말 큰사전』에도 나와 있고 『현대조선말사전』에도 나와 있다. 모두 쓰니까 사전에 싣는 일도 어쩔 수 없지만 내가 보기로 사람들이 이 말을 너무 자주 쓰고, 너무 함부로 쓴다.

- 텔레비전이나 컴퓨터 단말기를 오래 보게 되면 시력장애가 일어나기 쉬우므로 눈 보호에 <u>신경 써야</u> 한다. (→마음 써야, 애써야, 힘써야, 주의해야) 『한겨레』, 1988. 12. 28.
- 달라진 과목·교우관계 <u>신경 쓰도록</u>…… (→마음 쓰도록, 걱정하도록) 『한겨레』, 1989. 2. 24.
- 질산염·철 기준치 넘어 소독 <u>신경 써야</u>…… (→자주 해야, 잘해야, 애써야) 『한겨레』, 1989. 7. 13.

이렇게 신문기사 제목에까지 예사로 나오게 되었지만 이 말을 귀로 듣거나 눈으로 읽을 때마다 기분이 상하고 정말 신경이 자꾸 쓰인다. 내가 보기로 사람들은 웬만한 마음의 움직임은 모조리 이 신경 쓴다로 나타낸다. 생각한다, 마음 쓴다, 애쓴다, 걱정한다, 염려한다, 돌본다, 주의한다, 힘쓴다, 관심을 가진다…… 이런 말들을 써야 할 자리는 말할 것도 없고, 심지어 도와준다, 지킨다, 키운다, 가르친다…… 이런 말이라야 할 자리까지 걸핏하면 신경 쓴다로 말해버린다. 획일로 쓰는 유행말을 따르는 본보기 말의 한가지다.

사람들이 '걱정한다' '애쓴다' '마음 쓴다'는 말을 쓰는 대신 신경 쓴다를 쓰고 싶어 하는 까닭이 있다. 그것은 같은 뜻이면 좀 유식해 보이는 말을 쓰고 싶어 하는 심리 때문이고, 또 하나는 모두가 좋아하는 말을 쓰는 편안함을 따르는 심리 때문이다.

경박한 말, 중국글자말이 널리 퍼지고, 그 말이 온갖 말을 삼켜 없애는 현상을 어떻게 유쾌한 마음으로 받아들일 수 있겠는가?

유식한 말도 모두가 쓰다보면 유식한 말이란 느낌이 없어진다.

- 너무 오래가거나 너무 심심해져서 극한 상황이 벌어지지 않을까

신경 쓸 일은 있지만, 언젠가 '유화국면'으로 다시 바뀔 때 이게 다 미국이 민주화를 촉구한 덕분이라고 생색내기 위해서도 그 정도 신경 쓰는 일은 수고랄 것이 없다. (→마음 쓸, 걱정할 | →걱정하는, 마음 쓰는, 애쓰는) 『한겨레』, 1989. 4. 27.

문장을 잘 쓰는 분도 이렇게 신경 쓴다는 말을 즐겨 쓰는데, 이 경우는 모든 사람이 많이 쓰는 일상의 말을 귀하게 여겨서 일부러 쓰지 않았나 생각한다. 그러나 신경 쓴다는 말은 귀하게 써야 할 우리 말이 못 되며, 도리어 귀한 우리 말들을 잡아먹는 말이 되어 있다.

(4)
다음은 진실되다와 허황되다란 말이다.

- 국회의원, 말보다 <u>진실된</u> 자세 아쉬워 (→진실한) 『한겨레』, 1988. 10. 7.
- 자라나는 2세들에게 참된 교육을 실천하고 <u>진실된</u> 삶의 방향을 잡도록 도와주며, 무엇이 <u>진실됨</u>이며 정의인가를 깨닫게 함으로써…… (→진실한 | →진실함이며) 『무안교사신문』
- 어떤 글이 얼마나 <u>진실되게</u> 쓰였으며…… (→진실하게) 어느 교사의 글
- 글은 곧 자신의 생활체험을 <u>진실되게</u> 표현할 것이며…… (→진실하게) 어느 교사의 글
- 우리가 알아야 하고 생각해보아야 할 보다 <u>진실된</u> 모습을 반영해 준 것에 감사하고…… (→더욱 진실한) 중학교 3학년생의 글

우리 말 그림씨(형용사)에서 '진실+하다'는 있지만 진실되다는 쓰지 않는다. 사전에도 진실되다는 없다. 그러고 보면 이 진실되다는 아주 요즈음에 와서 널리 쓰게 된 말이라 생각된다. 사람들은 왜 '진실하다'를 안

쓰고 진실되다로만 쓸까? 내가 보기로 거의 모든 사람이 말에서나 글에서나 진실되다로만 쓰고 있다. 참으로 알 수 없는 일이다. 그리고 진실되다를 입으로 말할 때는 또 한결같이 "진실뙤다"해서 된소리만 내고 있다.

허황되다도 마찬가지다. '허황하다'는 있어도 허황되다는 쓰지 않았다. 그런데 요즈음 모든 사람이 허황되다로만 쓰고 있다.

- 불교가 무협지나 공상영화에서나 상상될 법한 허황된 모습으로서가 아니라······ (→허황한) 어느 대학생의 글
- 마치 초탈한 세계에 사는 이방인처럼 공(空)이라는 이름의 허황된 세계만을 읊조리고 있다. (→허황한) 어느 대학생의 글

이 허황되다 역시 입으로 말할 때는 "허황뙤다"로만 소리 내고 있다. 이것을 보면 '진실하다→진실되다→진실뙤다' '허황하다→허황되다→허황뙤다' 이렇게 말이 점점 거세어져가는 현상을 깨달을 수 있다. 역시 산업사회가 되고 나서 사람들의 삶이 바쁘고 고달파지고, 감정이 메마르게 되고, 행동이 성급하게 되고 거칠게 됨에 따라 말도 저절로 이렇게 되는 듯하다. '점점→점차' '표현→표출' '오너라→오거라' 이런 말의 변화도 시대를 따른 현상이고, 가열차다란 말이 생겨난 것도 그렇다. 모두 우리 말이 아름답지 못하게 되어가는 꼴이다.

4. 농민의 말

(1)

우리 말의 뿌리는 농촌에 있다. 시골의 산과 골짜기에, 들과 냇가에, 논밭과 마을에, 그리고 거기서 살아가는 사람들의 삶 속에 우리 말은 살아 있다. 그러나 그 뿌리는 자꾸 뽑혀가고 말라죽어간다. 우리 말의 뿌리가

어떻게 뽑혀죽어가고 있는가, 생각나는 대로 보기를 들기로 한다.

• 농사꾼과 농부

농사를 짓는 사람을 두고 농사꾼, 농군, 농민, 농부—이렇게 여러 가지로 말하고 있다. 이 가운데서 **농부**란 말은 『시경』(詩經)에도 나오고 일본에서는 1,100년 전 고전에도 나와서 지금까지 많이 쓰고 있지만, 우리나라 농민들로서는 그리 반가운 말이 못 된다. **농부**란 말은 어부, 광부, 촌부, 청소부, 언부, 화부같이, 주로 이런 일꾼들을 부리는 사람들, 도시 사람들의 입에서 나오는 말이기 때문이다. 그리고 일제강점기에 일본 사람들이나 우리 농민들을 농부라고 불렀고, 교과서에도 농부라고만 써놓았다. 도시 사람들이나 관리들, 학교 선생들이 **농부** 농부라고만 하니 아이들도 따라쓰게 되고 농민들까지 더러 쓰지만, 이제부터라도 이 말은 안 썼으면 좋겠다. '농민'도 오래된 말로 『사기』(史記)에 나와 있다. 농민도 좋지만 '농군'이나 '농사꾼'이 더 좋다. 그리고 '농사꾼'은 순수한 우리 말이어서 좋다. 농군은 중국에서도 일본에서도 없는 우리나라 사람들이 지은 말이다. 이 농군의 '군'은 농사꾼의 군도 되고 농사짓는 군대란 뜻의 군(軍)도 된다.

그런데 정작 농민들은 어떤 생각일까? 스스로 "농사꾼"이라 말하고 "농군"이라 말하기를 자랑스럽게 여기고 있을까?

• 고추포기와 고추나무

고추 이야기를 할 때 고추나무라고 말하는 아이들이 적지 않다. 논에 있는 벼 이삭을 보고서도 쌀이 열리는 나무라고 말하는 큰 도시 아이들이 모두 고추나무라고 말하니 농촌 아이들까지 따라서 그렇게 말하는 것이다. 고추나무라고 하는 말이 틀렸다고 알고 있으면서도 그렇게 말하는 것은, 농촌 아이라는 표를 내기 싫어하는 열등감이 나타난 것이다.

꿩을 그냥 꿩이라 하지 않고 "산 꿩"이라고 말하는 것도 같은 경향이다. "산 꿩"이란 말은 없는데 무식한 도시 사람들이 "산 꿩"이라고 말하니까 따라서 말하는 것이다.

지용의 시「고향」에 "산 꿩"이란 말이 나온다. 그 시에는 한 소리마디인 '꿩'보다 역시 "산 꿩"이 좋다. 이렇게 한 시인이 "산 꿩"이라 썼다고 해서 꿩을 모두 "산 꿩"이라고 부를 필요도 없고 불러서도 안 되는 것 아닌가.

• 깔비와 소깝

이것은 경상도 지방의 말인데, 호남이나 충청지방에도 다른 말이 있겠지. "깔비"는 소나무 밑에 노랗게 떨어져 쌓인 마른 솔잎이다. 이 "깔비"는 농촌에서 아궁이에 불을 피워 밥을 짓고 소죽을 끓이는 데 쓰는 중요한 땔감이 되었다. "소깝"은 말라서 떨어진 잎이 아니고, 나뭇가지에 달려 있는 잎이다. 그러니까 소나무 가지를 낫으로 쳐서 말려놓은 땔감을 말한다.

요즘은 아주 깊은 산골이 아니면 웬만한 농촌에서는 모두 연탄을 쓰니 산에 "깔비"나 "소깝"을 하러 갈 필요도 없고, 따라서 이런 말도 그다지 쓰이지 않으리라. 그러나 사전에도 올려놓지 않은 것은 잘못되었다.

• 뒷간, 변소, 화장실

'뒷간'은 순수한 우리 말인데, 일본 사람들이 와서는 일본말 '벤조'(便所)—곧 '변소'를 쓰게 되었다. 그러다가 얼마 전부터는 '화장실'로 바뀌었다. 우리 말 수난의 역사가 이 말 한 가지에도 잘 나타나 있다. 그런데 아직도 도시와 농촌은 다르다. 도시의 집들은 거의 모두 서양식으로 되어 화장실이라 할 수밖에 없겠지만 농촌은 옛날 그대로 뒷간인데, 뒷간이란 말은 이미 사라졌으니 일제강점기 그대로 변소라 말하기도 안됐고, 화장실도 안 맞는 말이고, 결국 어쩔 수 없이 대부분 변소라고 부르고 있을 것 같은데, 이것이 오늘날 뿌리가 뽑혀가는 우리(농촌) 말의 고민이요 삶의 고민이다.

• 밥과 식사

옛날 높은 양반들이나 거의 모든 선비는 '밥'을 먹고 살지 않았다. '조반'을 먹고 '석반'을 먹었다. 머슴이나 일꾼들, 부녀자들이 먹는 것만이 '밥'이요 '죽'이었다. 밥은 안 먹고 '조반' '석반'만 먹었다는 말은 '밥'을 훔쳐 먹었다는 뜻이 된다.

예수교가 들어오고 나서 예수교 신자들은 또 밥을 안 먹고 '빵'만 먹고 살아갔다. 성경은 어느 구석에도 '밥'이야기는 없고 빵만 나온다. 예수교 신자들도 '밥'은 훔쳐먹은 꼴이다. 이 땅의 예수교 신자들은 밥을 먹으면서, 그리고 땀을 흘려 나락농사 벼농사를 짓고 보리농사를 지으면서도 교회에 가서는 나락이고 보리 얘기는 못 한다. "밀알 하나가 땅에 떨어지면" 하고 서양사람말 흉내만 내니 결국 보리밥 쌀밥은 훔쳐먹은 것밖에 안 된다.

옛날부터 밥은 하늘이었다. 우리는 어릴 때부터 인사말을 배우기를 "아침(밥) 자셨습니까?" "밥 먹었나?" 이렇게 했다. 이렇게 순박하고 정직한 백성들이기에 하늘 같은 인사말을 나누었다.

요즘은 인사말이 어찌 되었는가? "안녕하십니까"다. '우리가 언제 밥만 먹고 살았더냐? 밤낮 만나면 먹는 것 얘기하다니' 하는 태도다. 편안한 것 좋아하는 양반들이 아이들에게 가르친 인사말이 이렇게 되었다. 기껏 달리 말한다는 것이 "식사하셨습니까" "식사하러 갑시다" 이렇다. 밥을 안 먹고 '안녕'을 먹고 식사를 먹는 동안은 우리 모두 '밥'을 훔쳐먹는 못난 백성들이 될밖에 없다.

백성의 말을 쓴다는 것은 백성의 한 사람이 되는 것을 말한다. 이제 '안녕'으로 굳어진 인사말을 고칠 수야 없겠지. 그러나 '밥'이란 말을 못 쓰고 식사란 말을 쓰게 된 이 거꾸로 가는 역사는 두고두고 생각해보아야겠다. 요즘은 아이들에게도 '새참'을 간식으로 가르치고 있다.

• 찬물과 냉수

숭늉이 요즘은 아주 없어졌으니 숭늉이란 말도 안 쓰게 되었는데, 따스한 물을 온수라고 말하고 찬물을 냉수라고 말하고, 마실 물은 음료수라고 말하게 되었다. 도시 사람들이 온수니 냉수니 음료수니 하는 말을 쓰더라도 농촌 사람들은 본래 쓰던 말을 소중히 여겨주었으면 좋겠는데, 농민들이 모두 도시만 쳐다보고 살아가니 말이 아닌 꼴이다.

내가 어렸을 때는 여름철 비가 와서 마을 앞 냇물이 온통 누렇게 넘쳐 흘러가면 '큰물이 졌다'고 해서 그 큰물을 구경하러 나갔다. 그런데 이 '큰물졌다'는 말을 나는 어느 책에서고 한 번도 본 일이 없다. 요즘 사람들은 모두 홍수라고 말하고 홍수가 졌다고 한다. 사전을 찾아보니 아직도 '큰물'이란 말이 있기는 있다.

• 소똥과 쇠똥, 소고기와 쇠고기

표준말이라는 것이 '쇠똥' '쇠먹이' '쇠고기'로만 되어 있던 것이 얼마 전부터 '소똥' '소먹이' '소고기'를 같이 쓰도록 해놓았다. 내가 어렸을 때 쓰기로도 소똥이요, 소풀이요, 소꼴이요, 소고기였다. '소'를 '쇠'로 한 것은 "소의 먹이"니 "소의 고기"에서 "소의"를 줄이다보니 그렇게 되었다고 듣고 있는데, 이것은 잘못이다. 우리 말에서 두 낱말을 잇는 매김자리토 '의'는 거의 쓰지 않는다. '지붕 위'이지 "지붕의 위"가 아니고, '바다 물'이지 "바다의 물"이 아니고, '아버지 말씀'이지 "아버지의 말씀"이 아니고, '꿩 알'이지 "꿩의 알"이 아니다. 그와 마찬가지로 소똥이요, 소죽이요, 소먹이요, 소고기다. 어느 지방에서 '소먹이'를 "시미기"라고 말하는 것을 들었다. 이 "시미기"에 나타난 "시"는 '소의→쇠→시'가 아니다. "미기"란 말이 뒤에 오기 때문에 앞에 있던 "소"가 홀소리닮음(1모음동화)현상을 일으켜서 "시"로 변한 것이다. "미기"란 말은 '먹이'의 사투리로 널리 쓰는데, 이것 역시 "먹"이란 소리가 뒤에 오는 "이" 때문에 홀소리닮음현상을 일으켜 "미기"로 된 것이다.

그러니까 쇠고기, 쇠먹이를 표준말로 정해놓은 것은 아주 잘못되었다.

• 풀 뽑기와 제초

논의 풀을 매는 일은 논매기요, 밭의 풀을 매는 일은 밭매기다. 아니면 풀 뽑기다. 그런데 이런 말도 어느새 제초, 제초하다는 말로 바뀌어가고 있다. '제초기'가 나오고 '제초약'이 나오고부터는 제초한다는 말이 더욱 널리 퍼지게 되었다. 농약의 기계화·현대화는 농사짓는 방법만을 바꾼 것이 아니라 농민들의 말까지 바꿔버렸다는 것을 생각하게 한다.

옛날 괭이와 삽으로 땅을 파내고 등짐을 져서 둑을 쌓아 만든 것은 '못'이었지만, 기계의 힘을 벌려 크게 만든 '수리시설'은 저수지라고 부르게 되었다. 그 저수지에서 끌어온 물길은 '봇도랑'이 아니고 수로가 된다. 경운기를 몰고 가는 길은 그냥 '논길'이나 '밭길'이 아니고 농로가 된다. 이것이 모두 무엇을 뜻하는가? 저수지를 만들고 농로를 만드는 것이 농민들이 주체가 된 마음과 힘으로 만들고 이뤄가는 것이 아니라 밖에서 들어온 어떤 힘으로 행정으로 끌려가듯이 하고 있는 일이기 때문이다. 농민들이 쓰는 삶의 말을 쫓아내는 중국글자말을 쓰는 도시와 행정의 힘으로 농촌을 바꿔가기 때문이다.

(2)

얼마 전 ㄷ시에 있는 어느 교육회관에서 농촌지역 교회지도자들의 수련 과정이 있어 그 일을 맡은 분의 요청으로 글쓰기 강의를 한 적이 있다. 교회지도자라지만 모두 농민이었고, "농민들이 글쓰기로 자기를 표현할 방법"을 알려달라는 부탁이었던 것이다.

약속한 시간에 갔더니 문간에 내가 할 강의제목이 써 붙여 있었다. "문학 강의" 왜 하필 문학 강의라 했을까? 글쓰기를 배운다면 요즘은 농민들이라도 근사하게 붙여서 모처럼 찾아온 시골 사람들의 기대와 관심을 모으려고 이렇게 했을까? 그럴 수도 있겠다 싶어 강의실에 들어갔다.

맨 처음 내가 들려준 것은 그 지방의 옛날이야기 두 편이었다. 그것은 『한국 구비문학 대계』에서 복사해가지고 갔던 것이다. 내가 그것을 읽어준 까닭은 농민들이 써야 할 우리 말 우리 글이 어떤 것인가를 깨닫게 하려고 해서다. 그 옛이야기—나이 많은 노인이 입으로 한 이야기를 들려준 다음, 요즘 젊은이들이 써놓은 소설을 또 읽어주어서 어느 것이 우리 말인가, 농민들이 써야 할 글인가를 스스로 판단하게 하고 싶었던 것이다. 그래 나는 그것을 읽어주면서 큰 기대를 했다. 내가 읽어주면 농민들이 듣고 나서 "참, 이거야말로 우리들 얘기고 우리들 말이다!" 하고 무릎을 탁 칠 줄 알았다. 그런데 내가 읽기를 끝내자 오른쪽 앞자리에 앉았던 한 사람이 소리를 크게 쳤다.

"강사님! 우린 문학 얘기를 듣고 싶어요. 그게 문학입니까?"

이 질문에 내가 대답할 말을 꺼낼 새도 없이 연달아 이번에는 왼쪽 앞자리에서 한 사람이 소리쳤다.

"지금 읽어주신 거 무슨 말인지 모르겠습니다. 우리는 아주 알기 쉬운 글을 쓰는 방법을 배우고 싶어요. 문학작품을 쓰는 방법을 얘기해주세요."

나는 그 순간 엄청나게 놀랐고, 큰 충격을 받았다. 그래서 잠시 무슨 말을 해야 할지 모르고 멍하니 서 있었다. 이거야말로 순수한 우리 말이고 농민들의 얘기라고 생각했는데 무슨 말인지 모르다니! 도대체 어찌된 셈인가? 그리고 문학? 이 사람들이 생각하는 문학이란 무엇일까? 진정으로 문학을 알고 싶어 하고 쓰고 싶어서 이러는가?

나는 정말 절벽에 꽉 부딪힌 느낌이었다. 농민들만은 믿었는데! 도대체 이 땅에서 누구를 붙잡고 말을 해야 하나?

이때 내 머리에 번개같이 떠오른 말이 있었다. 그것은 농민들을 많이 만나서 일을 하는 ㅊ씨가 들려주던 말이었다.

"농민들 앞에서 너무 겸손하게 말을 해서는 먹혀들지 않습니다. 잘못하는 걸 나무랄 것은 나무라고 좀 큰소리를 쳐야 말을 귀담아듣습니다."

역시 그랬던가? 이 농민들은 나를 아주 깔보고 있는지도 모른다. 저 사람이 문학 강의를 하러 와서 근사한 문학 얘기는 안 하고 어디 무식한 시골 노인의 얘기를 읽고 있네. 초등학교 선생 노릇이나 몇십 년 했다더니 학식이 저렇게 없어서야 무슨 문학 강의를 하겠는가? 당장 집어치워—아무래도 이쯤 생각했을 것 같아 맥이 탁 풀렸다.

그러나 또 생각하니 농민들이 이 지경이 되어버린 것이 당연하다는 생각이 들었다. 일제 36년과 분단 44년 동안 끊임없이 짓밟히고 끌려 다니기만 하여온 백성들이 아닌가? 제정신을 다 잃어버린 것이 당연하다. 이런 자리에서야말로 내가 할 말을 해야지!

나는 다시 용기를 내어 말을 시작했다. "여러분이 문학, 문학, 말하는데 바로 그 문학 얘기를 하지요. 문학공부를 하고 싶어 하는 여러분이 하늘같이 우러러보는 신춘문예 당선 작품이 어떤 것인가 들려주지요." 하고는, 실제 작품을 몇 편 들어 보인 다음 오늘날의 문학이고 예술이 얼마나 삶에서 떠나 뿌리가 없는가, 얼마나 농민들과 상관이 없이 허망한가 얘기했다. 그리고 그 옛날 입으로 전하던 이야기가 얼마나 우리의 삶과 하나로 되어 있던 진짜 농민의 문학이었던가도 말해주었다. 그때야 농민들은 모두 내 말에 공감하는 듯 보였다.

마치고 나왔을 때 그 연수를 기획했던 분이 내게 말했다.

"선생님, 아주 혁명적인 얘기를 해주셨습니다."

그렇다. 오늘날 우리나라의 농민들은 혁명을 해야 한다. 일본제국에서 길들여진 종살이 본성에서, 그 뒤 온갖 악독한 통치자들이 처넣은 넋이 빠진 꼭두각시의 말과 몸짓에서 벗어나, 자기 자신을 찾아갖는 혁명을 해야 한다. 이는 사실 정부와 맞서 농산물 제값받기 싸움을 벌이는 일보다 더 시급히 해야 할 일이다. 이 혁명이 일어나기 전에는 우리 농민들이 생명이 살아 있다고 볼 수 없다. 내 말이 지나친 말일까? 부디 지금까지 한 내 말이 모두 잘못되었고 농민들은 그렇지 않다 해서 많은 농민이 나를 향해 돌을 던지게 되면 오히려 다행이겠다.

5. 일제강점기·북한·중국 연변의 말

여기에서 일제강점기·북한·중국 연변 동포들의 말과 글에 대해 살펴 보려고 하는 범위는 한정된 자리와 시간, 더구나 북한과 중국 연변 쪽의 경우 몇 가지밖에 안 되는 자료 때문에 좁은 둘레가 될 수밖에 없다. 그래서 이 책에서 지금까지 이야기한 남의 나라 말글의 오염 문제가 대충 일제강점기에는 어느 정도였던가, 북한과 연변지방에서는 어떤 상태인가를 알아보는 정도에 그치려고 한다.

일제강점기

- 본래 최병도와 김정수는 국가사상이 머리에 가득한 사람이라. 만일 최씨가 좀 오래 살았더면 김씨와 가치 나라 일에 죽었을 사람이라. 최씨가 죽은 뒤에 외손벽이 울기 어려운지라…… 그러한 위인으로 일평생에 뜻을 얻지 못하여 말이 나오면 불평한 말뿐인데, 그 불평한 말인즉 국가를 위하는 말이라. 옥순이와 옥남이가 자라나는 새 정신에 날마다 듣나니 국가를 위하는 말뿐인 고로 옥순이와 옥남이는 나라라는 말이 뇌에 백이고 정신에 젖었더라. 이인직,「은세계」

「은세계」(銀世界)는 한국최초의 신연극 소설이라고 하는데, 1908년, 그러니까 일본총독정치가 시작되기 직전에 발표한 작품이다. 이인직의 신소설이 비록 나라를 아주 빼앗기기 전에 발표했다 하더라도 일제강점기의 것으로 보고 싶은 까닭은, 이 사람이 1900년, 구 한국정부 유학생으로 일본에 가서 공부를 하고 노일전쟁 때 일본 육군성 한국어 통역관으로 종군한 이력을 가지고 있기 때문이다. 앞에 인용한 「은세계」의 한 대문을 보면 문장의 끝맺음이 모두 "이라" "지라" "더라"로 되어 있다. 그러나 같은 작품인데 다른 대문에서는 아주 달리 나타난다.

겨울치위 저녁기운에 푸른 하늘이 새로히 취색한 듯이 더욱 푸르렀는데 해가 뚝 떨어지며 북새풍이 슬슬 불더니 먼 산 뒤에서 검은 구름 한 장이 올라온다. 구름 뒤에 구름이 일어나고 구름 앞에 구름이 얼어나고 구름 밑에서 구름이 치바처올라오더니 삽시간에 그 구름이 하늘을 뒤덮어서 푸른 하늘을 볼 수 없고 식껌은 구름천지라 히끗히끗한 눈발이 공중으로 회회돌아 내려오는데 떨어지는 배꽃 같고 날아오는 버들가지같이 힘없이 떨어지며 간곳없이 슬어진다.

여기서는 문장 끝이 다로만 되어 있다. 한 대문에서 "구름천지라"가 나와도 "라" 다음에 마침표를 안 찍고 이어갔다. 내가 보기로 우리 글이 소설이고 수필이고 논문이고 할 것 없이 모조리 다 하나로 끝맺게 된 글체를 맨 처음 쓰기 시작한 사람이 이인직이다. 이인직 이전에는 없다. 이런 글체를 일본글에서 배워 따른 것이 틀림없다고 본다. 앞의 두 보기글을 비교하면 먼저 들어 보인 대문——옥순이와 옥남이 두 주인공이 미국에 가서 유학하는 중에 국가와 정치 문제에 관심을 가지게 된 사정을 설명하는 대문에서는 종전에 쓰던 말씨대로 '-이라' '-더라' '-지라'로 써놓았다.

그런데 그다음에 든 대문——구름을 묘사한 문장은 그때까지 우리 글에서는 좀처럼 안 쓰던 -다 한 가지로 나온다. 원래 우리나라 소설에서 자연이고 인간이고 어떤 정경을 객관으로 자세하게 그려 보이는 일은 전혀 없었다. 이 때문에 이런 새로운 묘사의 기법을 쓰자니 종전에 쓰던 문체로서는 어울리지 않고 불편하다고 생각해서 새로운 글체 '-다'를 쓰게 된 것이다. 그리고 이렇게 -다로 쉽게 쓰게 된 까닭은 바로 일본 소설의 문장을 그대로 따른 때문이다.

우리 글을 우리 말로 창조해가지 못하고 남의 글과 문학에 쉽게 기대어버린 결과가 이렇게 되었다. 「혈의 누」(血의 淚), 「귀의 성」(鬼의 聲) 들, 소설의 제목만 보아도 중국글과 중국글자말에 대한 올바른 깨달음이 전혀 없던 이 신소설작가가 일본말 일본글에 대해 우리의 주체성을 또 버린 채, 그 속에 빠져버렸음을 알 수 있다. 그 이후 우리 글과 문학이 걸어온 잘못된 역사를 생각할 때 이를 두고두고 애석하게 여기지 않을 수 없다.

- 그러나 인류에 있어서는 단순한 출산만으로는 아직도 완전한 생식(生植)의 직능을 향하야의 제일보(第一步)밖에 되지 못한다. 徐椿,「경제와 산아제한」, 1932
- 나는 그 간수(看手)에게 대하야 종일토록 몹시 필요한 말이 아니면 절대로 입을 열지 않았었다. 林元植,「獄中記」, 1925
- 일즉이 우리는 중국의 예속국이란 지위를 충실히 지켜왔었다. 김소운,「조선구전민요집」, 1931
- 片의 誼理와 幾分의 辯論으로 실상은 다분의 嫉妬와 毁傷으로써 滾滾한 長江大流를 睡罵하고 돌아서서 또 私鬪한다. 정지용,「詩의 擁護」, 1939
- 그러나 예술에의 존경과 서적에 대한 관심만은…… 金練萬,「文章」제1집, 1939
- 그런데 여기서 한 가지 이해하고 내려갈 사실은 그처럼 폐단이 많은 재래의 수사법이 과거에 있어선 무엇으로써 그렇듯 적응성을 가져온 것인가 하는 점이다.
활판술이 유치하던 시대에 있어서는, 오늘처럼 책을 구하기가 쉽지 않았을 것이다. 따라서 한 권 책을 가지고 여러 사람이 보는 수밖에 없었고, 또는 문맹인(文盲人)이 많았기 때문에 자연히 한 사람이 읽되 소리를 내어 읽어 여러 사람을 들리는 경우가 많았을 것이다. 소리를 내어 읽자니 문장이 먼저 낭독조로 써지어야 할 필요가 생긴다. '문장 곧 말'만이 아니라 음악적인 일면이 더 한 가지 필요하게 되었던 것이다. 이태준,「문장 강화」, 1940

위에 든 여섯 가지 보기글에서 다음 몇 가지 결론을 내릴 수 있다. 첫째, 에 있어서, 에의와 같은 일본말 직역투의 글 버릇은 일제강점기부터 있었다. 심지어 "향하야의" 하는 말까지 쓰고 있다.

둘째, 왔었다도 일제강점기부터 썼고, 것이다를 많이 쓰게 된 것도 일제강점기부터다.

셋째, 정지용·이태준같이 글을 남달리 다듬어 쓰던 문장가들도 중국 글자말투와 일본말투에서 벗어나지 못했다.

북한

- 그러나 그는 계급적 및 세계관적 제한성으로 말미암아 민족적 슬픔과 비애를 표현하는 데 그치고…… 『조선문학개관』, 1권, 343쪽
- 세계청년학생축전을 평양에서 진행하는 것은 북과 남의 우리 청년 학생들에게 있어서 커다란 자랑이고 기쁨이며…… 제13차 세계청년학생출전 조선준비위원회 조선학생위원회, 1988. 12. 26.
- 조선반도에서의 공고한 평화통일을 촉진해나가려는…… 제13차 세계청년학생출전 조선준비위원회 조선학생위원회, 1988. 12. 26.
- 우리는 서로 부르고 화답하며 판문점회담장에로 달리던 력사적인 6·10과 8·15의 그날…… 제13차 세계청년학생출전 조선준비위원회 조선학생위원회, 1988. 12. 26.
- 동북아시아 지역에서 중요한 전략적 지점에 위치하고 있는 조선반도에 있어서 핵전쟁의 위험이 종식되지 않는 한 동북아시아 지역에서의 확고한 평화는 생각하기 어려울 것이며, 이 지역에서의 교류와 협력도 원활하게 발전시킬 수 없을 것이다. 조선이 둘로 쪼개져 거의 반세기에 걸쳐 분단의 비극을 겪고 있는 것이 결코 조선인민 자신의 의사가 아니고, 다른 나라와 다른 민족의 운명을 고려하지 않고 자신의 패권적 이익만을 추구하는 제국주의자에 의하여 강요된 것이라는 것은 명백하다. 『한겨레』, 1989. 6. 14.

- 소-미간에 일부 핵병기를 철폐하는 데 합의하고 있는 조건 아래서 아메리카가 남조선에 핵병기를 계속 배치해야 할 필요가 있다는 주장은 누구에게도 납득되지 않을 것이다. 『한겨레』, 1989. 6. 14.

북한에서 쓰는 말과 글에 대한 문제를 위에서 든 여섯 가지 보기글에서 생각해본다. 에 있어서, 에 있어서의, 에로, 에로의 이와 같은 일본말 직역체의 글이 그쪽에서도 다름없이 나타난다. 그리고 -아래서, -에 의하여뿐 아니라 "납득" "계급적 및 세계관적 제한성" 이런 중국글자말과 중국글자말체의 문장도 이곳 남한과 다름없이 쓰이고 있다. 또한 것이다도 여기와 같이 자꾸 나온다. 이것으로 보아 일제강점기에 잘못되었던 말과 글은 북쪽에서도 그대로 오늘날까지 이어오고 있음을 알 수 있고, 그곳에서도 일본말 청산을 못 하고 있음을 알게 된다.

- 1970년대 이후에 우리 문학은 수태의 형상창조문제, 고전적 명작들의 재현문제, 공산주의적 인간전형의 창조와 문학예술작품에서의 종자문제들을 빛나게 해결하면서 우리 시대, 자주성의 시대문학의 참다운 본보기로 개화 발전하였다. 『조선문학개관』

여기 나오는 종자란 말이 무슨 말일까? "수태"란 말도 그곳에서만 쓰는 말인 듯하지만, 우선 종자란 말을 『현대조선말사전』에서 찾아본다.

종자【명】① 작품의 핵으로서 말하려는 기본문제가 있고 형상의 요소들이 뿌리내릴 바탕이 있는 사상적 알맹이. 종자는 소재와 주제, 사상을 유기적인 련관 속에서 하나로 통일시키는 작품의 기초이며 핵이다. 종자를 똑바로 잡아야 작품의 사상성을 보장할 뿐 아니라 그 예술적 형상도 잘할 수 있다. 종자에 관한 사상과 리론은 우리 당에 의하여 처음으로 개척된 독창적인 사상리론이다.

② 씨, 씨앗 ③ 동식물의 품종 ④ 씨받이 할 집짐승

이러고 보니 종자란 말은 문학에서 쓰는 독특한 말로 북한에서 정한 것임을 알 수 있다. 문학용어를 서양사람들이 쓰는 말만 받아 그대로 쓰지 않고, 일본 사람들이 쓰는 말만 따르지 않고 이렇게 새로 지어 쓴다는 것은 잘한 일이다. 말을 창조해서 쓰는 일은 그 말에 담긴 생각을 창조하는 일이 된다.

그런데 왜 종자란 말을 쓸까? 하는 의문이 생긴다. 농민들의 말은 '씨'요, '씨앗'이지 종자가 아니다. '씨를 뿌린다' 하지 '종자 뿌린다' '파종한다'고 말하지 않는다. 지금은 남한에서도 말이 자꾸 잘못되어 종자란 말도 쓰지만, 아직은 '씨' '씨앗'을 더 많이 쓰고, 더구나 지난날에는 말할 것도 없다. 문학의 이론을 말하는데 '씨'나 '씨앗'보다 종자란 말을 즐겨 썼다는 데에 북한문학의 문제점을 풀어낼 수 있는 것이 아닐까? 이런 문제점은 문학에만 그치는 것이 아니라 그곳 예술과 문화 전반이 안고 있는 문제가 되어 있는지도 모른다. 말하자면 백성들(그곳에서는 '인민'일 테지)의 말을 쓰지 못하고, 어려운 중국글자말과 일본말 직역한 문장을 일제강점기 쓰던 그대로 물려받아(말로만 우리 말을 소중히 한다고 했을 뿐이지) 쓰는 것이 북한의 글쟁이들이 쓰는 글이 아닌가 싶다. 단지 중국글자를 안 쓴다뿐이지.

- 나라 잃은 민족의 설음을 어린이들의 동심세계에 맞게 정서깊이 노래한 이 동요는 처음부터 어린이들은 물론 성인들 속에서도 널리 퍼졌으며 그 이후에도 많이 불리웠다. 『조선문학개관』

이것은 방정환의 동요 「형제별」을 말한 대문이다. 북한에서 순수한 우리 말, 농민들의 말을 아끼고 존중해서 쓴다는 소문을 많이 들어서 너무 크게 기대를 해서 읽는 때문에 느끼는 실망인지 모르지만, 내가 읽기로는 이런 글들이 이곳 남한의 글쟁이들이 쓴 글과 조금도 구별을 할 수 없다.

우선 "어린이" "어린이들의 동심"이라고 쓴 것이 이곳과 다름없다(잘못되었다는 것이 아니다, 똑같은 말을 쓴다는 것이다).

언제던가 내가 '아이'란 말로 글을 썼더니(나는 '어린이'란 말도 쓰지만 '아이'란 말을 더 많이 쓴다. 그 까닭은 '어린이'보다 '아이'가 입말로 더 많이 쓰이기 때문이다) 어느 사람이 나를 헐뜯어 말하기를 북한 쪽과 같은 불온한 사상을 가진 사람이라고 했다. 그때 북한에서는 '어린이'란 말을 안 쓰고 '아이'라고만 말하는가, 그렇다고 하더라도 내가 하는 말이 북한 말과 같다고 해서 사상이 좋지 못하다고 모함하다니 하고 어처구니없게 생각한 일이 있다. 이제 이 글을 읽으니 여기나 거기나 말이 이렇게 같은가, 반세기 가까이 서로 담을 쌓고 딴 세상에서 살았는데도 말이고 글이고 이렇게 똑같은가 새삼 생각하지 않을 수 없고, 수단방법 안 가리고 남을 해치려는 사람들이 제멋대로 상상하는 세계가 얼마나 거짓으로 가득 차 있는가 알 수 있다.

어쨌든 실로 오랜만에 대하게 된 저쪽 동포들의 말이 우리와 다름없음을 알게 된 데 대한 반가움이다. 그런데 말이 똑같다는 것은 우리와 다름없이 잘못된 말을 쓰고 있다는 뜻도 된다. 가령 성인이란 말만 해도 그렇다. "어른"이라고 입으로 말하는 대로 쓰면 좋겠는데 왜 성인이라고 쓰는지 알 수 없다. 글을 쓰는 사람들이 될 수 있는 대로 보통 사람들의 입에서 나오는 말은 피하고 기왕이면 잘 안 쓰는 말, 글에만 나오는 말을 쓰고 싶어 하는 것은 여기나 그쪽이나 마찬가지구나 하고 느끼게 된다. 또 하나 불리웠다가 문제다. 이것도 여기서 젊은이들이 잘못 쓰는 꼭 그대로다. 우리 말에서 '노래를 부른다'고 할 때, 이 "부른다"는 불린다란 입음꼴로는 거의 쓰지 않는다(일본말에서 'うたう'는 'うたわれる'로 많이 쓴다). 가령 쓴다고 하더라도 불린다면 되지 불리운다가 뭔가?

『현대조선말사전』과 『새우리말 큰사전』에는 불리우다가 나오지만 쓰이는 보기로 "바람에 불리우다" "조선은 예로부터 예절이 밝은 나라로 불리운다"만 들어놓았다. 실제로 많이 쓰이는 말은 바로 이 말 "우리나라는 동방예의지국으로 불리우고 있다"고 할 때 쓰는 불리우다인데, 모두가 쓰면 어쩔 수 없이 써야 하겠지만 본래 우리 말법으로는 이렇다.

"우리나라는(를) 동방예의지국이라 말한다."
"우리나라를 동방예의지국이라 부른다."
"우리나라는 동방예의지국이라 알려져 있다."

이 '부르다'의 입음꼴 불린다. 불리운다를 쓰게 된 것이 일본말 'よぶ(→よばれる)'의 영향이라고 본다. 그런데 '노래를 부른다'를 꼭 입음꼴로 써야 할 때는 '그 노래가 많이 불린다'로 썼으면 싶다.

이 보기글에서 "정서 깊이"란 말이 좀 어설프고, "어린이들의 동심세계"도 '어린이 마음의 세계'라고 쓰는 것이 더 좋다. 이런 말들의 문제도 중국글자말을 아무 생각 없이 마구 쓰기 때문에 생겨난다.

중국 연변

여기 세 권의 책에 나타난, 중국 연변에 살고 있는 우리 겨레의 말과 글에 대해 생각해보고자 한다. 세 권의 책이라지만 그 내용을 다 읽은 것이 아니고 머리말과 여기저기 마음대로 펴본 내용의 한 부분들만을 살펴본 데 지나지 않는다. 세 권의 책이란 다음과 같다.

『조선옛말 365컬레』 료녕인민출판사, 1985
『해란강아 말하라』 김학철 장편소설(1954년 연변에서 3권으로 출판되었던 책을 최근 '풀빛'에서 다시 편집해서 2권으로 낸 것)
『그녀는 고향에 다녀왔다』 연변조선족소설선 슬기

• 『조선옛말 365컬레』

『조선옛말 365컬레』는 우리나라 옛이야기 365편을 모아놓은 책인데 "컬레"라는 말이 재미있다. 옛날 먼 길을 갈 때는 짚신을 여러 컬레 등에 지고 가면서 신고 가던 신이 떨어지면 새것으로 바꿔 신고 했다. 아니, 먼 길을 가지 않더라도 일하는 사람들은 날마다 짚신을 바꿔 신다시피 했을 것이다. 어른들은 날마다 짚신을 새것으로 바꿔 신고 아이들은 날마다 새로운 이야기를 듣고, 그러니 이야기도 짚신같이 컬레로 세기에 꼭 맞는 말이 된다. 그래서 "1년 365컬레"라 했겠지.

그런데 짚신이고 양말이고 왜 남한의 표준말이 컬레인가? 내 어렸을 적 경상도 말도 '컬레'였다. 북한의 사전에도 "컬레"로 나온다.

'옛이야기'를 "옛말"이라고 했는데, 그렇게도 말하는 모양이다. 참으로 구수한 책 이름이다. 남한의 책이라면 도무지 이런 이름을 붙이지는 않을 것이다.

- "서재"에 앉아 책을 읽거나 글을 쓰다가 잠시 머리를 좀 쉬려고 <u>쏘파</u>에 기대여 앉는 눈치면 애들은 옆에 다가와 앉으며 옛이야기를 해달라고 졸라댑니다. 『조선옛말 365컬레』

연변에서 출판된 책을 보면 우선 표지의 그림이나 꾸밈부터 순박한 느낌이 들지만 거의 쓰인 글을 읽어도 그렇다. 머리말이나 책을 소개한 글도 무슨 척하거나 이상한 말재주를 부렸다는 느낌이 전혀 안 든다. 이 점에서 여기 남한의 책과 아주 대조가 된다. 북한에서 나온 책들에서 볼 수 있는 그 인사차림의 높은 목소리 따위가 없음은 말할 나위가 없다. 그저 꼭 해야 할 말을 차분한 태도로 하고 있다는 생각이 든다.

그런데 여기 서재가 나오고 쏘파란 말이 있다. 서재는 『쉬운 말 사전』에 '글방'으로 나오지만 이곳 남한에서는 아무도 글방이라 쓰는 사람이 없을 것 같다. '책방'이라면 책을 파는 가게와 뒤섞이게 된다. 글방이고 책방이고 여기서야 쓰이지 않으니 할 수 없지만 연변쯤에서는 쉬운 우리 말로 쓸 만도 하다 싶은데 지나친 생각일까? 그리고 쏘파, 이것만은 '긴 의자'라든지 '안락의자'로 말했으면 좋겠다.

- 한편 <u>교양적 의의</u>를 고려하여 <u>소극적</u>이거나 속된 이야기는 될수록 피하고 내용이 건전하고 <u>교훈적</u>인 이야기를 골라 엮었습니다.
『조선옛말 365컬레』

이 책 「머리말」의 뒷부분 한 대문이다. 일제 36년 동안 오염되었던 우리 말의 부담스러운 짐을 지고 8·15를 맞이했던 것은 남한이고 북한이고 만주의 동포이고 마찬가지여서 이렇게 "교훈적" "교양적" "소극적" 같은 무슨 적 하는 말이나 의의 같은 불편한 중국글자말을 쓰고 있다. 분단 44년 동안 계속해서 오염의 길을 걸어 엉망진창이 된 이곳 말에 견주면 그래도 이 정도에 머물고 있는 것만도 다행이라 해야겠지만 그곳은 '연변'이니까 지금 형편에 만족하지 말고 지난날 일제로부터 물려받은 잘못된 말도 청산하려고 힘써 주었으면 얼마나 좋겠나 싶다. 지금 봐서 가장 깨끗한 우리 말을 지키고 있는 데가 연변의 우리 겨레들이기 때문이다. 연변의 동포들이 가장 힘써야 할 일, 우리 겨레에 이바지할 수 있고 이바지해야 할 일이 순결한 모국어를 지키는 일이라고 본다.

위의 보기글에서 "교양적 의의를 고려하여"는 '교양의 뜻을 생각하여'로 써야 마땅할 것이다.

- 아주 오랜 옛날, 하늘에 환인이라는 임금의 서자 환웅이 있었는데, 그는 언제나 지상에 내려가서 이 세상을 다스려보고자 하는 생각을 가지고 있었다. 『조선옛말 365컬레』

이 책에 모아놓은 이야기들은 지난날 남한과 북한, 연변지방에서 나온 많은 설화집·전설집·전래동화집 들에서 뽑았다고 밝혀놓았는데, 글체도 여러 가지로 되어 있는 것을 보니 여러 책에 쓰인 글을 그대로 옮겨놓은 것이 분명하다. 따라서 연변지방의 말을 살피기 위해 이 책의 본문을 읽을 필요가 거의 없다. 다만 위의 글을 보기로 든 까닭은, 어린이들에게 들려주는 이야기라면 입으로 하는 말로 써야 하겠는데 그렇게 되어 있지 않고 눈으로 읽는 문장이라는 사실을 지적하고 싶어서다. 아이들에게 들려주거나 읽히기 위해 만든 책이라면 가령 남한이나 북한에서 구해온 책의 문장이 위와 같이 되어 있더라도 다시 고쳐서 연변 아이들이 재미있게 읽거나 들을 수 있도록 해야 할 것이다. 이 세 권의 책을 대강 훑어보니 아이들에게 다정한 말씨로 이야기하듯이 써놓은 작품은 몇 편 안 되고 거의 모두 말끝이 -다 한 가지로 답답하게 통일이 되어 있다. 게다가 재미없는 소설 문장으로 된 것도 많다. "그는 남편과 아이들 앞에서 흉계를 꾸몄다"든지 "처녀의 결심은 단호하였다"든지 말이다.

연변의 동포들은 남한이나 북한의 책들을 좀 비판하는 눈으로 읽어주었으면 좋겠다.

- '해란강아, 말하라!' 이 소설은 나 한 사람의 창작이 아닙니다. 『해란강아 말하라』

지은이의 「머리말」 첫머리다. 이렇게 시작한 이 「머리말」의 마지막은 다음과 같다.

- 그리고 특히 이 소설의 초고를 가지고 수십 차의 토론을 피로한 줄도 모르고 같이하여주었고, 많은 의견을 제공하여주었고, 적절한 비평을 가하여준 최재 동지의 방조를 나는 잊을 수 없습니다. '해란강아, 말하라!' 이 소설은 그러기에 나 한 사람의 창작이 아닙니다.

참으로 예의가 바르고 겸손한 작가란 생각이 든다. 이곳 남한의 작가들 가운데 이런 경우 자기를 도와준 사람들의 공을 이렇게 드러내면서 이 소설이 자기 한 사람의 창작이 아니라고 첫머리에서 말하고 다시 끝에서도 강조할 사람이 과연 몇이나 있을까 생각된다. 하도 별별 이야기를 다 들었기 때문이다.

"비평을 가하여" "방조" 이런 말도 일부러 쉬운 말로 쓰려고 노력을 하지 않으면, '비평을 하여' '도움'으로 쓰이지 않는다는데 연변지방의 말과 글의 문제가 있다면 있는 것이다. 물론 이 점은 그곳이나 여기서나 우리 겨레로서 글 쓰는 사람이면 누구나 깨달아야 할 문제다.

이 저자의 머리말 문장 앞에는 남한의 한 출판사 편집부에서 쓴 소개 글이 있는데 이 글에는 "재중국" "점차" 같은 중국글자말뿐 아니라 "보다 진전된" "속에서의" "장편소설로의" "보다 개인화된" "보다 공적인" "장편 서사시에 값하는"과 같은, 연변지방에서는 볼 수 없는 부끄러운 일본말 직역체의 문장으로 가득하다.

• "자네 보긴 그래, 젊은 과부허구 늙은 총각이 소결일 해가지군 서루 밀거니 당기거니 허는 게 아무치두 않단 말이지!"
"헷 참, 배 앓을 일두 쨌지! 제 여편네 단속이나 잘 허문 될께지, 무에 그리두? 떠들지 말아!"
"자넨 여적두 그런……"
"쉬이! 저길 보라구!"
"무어?……"
"그 첨지야! 곰보! 행석이……"
"어디? 오호, 정말!"

밭갈이를 하다가 쉴 참에 담배들을 꺼내어 신문지 조각에 말아 피우며 서로 간 지지 않겠다고 이렇게 가타니 부타니 싱갱이질을 하고 있던 두 사람—하나는 눈이 커서 그런지 겁이 많기로 소문난

유인호, 또 하나는 평생을 대소사 불문하고 남의 의견을 반대하는 것으로 낙을 삼는 박화춘이 ― 이 눈에 부신 볕을 가릴 양으로 이마에 손바닥을 가져다 대고 바라보는 등성이 위의 길을 이때, 사람 하나이 걸어 내려오고 있다. 『해란강아 말하라』

이 소설 「첫머리」에 나오는 글이다. 여기 나오는 말들, 얼마나 구수하고 정다운 우리 말인가? 무슨 이야기인지 저절로 읽고 싶어진다. 이 소설의 문장과 요즘 이곳 남한에서 쓰는 젊은이들의 소설 문장을 견주어 볼 필요가 있다. 그래서 어느 쪽이 더 깨끗한 우리 말이고 우리 글인가를 생각해보아야겠다.

- <u>그녀</u>는 고향에 다녀왔다

바로 이 소설집에 들어 있는 단편소설의 제목이다. 왜 그녀란 말을 썼는가 나로서는 불만이다.
'그는 고향에 다녀왔다' 할 수도 있다. "그"란 말은 우리 말이니까. 남녀를 꼭 구별해서 써야 할 까닭이 없다. 서양 소설을 따라가려니 이렇게 된다. 남한소설 배우려니 이렇게 된다.
'말순은 고향에 다녀왔다'
이렇게 해도 얼마나 좋은가? "말순"이라 쓰는 것과 그녀라 쓰는 것은 엄청나게 다르다. 그녀 하게 되면 벌써 그 소설의 문장은 번역체로 되어 있다고 봐야 한다. 이 작품에 가끔 나오는 그녀란 말은 모두 "말<u>순</u>"으로 고치는 것이 훨씬 낫겠다는 생각이 든다.

- 아무런 곡절도 없이 벼락결혼을 <u>하였었다</u>. 『그녀는 고향에 다녀왔다』
- 얼른 말순이<u>에게로</u> 낯을 돌렸다. 『그녀는 고향에 다녀왔다』
- 건축공사판<u>에서의</u> 막벌이, 인삼가공공장<u>에서의</u> 림시공 『그녀는 고향에

다녀왔다.』

- 입술에 가벼운 <u>미소를 물었다</u>. 『그녀는 고향에 다녀왔다』

이 작품에는 -었었다란 말이 흔하게 나온다. 그리고 에게로, 에서의 같은, 우리 말에 없는 말법이나 "입술에 가벼운 미소를 물었다"와 같은 글재간을 부린 것도 이곳 남한의 더럽혀진 소설문장을 따른 것이 아닌가 싶다.

- 못할 짓을 하다가 손목을 덥석 잡힌 년처럼 얼굴이 수수떡 빛이 된 말순이는……
- 과수원을 등지고 빨간 기와를 떠인 아담한 산막이 당실하니 일떠섰고……

대체로 글 전체가 이런 푸근한 우리 말로 흘러가다가도 자꾸 어설픈 번역글체가 나오니 안타깝다. 거기다가 중국글자말 문장도 섞여 있다.

- 한 개인에게 예속됐다는 것을 의미하므로 저으기 불쾌감이 났기 때문이다.

이곳 남한의 경우라면 이런 것 가지고 중국글자말 문장이니 하고 말할 것이 못 되는지 모르지만, 이것 역시 중국 땅 연변이니까 하는 말이다.

- <u>묘목</u>들을 <u>일별</u>하며……
- 나무의 <u>활착률</u>을 높이자니……
- 먼저 <u>표층</u>의 나뭇잎을 긁어내야……
- 글쎄 <u>식수</u>를 할 삯군을……
- 그때 사랑의 마지막 <u>관건</u>적인 한발자국을……

여기 들어놓은 중국글자말은 대체로 모두 연변사회의 구조 문제를 생각하게 하는 말이라 본다. 행정하는 사람이나 사회를 움직이고 지도한다고 하는 사람들, 그리고 더구나 얼마 전부터 그쪽에서도 사회체제가 좀 바뀌어 산업을 일으키고 돈벌이를 한다고 앞장선 사람들이 이런 중국글자말을 즐겨 쓰고 있다는 것을 알 수 있다.

- 나는 머리맡에 놓인 책상우에서 보온병을 들어 <u>물고뿌</u>에 <u>랭수</u>를 부어서 벌컥벌컥 들이켰다. 「식객 비망록」

이곳 남한에서는 '물컵'이 되었는데 연변은 아직도 일제 때 쓰던 말 그대로 "물고뿌"다. "고뿌"가 '컵'이 되었다고 자랑할 것은 못 되지만, "랭수"에서도 볼 수 있듯이 마땅히 우리가 자랑스럽게 써야 할 겨레말을 버리고 부끄러운 중국글자말을 일상에서 쓰고 있다는 것은 이 땅에서고 남의 땅에서고 열 번 백 번 뉘우쳐서 바로잡아야 할 일이다.

- 또 어떤 집에선 곱돌을 캐어다 장사귀를 만드느라 분주히 돌아쳤다. 마을 사람들이 이렇게 겨불당기듯 일떠나자 한동안 잠잠히 굿만 보던 문병삼부농도 떨쳐나서서 버들을 베여다 바구니를 걷느라 눈코 뜰 새 없었다. 그의 솜씨는 깐지고 데면한 데 없었다. 「조각달 둥근달」
- 박 씨는 뒤탈리는 분위기를 녹잦히려고 실토청했다. 「조각달 둥근달」
- 눈 온 뒤의 골바람은 장마철의 골물처럼 갈개치며 기승을 부렸다. 「조각달 둥근달」
- 이전에는 바지랑대처럼 껑충한 놈이 개바자에 달린 길죽한 오이처럼 싱겁게 보이더니 「조각달 둥근달」

이것은 『그녀는 고향에 다녀왔다』 맨 앞머리에 나오는 중편소설 「조각달 둥근달」에서 앞쪽 몇 장을 대강 훑어보다가 눈에 띈 대문이다. 이 소설을 읽으면 (비단 이 소설뿐 아니지만) 무슨 말인지 몰라 사전을 찾게 되는 일이 잦고, 사전에도 없는 말이 많아서 그냥 넘어가기도 예사다. 물론 사전에 없어도 다 우리 말이라 대개는 짐작을 하게 된다. 그런데 참 얼마나 많은 말을 우리는 잃어버렸는가? 빼앗겨 버렸는가? 아니, 우리 스스로 짓밟아 버리고는 남의 나라 말 흉내 내는 짓을 자랑으로 삼고 있는가!

이 소설에 잘못된 말도 적지 않게 나타난다.

- 재간 있는 사람으로 <u>보았었다</u>.
- 그는 속으로 "아이를 통 버렸군!"<u>이라고</u> 탄식하며……
- "이 천을 농짝에 넣거라. 이따 네가 시집갈 때 갖고 가거라……"
- 관심이 다분히 <u>담겨져</u> 있었다.

앞머리 몇 장만 넘겨도 이런 말들이 나온다. 우리 말법에 맞지 않는 이런 말은 "보았었다"만 빼면 모두 최근 남한에서 나온 간행물들의 영향을 입은 것이라 본다. -았었다는 물론 일제강점기에 물려받은 말이다.

- 곱실은 손으로 입을 가리며 <u>어머니의 얼굴에 눈을 찍는다</u>. 「조각달 둥근달」
- 그래서 그는 느긋한 <u>미소를 물고</u> 계속 묻는다. 「조각달 둥근달」
- 하긴 단오가 말밥에 오른 사람이기에 촌민들은 그의 몸에 <u>눈그루를 박고</u> 있었던 것이다. 「조각달 둥근달」

이런 장난스러운 글 버릇도 이곳 남한 작가들의 영향을 받은 것이 아닌가 생각한다. 이 소설집의 '편집후기'와 표지 앞뒤에 책 내용을 소개한 글들은 더한층 요란한 겉치레 문장이어서, 조국 땅에 발을 붙이고 살고 있는 우리로서는 수천 리 수만 리 먼 남의 나라 땅에서 고향만 바라보며 세월을 보내고 있는 모든 동포에게 너무나 부끄럽다. 부디 딴 나라에 있는 형제자매들은 이런 병든 말과 글을 본받지 말아주었으면 싶다.

제3장 글쓰기와 우리 말 살리기

1. 아이들의 글쓰기와 어른들의 글쓰기

내가 하려고 하는 이야기는, 글쓰기 교육이란 어떤 교육인가? 어른들의 글쓰기에서 말과 글이 어떻게 따로 떨어져 있는가? 남의 나라 말이 우리 글에 얼마나 스며들어 있는가? 겨레말을 글쓰기로 어떻게 지키고 이어갈 것인가? 대강 이렇게 될 것이다.

우리가 하고 있는 글쓰기 교육이란, 아이들에게 자기의 삶을 바로 보고 정직하게 쓰는 가운데서 사람다운 마음을 가지게 하고, 생각을 하게 하고, 바르게 살아가도록 하는 교육이다. 이것을 우리는 '삶을 가꾸는 교육'이라고 말한다. 우리가 하는 교육의 목표는 아이들을 바르게, 건강하게 키워가는 데 있다. 아이들을 참된 인간으로 길러가는 데에 글쓰기가 가장 훌륭한 방법이 된다고 믿는다.

우리는 어떤 모범이 되는 글, 완전한 글을 얻으려고 아이들을 지도하지 않는다. 글을 쓰기 이전에 살아가는 길부터 찾게 한다. 그래서 쓸거리를 정하고, 구상을 하고, 글을 고치고 다듬고, 감상·비평하는 가운데 세상을 보는 눈을 넓히고, 남을 이해하고, 참과 거짓을 구별하고, 진실이 무엇인가를 깨닫고, 무엇이 가치가 있는가를 알고, 살아 있는 말을 쓰는 태도를 익히게 한다. 바르게 행동하는 태도도 이런 가운데서 몸으로 익힐 수 있을 것이다. 이것이 삶을 가꾸는 글쓰기다. 아이들의 글은 이런 삶의 과정에서, 또는 삶의 결과로 나오는 것이다. 그런데 이와 같이 삶을 가꾸는 가운데서 쓰인 글이라야 남을 감동시킬 수 있는 참글이 된다. 훌륭한 글을 지어내는 그 자체가 목표로 되어서는 결코 훌륭한 글이 쓰일 수 없다는 것이 우리가 가지고 있는 신념이다.

다음은 삶을 가꾸는 방법인데, 기본만 말하겠다. 우리는 아이들에게 무엇보다도 먼저 '본 대로, 들은 대로, 한 대로' 쓰도록 한다. 이렇게 해서 사실을 바로 보아야 삶을 가꾸어갈 수 있기 때문이다. 사실을 있는 그대로 보고 붙잡는 것—모든 교육이 여기서 출발한다. 따라서 우리는 이미 만들어놓은 어떠한 어른들의 생각 체계도 아이들이 덮어놓고 따르지 않도록 한다. 어른들의 관념·주의·사상·종교—끊임없이 아이들에게 덮어씌우려는 어른들의 이 모든 눈에 보이지 않는 그물 속에 아이들이 걸려들지 않도록 애쓴다. 이것이 글쓰기로써 하는 생명을 지키는 교육, 자유의 교육, 해방의 교육이다.

우리는 아이들을 믿는다. 만약 어른들이 아이들에게 서로 뺏고 해치는 교육을 하지 않는다면, 아이들의 개성과 창조력을 짓밟아버리고는 획일로 움직이는 기계가 되도록 비참한 훈련을 끊임없이 되풀이하지만 않는다면, 그래서 아이들이 마치 풀이나 나무같이 자연스럽게 자라나도록 환경을 만들어준다면, 아이들은 모두 착하고 바르고 건강하게 자라난다고 확신한다.

그런데 지금까지 아이들 편에 서서 아이들을 지키는 교육을 하려고 애쓴 우리는 많은 시련을 겪었다. 무엇보다도 아이들을 사람답지 않게 훈련시켜서 개성과 창의성을 깔아뭉개려는 행정 관료들의 온갖 드러난 탄압과 드러나지 않는 탄압에 굴복하지 않고 버텨야 했다. 또한 관권에 아첨하고 입신출세식 교육 풍조에 편승하여 거짓된 교육으로 아이들을 병들게 하는 온갖 장사꾼과 맞서서 싸우기도 했다.

최근에 와서는 민주교육 운동을 하는 분들 가운데도 우리가 하고 있는 일을 부정하는 눈으로 보는 분들이 있다. "지금이 어느 때인데 아이들 상대로 글쓰기 지도 같은 것이나 하고 있는가? 정치가 바로잡히지 않으면 교육을 할 수 없다."—이런 태도다. 그러나 이분들의 비판에 대한 우리들의 대답은 이렇다. "정치가 교육을 지배하고, 교육이 정치의 수단으로 타락되어온 것은 사실이고, 그래서 정치의 손에서 벗어나지 않고는 참교육을 할 수 없다는 말은 어디까지나 옳은 말이다. 그러나 교육자 모두가 아이들을 버리고 정치운동을 할 수는 없지 않은가? 정치는 여러 해 만에 선거를 하는 것이고, 정권이 바뀌고 제도가 혁신되는 것은 더욱 오랜 세월을 기다려야 하지만, 아이들의 생명은 당장 오늘 하루가 문제다. 그래서 아무리 어려운 상황에 있더라도, 학교란 것을 아주 이 사회에서 없애 버리지 않는 한, 우리는 교단에서 아이들을 지키는 일을 해야 한다"고 말이다.

아이들을 지키는 일은 학교 현장에서 아이들을 비인간으로 다루거나, 아이들에게 거짓을 강요하는 온갖 행정의 지시와 함께, 타락한 입신양명의 장삿속 교육에 대한 유혹과도 싸워야 한다. 이것은 학교 밖에서 직접 정치권력을 상대로 교육자의 권리를 주장하고 탄압을 규탄하는 싸움에 비해 결코 가볍게 볼 수 없다. 오히려 아이들과 함께 괴로워하고 고난을 당하는 교단의 일이 더 본질이라고 말할 수 있다.

나는 오랫동안 아이들의 글을 어른들의 글보다 더 많이 읽어오는 가운데 많은 것을 깨치고 배웠다. 역시 '교육이란 이렇게 아이들과 어른이 서로 주고받는 것이구나' 하고 생각한다. 그런데 최근에는 아주 중대한 문제를 한 가지 깨달았다. 그것은, 우리 어른들이 쓰는 글이 전반으로 크게 병들어가고 있다는 것이다. 우리는 아이들에게 남의 글, 어른들의 글을 흉내 내지 말고 자기 이야기를 자기 말로 쉬운 말로 쓰라고 가르친다. 그런데 어른들의 글이 왜 그렇게 어렵고 재미가 없는가?

어려운 것이 글에 담긴 내용이 어려워서 그렇다면야 무슨 할 말이 있겠는가? 내용은 별것이 아닌데, 거기 쓰인 말과 글의 짜임—곧 표현이 어려운 것이다.

예를 들면 '우연히 다방에서 그 사람을 만났다'고 쓸 것을 "우연히 다방에서 그 사람과 조우했다"고 쓴다. '앞날을 내다봐서' 할 것을 "미래를 전망해서" 이렇게 쓴다. '한편 말이 없었던 사람들이'를 "일면 침묵했던 사람들이"로, '전쟁이 일어났다'를 "전쟁이 발발했다"로, '밖에서 얼핏 보기에'를 "외부에서 일견하기에"라 쓴다.

소설가나 동화작가들이 즐겨 쓰는 말에 미소 지었다란 말이 있다. 이 말이 틀렸다는 것이 아니다. 본래 우리 말은 '웃었다'다. '웃었다' 앞에 여러 가지 부사(어찌씨) ─ 세계 어느 나라말에도 그 유례가 없이 풍부하다고 하는 온갖 부사를 그때그때 알맞게 골라서 쓰게 되어 있다. 이것이 우리 말의 자랑이다. 그런데 왜 거의 모두 미소 지었다 한 가지로 쓰는지, 참 맛없는 글이 되어간다는 생각을 한다.

글을 전문으로 쓰는 사람들이 이러니 보통 사람들이야 말할 나위가 없다. 물을 쓴다, 대야를 쓴다고 할 때도 "물을 사용한다" "대야를 사용한다"고 써야 글이 된다고 알고 있으니 어이가 없다.

이 미소 짓다, 사용한다 따위의 말은 어려운 말이 아니라 재미가 없는 말이다. 입으로 하지 않는 말을 쓰니 재미가 없다. 또 입으로 하는 말이라도 본래 쓰던 순수한 우리 말을 버리고 중국글자말을 쓰니 재미가 없다. 이런 조금이라도 유식해 보이는 말을 쓰면 본래 쓰던 순수한 우리 말과, 그 순수한 말에 어울려 쓰이던 수많은 우리 말이 모두 쫓겨나게 된다.

우리 말에는 낱말을 잇는 토 '와' '과' '이나' '에서' 들이 있고, 부사로 '또는' '혹은' 들이 있는데, 이런 토나 부사를 써야 할 자리에 요즘 글 쓰는 분들은 거의 모두 내지란 말과 및이란 부사를 쓰는 것도 예사로 보아 넘길 수 없다. 내지는 중국글자말이고, 및은 순수한 우리 말이지만, 이 두 가지 부사는 실제 입말에는 쓰이지 않는다. 그리고 이 두 가지 부사가 다른 '와' '과' '이나' '또는' 들을 대신해서 쓰이게 된 까닭이 바로 입으로 하는 말이 아니기 때문이라는 데 문제가 있다.

- 민족의 생존권 및 통일에 대한 열정은 아직까지 소멸되지 않고……
- 상대방 전화번호 및 용건을 메모하여……
- 얼마나 '불평등' 내지는 불공평한 사회인가를……

요즘 신문이나 잡지나 그밖의 단행본, 인쇄물들에 쓰인 글을 보면 온통 이렇게 내지와 및 일색이 되어 있는 것을 알 수 있다. 이것은 우리 글이 얼마나 살아 있는 우리의 말에서 멀어져 있는가를 말해준다. 이 내지와 및이란 연결부사의 앞뒤에는 줄줄이 중국글자말을 꿰어 달아놓는다. 어설프고 요란한 중국글자말의 문장 체계는 이렇게 해서 이뤄진다. 글쓰는 분들이 하도 내지와 및을 많이 쓰다보니 아주 일상의 말을 쓰는 글에까지 이것을 함부로 쓰게 되었다.

- 3년생 내지 4년생쯤 되는……
- 몽골의 국기(國技)는 궁도 및 씨름과 마술……

이러다가는 '아버지 및 아들'이라고 쓸 판이 되지 않겠나 하는 생각까지 든다. 마치 주관적, 객관적, 모순적, 종교적……이라 하여 무슨 적이란 말을 글로 자꾸 쓰다보면 그것이 어느덧 실제 말에도 쓰게 되고, 그래서 심지어 "시간적으로 바빠"라든지 "세상적으로 말하면" 하는 말까지 쓰게 되는 것과 같이 말이다. 그리고 글을 이렇게 쓰다보면 우리 말이 점점 시들어져서 머지않아 우리 말 전체가 중국글자말과 일본말법으로 뒤섞인, 참으로 어설픈 말이 되어버리겠다는 생각이 든다. 사실 이런 걱정은 중국글자말에 이어 또 하나 밖에서 들어와 이제는 벌써 80년의 세월이 지나는 동안 우리 말글에 깊이 스며든 일본말 때문에 아주 심각한 현실의 문제가 되어 있다.

일본말이 우리 말글에 침투해 있는 사정은, 수많은 일본말과 일본식 중국글자말을 우리가 알게 모르게 쓰는 것도 문제지만, 그보다도 일본말의 말법을 그대로 옮겨써서 우리 말법을 아주 파괴해버리고 있는 것이 큰 문제다. 그중에서 가장 현저한 예가 관형격 조사 의를 함부로 쓰는 것이다.

본래 우리 말에는 토 의가 잘 안 쓰인다. '우리 집' '내 동생' '역사 책'이지 "우리의 집" "나의 동생" "역사의 책"이 아니다. 그런데 요즘 우리 글을 보면 일본글을 닮아 의를 함부로 쓰고 있다. 그리고 이 의를 다른 토에 같이 붙여서 에의, 에서의, 에로의, 으로의, 으로부터의, 에 있어서의…… 이렇게 마구 쓰고 있다. 이런 것이 우리 말일 수 없다는 것은, 이것이 실제 입말로 쓰는가 생각해보면 대번에 알 수 있다. 다른 토에 의가 붙은 이런 말은 그 어느 것도 우리 말로 쓰지는 않는다. 이 모든 관형격 조사는 일본말이요, 일본글을 직역한 글투다.

글이 말을 병들게 한다고 했는데, 여기서 말과 글의 관계를 좀 생각해보겠다. 말과 글 가운데서 말이 먼저 생겨나고 글이 뒤에, 훨씬 뒤에 생겨났다는 것, 그래서 말이 으뜸이고 글은 말을 글자란 부호로 표시하는 것임은 누구나 알고 있는 상식이다. 그래서 글이 아무리 많이 씌어지고 자세하게 씌어지더라도, 또 그 글 자체가 발달이 되어서 얼마쯤 입으로 하는 말과는 다르게 씌어진다고 하더라도, 결코 입말에서 아주 달라지거나, 글을 읽지 않고 살아가는 사람들이 쉽게 자연스럽게 느껴 알 수 없는 글이 되어서는 안 된다고 생각한다. 이런 점에서 볼 때 '말과 글은 하나'(言文一致)라는 글쓰기의 방향은 옛날이나 오늘이나 변할 수 없는 진리라고 생각한다.

그런데 우리 지식인들이 쓰는 글은 말에서 너무 멀리 떠났다. 우리가 쓰는 글이 살아 있는 말이 아니고, 삶에서 우러난 우리 겨레의 말법으로 쓰는 글이 아니고, 글에서만 쓰는 말, 밖에서 들어온 말, 남들이 쓰는 말을 따라서 쓰는 글이 되어 있다. 그리고 될 수 있는 대로 살아 있는 말을 피해서 안 쓰려 하고 있다. 우리들이 본래 가지고 있던 것은 무식하고,

생각이 얕고, 시골스런 느낌을 주는 말이라 여긴다. 이렇게 말을 떠난 글이 이제는 아주 어머어마한 힘으로 횡포를 부려 순수한 우리 말을 쫓아내고 주인 노릇을 하면서 겨레의 마음을, 생각을 지배하려 하고 있다. 곧 말이 으뜸이고 글이 말을 따라 쓰던 것이 거꾸로 글이 으뜸이고 말이 글을 따라가게 되는 현상이 전개되고 있다는 것이다. 이것은 분명히 잘못된 문화 현상이고, 잘못된 역사다.

이제, 글이 말을 지배하는 현상을 몇 가지 예로 들어보겠다. 바로 며칠 전 라디오를 듣고 있으니까 방송원이 하는 말 가운데 "그러니까 인간에 있어서는······" 하는 말이 나왔다. -에 있어서는 하는 일본식 말투를 하도 많이 글로 쓰고 그것을 읽어오다보니 어느새 말로까지 이렇게 하게 되었구나, 하는 생각이 들었다.

글을 읽을 때나 남의 얘기를 듣고 있을 때, 우리 말이 얼마나 글의 영향을 많이 받아 사람들이 글을 외우는 것같이 말을 하고 있는가 하는 문제를 언제나 생각하게 하는 말이 있다. 그것은 남의 말을 들어서 전하거나 인용할 때, 그것을 들어놓고는 반드시 라고 하는 말을 붙이는 것이다. 예를 들어보자.

- "야! 멋진 솜씨다"<u>라고</u> 감탄했습니다.

이 경우 '하고' 감탄한 것이지, 어째서 라고가 되는지, 이렇게 모든 사람이 라고를 쓰고 있다.

- "이 법안 처리는 당연히 무효다"<u>라고</u> 고함쳤고······

여기 나온 라고도 마찬가지다.

- 역시 선생님은 우리 선생님이다<u>라는</u> 것을 일깨워준다.

• 자기도 아침 일찍 공부한다<u>라</u>는 말로……

−라는도 라고와 같다. "우리 선생님이다라는" "공부한다라는" 이렇게 라 자를 꼭꼭 넣어 쓰는 것은 참으로 어색한 글말이다. 이것이 결코 우리 글의 본디 모습이 아니었다.

• "야아, 이거 옷 다 버리겠다"고 이쁜이는 혼자 투덜댔습니다.

이 글은 돌아가신 이원수 선생의 동화에 나온 글이다. "옷 다 버리겠다'고" 이것이 우리 말이다. 그런데 요즘 젊은이들이 이런 글을 쓴다면 아마 백이면 백 사람 모두 "'옷 다 버리겠다'라고" 이렇게 쓸 것이다.

글을 이렇게 쓸 뿐 아니라 실제로 말을 할 때도 이렇게 한다. 우리 말이 이렇게 글따라 변하는 것은 결코 바람직스럽지 못한 현상이다.

이 −라고 하는 글말을 어째서 이처럼 모두가 똑같이 쓰게 되었을까 생각해보았다. 아마도 학교에서 강의하는 분들이 어떤 문헌이나 참고자료가 될 글을 인용해놓고는 끝에 가서 −라고 하였다고 말하기 때문에 강의를 들은 사람들의 글과 말도 저절로 그렇게 되지 않았는가 짐작된다. 사실 오늘날은 강의고 연설이고 방송이고 많은 사람 앞에서 해야 할 말을 미리 적어서 그대로 읽는 수가 예사인데, 이런 말글의 전달체제가 말보다 글이 으뜸이 되게 하는 것 같다. 앞에서 예를 든 어느 방송원의 말 −에 있어서도란 것도 글을 써서 그렇게 낭독했을 것 같다. 나도 이렇게 글을 써서 읽어가는데, 될 수 있는 대로 말을 하듯이 썼지만 아무래도 살아 있는 말 그대로 되지 않아 딱딱하고 재미가 없다.

그런데 요즘 잡지에 나오는 좌담 기록이 왜 그 모양인가? 좌담은 말 그대로 주고받는 말인데, (어느 좌담) 기록이고 말이 아닌 글이 되어 있다. 그 글이 또 지금까지 말한 외래어와 남의 나라 글의 체계로 되어 있어서 참 어렵다.

좌담 기록은 몇 사람이 서로 의견을 주고받아서 어떤 문제를 풀어가는 것이 다른 글과 다른 점이지만, 한편 거기서는 입으로 하는 말을 듣는 기분으로 읽게 되는 재미도 따른다. 그런데 실제로 그렇게 어려운 말을 한 것인지, 아니면 말을 그렇게 하지는 않았는데 잡지를 편집하는 분들이 그 모양으로 고친 것인지 모르지만, 어느 쪽이라 해도 잘못이라고 생각한다. 복잡한 이론이어서 글말이 아니고는 쓸 수 없다고는 결코 생각할 수 없다. 만약 우리 말이 그렇게 쓸모없는 말이라 생각한다면 이것은 모국어에 대한 무지요, 모독이라고 본다.

글이 말을 병들게 하는 또 하나의 원천은 정치와 행정이다. 나는 아파트에 살면서 날마다 한두 번씩 아파트 방송을 듣는데, 그 방송이 이렇다.

- ×월분 관리비를 <u>조속한</u> 시일 <u>내에</u> 납부하여주시기 바랍니다.
- ……하고자 하오니 <u>양지하여</u>주시기 바랍니다.
- 부녀회에서는 매주 토요일 1단지 상가 앞에서 생선을 <u>염가로</u> 공급하고자 <u>하오니</u> <u>많은</u> 이용 <u>있으시기</u> 바랍니다.

이런 것을 말이라고 듣고 있어야 하는 우리들이 불쌍하다는 생각이 든다.

아이들이 저들의 말이었던 '동무'를 안 쓰고 친구라는 어른들의 말을 쓰게 된 것도 교육행정 탓이다. 교과서에 '동무'가 안 나오고 친구가 나오니 그렇게 안 될 수가 없다. 체신부에서도 "×××친구에게" 이런 제목으로 편지글을 쓰도록 전국의 학교에 공문을 보냈다. 공문 한 장으로 온 나라 아이들의 말을 하루아침에 바꿔놓는 것이 행정이요 정치 폭력이다.

나는, 우리 말을 가장 순수한 상태로 배워 쓰는 사람이, 학교 교육을 아주 받지 않은 사람, 그래서 책을 별로 읽지 않은 사람이라고 본다. 그런데 지금은 말의 시대가 아닌 글의 시대이고, 글이 주인이 되어 말과 그 말을 쓰는 사람을 지배하고, 어디를 가도 글이 힘을 행사한다. 글을 쓰는 사람은 이런 사회의 실상을 붙잡아, 말과 글의 흐름이 거꾸로 된 현상을 바로잡아야 한다고 본다. 곧 글을 말에 가깝게 하고, 살아 있는 말을 지키고 가꾸는 일을 글쓰기로 해야 한다. 말을 지키는 일은 마음을 지키는 일, 혼을 지키는 일이다. 겨레의 혼을 지키고 이어가는 데 글쓰기만큼 중요한 수단이 없는 까닭이 이러하다. 민주사회를 이룩하는 데 언론이 맡고 있는 일이 큰 까닭도 이와 같다.

사람이 평생 말과 글을 익히고 쓰는 단계를 셋으로 나눌 수 있다고 생각해보았다. 첫째 단계는 부모한테서 말을 배울 때인데, 학교에 들어가기 전인 두 살에서 여섯 살까지다. 겨우 몇 해밖에 안 되는 이 첫 단계에서 우리는 평생 쓸 모국어의 기본 낱말을 다 배운다. 그래서 겨레말 배우는 단계라고 말하고 싶다.

다음은 학교에 입학해서 졸업할 나이가 될 때까지, 그러니까 여섯 살에서 스무 살 전후까지인데, 이 제2단계에서는 교과서로 글을 배운다(초등학교나 중학교만 다녔다고 해도 스무 살까지는 학교 밖에서 대체로 교과서와 비슷한 책으로 글공부를 한다고 보고). 이 학습 단계에서는, 제한되고 틀에 박힌 표준말과 그 말로 된 사상이며 감정을 강요받게 되는데, 그래서 제1단계에서 배운 모국어를 부끄러운 것으로 여기고 잊어버리고 짓밟게 하는 훈련을 받는다.

제3단계는 스무 살 이후, 신문과 책과 그밖의 인쇄물에서 글을 읽으면서 주체가 되어 살아가는 때다. 자유학습 단계라고나 할까. 이 3단계에서는 2단계와 같이 교과서로 말과 글과 생각을 주입받지는 않고, 어느 정도 자유로 선택해서 글을 읽게 된다. 그러나 정치가 억압하는 것으로 되어 있고 사회가 꽉 닫혀 있으면, 들을거리고 읽을거리를 자유로 선택할 수 있는 폭이 좁아져서, 마치 제2단계가 연장된 것처럼 되어버린다.

여러분이 체험한 느낌은 어떤지 모르겠지만, 나 자신의 지난날을 돌아보면 어렸을 때 부모한테서 배운 말을 학교에서 철저하게 짓밟아 없애는 것을 공부라고 했다는 생각이 든다. 그리고 내가 수십 년 동안 교단에서 아이들을 가르친 노릇을 돌이켜봐도 그런 교육을 해왔다고 생각한다.

어른이 된 다음 내가 자유로 선택해서 읽은 책의 대부분이 남의 나라 말과 글이요, 그 남의 말과 글을 흉내 내어 쓴 글이었음을 이제 와서 뼈저리게 깨달았다. 이것이 모국어에 대한 나의 숨김없는 고백이다.

그래서 이제라도 죽을 때까지 어머니가 가르쳐준 말, 조국이 가르쳐준 말, 내 말을 배워야겠다고 잔뜩 벼르고 있다. 이것저것 책을 보고, 더구나 옛날 사람들이 쓴 책을 보고 배우려 한다. 지금까지 내가 발견하기로, 일제강점기 이후 우리 지식인들이 쓴 글로서, 바깥에서 들어온 말에 물들지 않고, 살아 있는 우리 말에 가장 가깝게 쓴 글은 함석헌 선생이 말년에 쓴 글이었다. 또 나는 요즘 『한국 구비문학 대계』에 나오는 구수한 노인들의 이야기에서 참으로 많은 것을 배우고 있다.

그런데 문제는 아이들이다. 이제 이 아이들은 제1단계에서 부모한테서 모국어를 배우지 못하게 되었으니 이 일을 어쩌면 좋겠는가? 아이들은 텔레비전에 매달려 있고, 만화와 인형으로 서양 아이가 되어가고 있다. 우리가 아이들에게 겨레의 말을 이어주지 못하고, 우리 자신의 말이 외국말에 물들고 병들어 있고, 그래서 겨레의 말이 단절될 위기에 놓여 있다고 보는데, 이것이 나 혼자만의 지나친 생각일까? 부모가 아이들에게 겨레말을 가르쳐주지 못하면 학교 선생님들이 가르쳐야 하겠는데, 선생님들에게 이런 기대를 거의 할 수 없다. 그다음에 할 수 있는 사람, 해야 할 사람은 바로 글을 쓰는 사람들이다. 그런데 동화는 쓰는 사람 대부분이 서양사람이 쓰는 이야기와 조금도 다름없는 것을 쓰고 있고, 더러는 서양사람이 쓴 것보다 더 서양 냄새가 나는 걸 동화라고 쓰고 있으니 아동문학도 절망이다. 그리고 일반 문인들은 거의 모두 아동문학이란 것을 대수롭지 않게 본다.

결론을 간단히, 몇 가지 말해보겠다. 결론이라기보다 문제를 내놓는 것이 되겠다.

첫째, 무엇보다도 남의 나라 말을 버리고 우리 말을 쓰고, 남의 나라 말의 체계에서 벗어나는 일이 아주 급하다. 누구든지 완전한 글을 쓰는 사람은 없으니, 서로 충고하고 비판하는 풍토를 만들어야 하겠다.

둘째, 한글로만 썼을 때 그 뜻을 알 수 없는 말은 우리 말이 될 수 없다고 보고, 그것을 우리 말로 바꿔쓰는 슬기로운 노력을 글 쓰는 이 모두가 해야 하겠다.

셋째, 우리가 하고 있는 글쓰기 교육의 방법을 아이들뿐 아니라 어른들의 글쓰기에도 적용하는 것이 바람직하다고 본다. 정직한 글을 쓰고, 가치 있는 글을 쓰고, 진정을 쓰고, 사물과 사실에 밀착한 말을 쓰고, 진실이 담겨 있는 말로 글을 쓴다는 것은 어떤 어른들의 글쓰기에도 길잡이가 되어야 하겠다. 이렇게 보면 삶을 가꾸는 글쓰기 교육이야말로 문학은 말할 것도 없고, 우리 문화 전반에 걸쳐서 가장 튼튼한 기초를 다지는 일이 되겠다.

넷째, 더구나 노동자와 농민들에게 글쓰기를 권하고 싶다. 노동자들은 나날의 일터에서 겪는 일을 적음으로써 노동의 괴로움과 기쁨을 나누고, 문제점을 함께 생각하게 할 수도 있다. 사람다운 사회란 이렇게 해야 실현될 수 있겠다. 농민들은 글쓰기를 함으로써 농사일에 관한 여러 가지 방법이나 기술을 익히고 연구하는 데 도움이 되겠지만, 농촌의 삶을 그때그때 적어가는 자체가 기쁨일 수도 있겠다. 가정과 이웃과 마을과 향토의 여러 가지 문제를 서로 협의하고 토론해서 해결하는 길을 찾는 일도 글쓰기를 통해 더욱 잘할 수 있으리라 생각된다. 삶의 뜻을 찾고, 잃어버린 농민의 문화를 되찾거나 창조하는 일이라면 글쓰기는 더욱 절실하게 필요하겠다.

무엇보다 일하는 사람들의 글쓰기가 아쉽고 소중한 까닭은, 이들이 머리로 말과 글을 만들어내는 지식인과 달리 몸으로 살아가는 민중들이고, 남의 나라 말과 글의 해독을 입지 않아 살아 있는 우리 말을 글로 쓰기에 가장 유리한 처지에 있는 사람들이기 때문이다.

다섯째, 글보다 말이 으뜸이 되는 사회를 만들어야 한다. 다시 말하면 글만 쓰는 사람보다 바로 의식주에 필요한 물건을 생산하는 사람이 그 사회를 움직이고 문화를 만들어가는 사회가 되어야 한다. 그래야만 말이 살아나고 글도 살아난다. 지식인은 그런 건강한 사회, 제대로 된 사회를 이룩하기 위해 정직한 글, 가치 있는 글을 쓰고, 무엇보다도 말이 되는 글을 써야 한다. 그래야만 지식인이 역사를 창조하는 영광스러운 민중의 한 사람으로 섞일 수 있으리라 생각한다.

2. 농민문화 창조를 위한 글쓰기

(1) 자기를 표현하는 글쓰기

글을 쓰는 것은 자기를 표현하는 방법이다. 표현을 왜 할까? 표현은 사람이 살아가는 데에 절대로 필요한 것이다. 잘못된 사회의 상황에서 모든 표현의 길이 막혀 있다면 사람은 죽는 수밖에 없다. 표현은 사람을 사람답게 하고 건강하게 하지만, 극단으로 말하면 생명을 이어가기 위해서도 해야 하는 것이다.

표현에는 여러 가지가 있다. 말하기, 글쓰기, 노래하기, 춤추기, 연극, 그림그리기, 만들기…… 이 가운데서 어른이고 아이고 누구나 두루 하는 것이 말하기요, 그다음이 글쓰기다.

그래서 말을 자유로 하지 못하게 되고, 글을 자유로 쓸 수 없게 되면 그 사회는 병든다.

여러 가지 표현 방법 가운데서 그 사람이 가장 잘 쓰는 수단이 막혀 버리면 다른 수단을 쓰게 되고, 그다음 수단도 막혀 버리면 지극히 비정상인 표현을 하거나 변태가 된 표현을 하게 된다. 그렇게도 못 하면 병들어 죽는다. 싸움을 하는 것, 폭력을 쓰는 것도 표현의 한가지다. 술에 취한 사람이 쉴 새 없이 지껄여대는 것이나 정신이상자의 행동도 변태가 된 표현이다. 개인이나 사회나 표현을 정상으로 자유롭게 해야 건강하게 된다.

(2) 말과 글

사람의 표현에서 가장 어릴 때부터 하는 것이 말이다. 그래서 언어 장애인이 아닌 이상 사람은 누구나 날마다 말을 하면서 살며, 말을 하지 않고는 하루도 살아갈 수 없다.

그러면 말만 하면 되지 글은 왜 쓰는가?

말은 입으로 소리 내는 즉시 사라진다. 말을 오래 보존해서 훗날에 남기고, 멀리 보낼 필요가 있다. 이래서 글자가 만들어지고 글을 쓰게 되었다. 오늘날에는 전화·라디오·텔레비전 같은 것이 있다고 하지만, 이런 문명의 도구를 만들어낼 수 있었던 것도 결국은 사람이 글을 쓴 때문이다. 글로써 온갖 자료를 기록하고, 생각을 자세하게 체계를 세워 적었기 때문이다. 참으로 오늘의 인류 문화는 글쓰기를 터전으로 하여 이루어냈다고 하지 않을 수 없다.

이제 사람은 글자와 글 없이 살아갈 수 없게 되었다. 글을 모르면 자기 생각을 자세하게 차례를 따라 적어서 남에게 알릴 수가 없게 되는 것은 말할 것도 없고, 심지어 버스를 타기도 힘들고, 여행도 하기 어렵게 되었다.

그러니까 글로 하는 표현, 곧 글쓰기는 이제 모든 아이와 모든 어른이 보통으로 하는 표현의 수단이 된 것이다. 진정 글쓰기는 어떤 특수한 사람—문인이나 기자나 학자들만 하는 노릇이 결코 아니다. 사람이면 누구나 해야 할 표현의 한 방식이요, 삶의 한 부분이라고 보아야 하겠다.

(3) 농민이 글을 써야 하는 까닭

그렇다면 농사를 짓는 사람들이 글을 쓰는 것도 너무 당연하다. 소설가는 재미있는 이야기를 독자들에게 주기 위해 글을 쓰고, 신문기자는 새 소식을 알리기 위해 글을 쓰고, 학자는 자료를 조사 분류하고 연구한 경과와 결과를 밝히기 위해서 쓰고, 교육자는 교육을 계획하고 가르치는 방법을 연구하기 위해서 글을 쓴다. 온갖 물건을 만드는 일을 하는 사람들은, 자기들이 하는 일을 좀더 능률을 올리면서 잘하기 위해 그 일의 경과를 기록하기도 하지만, 한편으로는 자기들의 삶이 부당하게 억눌려 있는 사실과, 그 억눌린 생명이 얼마나 귀중한지를 보여주려고 글을 쓴다. 그와 마찬가지로 농민들도 한 해 동안 농사짓는 사정을 자세하게 적어두면 다음 해에는 큰 참고가 된다. 그뿐 아니라 글쓰기로 농민들은 스스로의 문화를 만들어낼 수 있다.

오늘날 우리 농촌은, 수출만을 앞장세우는 정부의 경제정책에 희생당해 농토는 오염되고 농민들은 빚더미에 올라앉았다. 그 옛날부터 이어온 우리들 삶의 뿌리는 간곳없이 되어 온갖 병이 들고 부도덕한 타락사회가 되었다. 이와 같은 농촌 문제를 해결하려면 농민들 스스로 삶의 목표를 튼튼하게 정해서 흔들리지 말아야 한다. 텔레비전과 신문과 저속한 잡지와 말단 공무원들의 지시에만 끌려다니지 말고, 장사꾼들의 선전에 정신을 잃지 말고, 아이들 공부만 시키면 농사꾼이 변하게 된다고 덮어놓고 자식들 잡아족치는 그릇된 교육관에서도 벗어나 농민 스스로 바람직한 삶을 창조해나가야 한다. 곧 농민 자신의 문화를 만들어내야 한다. 농민들이 홀로 서는 문화를 만들어내지 않고는 농민들이 살아갈 길은 없다.

농민문화를 만드는 데 가장 효과 있는 수단이 글쓰기다. 오늘날 인간 문화의 바탕이 글과 책에 있듯이, 농민문화 또한 글로써 만들 수밖에 없다. 이 농민문화를 만들어내는 글은 소설가의 글도 아니요, 시인의 시도 될 수 없고, 학자들의 글도 다 소용없다. 오직 농사를 짓는 사람들이 쓴 글만이 농민문화를 만들어낼 것이다. 그것이 아무리 소박하더라도!

(4) 왜 글을 못 쓰는가

우리나라 농민의 수가 옛날에는 전체 인구의 9할이었는데, 지금은 반도 안 된다고 한다. 그러나 직업별로 보면 그 어떤 직업보다도 인구가 여전히 가장 많다.

그런데 글 쓰는 사람의 수는 그 어느 직업보다도 적다. 아니, 거의 없다고 할 정도다. 이것은 잘못되어도 이만저만 잘못된 것이 아니다.

농민들이 글을 안 쓰는 것은 글을 쓸 시간이 없어서 그런가? 그렇지 않다. 작가나 시인이란 사람들도 거의 모두가 글쓰기 외에 다른 직업을 가지고 있어서 낮에는 그 직업의 일을 하고, 밤이 되어야 글을 쓴다. 농민들이 한창 바쁠 때는 밤에도 일을 하겠지만, 그 대신 계절에 따라 좀 조용할 때는 낮에도 시간을 낼 수 있다. 농민들이 글을 못 쓰는 것은 결코 시간이 없기 때문이 아니다. 그럼 무엇 때문인가?

아무리 생각해도 이것은 농민 스스로 글을 못 쓰는 사람이라고 여기기 때문이다. 글을 쓰는 사람은 따로 있고, 농사꾼은 일만 하게 되어 있지 "우리가 무슨 글을 써" 하고 자기를 못난 사람으로 여기기 때문이다. 이것밖에 이유가 없다. 만약 또 다른 이유가 있다면 농민 아닌 다른 사람들, 더구나 글을 쓰고, 그 글을 이러쿵저러쿵 논란하고, 그 글을 어떤 자리에서 발표하고 하는 일을 맡고 있는 글쟁이, 책쟁이들이 농민들을 아주 깔보고 아예 글을 쓸 만한 사람들이 못 된다고 치부해서 글 쓸 기회를 주지도 않고 그런 분위기를 만들어줄 생각조차 하지 않기 때문이다.

그리고 이렇게 농민들이 자신을 낮춰 보고, 남들이 농민을 또 그렇게 보는 까닭은, 일제식민지와 분단의 역사 80년 동안 학교 교육이 우리 농민을 훌륭한 사람으로 보게 하지 않고, 농사일이고 다른 노동일이고 땀 흘려 일하는 사람다운 삶을 도리어 천하게 보는 교육을 철저히 해온 때문이다. 학교에서 하는 글쓰기가 자기 자신의 삶을 쓰게 하지 않고 남의 삶을 쓰게 하고 문인들이 쓴 글을 흉내 내게 한 때문이다. 이런 교육을 받은 아이들이 어른이 되어 어떻게 글을 쓰겠는가?

　농민들 가운데 글 쓰는 이가 없다는 말은 농촌에 문화가 없다는 뜻이고, 농촌이 다른 그 무엇에 예속되어 있다는 뜻이다. 농민의 넋이 어디로 가버렸다는 것이다.

(5) 글을 쓰게 되면

　농민들이 글을 쓰게 되면 참으로 많은 것을 얻을 수 있겠다는 생각이 든다. 앞에서 농촌문화를 창조하는 문제를 말했지만, 우리나라 방방곡곡, 산마을이고 강마을이고 섬마을이고 마을마다 글을 쓰는 농민들이, 그렇게 쓴 글을 가지고 한자리에 모여 이야기하면서 그 글들에 나타난 온갖 삶의 문제—마을의 문제나 향토 사회의 문제를 의논해서 해결하고, 잘못을 고쳐나가고, 정을 나누면서 살아간다고 해보자. 얼마나 큰 힘이 되고 자랑이 되고 기쁨이 되겠는가. 이와 같이 농촌문화를 가꾸고 키워가는 일은 결코 할 수 없는 일이 아니다. 머릿속을 스쳐가는 즉흥으로 된 생각이 아니다.

　이 문화 창조 문제를 좀더 생각해보기로 하자. 농민들이 글을 쓰게 되면 저절로 어떤 커다란 긍지를 가질 수 있게 되리라고 나는 믿는다. 그 긍지란 무엇인가? 그것은 농사일을 하는 데서 오는 남다른 긍지다. 하늘이 주는 은혜다. 지금은 참 많이 이 긍지를 잃어버렸지만, 만약 농민들이 글을 쓰게 되면 어렵지 않게 이런 긍지를 도로 찾아 가질 수 있다고 믿는다. 그리고 본래 글쓰기란 그래서 좋은 것이다. 정직하게 자기 삶을 보고 그것을 솔직하게 씀으로써 삶을 바로 인식하고, 그 삶을 귀하게 여기고 자랑스럽게 생각하게 되는 것이 글쓰기로 얻는 은혜임은 아이들이고 어른들이고 다 같은 이치다.

　이렇게 하여 농민들이 글을 쓰면, 농민과 농사일은 천대받고 따돌림받는 것, 그래서 부끄러운 직업이 아니라, 참으로 자랑할 천직임을 글 쓰는 농민들 스스로 깨닫게 되고, 그런 당당한 태도를 남들에게도 보이게 될 것이다. 그리하여 입으로만 야불거리는 말로 된 글이 아니고, 책상 앞에서 머리로 만들어낸 글이 아니고, 사물에서 떨어진 빈 말장난 같은 글이 아니고, 단 한두 줄을 쓰더라도 사실에 뿌리를 내린 글, 가슴에 바로 와닿는 글, 땀 흘려 일하는 사람들만이 쓸 수 있는 느낌과 생각과 체험의 세계를 적어놓은, 우리가 우리 말로 쓴 이 글이야말로 그 어떤 도시 글쟁이들이 쓴 글보다 훌륭한 글, 이 시대에 필요한 글이란 믿음을 가질 수 있을 것이다.

이것을 다시 풀어본다면, 자연 속에서 그 자연을 가꾸면서 사람의 목숨을 이어주는 식량을 생산하는 일을 하는 직업이야말로 모든 사람·삶의 근본이 되는 일이기 때문이다. 아무리 사회가 변하고 도시가 모든 땅을 덮고 지배한다고 해도 이 진리만은 결코 변할 수 없다. 그리고 흙내 나는 농민들의 글은 이 진리를 기계 문명에 마비된 사람들의 가슴에 다시 심어줄 수 있을 것이다.

흙의 사상을 되찾고 흙의 문화를 지키고 키워가는 일에 농민들의 글쓰기는 이렇듯 절실하게 필요하다.

3. 우리 말 속 일본말

(1) 모르고 쓰는 일본말

일전에 어느 일간 신문에서 올림픽의 다이빙 선수 루가니스가 경기 도중 실수를 하고 있는 사진을 설명하면서 "원숭이도 나무에서 떨어진다"고 쓴 것을 읽고, 우리 말 속에 들어 있는 일본말 문제를 새삼 생각하게 되었다. '원숭이도 나무에서 떨어진다' 이것은 일본 속담이다. 그 기사를 쓴 기자가 이 말이 일본말임을 알고 썼다고는 생각하지 않는다. 요즈음 일본말 일본글을 전혀 모르는 젊은이들이 흔히 일본말이나 일본말투를 쓰기 때문이다. 이발사나 미장공들이 일제강점기에 쓰던 일본말을 그대로 쓰는 것이라면 그다지 큰 문제로 삼아 염려할 필요는 없겠는데, 신문기자가 쓰는 기사나 신문에 나오는 논설에 일본말이나 일본말투가 나온다면 그대로 보아넘길 수 없는 일이다.

일본 총독이 이 땅에서 물러간 지가 44년이 지났다. 그리고 우리 말 우리 글을 가르치고 배워온 지도 물론 그만큼 지났다. 그런데 아직도 우리가 일본말을 버리지 못하고, 일본말투로 말을 하고 글을 쓰다니 이게 무슨 꼴인가? 내가 더구나 어처구니없다고 보는 것은 10년, 20년 전만 해도 결코 쓰지 않았던 일본말이 요즘 와서 자꾸 엉뚱하게 튀어나오는 일이다. 예를 들면 "그것은 민주주의의 도도한 물결의 흐름을 억지힘으로 막아보겠다는 반민족적 작태에 다름 아니다." 이런 글에 나오는 -에 다름 아니다란 말은 의심할 여지가 없는 일본말이다. 최근에 이 말을 신문 잡지에서 한두 번 본 것이 아니다. 또 "그러한 태도는 일응(一應) 수긍하는 바이지만"이라고 하여 괴상한 일응이란 일본말을 쓴 신문기사도 몇 번이나 보았다. 도무지 난데없는 일본 사무라이의 꼴을 이 땅에서 보는 듯 느껴지는 이런 말들은, 80년대에 들어와 갑자기 퍼지면서 우리 말의 뿌리를 뒤흔들어놓은 일본말버릇인 보다 나은, 에 있어서, 에로의, 으로부터의 따위와 함께, 이제는 어떻게 해서라도 환히 밝혀서 깨끗이 바로잡지 않으면 안 된다.

(2) 왜 일본말을 쓰게 되는가

일본말을 버리지 못하고, 일본말을 따라가게 되는 가장 뿌리 깊은 원인은 우리가 아직도 일본제국주의의 사회 질서와 문화를 끊어버리지 못하고 그대로 이어받아 가지고 있기 때문이다. 분단 44년 동안 한국의 사회체제를 지탱하여온 것이 친일세력이다. 백성들을 억압하던 친일세력과 그들이 만든 모든 구조를 그대로 두고, 오히려 그 구조가 더욱 철저하게 강화되어 있는 상태에서 지식인들이 쓰는 말과 글은 '무식'한 백성들의 것이 될 수 없었다.

다음 두 번째 원인은, 지난날 우리나라의 학자나 지식인들은 모두 일본글을 읽어서 학문을 배우고 지식을 얻었다는 사실이다. 일제강점기에 학교 공부를 한 사람들은 사상전집이고 문학전집이고 종교 서적이고 과학 서적이고 모두 일본 책으로 읽을 수밖에 없었다. 그래서 그들이 쓴 글을 보면 순수한 우리 말로 쓴 글이 없고 죄다 일본말을 번역한 글투에서 벗어나지 못했다. 8·15 후의 세대들은 그 일제강점기의 지식인들에게 배우고, 그들이 쓴 책을 읽어서 지식을 얻고 말과 글을 익히게 되었다. 그러니까 일본말 모르는 세대가 일본말을 직역한 괴상한 글을 쓰게 된 것이다. 이렇게 된 데는 물론 교육 분야에서 일제의 찌꺼기를 청산하지 못한 것이 또 하나의 원인으로 겹쳤던 것은 말할 나위가 없다.

　세 번째 원인은, 80년대에 들어와 마구잡이로 번역한 일본책들이 쏟아져나와 많은 사람에게 읽힌 때문이다. 더구나 사회과학 계통의 책은 유럽 여러 나라의 책들까지 대개는 일본의 번역책을 가지고 중역했다. 이런 번역 책들이 우리 독자들에게 새로운 지식을 준 것은 사실이지만, 한편 우리 말을 크게 더럽힌 점을 결코 지나쳐봐서는 안 된다.

　넷째, 우리 말이 일본말로 어지럽게 되고 병들게 된 원인의 또 한 가지가, 우리 말과 일본말이 그 말법에서 비슷한 점이 많기 때문이라는 점을 들 수 있다. 말법이 닮아서 일본말글을 모르는 사람도 낱말을 사전에서 찾아 차례로 옮겨놓으면 뜻이 통하기 예사다. 그러자니 쉽게 생각해서 함부로 번역하니까 잘못되지 않을 수 없고, 번역한 글이 우리 글이 아닌 일본식 글이 되고 만다. 아무리 문법이 비슷하다고 해도 일본말과 우리 말은 그 근본이 다르다. 따라서 일본말을 우리 말로 옮길 때는 두 나라 말의 다른 점을 확실하게 안 다음 옮겨야 한다. 그러지 않고 마구잡이로 직역할 때 일본말이 상처를 입는 것이 아니라 우리 말이 상처를 입고 병들고 만다. 내가 알기로 일본의 글자 '가나'를 겨우 읽는 사람이 일본 책을 번역하는 일이 가끔 있는데, 우리 말을 지키기 위해서도 이런 일을 용서해서는 안 된다.

여기서 예를 몇 가지 들어보자.

"とちゅうで足がいたくなって"

이것을 "가다가 다리가 아파져서"로 번역해서는 안 된다. '다리가 아파서'로 써야 우리 말이 된다.

"아버지로부터 편지가 왔다."

이런 말도 우리 것이 아니다.

'아버지한테서 편지가 왔다.' 해야 한다.

더구나 "으로부터"에다가 "의"를 붙여 으로부터의라고 직역해놓은 이런 괴상한 말을 퍼뜨리는 짓을 그대로 둘 수 없다.

"このやろう ころしてやろうか"

이것을 "이 새끼, 죽여줄까?"로 번역해서는 안 된다. '이 새끼, 죽여 버릴까?'로 해야 우리 말이 된다.

다섯째, 중국글자의 문제가 또 있다. 누구나 다 아는 바와 같이 우리나라와 일본은 중국글자를 쓰고 있다. 그런데 두 나라가 쓰는 중국글자는 다 같지만 그 중국글자로 된 말 가운데는 서로 통하지 않는 말이 상당히 많이 있다. 그래서 무슨 말이든지 중국글자로만 쓰여 있으면 그대로 옮겨 쓰면 되는 줄 알고 일본글을 번역하자니 앞에서 보기를 든 일응(一應)이란 괴상한 말이 생겨나는 것이다.

또 다 같은 중국글자이지만 일본 사람들은 뜻으로 많이 읽는다. '空'이라 써놓고 'そら' 곧 '하늘'이라 읽는다. '海'라 써놓고 '바다'란 뜻으로 읽는다. 일본의 도시와 행정구역 이름 가운데서 '東京'과 '京都'만 중국글자 음으로 읽고 그밖의 모든 '縣'과 도시 이름을 나타낸 중국글자는 죄다 뜻으로 읽는다. '山梨縣'을 'やまなしけん' 곧 '산배현'이라 하듯이, 사람의 성과 이름도 거의 모두 뜻으로 읽는다. 이것은 무엇을 말하는가? 일본 사

람들은 중국글자를 자기 나라말을 표기하는 방편으로 쓴다는 것이다. 우리는 중국글자를 중국 사람들이 읽는 대로 따라 읽는다. 그러니까 일본 사람들이 중국글자 쓰는 것을 보고 그대로 따라서 쓰고 싶어 하는 것은 아주 사정을 모르는 짓이며, 남들이 방아 찧으러 가는 것을 보고 거름 지고 따라가는 꼴이다. 또 일본 사람들이 써놓은 중국글자말을 그대로 옮기는 것이 얼마나 큰 잘못인가를 여기서도 알 수 있다. 일본글에 나오는 중국글자말은 될 수 있는 대로 순수한 우리 말로 옮기도록 노력해야 한다.

(3) 일본말의 해독

일본 사람들 가운데는, 우리나라를 36년 동안 강제 점령했던 지난날을 가리켜 마치 자기들이 후진 민족에게 큰 은혜를 베푼 것처럼 말하는 이들이 상당히 있다. 더구나 현재 정권을 잡고 있는 사람들은 그런 태도로 우리를 대한다.

여기서는 일본 사람들이 총독정치를 하는 동안 얼마나 가혹한 짓을 하면서 우리 백성들을 수탈했나 하는 문제를 말할 자리가 아니다. 다만 말과 글을 중심으로 한 문화면에서 입은 해독만을 생각해보기로 한다.

무릇 한 나라가 다른 나라를 점령하여 아무리 좋은 정치를 한다고 하더라도 그것은 침략밖에 될 것이 없다. 더구나 점령당한 나라 사람들이 자기들 나라의 말글이 아닌 남의 말글을 본의 아니게 익혀야 한다면 거기서 벌써 참담한 문화의 종속과 지배 관계가 이뤄지는 것이다. 이런 상태에서는 지배당하는 쪽이 아무리 좋은 대우를 받는다고 하더라도 결국 속임수요, 그 겨레의 앞날은 죽음밖에 없다. 일본말과 일본글로 어떻게 우리 감정과 우리 삶을 표현하며, 어떻게 우리 겨레의 개성과 전통을 유지하고 이어갈 수 있겠는가? 불가능한 일이다. 왜 이런 당연한 말을 하는가 하면, 우리나라 사람들 가운데는 먹고살기만 좋으면 일본 땅이 되어도 좋고, 미국나라가 되어도 좋다고 생각하는 이들이 옛날부터 늘 있었기 때문이다. 일본에 나라를 팔아넘긴 역적들이 그랬고, 일본놈들에 붙어 살아간 지도자나 문인 예술인들이 그랬고, 분단 이후 남의 나라에 아부하여 이권을 잡고 부정축재를 하며 백성들을 짓밟아온 사람들이 다 그런 이들이다.

이들은 그 옛날엔 중국글자로 살았고, 일제 때는 일본글로 행세했고, 8·15 이후에는 영어를 숭상하면서 언제나 우리 말과 우리 글밖에 모르는 사람들을 짓밟고 지배해왔다. 사람의 역사는 그대로 말과 글의 역사인 것이다.

여기서 일본 사람들과 일본말이 우리 말을 학대한 역사를 잠시 생각해 본다. 일본이 총독정치를 시작하자 곧 착수한 것이 우리나라의 땅 이름, 행정구역 이름, 마을 이름 들을 모두 중국글자말로 고치는 일이었다. '왜 그랬나' 하면, 한글로 적어서는 그들이 읽을 수 없기 때문이다. 이래서 중국글자말과 중국글자는 그들의 식민지 정책을 수행하는 데 지극히 필요한 수단이었고, 우리 말과 한글은 매우 불편하여 그들의 목적을 이뤄가는 데 방해가 될 뿐이었다. 이와는 반대로 오랜 잠에서 깨어나 겨레의 주체성을 찾아 가져야 할 일이 무엇보다도 절실해진 우리로서는 한글을 아껴서 갈고닦고 보급해야 할 필요가 있었다.

여기서 정치상의 적대관계가 그대로 말과 글의 적대관계로 나타났음을 볼 수 있다. 일제강점기에 독립운동을 하고 싶어 했던 수많은 젊은이가 어째서 농촌에 들어가 농민들에게 우리 글 가르치기를 힘썼던가 하는 까닭을 이해할 수 있다. 우리 글을 가르친다는 것을 우리 글로써만 나타낼 수 있는 우리 말과 우리 겨레의 혼과 생명을 이어주는 일이라고 생각했던 것은 당연하다.

그러나 우리 겨레를 아주 말살하려고 했던 포악무도한 일본제국주의가 이런 한글 운동과 야학 운동을 그냥 둘 리 만무했다. 처음엔 『조선어독본』을 학교에서 가르치는 것을 허용했다가 얼마 안 가서 그것도 없애고, 모든 야학을 금지하고, 학교에서는 일본말만을 국어라 하여 쓰게 했다. 조선어로 된 모든 신문과 잡지를 못 만들게 했다. 관공서의 문서는 처음부터 일본글자와 중국글자로만 쓰게 했다. 일제강점기 총독부의 말글 정책을 돌아볼 때, 일본 사람과 일본말이 얼마나 우리 말과 우리 글을 모질게 탄압했는가, 얼마나 중국글자말과 중국글자를 보호했는가를 잘 알게 된다. 일본 사람들이 중국글자말을 보존하려고 한 것은 자기들의 말과 글에도 중국글자말과 중국글자를 쓰기 때문이었지만, 내가 생각하기로는 그 이상의 계략이 분명히 숨어 있었다. 조선민족이 중국글자에 기대고 중국글자말을 위주로 쓰게 함으로써 겨레말의 알맹이를 잃어버리게 하고, 겨레의 넋을 뺏어버리고자 했던 것이다.

아무튼 그때 그 일본제국은 물러간 지 오래다. 그러나 앞에서 말한 바와 같이 오늘날 우리는 일본글을 번역하면서, 그 글에 섞인 중국글자말을 그대로 옮겨놓고 있다. 그래서 우리 말이 또다시 중국글자말을 사이에 두고 일본말글의 피해를 입고 있는 것이다. 같은 중국글자말을 일본 사람들은 자기 말로 읽는데 우리는 중국 음으로 읽는 그대로 옮기니, 우리 말이 상처를 입을밖에 없다. 일본말은 이렇게 하여 오늘날까지도 우리들을 따라다니면서 무거운 짐을 우리에게 지우고 있다.

(4) 일본말은 영어까지 퍼뜨린다

이 고약한 일본말은, 우리가 그 때문에 골병이 들대로 들어서 이제는 어떻게 해서라도 깨끗이 청산해야 하는 중국글자를 끝까지 따라다니면서 버리지 못하게 할 뿐 아니라, 최근에 와서는 서양말을 끊임없이 중개해주고 있다. 우선 일본글을 읽으면 거기 서양에서 들어온 말이 많은 데 놀란다. 이런 일본글을 보고 철없는 우리의 지식인들이나 글재주꾼들은 곧 그것을 흉내 낸다. 또 더러는 그렇게 "서양말을 많이 섞어써야 앞서가는 나라의 글이 된다"고까지 말하는 어처구니없는 사람도 있다.

내 생각의 기본을 말하면, 일본 사람들은 바깥말을 그렇게 많이 섞어서 쓸 핑계와 이유가 충분히 있다. 그러나 우리는 일본 사람들과 같을 수 없다. 일본글 따라 흉내 내는 것은 정신이 나간 짓이다.

일본 사람들이 바깥말을 많이 쓰는 까닭은 무엇인가? 먼저 생각되는 것은, 일본글에는 중국글자가 섞여 있다. 그리고 일본글자인 '가나'도 그 글자체가 두 가지로 되어 있어서 바깥말을 쓸 때는 구별해서 다른 글자체를 쓴다. 그러니 서양말을 많이 섞어쓰더라도 그것을 잘 판별할 수 있고, 결코 혼동하지 않는다. 이래서 마음 놓고 쓰는 것이다.

다음 또 하나, 이것이 매우 중요한 이유인데, 일본의 국력, 일본의 자본주의는 전 세계를 움직일 만큼 자라나 있다. 일본어는 국제어가 되었고 과거 대영제국의 영어가 그랬던 것처럼 세계 각국에 진출하게 되었다. 그러자니 일본으로서는 영어고 독일어고 배척할 이유가 전혀 없다. 도리어 서양 여러 나라의 말을 될 수 있는 대로 많이 받아들여 자기 나라 말의 국제화를 꾀하고 싶은 처지에 있다. 그래서 일본 사람들은 영어를 많이 쓰고 있고, 일본글에는 서양말이 많이 들어 있다. 이는 일본 자본주의가 제국주의로 됨에 따라 일본말이 반드시 겪게 되었던 변화요, 추세라 하겠다.

그런데 우리는 어떤가? 우리는 정치고 경제고 문화고, 모든 부문에서 아직은 당하고 있고 예속되어 있다. 우리는 우리 것을 지켜야 할 단계다. 일본은 서양 것을 받아들여서 서양화해도 자기 것을 살릴 수 있을 만큼 국력이 커졌고, 문화 자체가 온 세계 규모로 되었지만, 우리가 서양 것을 무작정 받아들이고 일본 사람들 흉내 내어 서양말을 마구 쓴다면 우리 자신이 남에게 잡아먹히고 만다. 큰 고기와 작은 고기가 맞부딪힐 때 작은 고기가 잡아먹히는 것은 당연하다. 이것이 동서고금의 모든 문화가 일어나고 사라지고 한 역사다. 이렇게 볼 때, 지금 우리들 신문과 잡지에 텔레비전 방송에 바깥말을 함부로 쓰는 것이 너무나 한심스럽다.

우리는 지난 한 세기 동안 일본이란 나라에 너무나 큰 타격을 받았다. 우리의 국토가 두 동강이로 나게 되고, 겨레가 남북으로 갈라지게 된 것도 일본 때문이다. 이런 사실은 누구나 다 알고 있는 터이지만, 우리의 말과 글이 얼마나 큰 상처를 입었고, 지금도 계속해서 피해를 입고 있는가, 그래서 우리 문화가 일본에 어느 정도로 예속되어 있는가 하는 문제에 대해서는 깊이 생각하는 사람이 별로 없는 것 같다. 그런데 사실은 문화의 침략과 예속이 정치의 그것보다 더 무섭다. 정치의 예속은 언젠가 벗어날 수 있지만, 문화의 예속은 그 겨레의 생명을 영원히 끊고 만다. 우리 말을 일본말에서 찾을 일, 서양말에서 지켜야 할 일의 중대함이 이와 같다.

일본말은 너무도 넓게, 그리고 깊게 우리 말에 스며들어 있다. 우리가 중국글자말을 청산하고, 서양말도 조심해야 하지만, 중국글자말과 서양말을 끊임없이 중계해주는 것이 또 일본말임을 마음에 새겨두어야 한다. 참으로 우리는 일본을 말과 글에서도 숙명의 적으로 만난 것이다. 지금으로부터 80년 전, 우리가 막 눈을 뜨고 일어나려 할 때 일본제국의 강도들은 우리를 덮쳐 목을 졸랐으니 말이다. 그로부터 우리는 말을 제대로 못하고 글을 못 썼다. 남의 말, 남의 글 흉내만 내는 무리가 득실거렸다. 거짓말 거짓글이 판을 치기도 했다. 그 꼬리는 지금까지 길게 끌어와 끊어지지 않고 있다. 아이들에게 거짓글을 쓰게 하는 노릇도, 초등학생들에게 중국글자를 가르치고 영어를 가르치는 꼴도 모두 같은 맥락에서 생각할 수밖에 없다.

4. 우리 말, 어떻게 살릴까

(1) 말과 글의 역사는 곧 인간의 역사다

말은 삶 속에서 생겨나고, 이어져, 그 삶 속에서 달라지기도 한다. 그리하여 말과 삶은 나눌 수가 없다. 말이 삶을 떠날 때, 그 말은 병들고 그 말의 생명은 사라진다. 병든 말, 생명이 떠난 말은 사람에게 독을 준다.

우리 말은 5천 년 전 농경시대에 생겨난 말이다. 우리 선조들은 농사일을 하는 가운데 우리 말을 만들었고, 농업의 발달과 함께 겨레말은 발달했다. 농민이 쓰는 말은 우리 겨레말의 뿌리요 둥지요 가지요 잎이요 꽃이요 열매다.

이 농민의 말, 곧 겨레의 말은 조선조 초기에 우리 글자를 창제함에 따라 비로소 글로 옮겨 쓸 수 있게 되었다. 겨레말이 겨레의 글로 될 수 있는 역사가 시작된 것이다.

그러나 농사일을 몸으로 하지 않고 살던 왕조시대의 벼슬아치와 양반들은 우리 글자가 생겨나기 전부터 중국글자를 익혀서 썼다. 중국글자로 책을 읽고, 시문을 짓고, 자녀교육을 하고, 관청의 모든 문서를 중국글자로 쓰고, 편지까지 중국글자로 썼다. 그래서 중국글을 모르는 사람들, 우리 말밖에 모르는 농민들 위에 올라앉았다. 한글이 생겨난 이후에는 그 한글을 천시하고, 한글을 쓰는 농민들이나 부녀자들을 멸시하였다.

이것은 무엇을 말하는가? 곧 중국글이 우리 말과 글의 윗자리에서 행세하였다는 것은, 벼슬아치와 양반들이 항상 일하는 농민들을 지배했음을 말한다.

20세기 초에 강도 왜족들이 총칼로 이 땅을 침범하고부터는 일본말 일본글이 중국글과 함께 우리 말글 짓밟기를 36년 동안 하더니, 국토가 남북으로 분단이 되고부터 우리가 살고 있는 이 남쪽에는 서양말과 서양글이 우리 말글을 엉망진창으로 만들어놓았다. 이렇게 남의 나라 말과 글이 우리 겨레 말글을 짓밟고 쫓아낸 역사는 그대로 벼슬아치와 양반이, 매국노와 친일파가, 친미자본가와 그들에 붙어 살아가는 사람들이 우리 겨레의 뿌리인 농민들을 짓밟고 쫓아낸 역사로 되어 있는 것이다.

이것을 요약해서 그림으로 그리면 다음과 같이 된다.

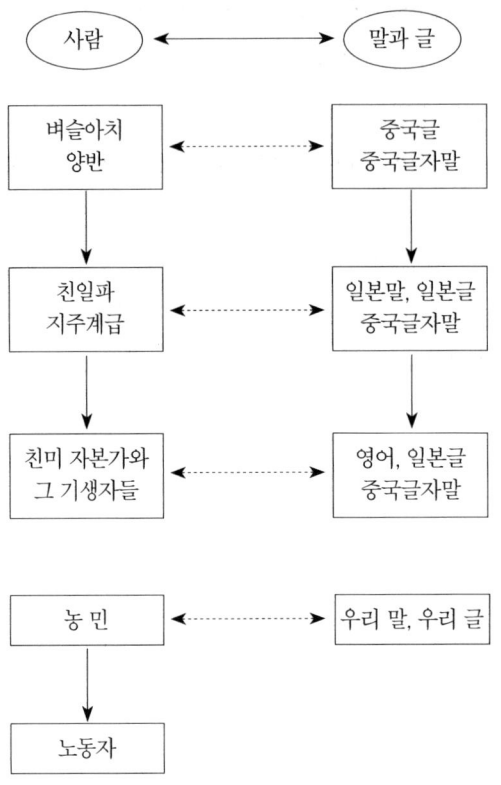

이렇게 우리 사회와 정치의 역사가 그대로 우리 말과 글의 역사로 되어 있다.

그러면 우리 말이 어떻게 변해왔는가, 그 실상을 살펴보기로 하자.

보기글 1

해와 달이 된 오누이

그러니까 아들딸을 두고 언제 베를 짜러 갔거든, 베를 매주러 갔거든. 옛날에 베 무녕(무명) 짜구 베 짜는 그걸 매주러 갔거든. 그러니깐 하루 품씩 하루 품삯 받아 가지구서 인제 먹구 사는데, 한날은 그 쌈(사람)네가 메물(메밀) 범벅을 쒀서 한 암박을 주드랴. 하나 주드랴.

가주 가서 아이들 주라구. 그래 이놈의 메물 범벅을 인제 이구선 오는데, 아 오다가 호랭이를 만났지.

"할멈, 할멈, 그 메물 범벅 한 덩어리 주. 주만 안 잡아먹지."

그러니깐 한 덩어릴 내던져 주지. 또 한 고개를 넘어오면,

"할멈, 할멈, 나 메물 범벅 한 덩어리 주. 그리만 안 잡아먹지."

그래 이놈의 걸 다 뺏겼거던. 뺏기구, 그래 야중엔,

"할멈, 할멈, 그 함박 나 주만 안 잡아먹지."

그러디. 그래 함박까지 줬지. 이놈의 호랭이가 그 인제 그리구 이 할멈 오는 길에 그 메물 범벅을 죄다 줘 담아놓구서는 또 쫓아왔단 말이야.

"할멈, 할멈, 그 옷 벗어 주만 안 잡아먹지."

• 1981년, 이야기한 사람—강화 김순이, 81세

우선 이야기를 잠시 생각해보자. 이것은 우리 모두가 잘 아는 옛이야기다. 이 이야기에 나오는 호랑이는 백성을 괴롭히고 백성의 피를 빨아먹는 포악한 군주이고, 아들딸을 데리고 사는 어머니는 온갖 고난을 받으면서 살아온 가난한 백성들의 모습이다.

"범벅 한 덩이만 주면 안 잡아먹지."

이렇게 해서 착하기만 한 백성들은 폭군에게 속아 넘어가서, 가진 것을 모조리 빼앗기고 죽음을 당한다. 집에 남은 어린아이들까지 폭군의 밥이 되려 하는데, 그 아이들도 너무나 정직하고 너무나 착하기 때문이다.

폭군은 이기고 백성은 지고, 간악한 속임수만을 쓰는 인간은 부와 권세를 누리고, 착하고 정직한 사람은 패배하고…… 이 얘기는 흔히 착하고 약한 자가 악하고 강한 자를 이기는 우리 옛이야기들과 달리, 보기 드문 역사의 사실성을 가지고 있다고 본다. 마지막 절망스러운 장면에서 한 가닥 희망을 오직 하늘에 비는 것으로 되어 있는 것도 한스러운 우리 겨레의 모습을 그대로 보여주는 놀라운 진실성의 표현이고, 그래서 그

결과가 또 놀라운 문학의 상상으로 나타나, 큰 자연 속에 우리의 생명이 하나로 되고 만다.

이것은 바로 우리 백성의 한 많은 역사요 민중의 슬픈 소원이다. 그리고 이 옛이야기는 우리 겨레가 낳은 뛰어난 문학작품이다.

여기서는 아들딸을 둔 어머니가 이웃 마을에 일하러 — 베를 짜고 베를 매러 갔다가 오는 길에 메물 범벅을 얻어서 이고 온다고 했다. 곳에 따라서는 어머니가 밭을 매주러 갔다가 오는 길이라 하기도 하고, 올 때 머리에 이고 오는 것이 묵이 되어 있기도 하고, 떡이 되기도 한다. 아무튼 남의 집에 가서 일을 해주고 그 값으로 식량이나 먹을 것을 얻어오는 것이다.

위의 이야기는 글을 모르는 사람이 입으로 말하는 것을 그대로 녹음해서 적은 것이다. 여기 이 이야기말은 '글'의 영향을 조금도 받지 않은 말이다. 말의 끄트머리도 "-거든" "-드라" "-라구" "-지" "주" "-디" "-야"…… 이렇게 여러 가지로 나타나 있다. 곧 —다란 끄트머리가 전혀 없다는 사실이 주목된다.

다음은 똑같은 이 이야기를 문학작품을 전문으로 쓰는 사람이 이른바 문학다운 맛을 좀 들여서 써놓은 것이다. 곧 입으로 말하고 귀로 듣기만 하던 이야기를 눈으로 읽는 문학으로 바꿔놓은 것이다.

앞의 것과 어떻게 다른가 생각해보자.

보기글 2
해님과 달님

옛날 어느 시골 외딴집에 어린 아들딸 두 오뉘를 데리고, 세 식구가 오순도순 살아가는 과부어머니가 있었습니다.

아버지가 일찍 세상을 떠났기 때문에, 어머니는 아기들을 집에 두고, 이웃 마을로 남의 집 일을 해주러 다녔습니다.

어머니가 일하러 나가시고 나면, 어린 오뉘는 집을 지키며, 어머니가 돌아오시기만 기다립니다.

　단 두 남매가 집을 보고 있자니 무척 심심합니다. 그래 오빠는 누이동생에게 이야기도 해주고, 소꿉놀이도 같이 해주고 했습니다.

　저녁때가 되면 길가에 나와서, 뒷산 고개를 바라보며 어머니가 오시지 않나…… 하고 기다립니다. 그러면 어머니가 일삯으로 받은 곡식을 이고, 고개를 넘어오시는 게 보이고, 이윽고 어머니가 문밖에 가까이 오면, 두 남매는 반가와 달려가서, 어머니의 팔에 매달리며 좋아하곤 했습니다.

　• 이원수, 「옛날이야기」 부분

　이 글과 앞의 글(말을 그대로 옮겨놓은 것)을 견주어보아서 곧 발견할 수 있는 다른 점은, 글의 끄트머리가 -다로 되어 있는 점이다. 모조리 -다로 되어 있다.

　어째서 이렇게 되었는가? -다로 나타나지 않는 말과 -다로 쓰는 말은 어떻게 다른가?

　옛글을 보면 -다란 말끝을 찾아보기가 힘들다. -다가 나온다고 하더라도 그 뜻이 오늘날 글 쓰는 이들이 순수한 베품꼴로 흔하게 쓰는 것과는 달리, 여러 가지 다른 뜻이 들어 있다. 그리고 오늘날 우리가 실제 입으로 말을 할 경우에도 이 -다 말끝은 아주 드물게 쓴다. 말로는 별로 안 쓰는 것을 글에는 이렇게 많이 쓰고 있다. 곧 말과 글은 벌써 여기서도 크게 달라져 버린 것이다. "갔습니다" "했습니다" 얼핏 보기에 입말 그대로 쓴 것 같지만, 입말과는 상당히 다르다 하지 않을 수 없다.

　만약 "-습니다"가 입말이라면, 이것은 많은 어린이나 많은 사람 앞에서 큰 소리로 하는 말이라 할 수 있다. 앞의 보기글 1)은 방 안에서 한두 아이, 두세 아이를 앉혀놓고 다정하게 들려주는 말이라면, 이 "-습니다"는 넓은 교실 같은 데서 적어도 수십 명을 앞에 두고 하는 말이다. 그러나 그렇다고 하더라도 한결같이 "-습니다"로만 나올 수는 없으니, 이것은 아무래도 글말이라 함이 옳다.

다시 또 한 편의 글을 보자.

보기글 3

　호두형으로 조그만 항구 한쪽 끝을 향해 머리를 들고 앉은 언덕, 그 서남면 일대는 물미가 밋밋한 비탈을 감아 내리며, 거적문 토담집이 악착스럽게 닥지닥지 붙였다. 거의 방 하나에 부엌이 한 간, 마당이랄 것이 곧 길이 되고, 대문이자 방문이다. 개미집 같은 길이 이리 굽고 저리 굽은 군데군데 꺼먼 잿더미가 쌓이고, 무시로 매캐한 가루를 날린다. 깨어진 사기요강이 굴러 있는 토담 양지짝에 누더기가 널려 한 종일 퍼덕인다.

　남비 하나, 사기 그릇 몇 개를 엎어놓은 가난한 부뚜막에 볕이 들고, 아무도 없는가 하면 쿨룩쿨룩 기침소리가 난다. 거푸 기침은 자지러지고, 가늘게 좋아들더니 방문이 탕 하고 열린다. 햇볕을 가슴 아래로 받으며, 가죽만 남은 다리를 문찌방에 걸친다. 가느다란 목, 까칠한 귀밑, 방안 어둠을 뒤로 두고 얼굴은 무섭게 차다.

　"노마야?"

　힘없는 소리다. 대답은 없다. 좀더 소리를 높여 부른다. 세 번째는 오만 상을 찡그리고 악성을 친다. 역시 대답은 없다. 다시금 터져 나오는 기침에 두 손으로 입을 싼다.

　• 현덕, 「남생이」

이것은 소설의 첫머리를 옮긴 것이다. 대화로 나온 한마디밖에는 14개의 글끄트머리가 모두 다로 되어 있다. 보기글 2의 -다는 높임말 '습니다'이고, 여기 보기글 3은 예삿말 -다이다.

높임말과 예삿말은 어떻게 다른가? 앞에서 말한 대로 높임말 "습니다"는 많은 사람을 앞에 두고 하는 말 같다. 그러나 예사말 -다는 남에게 들려주는 말이라기보다는 혼잣말에 가깝다. 그런데 혼자서 하는 말이 실제로 이렇게 될 수 없으니, 이것은 어디까지나 혼잣말 비슷한 말인 것이오, 귀로 듣는 말이기보다 눈으로 읽는 글말이라 할밖에 없다.

오늘날 우리가 읽는 글은 소설이고 동화고 수필이고 논문이고, 이렇게 되어서 모두 실제로 하는 말에서는 어느 정도 다 멀어진 글말이 되어버렸다고 할 수 있다.

말에서 멀어진 글은 삶에서 멀어진 글이다.

서양에서 문학이란 것이 일본을 거쳐 들어오고부터, 입으로 지껄이고 귀로 듣던 문학이 눈으로 읽는 글이 되었는데, 이 글은 급속하게 퍼져서 우리 말을 침범하고, 우리 말을 변질시켰다. 삶에서 떠난 글, 밖에서 들어온 글이 삶과 하나로 된 말을 지배하는 불행한 역사가 펼쳐진 것이다.

보기글 4

막연한 기다림, 어쩌면 불안이었을 그런 과민함이 선연하게 밝아오는 아침의 빛 속에서 나를 주저하게 했는지도 모른다. 한참을 누운 채로 창문의 빛을 바라보았다. 마당으로부터 유리창을 넘어오는 형수의 과장된 흥분과 단절된 마디마디의 외침이 눈부신 빛의 입자처럼 선명하게 나의 주저함 위로 쏟아져 내렸다.

매일 아침 마당으로 뛰어나가던 형수의 발자국 소리. 뜬눈으로 지새운 아침마다의 흐릿한 의식 속에서 나는 형수의 잰 걸음, 그 발자국 소리를 기다렸다. 그리고 위태하게 진행되는 내 일상의 낱낱을 자학하듯 마침내 모든 것을 기다리기 시작했다. 굳이 오늘 아침 마당에서 들려오는 그녀의 외침이 아니더라도…… 나는 이미 알고 있었다.

천천히 이층의 계단을 내려와 현관의 문을 열었다. 팔월의 늦은 아침 햇살이 자랑스럽게 자신의 포획물을 들어 올린 형수의 싱싱한 팔뚝을 눈부시게 비추고 있었다. 수박색 원피스 위로 드러난 그녀의 가늘고 흰 목과 이마에 맺힌 엷은 땀이 물기가 채 마르지 않은 수채화처럼 어질하게 내 눈을 가려왔다."

　이 글은 1988년 1월 (어느 신문) 신춘문예 당선 소설의 첫머리다. 원고지 3장 가까이 되는 이 첫 부분을 아무리 주의를 해서 몇 번이나 읽어도 무슨 말인지 모르겠는 까닭은 내 머리가 둔하기 때문일까? 글이 잘못되었기 때문일까? 둘 중 하나임에는 틀림없겠다. 이 글을 처음부터 차례로 살펴보기로 하자.
　"막연한 기다림, 어쩌면 불안이었을 그런 과민함이 선연하게 밝아오는 아침의 빛 속에서 나를 주저하게 했는지도 모른다."
　맨 처음에 나오는 이 문장은 주인공의 심리 상태를 섬세하게 그려 보이려 한 것 같은데, 그것이 도무지 잡히지 않아 어리둥절한 느낌이다. 그 다음 문장을 읽으면 풀어지겠지 하고 다음을 읽어도 마찬가지다. "막연한 기다림, 어쩌면 불안이었을 그런 과민함"이란 도대체 뭔가? 살아 있는 말을 쓰는 사람으로서는 부질없는 말의 꾸밈으로밖에 느껴지지 않을 것이다. 그리고 소설 첫머리에 나오는 문장도 너무 복잡하고 길다.
　"마당으로부터 유리창을 넘어오는 형수의 과장된 흥분과 단절된 마디마디의 외침이 눈부신 빛의 입자처럼 선명하게 나의 주저함 위로 쏟아져 내렸다."
　이것도 삶 속의 말을 글로 쓴 것이 아니라, 글 속에서 만든 말의 재주를 부린 것이다. "형수의 외침이…… 나의 주저함 위로 쏟아져 내렸다"니, 이것이 자연스러운 말로 느껴지는가? 그리고 "마당<u>으로부터</u>" "나의 주저함" 같은 말은 입말에서 쓰지 않는다. "빛의 <u>입자</u>"도 삶의 말일 수 없다.
　"뜬눈으로 지새운 아침마다의 흐릿한 의식 속에서……"
　이 문장에서 "아침마다<u>의</u>"란 말법은 남의 나라에서 들어온 것이다.
　"그리고 위태하게 진행되는 내 일상의 낱낱을 자학하듯 마침내 모든 것을 기다리기 시작했다."

이것도 무슨 말인지 알 수 없다. 자학이란 말도 문제다. 소설은 우리 글만 읽으면 누구든지 알 수 있게 써야 한다.

그녀, 이 말도 우리가 일상에서 쓰지 않는 말이다. 소설에서 가장 많이 쓰는, 사람을 가리키는 대이름씨를 실제 말에도 쓰지 않고 쓰일 수도 없는 말을, 일본말 따라 쓸 필요가 어디 있는가?

"팔월의 늦은 아침 햇살이 자랑스럽게 자신의 포획물을 들어 올린 형수의 싱싱한 팔뚝을 눈부시게 비추고 있었다."

문장의 기교란 것은 어떤 사물을 잘 (자연스럽게, 살아 있는 그대로) 보여주기 위해서 필요하다. 기교 때문에 사물이 안 보이고, 기교만 눈에 띈다면 그것은 크게 잘못되었다. 이 문장도 기교만 보인다. **포획물**도 무엇인지 모르겠고, 일부러 어려운 말을 쓴 것이 거슬린다.

글이 왜 이렇게 되었는가? 이런 글에 나타난 말이 우리 겨레가 쓰는 살아 있는 말이 아님은 너무나 명백하다.

이것은 병든 말이요, 병든 글이다.

더구나 이것은 소설의 문장이다. 소설은 인간의 삶을 이야기한 글이다. 우리 소설은 우리 삶을 보여주고 이야기한 글일 수밖에 없다. 우리 삶을 말하는 글이 삶의 말이 아닌 글말, 남의 나라 글을 따르고 옮겨 쓴 말이 되어서 어찌하겠는가?

글이 이렇게 된 까닭은 글을 쓰는 사람의 생각과 삶이 우리 것을 잃은 때문이다. 그리고 우리 글이 우리 말에서 멀어져 잘못되어가는 일은 여기 든 글과 이 글을 쓴 사람에만 한정되지 않는다. 불행하게도 오늘날 우리나라에는 글을 쓰는 거의 모든 사람이 이런 잘못을 저지르고 있다.

이렇게 말하는 나 자신도 물론 그 안에 든다. 우리들 삶이 몽땅 병든 사회의 틀 속에 갇혀 있기 때문이다.

(2) 말과 글의 관계

말과 글, 어느 것이 먼저인가? 이런 물음은 어리석다. 말이 먼저 생겨났고, 말이 으뜸이란 사실을 모르는 사람은 없을 것이다. 어린아이들도 말을 먼저 배우고 글은 좀더 자라나서 배운다.

글은 말을 글자라는 부호로 기록해놓은 것뿐이다. 그러니 글도 말이다. 귀로 듣는 말과 눈으로 읽는 말이 얼마쯤 다름을 인정한다고 하더라도 글이 살아 있는 말의 속성과 그 생명감을 잃어버린다면 죽은 글이라 할 수밖에 없다.

말과 글, 그리고 생각(의식)의 관계를 다음과 같이 표시할 수 있다.

$$\boxed{생명} \rightarrow \boxed{마음(의식)} \rightarrow \boxed{말} \rightarrow \boxed{글}$$

사람이란 존재가 있어서 생각을 하게 되고, 그 생각이 말로 나오고, 말이 글로 되고—이런 차례가 된다. 이 흐름이 사람 목숨이 있는 모습이요, 문화 표현의 기본이다. 그런데 언제부턴가 우리가 살고 있는 이 사회는 이 흐름이 거꾸로 되어버렸다.

$$\boxed{삶} \leftarrow \boxed{생명} \leftarrow \boxed{말} \leftarrow \boxed{글}$$

글이 말을 지배하고, 말이 생각을 지배하고, 생각이 삶을 움직인다. 이래서 글이 지배하는 사회가 되었다.

그럼 이 글은 도대체 어디서 나왔는가? 우리 말에서 쓰이지 않는 이 글은 바깥에서, 남의 나라에서 들어왔다. 아주 크게 잘못된 일이지만 엄연한 사실이다. 그래서 지식인과 정치권력을 잡은 사람이 이 '글' 쪽에 있고, 민중은 '삶' 쪽, 또는 '말' 쪽에 있다.

$$(민중) - \boxed{삶} \leftarrow \boxed{말} \leftarrow \boxed{글} \begin{matrix} (지식인) \\ (정치 관료) \end{matrix}$$

여기서, 학교 공부를 하지 못하고 일만 하며 살아가는 사람(책을 읽지 않고 말밖에 모르는 사람)이, 일은 안 하고 글만 쓰는 사람에게 지배당하고 있는 관계를 환히 알 수 있다. 말이 글에 지배되는 사회, 이런 사회에서는 삶에서 떠난 모든 사람이 병들고, 그 사람이 쓰는 글이 병들고, 글의 영향으로 말도 병들고, 그리하여 모든 사람이 병들게 된다.

삶에서 떠난 글은 잘못된 관념의 체계를 엮어나가는 재주놀이가 되거나 제멋대로 게으른 상상의 세계를 그리는 장난으로 타락한다. 이런 관념이나 상상이란 것이 모두 서양사람들이 쓴 글에서 그 원천을 얻었음은 말할 나위가 없다. 삶의 말은 죽고, 엉뚱한 데서 생겨나고 들어온 글만이 살아 말을 지배하고, 글말을 만들고, 그것이 사람의 생각을 부리고 삶을 부리게 된 것이다.

책에서 얻은 글말이 다시 책이 되는, 이 뺑뺑이 놀음에서 살아 있는 말(민중의 삶과 말)은 쫓겨나버렸다.

글이 말에서 벗어나 불순한 글말이 될 뿐 아니라, 말까지 이 글에 끌려가고 있는데, 그 실상을 몇 가지 보기로 들어보자.

1) 교육의 영향

안녕이란 인사말이 있다. 이 인사말은 50년쯤 전에는 아무도 안녕이라 말하지 않았다. 모두 "알령"이라고만 했다. 그런데 지금은 "알령"이라고 말하는 사람이 거의 없다. 왜 이렇게 되었는가? 교과서에 안녕이라고 나와서, 모든 사람이 어릴 때부터 글자대로 소리 내어 읽는 교육을 받으며 자라났기 때문이다. 곧 말을 삶 속에서 배우지 않고 글자로 읽어서 배우기 때문이다.

관념, 개념이란 말들도 마찬가지다.

2) 책과 인쇄물의 영향

40대의 지식인 한 분이 말할 때 '논리'란 말을 글자 그대로 "논" "리"로 발음을 하는 것을, "놀리"라고 말해야 한다고 고쳐준 일이 있다. 이런 분—말을 말로서 배우지 못하고 글로서 말을 알게 되는 사람이 얼마나 많겠는가? 육체노동을 하지 않고 살아가는 거의 모든 사람이 이렇게 되어 있다고 본다.

그리고 오늘날에는 초·중·고·대학의 전체 교육 과정에서 모든 학생이 오직 책과 인쇄물 속에 묻혀 살아가고 있다.

3) 방송 말

공영 방송이든지 관공서 방송이든지 마을이나 아파트 방송이든지 학교방송이든지 그 방송의 말이, 말이 아니고 문장을 읽어내려간다는 느낌이 들 때가 많다. 물론 그 문장도 말하듯이 쓴 것이 아니고 아주 글말로 쓴 것이다. 오늘날은 방송이 말을 더럽히는 근원이 되어 있다. 방송은 살아 있는 아름다운 우리 말을 쓰는 것이 아니라 듣기에도 거북한 부자연스러운 말, 잘못된 말, 죽은 말을 퍼뜨리는 노릇을 하고 있다. 이것은 아마도 방송말을 미리 문장으로 써서 검열하기 때문이겠다.

"가정주부의 가사노동은 여성 노동에 있어서 가장 중요한 노동행위라지만……"

지금 이 글을 쓰다가 잠시 들어보는 라디오 방송이다. 이런 유식하고 요란한 중국글자말 문장이, 온 국민이 날마다 귀로 들어야 하는 '말'이 되어 있음은 불행한 일이다. "주부들이 집안일을 하는 것은 여자로서 가장 중요한 일을 하는 것이지만……" 이렇게 말하면 얼마나 좋은가?

"지금 이 기차는 수원역에서 선로보수관계로 서행 운행을 하게 되오니……"

며칠 전에 들은 기차방송이다. "서행 운행"이 뭔가? 글을 배우지 않은 농촌의 할머니들도 알 수 있도록 '천천히 가게 되니' 하면 얼마나 좋은 우리 말이 되겠는가?

"장학적금을 수합해서 곧 제출해주시기 바랍니다."

학교 선생님들이 교실에서 수시로 들어야 하는 사무실의 연락 방송이 이렇다고 한다. "모아서 내주시기 바랍니다"라고 하면 말이 부드럽기 때문에 지시명령사항이 잘 '이행'되지 않는 것일까?

"공인 기록으로 인정받지 못했었습니다." 라디오의 방송이다. "못했습니다" 하면 좋겠는데 왜 "못했었습니다" 할까? 어설프고 듣기 싫은 말이다.

4) 강의 말

다음에 드는 말들은 라디오에서 방송원들이 하는 말이지만, 나는 이런 말투가 학교의 선생님들이 교실에서 학생들에게 강의할 때 무슨 말을 인용한 끝에 반드시 -라고 하는 말을 붙이게 된 것이 그만 이렇게 널리 퍼진 것이 아닌가 생각한다.

"책을 많이 읽읍시다라는 생각을 했으면 좋겠어요."

"요즘은 학생과 스승의 관계가 아주 잘못되어간다라고 말하는 분이 있는데……"

"그런 것을 볼 때 상당히 도움이 된다라고 생각하거든요."

이것도 필경 외국글을 똑같은 꼴로 번역하는 과정에서 생겨난 글 버릇이 말버릇으로 된 것이 아닌가 짐작한다. 앞의 세 가지 말을 각각 다음과 같이 적었으니, 어느 쪽이 바른 우리 말인가 비교해보자.

"책을 많이 읽자는 생각을 했으면 좋겠어요."

"요즘은 학생과 스승의 관계가 아주 잘못되어간다고 말하는 분이 있는데……"

"그런 것을 볼 때 상당히 도움이 된다고 생각하거든요."

5) 설교 말

어느 교회 목사님이 이런 말을 하는 것을 들었다.

"저는 하루에도 설교를 세 번씩이나 합니다. 그래 똑같은 이야기를 되풀이할 수가 없고 그때마다 새로운 말을 들려줘야 하는데, 속에 들어 있는 것은 없고 늘 책만 보고 그걸 말하게 되니 살아 있는 말이 나올 수 없지요. 이건 참 큰 고민거리입니다."

참으로 정직한 말씀이었다. 대체 말이란 것이 삶에서, 일과 행동에서 나오는데, 일은 하지 않고 밤낮 책만 읽으니 그 말이 어찌 산 말이 되겠는가? 그 책이란 것도 그렇게 책만 들여다보면서 살아가는 사람들이 써 놓은 것 아닌가.

'설교조'란 독특한 말의 가락이 있다. 이 "설교조"가 왜 생기는가? 살아가는 현실에서 얻은 말이 아니고, 책에서 얻은 말이요 관념의 말이기 때문에 거기에서 자연스러운 목소리가 나올 수 없다. 그래서 '설교조'의 가락이라도 붙여서 듣는 사람들의 관심을 모으려고 하게 되는 것이라 생각한다.

나는 언젠가 라디오 방송에서, 서양사람이 좀 혀 꼬부라진 소리로 아주 열변을 토하며 설교하는 것을 한참 들으면서, '저런 사람은 우리나라에 적어도 몇십 년 살면서 우리 말 공부를 했겠지' 생각했다. 그런데 그 설교가 끝나고 소개를 하는데, 그 사람이 서양사람이 아니고 우리나라 사람이어서 깜짝 놀란 일이 있다. 나는 그때 '그 사람이 일부러 서양사람 흉내 내어 사람들의 관심을 모으려고 한 것이 아닌가' 생각했다.

6) 일본말법과 서양말법

지금 우리가 쓰는 온갖 불순한 남의 나라 말법이, 처음에는 모두 글로서만 들어왔다. 그 잘못된 글이 하도 많이 (아무런 비판도 없이) 오랫동안 쓰이고, 그 글이 널리 읽히고, 또 모든 사람이 글로서 살아가다보니 그만 잘못된 남의 나라 말법이 이제는 입으로 하는 말에까지 나타나게 되었다. 에의, 에로의 같은 것은 아직도 말에 쓰이지는 않지만, 에 있어서는, 있었었다 같은 따위는 젊은이들의 말에 가끔 나오고 있다. 보다 나은 하는 말도 어쩌다가 들을 수 있다. 이런 말이 쓰이는 경우는 가족들끼리나 친구들끼리 마음을 열어놓고 하는 말에야 나오지 않지만, 여러 사람이 모여 앉아 어떤 이론을 따지면서 서로 자기주장을 펼 때는 예사로 나오는 것을 듣게 된다. 우리가 어떤 생각을 하고 이론을 세우든지, 그것이 우리들 삶 속에서 바로 나오거나 어쩔 수 없이 우러난 것이 아닐 때는, 이와 같이 중국글자말을 비롯한 남의 나라 말법으로 논리를 짜게 된다. 그리고 이렇게 남의 말법으로 말을 하고 글을 쓰게 되면 비록 그것이 아무리 완벽한 틀을 갖춘 이론이라 하더라도 결코 우리 것이 될 수 없다고 본다.

(3) 말을 살린 글과 말에서 멀어진 글

여기서는 말이 그대로 글이 되어 있는 글이나 말에 가장 가깝게 된 글을 들고, 다시 말에서 멀어진 글 몇 편을 들어 앞의 글들과 비교하면서 그 문제점을 살피려고 한다.

보기글 5

『씨올의 소리』를 내는 목적은 무엇입니까?

천하 씨올이 다 소리를 내도록 하기 위해서입니다.

세상에 무슨 소리가 그리 많습니까? 기차 소리, 자동차 소리, 라디오 소리, 장사꾼의 목 찢어진 소리, 식모의 얼굴 시든 소리, 군인의 개새끼 소리, 학생의 뒤집은 소리, 대통령의 꾸며낸 담화 소리, 벼슬아치의 엉터리 보고 소리, 여당의 어거지 소리, 야당의 시시한 소리, 목사 스님의 저도 못 가보고 하는 천당지옥 소리, 신문 잡지의 알고도 모른 척하는 맥빠진 논설 소리, 심지어는 아기 하나 가지고 이놈의 아들이랬다 저놈의 아들이랬다 하는 정부 갈보의 지갑 속에 달러 지전 발각발각하는 소리와, 선거 때까지 1년은 참아줄 줄 알았는데 여섯 달도 못 가 무너져서 '불도저 시장'이라 흔들거리던 대갱이를 하루아침에 박살을 내버리는 와우아파트 와르르하는 소리까지 들리어서 정신을 잃을 지경인데, 씨울의 소리만은 들을 수가 없지 않습니까? 다 죽었습니까?

아닙니다. 죽을 리 없습니다. 절대로 씨울은 죽지 않습니다. 죽는 법 없는 것이 씨울의 몸입니다.

그럼 잠이 든 거지요.

그렇지 않습니다. 언제나 야무진 눈을 가지고 밝는 날만 기다리는 것이 씨울의 마음입니다.

그렇다면 하라면 되지 않습니까?

알고도 모르는 말씀입니다. 하란다고 하는 것 아닙니다. 하도록 대접을 해야지요. 씨울은 착합니다. 의젓합니다. 의젓하다 못해 수줍습니다. 그러기 때문에 해라! 해라! 하면 도리어 못 합니다. 왜 말이 있지 않습니까. "하던 지랄도 멍석 펴주면 아니 한다"고. 씨울의 용한 것을 두고 하는 말입니다.

• 함석헌, 「씨울의 소리」, 『함석헌전집』, 14, 330~331쪽

이건 말이다. 물론 한쪽에서만 지껄이는 연설이지만, 어디 한군데도 틈이 없는 우리 말 그대로다. 우리 말을 이만큼 잘 살려놓은 글을 함석헌 선생의 글 말고 나는 거의 보지 못했다.

더러 깊은 철학의 뜻이 담긴 글은 어려울 수밖에 없다는 말을 하는데, 그런 말이 얼마나 잘못되었는가 하는 것을 함 선생의 글에서 깨달을 수 있다. 쉬운 우리 말이 철학을 담기에 모자라거나 불편하다고 하면 그것은 분명히 우리 말을 모독하는 말이라 할밖에 없다. 사대주의에 빠져 있거나 서양숭배사상에 젖어 있는 정신 나간 사람만이 우리 말 우리 글을 나무라고 불평을 한다.

이 글을 살펴보면 문장의 길이가 모두 짧다. 긴 대문이 딱 한 군데 있는데, 그것은 길지만 쉽게 읽힌다. 그것은 복잡한 내용을 한 문장에 담아서 길어진 것이 아니라 짧은 문장을 자꾸 되풀이해서 이어놓은 것이다.

마치 우리의 옛이야기 사설같이.

또 하나, 이 글은 모든 글월의 끝이 모조리 다로만 되어 있지 않다는 점도 주목할 만하다. 이것은 살아 있는 말을 쓴 필연의 결과라고 본다.

다음 글은 어떤가 생각해보자.

보기글 6

인간은 기억하는 동물이다. 또한 인간은 망각하는 동물이다. 이 기억과 망각의 쌍곡선이 자연스럽게 교차분리되어야지만이 인간은 덜하지도 않고 더하지도 않은, 누구나 갖추게 되는 보편적인 인식능력을 소유할 수 있는 것이다.

어느 누구에게나 망각하기 힘든, 그러나 시간의 지속적인 흐름에 의해서 퇴색되어질 가능성은 농후한, 기억들을 간직하고 있을 것이다. 우리는 그러한 기억들을 흔히 추억이라고 부르기도 한다.

• 「콩트」, 어느 대학신문

"콩트"란 것이 왜 이렇게 어려운가? 공연히 어렵게 쓴 낱말들, 그리고 아무것도 아닌 내용을 길게 엮어놓은 문장들, 이것은 말이 아니다. 말이 될 수 없는 글이다. 콩트의 문장이 말이 아니라면 그것은 무엇이 될까?

보기글 7

변혁운동이 발전함에 따라(운동 목표의 쟁취가 현실화, 가시화됨에 따라) 운동 발전의 경로에 대한 보다 구체적인 전망이 가능해지며 또 운동의 목적의식적인 발전을 가속화시키기 위해서도 전망의 구체화 대투쟁에 이어 7·8월 기층 민중들의 생존권 투쟁이 폭발적으로 고양됨으로 인해 이제 변혁운동이 전개되어나갈(되어나가야 하는) 양상에 대해 보다 생생하게 그려볼 수 있는 시점에 도달했다고 생각한다.

• 「6월 항쟁의 발전적 계승을 위한 소고」

온통 요란한 중국글자말투성이 문장이다. 우리 말이 이렇다면 이건 참 너무 서글프다. 그런데 사회운동을 하는 분들이 쓰는 글이 대개 이런 것이 아닌가 싶어 걱정된다. 사회운동이 운동을 하는 사람을 위한 운동이 되어서는 안 되듯이, 글 또한 중국글자말과 번역투문장에서 헤어나지 못하는 지식인을 위한 글이 되어서는 안 된다고 본다. 지식인도 사실은 민중이 쓰는 살아 있는 말을 쓸 줄 알아야 이 시대를 밝히는 진짜 지식인이 될 것이다.

이 글에서, 읽기에도 거북스러운 중국글자말들 사이에 보다란 외국말 번역투의 말이 거듭 나오는 것도 지적하지 않을 수 없다.

보기글 8

이 땅의 40대, 그들은 어쩌면 불혹(不惑)의 돌진을 개인사(個人史)에 점철한 마지막 세대일지도 모른다. 그들은 주림을 통감하며, 전쟁의 포화 속을 질주하는 성장의 시대를 살지 않으면 안 되었다. 8·15와 6·25 그리고 4·19 등은 그들의 청소년기를 대변하는 역사적 사건이었다.

이것은 신문에서 논설문을 잘 쓰기로 소문난 분이 쓴 글인데, 나 같은 사람이 읽기에는 어렵다. "불혹의 돌진을 개인사에 점철"하다니 무슨 말인지 얼른 이해가 안 간다. 글이 말에서 멀어지니 이렇게 된다. 좀 쉽게 쓰면 얼마나 좋을까?

보기글 9

따라서 3일의 계엄령 선포는 침체된 경제를 회복시키기 위한 공약을 펴 빈곤에서 허덕이는 국민들을 무마하는 한편, 정치적 반대 세력에게는 강압조치를 불사하겠다는 양면 정책의 의지를 보인 것으로 풀이된다.

하지만 그의 양면 정책이 효과를 거둘 수 있을지는 극히 의문이다. '랑군의 도살자'로 일컬어지는 그의 강성 이미지가 국민들의 거부감을 사고 있고, 개방과 민주화를 바라는 국민들의 열망을 강경책으로 누르기엔 한계가 있기 때문이다.
• 「버마정국의 앞날」, 『ㅈ신문』, 1988. 8. 5.

별난 신문기사라 해서 인용한 것이 아니다. 신문기사가 대체로 이런 글인데, 좀더 쉬운 말로 쓸 수 없을까, 쉽게 써도 되지 않을까, 쉽게 쓰면 좋겠다 싶어 들어본 것이다.
앞의 문장을 이렇게 고쳐본다.

따라서 3일의 계엄령 선포는, 침체된 경제를 회복하기 위한 공약을 펴 가난에서 허덕이는 국민들을 어루만지는 한편, 정치에서 반대하는 세력에게는 강압조치도 할 수 있다는 양면 정책의 뜻을 보인 것으로 풀이된다.

그다음 문장에서 "'랑군의 도살자'로 일컬어지는 그의 강성 이미지"도 "'랑군의 도살자'란 이름이 붙은 그의 강한 인상"이라고 쓰면 좋을 것이다.

보기글 10
현재 완성 단계에 있는 과천의 놀이동산 명칭 '서울랜드'는 굳이 외래어를 사용해야 하는가 하는 문제는 차치하고라도 그 표현이 적절하지 못하기 때문에 고쳐서 사용함이 마땅하다.
• 『ㄷ신문』, 1988. 4. 10.

"서울랜드"란 이름이 죽도 밥도 아닌 괴상한 것이라고 아무리 말해도 고치지 않는 것이 관리들의 근성이다. 그런데 이 글을 쓴 독자 자신도 어색한 중국글자말을 쓰고 있다. 차치하고라도 이것은 우리 '말'일 수 없다. 많은 중국글자말이 아무리 우리 말이 되어야 한다고 하더라도 말이다.

사용해야, 사용함이도 '써야' '쓰는 것이'로 함이 좋겠다.

보기글 11

국민 여러분에게 드리는 글

국민 여러분, 문화방송 시청자 여러분! 지난 26일 아침부터 시작된 저희 문화방송노조의 파업으로 본의 아니게 심려를 끼쳐드리고 있는 점 깊이 사과드립니다.

우리의 요구는 이렇습니다.

첫째, 옳은 방송을 하기 위한 가장 기본적인 제도적 장치인 보도·편성·제작 부문 국장의 3인 이내 추천제입니다.

둘째, 국민의 눈과 귀를 무참히 가로막았던 5공화국의 전성기에 지금은 온 국민의 지탄을 받고 있는 전두환 씨의 대변인으로서의 역할을 충실히 했다는 이유로 문화방송 사장에 임명되었고 방송에 대한 애정과 철학이 없는 황선필 씨는 이제 즉시 물러나야 된다는 것입니다.

국민 여러분, 여기에서 '파업'의 책임자는 누구인가를 명확하게 알 수 있을 것입니다.

• 문화방송 노동조합 신문 광고문

이것은 신문에 났던 문화방송 노동조합 광고문 중에서 큰 활자로 나온 것만을 뽑은 것이다. 노동조합 측이 요구하는 것을 두 가지로 잘 정리해서 알기 쉽게 쓴 글이지만, 생각해볼 대문이 있다.

첫째, 옳은 방송을 하기 위한 가장 기본적인 제도적 장치인 보도·편성·제작 부문의 국장의 3인 이내 추천제입니다.

이 글에서 "국장의"라고 하여 토씨 의를 쓴 것이 문제가 있다고 본다. 만약 이 내용을 글로 안 쓰고 말로 전달한다고 할 때 이렇게 말하겠는가를 생각해보면 쉽게 깨달을 수 있을 것이다. 그래서 이 글을 다음과 같이 고쳐본다.

첫째, 옳은 방송을 하기 위한 가장 기본 제도 장치인 보도·편성·제작 부문 국장을 3인 이내로 추천하는 제도입니다.

이렇게 써야 시원한 우리 말이 된다. 임자말과 풀이말로 쉽게 쓸 것을, 연결하는 토씨를 사이에 두고 앞뒤에 중국글자말을 줄줄이 꿰어 달아놓은 이런 문장은 남의 나라 글법인 것이다.
또 한 대문.

둘째, 국민의 눈과 귀를 무참히 가로막았던 5공화국의 전성기에 지금은 온 국민의 지탄을 받고 있는 전두환 씨의 대변인으로서의 역할을 충실히 했다는 이유로 문화방송 사장이 되었고……

우리 말에서 -으로서의란 겹으로 된 토는 쓰지 않는다. 이 글에 나온 경우도 아주 어색하고 부자연스럽다. 실제로 입으로 말을 할 때는 이런 말이 안 나온다. 글로 쓸 때 이렇게 되는 까닭은, 글을 쓰는 사람들이 외국 글이나 외국 글 옮겨놓은 글투에 항상 젖어 있어서, 우리 글을 쓸 때도 입으로 말을 하듯이 살아 있는 말을 쓰지 않고 우선 외국 글법에 맞추어 (또는 머릿속에서 우리 말을 외국 글로 번역해보아서) 쓰려고 하다보니 이렇게 되는 것이라 생각한다.

여기 지적한 부분은 더 말할 것도 없이 —으로서의를 없애 버리고 '전두환 씨의 대변인 노릇을 충실히 했다는 이유로' 이렇게 쓰면 될 것이다.

보기글 12

한 마디로 연변의 한인소설은 민족적 품격을 간직하고 있다. 아련한 고향하늘의 달무리처럼 가슴 시리게 파고드는 조선말의 감성.
한 민족의 풍속과 습관을 예리하게 투영시킨 생생한 일상의 발묵(發墨).
이 서늘한 소설적 감동은 떡메소리에 맞추어 신부가 들어서듯, 우리의 가슴을 치며 울려온다. 언 감자떡의 소망과 애절한 그리움과 황야에 뜨는 별빛까지도 이 소설들은 생생하게 그려내고 있다.

책을 지은 사람도 글을 잘못 쓰기 예사이지만, 그 책을 소개하거나 광고하는 사람이 지은이의 생각이나 글을 잘못된 문장으로 써 보이는 수가 많다. 여기 보인 글은, 중국 연변지방에서 나온 우리 동포 작가의 소설책 내용을 그 책 뒤표지에서 소개한 글인데, 여러 가지로 많이 잘못되어 있다. 우리 말이 될 수 없는 이런 글을, 먼 남의 나라 땅에서 오직 고국을 그리워하면서 겨레의 마음과 말과 삶을 고이 간직하려 애쓰는 바로 이 소설가와 연변의 동포들이 읽었을 때 어떤 생각을 하겠는가, 부끄러운 일이다.

보기글 13

아버지여 당신께서
바지게에 나무 세 짐 휘엉청 지고
지게 목발 두드리며
소를 몰고 끈덕끈덕 돌아오실 때에
머얼리선 바알간 석양이

당신의 이랴이랴 소리에
궁둥이를 슬쩍슬쩍 틀었지요
그때면 싸립에 섰던 아이가
아버지 하며 쪼르르 달려와선
소고삐를 얼른 잡았고요

이번에는 시에 나타난 말을 잠시 살펴보겠다.

이 시는 최근 어느 잡지에 실린 장시의 첫머리다. 이 긴 시를 다 읽지 못하고 첫머리만 보고 문제 삼는 것은 분명히 잘못이겠다. 다만 여기서는 작품 전체를 말하려는 것이 아니고 인용한 부분의 문장이 우리 말로 살아 있는가 하는 점을 생각해보려고 한다.

맨 처음에 나오는 말이 아버지를 부르는 말이다. 그런데 "아버지여" 이것은 실제로 쓰는 말이 아니다. 글에서만 쓰는 말이다. 실제로 쓰는 입말이 아니고 마음속으로 아버지를 부르는 말을 경우에 따라 못 쓸 것도 없지만, 이 자리에서 꼭 입으로 하는 산말을 기피해야 할 이유가 무엇일까? 삶의 말보다 흔히 시인들이 시다운 분위기를 자아내는 데 쓰는 말을 따라서 써서 이 시를 시작했다는 것은 앞으로 전개될 이 시 전체 말의 질서가 어떻게 되어 있는가를 보여주는 것이 아닐까?

"바지게에 나무 세 짐 휘엉청 지고"

이 말이 모두 잘못되어 있다. 나무를 지게로 질 때는 보통 바지게로 지지 않고 그냥 맨 지게로 진다. 또 "세 짐"이 뭔가? 이런 말이 우리에겐 없다. '석 짐'이다. 그런데 지게에 나무를 석 짐 진다는 말이 이상하다. 석 단이겠지. 나무를 석 짐이나 될 정도로 많이 졌다는 것인가?

다음에 "휘엉청 지고" 했는데, 이 "휘엉청" 졌다는 말은 큰 짐을 가볍게 졌다는 뜻으로 느껴진다. 그러나 그 많은 짐을 어떻게 가볍게 "휘엉청" 질 수 있을까? 지게로 나무를 져보지 않은 사람이 너무 쉽게 멋대로 생각해서 쓴 말이다.

"지게 목발 두드리며"

당치도 않은 말이다. 지게 목발 두드리는 것은 빈 지게를 지고 갈 때 (노래를 부르면서)나 할 수 있는 짓이다. 나무를 석 짐이나 지고 가면서 어떻게 지게 목발을 두드리겠는가?

이 시는 첫머리가 (그다음부터는 읽지 않아서 모르지만) 이렇게 사실과는 다른 잘못된 말들로 쓰여 있다. 일하는 농민인 '아버지' 얘기를 썼는데, 그 "아버지"로서는 도무지 알 수 없는 말이 되어 있는 것이다.

그렇게 무거운 짐을 지고 오는 아버지가 몰고 오는 소의 등에는 정작 아무 짐도 실려 있지 않은 것이 또 특수한 풍경이다.

"석양이…… 궁둥이를 슬쩍슬쩍 틀었지요."

이렇게 멋을 부려 써놓은 시가 결국 멋만을 부리려고 한 말로 되어버린 것이 아닌지, 적어도 이 시의 첫머리만 읽었을 때 의문을 가지게 된다.

그리고 이것은, 우리나라의 많은 화가가 소 한 마리 제대로 그리지 못하면서, "사물을 사실적으로 그리는 것은 그림이 아니다. 그림은 사진과 다르다"고 변명하고, 그러고는 그저 제멋대로 멋만 부리는 그림을 그리듯이, 농민이나 노동자의 삶과 정서를 나타낸다고 하는 시나 소설들도 정작 그 농민이나 노동자의 삶과는 거리가 먼 제멋대로 된 글재주 취미에만 빠져 있는 것이 아닐까 하는 의문 또한 갖게 된다. 한 번쯤 이 점을 검토할 필요를 느낀다. 문학이고 미술이고 음악이고, 이래서 우리 문화 전체가 발이 땅에 붙지 않고 아주 공중에 붕 뜬 상태가 되어 있지 않은지 살펴보아야겠다.

보기글 14

한동안 쏟아지는 눈
시든 파밭을 덮치고
그 위로 내달린 송아지
오돌오돌 처마 밑 시래기 얼었다

아까운 파를 잃어서 아쉬운 엄마
밤샘한 눈을 혀끝으로 욕하던 할머니
불어대는 찬바람은
내린 눈을 다시 날리고
하얀 파밭을 내려다보던
오동나무 위 까치는 얼어 죽었다
• 어느 고등학생

이것은 농촌에서 살아가는 한 고등학생이 쓴 시집 첫머리에 나오는 시다.

겨울 가물에 눈이 왔다면 반가울 터인데, 어째서 엄마는 "파를 잃었다고 아쉬워"할까? 할머니는 "혀끝으로 눈을 욕"할까? 도무지 알 수 없는 말이다.

어른들의 글이 삶에서 떠난 말로 재주를 부리고 멋을 내보여서, 아이들도 그렇게 따른다는 생각을 금할 수 없다. 이 학생의 시집 이름부터 『달뜨면 씨 뿌리리라』로 되어 있다. 농민들의 삶을 수박겉핥기로 그려 보이는 시인들의 시를 흉내 낸 시집같이 느껴진다. 정작 농촌에서 살고 있는 아이들이 이러니 더욱 딱하다.

보기글 15

"어머, 또 따라오네."
그림자는 그림자는
체면도 없나 봐요
언제나 나만 따라다니죠
"어머, 또 검은 옷이잖아."
그림자는 그림자는
옷도 없나 봐요

언제나 검은 옷만 입고 다니죠
- 어느 초등학생

분단 40여 년 동안 초등학생들이 써왔다는 '동시'란 것이 대부분 이런 꼴이다. 그리고 아직도 거의 모든 초등학교 선생님은 이런 거짓말 동시가 잘못되어 있는 줄 모른다.

어른들의 글이 모두 그 모양이니 아이들의 글이 제대로 쓰일 수 없다.

(4) 말을 살리는 길

말은 삶을 따라 달라진다고 했다. 70년대 이후 우리 말이 급격하게 달라진 것은, 우리 사회가 농촌 중심에서 도시 중심의 산업사회로 바뀌었기 때문이다. 말이 글을 낳은 역사에서 글이 말을 따르던 사회 질서와 문화의 흐름이 갑자기 바뀌어 반대로 글이 말을 지배하고 문화의 흐름이 거꾸로 되어버렸다. 이 엄청난 삶의 달라짐(생태변화)은 우리 겨레가 수천 년 동안 가꾸어와서 농민문화의 뿌리요 줄기가 된 우리 말 대신에 텔레비전이 주로 선전하고 중계하는 급조된 도시 소비문화의 말로 바꿔놓았다.

여기 사라져가는 우리 말과 새로 생겨난 말을 견주어보자.

사라져가는 말	새로 생겨난 말
① 농촌 중심의 말.	① 도시 중심의 말.
② 삶(일)에서 생겨난 말.	② 삶(일)에서 떠난 말.
③ 부모가 가르쳐준 말.	③ 텔레비전이나 교과서에서 배운 말.
④ 여러 가지로 풍부하다.	④ 틀에 박힌 말이다.
⑤ 거의 모두 순수한 우리 말이다.	⑤ 바깥말이 많다.
⑥ 움직씨, 어찌씨가 많다.	⑥ 추상 이름씨가 많다.

지금까지 오랜 역사에서 온갖 고난을 겪으면서 상처를 입어도 그래도 꿋꿋하게 살아 버티어온 우리 말은, 이제 지난날 역사의 어느 때보다 더 큰 시련을 겪게 되었고, 엄청나게 큰 위기를 맞이했다. 이제 우리 말은, 그 거죽의 살갗을 다치거나 손가락 발가락에 상처를 입는 정도가 아니라, 가장 안에 있는 염통 부분이 사라져버릴 위험 앞에 있다. 그 염통은 우리도 모르는 사이에 온갖 잡동사니 외국종으로 감쪽같이 바꿔치기될지도 모른다.

우리들 말이 농촌의 말, 농민의 말에서 도시의 말로 급격하게 달라지고 옮겨간다는 것은 반만년 우리 문화가 사라짐을 뜻하는 것 아닌가? 이 일을 어떻게 해야 하나?

지금 우리가 겪고 있는 이 역사와 삶의 변혁은, 그것이 아무리 잘못되었다고 하더라도 근원부터 아주 멈춰버리게 할 수는 없다. 말이 달라짐도 그렇다고 본다.

그러나 우리는 이 변혁을 어느 정도 조절할 수는 있다. 또 반드시 그렇게 해야만 한다. 곧 우리 전통이 갑자기 단절되지 않도록, 될 수 있는 대로 그 옮겨감이 천천히 순조롭게 되어 우리가 이어갈 것을 잃어버리지 말고 잘 이어가도록 하는 것이다. 모조리 다 이어갈 수는 없지만, 우리 주체를 살리는 데 필요한 알맹이가 될 것은 다 이어가야 한다. 이 일을 못 하면 우리는 살아남을 수 없다. 문화에서 멸망하는 겨레가 된다.

역사의 변혁기, 인간 생태의 엄청난 변동기를 맞아 어떻게 하면 우리가 지금까지 써오던 말을 잃지 않고 지켜나갈 수 있을까? 그리하여 우리 겨레의 혼을 살릴 수 있을까? 이 물음에 대한 답을 다음에 간단히 조목별로 적어서 결론으로 삼는다.

(1) 글을 살려야 말이 산다.
① 글은 쉬운 말로 써야 한다.
② 이야기하듯이 쓰고, 책을 읽을 줄 모르는 사람에게 들려주는 태

도로 쓰는 것이 좋다.

③ 살아 있는 말로 써야 한다.

살아 있는 말이란 ㉠ 사실에 착 붙은 말, ㉡ 진실이 담긴 말, ㉢ 삶을 나타낸 말, ㉣ 삶에서 익힌 말, ㉤ 삶에서 우러난 말이다.

(2) 모든 사람이 글을 써야 한다. 노동자·농민·상인·가정주부…… 모두.

(3) 문필인은 삶에서 떠나지 말아야 한다. 글을 쓰는 사람은 ① 민중 속에서 살고, ② 육체노동을 가끔 해야 한다.

(4) 더구나 농민들의 말을 소중히 여기고, 농민들의 말이 글로 쓰일 수 있도록 한다.

(5) 어린이들에게 우리 말을 바로 가르치고, 어린이 말을 소중히 여기고, 어린이들이 자유스럽게 글을 쓸 수 있게 해야 한다.

여기 농민이 쓴 글 한 편과 어린이가 쓴 글 몇 편을 들어서, 농민의 말과 어린이 말을 지켜가는 일이 얼마나 중요한가 하는 문제를 생각해보기로 한다.

보기글 16

텔레비전 이상익(농민)

딸만 둘 가진 아빠입니다. 아이들이 TV를 보고 있습니다. 그 속에서 아이들이 배울 것이라고는 아무것도 없습니다. 그러나 요즘 우리 부모들은 그 애들이 TV에 나오는 광경을 보고 흉내 내면 귀여워하고 잘한다고 합니다. 5살, 4살짜리 두 아이들이 TV를 보며 거기에 흘러나오는 노래로 같이 따라 부르면서 춤을 추는 것을 보았습니다. 나는 귀여운 생각이 들었습니다. 그러나 그것도 잠시뿐이었습니다. 큰아이가 아빠,

저기 나오는 저 사람처럼 나도 귀걸이 사주고 목걸이 사줘 하는 것이었습니다. 어이가 없었습니다.

또 아이들이 아침에 얼어나서 꼭 자기가 입고 싶은 옷, 그것도 TV에 나오는 ○○처럼 그런 옷을 입혀달라는 것입니다. 아마 나 혼자만이 당하는 일이라고 생각지 않습니다. 순수하게 자라야 하는 아이들이 TV에 나오는 성인 프로그램을 보며 겉성장하고 있음을 느낍니다.

현실의 문화 발전은 잘 이용하면 편리하겠지만 어린아이들에게는 결코 좋은 것만은 아닙니다. 나의 행동 하나하나를 보며 배워가는 아이들에게 모범이 되어야 하는 것이 자식들을 가진 부모들의 일이라는 것을 모두 알아야겠습니다.

이 글은, 우선 농촌에 들어온 텔레비전의 상업문화가 얼마나 아이들을 잘못된 방향으로 이끌어가는가 하는 문제를 생각하게 한다. 농촌과 농민의 말, 곧 우리 겨레말의 뿌리는 이렇게 해서 짓밟히고 시들어버리는 과정에 있다.

그런데 이 글을 쓴 사람은 적어도 이런 사태에 대해 걱정을 하고 있다. 그런 걱정을 이와 같이 글로 쓰는 것이다. 글을 쓴다는 것은 이렇게 비판하는 눈을 가지게 하고, 자기를 지키도록 하는 귀한 일이 된다.

이 농민의 글에도 벌써 바깥말이 들어와 있다. 글쓴이가 아마도 중학교 공부는 한 것 같다. 그러나 쉬운 말로 잘 썼고, 글을 전문으로 쓰는 사람이나 대학을 나온 지식인들이 흔히 빠져 있는 글 장난 놀음은 조금도 없다. 어디까지나 삶 속에서 우러난 절실한 말이 되어 있다.

농민들이 이런 말로서 평소에 논밭에서 일한 이야기를 글로 쓴다면 얼마나 좋은 글이 되겠나 생각한다.

보기글 17

김치 이영준(초등학교 4학년)

　집에 왔다. 수상하다. 저 신발 누구 신발일까? 우리 엄마가 사 가꼬 왔는강?
　신발이 좀 커서 엄마는 아닌 것 같다. 도둑인가 하는 생각을 하니 가슴이 방망이질을 한다. 그러나 여자 신발이다.
"엄마!"
하고 크게 부르니 누구 목소리가 난다.
　어디서 조금 들어본 목소리다.
"할무니이!"
하고 방에 들어가니 역시 대구에 계시던 외할머니이다. 방에 들어가 할머니가 사 오신 새우깡을 먹을라 하니
"밥 먹고 무라"
하셨다. 밥과 같이 김치를 먹었다.
　할머니가, 너무 매울까 봐 물에 씻어 주었다. 김치가 너무너무 싱겁다. 순 맹물이다.
"할무이요. 이거 왜 이래 싱겁노?"
"이거 그냥 무믄 짭으가꼬 미친다."
"나는 다른 사람 입과 다르다. 그래서 암만 맵다 카는 거 무도 안 맵다."
"그카믄 고추장에 살짝 찍어 먹어래이."
　할머니 말씀대로 불이 나게 맵다. 수돗물이라도 있으면 한 바가지 먹을 수 있겠다. 옆에 있는 주전자를 그냥 쳐들고 꿀꺽꿀꺽 마셨다.

　이 글을 읽으면, 여기 나오는 글쓴이의 표정과 행동이 눈앞에 선하게 나타난다. 목소리를 바로 듣는 것 같다. 느낌과 생각을, 그 마음의 움직임을 환히 보는 것 같다. 말과 사실이, 말과 글이 아주 하나로 되어 있는 홀

륭한 글이다. 이래서 아이들의 말을 살리자고 하는 것이고, 아이들의 말을 지키고 키우도록 하자는 것이다. 이래서 아이들에게 정직한 글을 쓰게 하는 것이다.

보기글 18

아기 김은정(초등학교 3학년)
아기가 남자가 아니라고 집안 식구들은
매일 욕을 한다.
그때마다 어머니께서는 수건을 들고
우는 모습을 본다.
"어머니, 왜 우셔요?"
하고 물으면
"아무것도 아니다. 걱정하지 말아라."
할머니께서는 아기 얼굴마저도
돌아보시지 않는다.
여자 놓든 남자 놓든
엄마 마음대로 놔,
나는 속으로 이렇게 중얼거린다.
차라리 태어나지 말지,
설움만 받고 크는 아기.
어째서라도 나는
아기를 키우고 말겠다.
• 1985. 4.

참으로 훌륭한 시다. 이런 아이들이 있다는 것은 얼마나 마음 든든한 일인가? 우리에게 희망을 갖게 하는가? 이래서 아이들에게 시를 쓰게 하는 것이고! 어른들 흉내를 내는 거짓 동시를 쓰지 않도록 하는 것이고,

시로써 아이들의 생명과 아이들의 말을 가꾸어가는 것이다.

보기글 19
생명의 귀중함 김대섭(중학교 1학년)

아까 전에 선생님이 생명의 귀중함에 대해서 일기장에 써보라고 할 때에는, '곤충 같은 하등 생물들은 지능지수가 낮고 아! 내가 죽으면 이제는 끝이다, 이제는 가는 거다 하는 생각들도 할 수 없기 때문에 우리가 다른 약한 동식물을 죽이는 것은 별로 나쁜 일이 아니다' 하고 쓰려 했는데, 글을 다듬으려고 자꾸만 생각해보니까 또 이런 생각이 들었다.

아주 어린 아기는 자기 생명의 귀중함에 대해서 그렇게 깊게는 생각하지 못한다. 하지만 아기가 죽으면 우리는 아기가 자신의 생명의 귀중함을 잘 알고 있기 때문에 슬퍼하는 것은 아니다. 아기에게도 생명이 있기 때문에 그 생명을 잃고 가는 아기가 불쌍해서 운다. 그런데 왜 다른 동식물의 생명의 귀중함은 존경하지 못하는가? 하는 생각이 들었다.

여기서 도시 아이들의 말과 글을 생각해본다. 자연과 노동과 심지어 놀이까지도 잃어버린 아이들, 이 아이들은 교과서와 시험지만 가지고 살아간다. 그밖에 있다면 텔레비전과 만화책이다. 이 아이들에게 살아 있는 말이 있는가? 행위가 없고 삶이 없는 아이들에게 남아 있는 것은 추상과 관념의 말이요, 획일로 된 말, 머리에 주입된 교과서의 말이다.

우선 아이들의 교육을 바로잡아야 하고, 교육환경을 바로잡아야 한다. 사물을 보고 배우고, 몸으로 행동을 하도록 해야 한다. 그래야 말이 살아난다.

이 글은 중학교 1학년 학생이 생명의 귀중함에 대해서 쓴 감상문이다. 이런 글을 쓰라고 하면 거의 모든 아이가 책에서 읽은 지식이나 교훈을 쓰는데, 이 아이는 자기가 진정으로 생각한 것을 썼다. 그 생각은 선생님한테서 들어서 얻은 것이 아니고 자기가 지금까지 살아온 가운데서 주체가 되어 얻은 생각이다. 이것이 중요하다. 배운 지식, 읽은 교훈을 다시 그대로 토해내는 것이 아니고 자기 마음에서 진정으로 우러난 생각이나 느낌을 써야 이와 같이 살아 있는 말이 되고 글이 된다.

보기글 20
팔려 가는 소 조동연(초등학교 6학년)
소가 차에 올라가지 않아서
소장수 아저씨가 '이라' 하며
꼬리를 감아 미신다.
엄마 소는 새끼 놔두고는
안 올라간다며 눈을 꼭 감고
뒤로 버틴다.
소장수는 새끼를 풀어 와서
차에 실었다.
새끼가 올라가니
엄마 소도 올라갔다.
그런데 그만 새끼 소도
내려오지 않는다.
발을 묶어 내릴려고 해도
목을 맨 줄을 당겨도
엄마 소 옆으로만
자꾸자꾸 파고 들어간다.

결국 엄마 소는 새끼만
보며 울고 간다.

이 시에서 다음과 같은 문제를 교육으로 다룰 수 있을 것이다.

① 송아지와 엄마 소의 운명에 대한 생각.
② 불행하게 살아가고 죽어가는 동물과 인간에 대한 생각을 넓혀가는 일.
③ 생명이 존귀함을 모르는 사람은 인간성을 잃은 사람이란 것.
④ 이 시를 쓴 아이의 마음을 생각해본다. 슬픔의 감정, 눈물의 귀함.
⑤ 동물과 곤충과 풀이며 나무들―자연 속에서 자연과 함께 살아가는 것은 얼마나 중요한가?
⑥ 실제 사물에 부딪혀서 얻는 느낌과 생각이라야 시가 된다.

우리 글 바로 쓰기

우리글 바로쓰기 1

지은이·이오덕
펴낸이·김언호
펴낸곳·(주)도서출판 한길사

등록·1976년 12월 28일 제74호
주소·10881 경기도 파주시 교하읍 문발리 520-11
www.hangilsa.co.kr
E-mail: hangilsa@hangilsa.co.kr
전화·031-955-2000~3
팩스·031-955-2005

인쇄·예림 | 제책·예림원색

개정판 제 1쇄 1992년 3월 30일
개정판 제39쇄 2009년 8월 5일
제2판 제 1쇄 2009년 11월 30일
제2판 제23쇄 2025년 6월 5일

값 21,000원

ISBN 978-89-356-6147-3 04710
ISBN 978-89-356-6145-9 (전5권)

◆ 잘못 만들어진 책은 구입하신 서점에서 바꿔드립니다.

이 도서의 국립중앙도서관 출판시도서목록(CIP)은
e-CIP 홈페이지(http://www.nl.go.kr/cip.php)에서 이용하실 수 있습니다.
(CIP제어번호: CIP2009003678)